한국어 어문 규정의 이해

한국어 어문 규정의 이해

강희숙

역락

이 저서는 2017년도 조선대학교 특별 과제(단독 저서 출판) 연구비의 지원을 받아 연구되었음.

책머리에

언어는 끊임없이 변화하는 것을 그 본질적 특성으로 한다는 전제는 최근 들어 우리의 어문 규정을 포함한 언어 정책의 수립에서도 그대로 적용되고 있는 듯하다. 이전까지는 표준어가 아니었던 어휘나 형태를 새롭게 표준어나 표준형으로 인정하기도 하고, 변화하는 글쓰기 환경에 맞게 문장 부호를 개정하는 등의 작업이 계속 이루어졌던 것이다. 기왕에 간행한 바 있는 책『국어 정서법의 이해』를『한국어 어문 규정의 이해』라는 이름의 책으로 탈바꿈시켜 세상에 내놓게 된 이유는 바로 이러한 변화의 흐름을 더 이상 외면할 수 없었던 데서 비롯된 것이다. 필자가 재직하고 있는 대학에 개설된 강좌 '한국어 정서법의 이해' 강의를 위해 2003년에 처음 개발한『국어 정서법의 이해』를 2010년에 한 번 더 개정하고 난 뒤에도 교재 내용에 대한 필자의 불만족이 적지 않았던 까닭도 없지 않았다.

새롭게 깁고 확충한 교재의 명칭을『한국어 어문 규정의 이해』라고 한 것은 우리말이 이제는 우리 한국인만의 것이 아니라, 지구상에 존재하는 수천 개의 언어들과 어깨를 나란히 하는 개별 언어 '한국어'라는 이름으로 수많은 '한국어 학습자'들의 관심의 대상이 되고 있다는 것과 관련이 있다. 따라서 이 책은 한국어를 모어로 하는 학생들이 아닌 외국인 또는 제2 언어 학습자들도 적절히 활용할 수 있는 교재가 될 수 있을 것으로 기대한다.

이 교재에서 필자가 중점을 둔 것은 2011년 이후 벌써 네 차례나 추가된 표준어 및 표준형 사정과 관련된 언어적 사실과, 2014년 12월 5일 자로 개정된 '문장 부호'의 용법이다. 이 책의 말미에 두 가지 내용이 <부록>으로 담기게 된 것도 바로 이러한 연유에서이다. 이전 교재의 한계 내지는 문제점이라고 할 수 있던 만연체의 문장, 의식하지 못한 채 여기저기에 스며들어 있던 번역투의 문제를 가능한 한 극복하려는 노력도 조금은 더해졌다고 할 수 있다.

훨씬 오래전에 마무리했어야 할 작업을, 할 수만 있다면 나중으로 미루고 난 뒤 또 상당한 시간을 흘려보내고 나서야 이 책은 비로소 세상에 나올 수 있었다. 필자보다도 더 조급한 심정으로 기다려 주신 역락 출판사의 이대현 사장님의 채근이 아니었다면 어려운 일이었을 것이다. 이 자리를 빌려 깊이 감사드린다. 늦게 잡고 되게 치는 격으로 닥쳐서야 서두르다 보니 짧은 기일 안에 편집을 마쳐야 하는 상황에서 밤낮으로 수고해 주신 박윤정 과장님께는 한없는 미안함과 감사의 뜻을 전한다.

언제쯤이면 부족함 없이 좋은 글을 쓸 수 있을까? 지천명의 나이를 훨씬 넘긴 나이에도 쉽지 않은 일이라는 데 다시 절망하며 잠시 의자를 돌려 앉는다. 우리의 어문 규정과 사전 등재 어휘의 끝없는 변모가 게으른 필자를 또다시 채찍질할 수 있기를 기대해 보면서……

2017. 2.
백악 캠퍼스의 새봄을 기다리며,
필자 씀.

차 례

제3장 문장 부호　225

제4장 표준어 규정　277

제5장 표준 발음법 347

제6장 외래어 표기법 419

제1장 한글 맞춤법

1. 한글 맞춤법의 역사

한글 맞춤법이란 한국어를 표기하는 데 쓰이는 고유 문자 한글의 문자 체계를 확립하고, 그러한 문자 체계에 따라 한국어를 어법에 맞게 표기하는 규범을 말한다. 이러한 의미의 한글 맞춤법은 『훈민정음』(1446) 예의(例義)에서 그 첫 모습을 찾을 수 있다. 한글 자모(字母)의 모양 및 음가 규정과 함께, 종성부용초성(終聲復用初聲), 연서법(連書法), 병서법(竝書法), 합자법(合字法), 방점법(傍點法) 등등 한글을 이용한 문자 생활의 여러 가지 원리가 마련된 것은 바로 『훈민정음』 예의에서였다.

그러나 오늘날 우리가 사용하고 있는 한글 맞춤법은 엄밀한 의미에서 한글학회의 전신인 조선어학회가 1933년에 완성한 <한글 마춤법 통일안>(이하, 통일안) 체계를 바탕으로 하고 있다. 따라서 한글 맞춤법의 역사를 더듬는 작업은 <통일안>에서부터 시작하는 것이 바람직하다고 할 것이다.[1]

---

[1] 물론, <통일안>이 마련되기 전에도 국가적으로 공식화된 표기법을 마련하기 위한 일련의 노력이 계속되어 왔다. 이를 연대순으로 제시하면 다음과 같다.
   a. <국문연구 의정안>(1909. 12., 국문연구소)
   b. <보통학교용 언문철자법>(1912. 4., 조선총독부)
   c. <보통학교용 언문철자법 대요>(1921. 3., 조선총독부)
   d. <언문철자법>(1930. 2., 조선총독부)

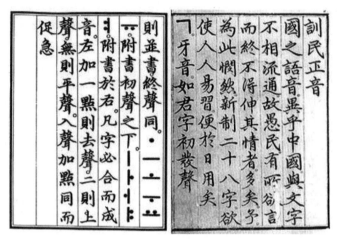

[그림 1] 『훈민정음』 예의의 첫 페이지와 마지막 페이지 모습

1930년 12월 13일, 조선어학회는 총회의 결의로 <통일안> 제정 작업에 착수하기로 하였다. 권덕규·김윤경·박현식·신명균·이극로·이병기·이희승·이윤재·장지영·정열모·정인섭·최현배 등 12명의 위원들이 주축이 되어 2년 후인 1932년 12월에 맞춤법 원안이 만들어지게 되었고, 이에 대한 심의·검토를 거쳐 1933년 10월 19일에 최종적으로 확정하여 만들어진 것이 바로 <통일안>이다.

<통일안>의 구성은 '총론, 각론 7장 63항과 부록 2항(표준어·문장 부호)'으로 이루어졌다. '총론'에서는 맞춤법의 기본 원칙을, '각론'에서는 각각 자모·성음·문법·한자어·준말·외래어 표기·띄어쓰기에 대한 규정을, '부록'에서는 표준어와 문장 부호에 대한 규정을 제시하고 있다. 이러한 내용을 일일이 검토·분석할 필요는 없겠지만, 특히 '총론'에 제시된 맞춤법의 기본 원칙은 현행 <한글 맞춤법>의 중요한 근간이 되는 것이므로, 여기에서 잠깐 언급하기로 한다.

<표 1> 한글 마춤법의 기본 원칙(<통일안> 총론)

一. 한글 마춤법(철자법)은 표준말을 그 소리대로 적되, 어법에 맞도
록 함으로써 원칙을 삼는다.
二. 표준말은 대체로 현재 중류 사회에서 쓰는 서울말로 한다.
三. 문장의 각 단어는 띄어 쓰되, 토는 그 웃말에 붙여 쓴다.

이에 따르면, <통일안>의 총론은 '표준말을 소리대로 적되, 어법에 맞도
록 함'이 맞춤법의 기본 원칙이라는 것과, '표준말'이란 '현재 중류 사회의
서울말'이라는 것, '문장의 각 단어는 띄어 쓰되, 토는 그 앞의 단어에 붙여
쓴다'는 내용으로 구성되어 있음을 알 수 있다. 이러한 원칙들은 용어상의
문제 몇 가지를 제외하고는 현행 <한글 맞춤법>에도 큰 변화 없이 적용되
므로, 각각의 항목들이 의미하는 바에 대해서는 뒤에서 상세히 논하기로 하
겠다.

<통일안>은 그 후, 1937년에 공포된 한국어 표준어 규정인 <사정한 조
선어 표준말 모음집>의 내용을 반영하여 용어와 예문을 새로운 표준어로
바꾼 것을 비롯하여, 1940년에 사동 접미사 '후'를 '추'로 고치는 등 부분
적인 수정이 이루어졌지만 대부분의 틀은 오늘날까지 그대로 유지되고 있
다. 문제는 1933년에 <통일안>이 제정되고 난 후, 50여 년의 세월이 흐르
는 동안 현재 사용하고 있는 언어와 차이가 생겨나고 그에 따른 문제점들
이 드러남에 따라, <통일안>에 대한 전면적인 재검토가 필요하게 되었다
는 것이다. 그리하여 1970년부터 약 18년 동안에 걸쳐 이루어진 한글 맞춤
법에 대한 재검토를 통하여 1988년 1월 19일 개정안인 <한글 맞춤법>이
<표준어 규정>과 함께 문교부 고시 제88-1호로 발표되기에 이른다.

<한글 맞춤법>에서 이루어진 개정 내용 가운데 중요한 사항 몇 가지를
간추리면 다음과 같다.

(1) ㄱ. **사문화(死文化)한 규정의 정리**: <통일안>에 제시되어 있던 한
자음 표기 방법 가운데, '少年'을 '쇼년'이 아닌 '소년'으로, '汽車'
를 '긔차'가 아닌 '기차'로 적어야 한다는 등의 사문화한 규정을
정리하였다.

ㄴ. **미비점 보완**: <통일안>에서 다루어지지 않은 문제로, 한국어
단어를 사전에 올릴 적의 자모 순서를 규정하거나, 두음 법칙의
적용과 관련하여 한자음 '렬, 률'은 단어의 첫머리가 아닌 모음과
'ㄴ' 다음에서도 두음 법칙을 적용하는 등의 보완이 이루어졌다.

ㄷ. **실제 언어 현실에 맞춘 개정**: '드러나다, 사라지다' 등 두 단어가
합쳐진 것으로 보기 어려운 합성 동사는 그 어원을 밝혀 적지 않으
며, '가까와, 새로와' 등의 활용형을 언어 현실에 맞게 '가까워, 새
로워' 등으로 표기하는 등 실제 언어 변화를 표기에 반영하였다.

이와 같은 개정 내용을 담고 있는 <한글 맞춤법>의 체제는 다음과 같다.

<표 2> 현행 <한글 맞춤법>의 체제

> • **제1장 총칙**
> • **제2장 자모**
> • **제3장 소리에 관한 것**
>   제1절 된소리
>   제2절 구개음화
>   제3절 'ㄷ'소리 받침
>   제4절 모음
>   제5절 두음 법칙
>   제6절 겹쳐 나는 소리
> • **제4장 형태에 관한 것**
>   제1절 체언과 조사
>   제2절 어간과 어미
>   제3절 접미사가 붙어서 된 말
>   제4절 합성어 및 접두사가 붙는 말

<표 2>에서 알 수 있는 바와 같이, 현행 <한글 맞춤법>은 모두 6장으로 이루어진 본문과 문장 부호의 쓰임에 대해 다루고 있는 [부록]으로 구성되어 있다. 이 가운데 [부록]의 문장 부호는 2014년 12월 5일 자로 개정이 이루어져 기존의 문장 부호를 대체한 것이다.2)

우선, 각 장의 내용을 개괄적으로 제시하면 다음과 같다.

'제1장'은 '총칙'으로, 한글 맞춤법의 대원칙과 함께 띄어쓰기 및 외래어 표기의 원칙에 대해 규정하고 있는 부분이다. 제2장은 한글 자모(字母), 곧 한국어의 표기를 위하여 고안된 음소문자(phonetic writing system)인 한글 자모의 수와 순서 및 명칭을, 제3장은 한국어의 된소리, 구개음화, 자음 중화 등 한국어의 말소리 또는 음성 변화와 관련된 표기 규정을 제시하고 있는 부분이다. 제4장은 언어의 단위 가운데 일정한 의미를 지닌 문법 단위로서, 가장 최소의 단위라고 할 수 있는 형태소들 간의 결합 관계에 대한 규정을 제시하고 있는 부분이다. 다음으로, 제5장은 문자 사용의 효율성과 경제성을 위한 조항으로서, 띄어쓰기의 원칙을 밝히고 있는 부분이며, 제6장은 하

---

2) 이와 같은 개정 내용을 반영한 <한글 맞춤법>이 문화체육관광부 고시 제2014-0039호 (2014. 12. 5.)이다. 자세한 것은 제3장 '문장 부호'에서 다루기로 한다.

나의 통일된 체계 내에서 다루기 어려운 개별 형태나 특수한 발음과 관련
되는 표기 문제를 규정하고 있는 부분이다. 마지막으로, [부록]은 다양한
문장 부호의 쓰임에 대해 제시한 부분이라고 할 것이다.

　본 장의 나머지 절에서 다루게 될 내용들은 제1장 '총칙'에서부터 제6장
'그 밖의 것' 및 [부록]에 제시된 각각의 규정들을 상세히 분석하는 작업의
결과라고 할 수 있다. 다만, '제5장'의 '띄어쓰기'와 [부록]의 '문장 부호'는
본 장에서 다루지 않고 각각 장을 달리하여 기술하기로 한다.

가갸날

한용운

아아 **가갸날**[3)]
참되고 어질고 아름다와요.
축일(祝日), 제일(祭日)
데이, 시이즌 위에
가갸날이 났어요, 가갸날.
끝없는 바다에 솟아오르는 해처럼
힘 있고 빛나고 뚜렷한 가갸날.

데이보다 읽기 좋고 시이즌보다 알기 쉬워요.
입으로 젖꼭지를 물고 손으로 젖꼭지를 만지는 어여쁜 아기도 일러 줄
수 있어요.
아무것도 배우지 못한 계집 사내도 가르쳐 줄 수 있어요.
가갸로 말을 하고 글을 쓰셔요.
혀끝에서 물결이 솟고 붓 아래에 꽃이 피어요.

그 속엔 우리의 향기로운 목숨이 살아 움직입니다.
그 속엔 낯익은 사랑의 실마리가 풀리면서 감겨 있어요.
굳세게 생각하고 아름답게 노래하여요.
검이여 우리는 서슴지 않고 소리쳐 가갸날을 자랑하겠습니다.
검이여 가갸날로 검의 가장 좋은 날을 삼아주세요.
온 누리의 모든 사람으로 가갸날을 노래하게 하여 주세요.
가갸날, 오오 가갸날이여.

---

3) 한글학회의 전신인 조선어학회에서 『세종실록』 권 113의 "세종 28년 9월에 훈민정음이 이
루어지다."라는 기록에 따라 이 달의 끝 날인 음력 9월 29일을 '훈민정음 반포일'로 삼기로
하고, 훈민정음 반포 8회갑(480돌)을 맞이한 1926년 11월 4일(음력 9월 29일) '가갸날'이라
는 명칭 아래 그 첫 기념식을 치렀다. 이에 대한 신문 기사를 읽고 만해가 쓴 시이다.

2. 현행 <한글 맞춤법>의 원칙

2.1. 표음주의와 형태음소주의

<한글 맞춤법>의 원칙을 파악하기 위해서는 제1장 총칙에 제시된 세 가지 항을 분석하는 작업이 선행되어야 한다. 먼저 총칙의 내용을 보이면 다음과 같다.

> **제1장 총칙**
> **제1항** 한글 맞춤법은 표준어를 소리대로 적되, 어법에 맞도록 함을 원칙으로 한다.
> **제2항** 문장의 각 단어는 띄어 씀을 원칙으로 한다.
> **제3항** 외래어는 '외래어 표기법'에 따라 적는다.

<한글 맞춤법> 총칙 제1항은 맞춤법의 대원칙을 정한 것으로, '표준어를 소리대로 적는다'는 근본 원칙에 '어법에 맞도록 한다'라는 조건을 담고 있다. 우선, 표준어를 소리대로 적는다는 것은 표준어의 발음 형태대로 적는다는 의미인데, 이를 이해하기 위해서는 '한글'의 문자로서의 특성에 대해 주목해야 한다.

인간이 사용하는 시각적 의사전달 체계인 문자는 그 표시 대상이 어떤 언어 단위인가에 따라 크게 세 가지 유형으로 나눌 수 있다. 한 개의 문자가 표시하는 대상이 한 단어에 해당하는 문자인 단어문자(單語文字), 하나의 문자가 단어가 아니라 단어를 구성하는 요소인 음절을 표시하는 문자인 음절문자(音節文字), 문자 하나하나가 자음이나 모음과 같은 음소를 나타내는 문자인 음소문자(音素文字)가 그것이다. 주지하는 바와 같이, 단어문자로는 중국의 한자가, 음절문자로는 일본의 가나(かな)가, 음소문자로는 로마자나 우

리의 문자인 한글이 각각 해당한다.

맞춤법이란 원래 어떤 문자로 한 언어를 표기하는 규칙을 말하지만, 주로는 음소문자에 의한 표기 방식을 이른다. 한글은 음소문자이다. 따라서 표준어를 소리대로 표기한다는 것은 음소문자인 한글로 자음과 모음의 결합에 따라 음절을 구성하는 방식으로 표기한다는 것이다. 예컨대,

(2) 하늘   해   달   뜨다   지다

등은 표준어를 소리 나는 대로 적는 형식이다. 여기에서 말하는 '소리대로'라는 표기 방식을 일컬어 '표음주의(表音主義)'라고 하는바, 일단 우리의 맞춤법은 '표음주의'를 택하고 있다고 보면 된다.

문제는 표음주의 원칙, 곧 표준어를 소리대로 적는다는 원칙만을 적용하기 어려운 경우가 있다는 것이다. 예컨대 '꽃[花]'이란 단어는 그 발음 형태가 다음과 같이 몇 가지로 나타난다.

(3) ㄱ. [꼬치] : 꽃이 [꼬치]   꽃을 [꼬츨]   꽃에 [꼬체]
    ㄴ. [꼰] : 꽃나무 [꼰나무] 꽃놀이 [꼰노리] 꽃망울 [꼰망울]
    ㄷ. [꼳] : 꽃과 [꼳꽈]   꽃다발 [꼳따발] 꽃밭 [꼳빧]

위의 예에서 알 수 있는 바와 같이, '꽃[花]'이란 단어는 음운 환경에 따라 [꽃~꼰~꼳]으로 교체되어 각기 다른 방식으로 소리가 나게 된다. 만일 이것을 소리대로 적는다면 그 뜻이 얼른 파악되지 않고, 결과적으로 독서의 능률이 크게 저하된다. 그리하여 어법에 맞도록 한다는 또 하나의 원칙이 붙은 것이다.

일반적으로 어법(語法)이란 언어 조직의 법칙 또는 언어 운용의 법칙이라고 풀이된다. 따라서 어법에 맞도록 한다는 것은 뜻을 파악하기 쉽도록 각

형태소의 본 모양을 밝히어 적는다는 말이다. '꽃'의 경우에도 그 소리는 [꼳~꼰~꼳] 등의 세 가지로 나더라도, 이 소리 가운데 하나를 형태소의 원형이라고 보고 그 원형을 밝혀 표기한다는 것인데, 이때에는 [꽃]을 원형으로 삼았다고 보면 된다. 이와 같은 의미에서의 형태소의 원형을 전문적인 용어로는 형태음소(morpho-phoneme)라고 한다. 따라서 '어법에 맞도록 표기한다'는 것은 현행 <한글 맞춤법>이 '표음주의' 외에 '형태음소주의' 표기법을 또 하나의 원칙으로 삼고 있음을 의미한다.

그렇다면, 표음주의와 형태음소주의라는 두 가지 대립되는 표기 원칙 가운데 현행 <한글 맞춤법>을 주도하는 것은 무엇일까? 민현식(1999)에 따르면, 표음주의와 형태음소주의[4]는 한국어 표기사에서 다양하게 대립과 조화를 이루어 왔지만, 표음주의의 흐름 속에서도 겹받침의 유지, 분철법의 꾸준한 발달을 통해 전반적으로 형태음소주의가 신장되어 오다가, 오늘날에 이르러서는 형태음소주의가 맞춤법을 완전히 주도하고 있다고 보고 있다. 결론적으로, <한글 맞춤법> 총칙 제1항에서 제시하고 있는 맞춤법의 대원칙은 음소문자인 한글의 특성에 맞게 표준어를 발음 나는 대로 적되, 형태소의 원형을 최대한으로 밝혀 적는다고 보면 된다.

2.2. 단어 단위의 띄어쓰기

문자 사용의 경제성과 효율성을 위해서는 우리가 사용하는 문장들을 적절한 단위로 띄어 써야 한다. 예컨대, "오늘밤나무사온다."라는 문장을 띄어 쓰지 않고 붙여 쓴다면, 이 문장은 다음과 같은 여러 가지 의미를 지닌 문

---

4) 민현식(1999)에서는 '형태음소주의' 대신 '형태주의'라는 용어를 쓰고 있으나, '형태소의 원형'이라는 의미를 담기에는 '형태음소'가 보다 타당하다고 판단되므로 이 용어로 대체하기로 한다.

장으로 해석될 가능성이 있다.[5]

    (4) ㄱ. 오늘밤 나 무사 온다.
        ㄴ. 오늘밤 나무 사 온다.
        ㄷ. 오늘밤 나 무 사 온다.
        ㄹ. 오늘 밤나무 사 온다.
        ㅁ. 오늘 밤 나무 사 온다.
        ㅂ. 오, 늘 밤나무 사 온다.
        ㅅ. 오, 늘 밤 나무 사 온다.
        ㅇ. 오늘밤 나무사(나무야)[6] 온다.

  위의 예에서와 같이, 문장을 적절한 단위로 띄어 쓰지 않음으로써 의미의 중의성을 초래하는 것은 글을 쓰는 이의 생각과 의도를 효과적으로 전달하지 못한다는 문제가 있다. 따라서 문장을 적절한 단위로 띄어 쓰는 것이 바람직하다고 할 수 있다.

  문제는 글을 띄어 쓴다고 할 경우, 어떻게 띄어 쓸 것인가이다. 띄어쓰기의 단위로 고려될 수 있는 대상으로는 형태소, 단어, 구, 문장 등의 문법 단위를 생각할 수 있다. 그러나 문장이나 구는 예문 (4)에서와 같은 의미의 중의성을 가져올 수 있다는 문제점이 있으며, 형태소의 경우 역시, 예컨대 '온다'의 경우, '오ㄴ다'와 같은 방식으로 표기하도록 함으로써 그 효율성을 떨어뜨린다는 문제점이 있다. 따라서 우리가 취할 수 있는 가장 효과적인 방법은 단어를 띄어쓰기의 단위로 보는 것이라고 할 수 있다.

  한 개의 단어는 각각 한 개의 독립된 개념을 가지고 있으므로, 글은 단어를 단위로 써 놓아야 얼핏 보아도 그 개념을 파악하기 쉽고, 글을 읽는 데도 능률을 기할 수 있게 된다. 다만, 한국어의 조사는 하나의 단어로 다루

---

5) 이희승・안병희(1994: 24) 참조
6) '나무사'의 '-사'는 '-샤>-사'의 변화를 겪은 형태로, 강조의 뜻을 나타내는 보조사 '-야'의 비표준 변이형이다.

어지고 있긴 하지만, 그 자체로는 독립된 의미를 지니지 못하고 문법상의
직능, 즉 문장 구성상의 관계를 맺는 능력만을 나타내므로 따로 띄어 쓰지
않고, 그 앞에 오는 실질적 의미를 지닌 단어에 붙여 쓰는 것이다.

이와 같은 띄어쓰기 규정에 대해서는 <한글 맞춤법> '제5장'에서 제시
하고 있다. 따라서 원래는 이 책의 제1장에서 다루어야 하지만, 우리의 언
어생활에서 차지하는 띄어쓰기의 비중이 작지 않다는 점을 고려하여 이에
대해서는 2장에서 자세히 다루기로 한다.

2.3. 외래어 표기법에 의한 표기

외래어란 '외국으로부터 들어온 말이 우리말에 파고들어 익히 쓰이는 말,
곧 우리말화한 외국어'를 말한다. 여기에서 우리말화란 말은 우리말의 제반
언어 규칙을 따르고, 언중이 그것을 우리말로 인식함을 의미한다. 이러한
외래어의 표기에서는 각 언어가 지닌 특질이 고려되어야 하므로, <외래어
표기법>(1986년 1월 7일 문교부 고시)을 따로 정하여 표기의 기본 원칙 및 표기
일람 등을 제시하고 있다. 이에 대해서는 본서의 제6장에서 구체적으로 살
펴보기로 하겠다.

3. <한글 맞춤법>의 세부 규정

3.1. 제2장 자모

앞에서 설명한 것처럼, 현행 <한글 맞춤법> 제2장 자모에서는 한글 자모의 수와 순서 및 그 명칭을 제시하고 있다. 우선, 제2장의 규정부터 살펴보면 다음과 같다.

제4항 한글 자모의 수는 스물넉 자로 하고, 그 순서와 이름은 다음과 같이 정한다.

ㄱ(기역) ㄴ(니은) ㄷ(디귿) ㄹ(리을) ㅁ(미음) ㅂ(비읍)
ㅅ(시옷) ㅇ(이응) ㅈ(지읒) ㅊ(치읓) ㅋ(키읔) ㅌ(티읕)
ㅍ(피읖) ㅎ(히읗)
ㅏ(아) ㅑ(야) ㅓ(어) ㅕ(여) ㅗ(오) ㅛ(요)
ㅜ(우) ㅠ(유) ㅡ(으) ㅣ(이)

[붙임 1] 위의 자모로써 적을 수 없는 소리는 두 개 이상의 자모를 어울러서 적되, 그 순서와 이름은 다음과 같이 정한다.

ㄲ(쌍기역) ㄸ(쌍디귿) ㅃ(쌍비읍) ㅆ(쌍시옷) ㅉ(쌍지읒)
ㅐ(애) ㅒ(얘) ㅔ(에) ㅖ(예) ㅘ(와)
ㅙ(왜) ㅚ(외) ㅝ(워) ㅞ(웨) ㅟ(위)
ㅢ(의)

[붙임 2] 사전에 올릴 적의 자모 순서는 다음과 같이 정한다.

자음 ㄱ ㄲ ㄴ ㄷ ㄸ ㄹ ㅁ ㅂ ㅃ ㅅ ㅆ ㅈ ㅉ ㅊ ㅋ ㅌ ㅍ ㅎ
모음 ㅏ ㅐ ㅑ ㅒ ㅓ ㅔ ㅕ ㅖ ㅗ ㅘ ㅙ ㅚ ㅛ ㅜ ㅝ ㅞ ㅟ ㅠ
ㅡ ㅢ ㅣ

<한글 맞춤법> 제2장에서 다루고 있는 '자모'(字母, alphabet)란 앞에서 설명한 문자의 세 가지 유형 가운데 바로 한글과 같은 음소문자의 글자 하나하나를 가리키는 말이다. 따라서 자모라는 용어는 단어문자나 음절문자에 대해서는 사용하지 않으며, 흔히들 생각하듯이 말소리에 해당하는 자음과 모음을 아우르는 용어도 아니다.

제4항에서 규정하고 있는 바와 같이, 오늘날 한글 자모는 스물넉 자, 곧 자음을 표기하는 데 사용하는 자모 14자와 모음을 표기하는 데 사용하는 자모 10자를 기본 자모로 하고 있다. 이와 같은 한글 자모의 숫자를 한글, 곧 훈민정음 창제 당시에는 스물여덟 자였다는 사실에 비추어 본다면, 역사적 변천으로 네 개의 자모가 소실되었음이 특징이다.[7]

<한글 맞춤법> 제4항에서 규정하고 있는 한글 자모의 수와 차례 및 명칭은 <통일안>의 그것과도 차이가 없는 것이어서 별다른 언급을 요구하지는 않는다. 다만, 한국어 사용자들 가운데는 'ㄱ, ㄷ, ㅅ'의 명칭을 다음과 같이 '기윽, 디읃, 시읏'으로 잘못 쓰는 경우가 흔히 발견되므로 이에 대해서는 잠깐 언급하기로 한다.[8]

> (5) ㄱ. ***기윽** 자로 꺾이는 곳에서 일사분란하게 꺾이며 몰려드는 여학생들.
> ㄴ. 여자 친구는 "아, ***디읃** 자로 시작하는 말 있잖아!!"라고 말했답니다.
> ㄷ. 나뭇가지가 ***시읏** 자로 갈라졌다.

위의 예에서 발견되는 '기윽, 디읃, 시읏'과 같은 오류는 'ㄱ, ㄷ, ㅅ'을 제외한 나머지 자모들의 명칭이 '니은, 리을, 미음……' 등처럼 둘째 음절의 구조가 '으+자음'으로 이루어져 있다는 사실에 유추한 것이라고 할 수 있

---

7) 소실된 자모는 'ㆍ, ㆁ, ㆆ, ㅿ' 등 네 개이다.
8) '*'는 일반적인 용법 그대로 비적격형 또는 문법에 어긋나는 비문을 의미한다. 따라서 본서의 '용례' 부분에 나타나는 모든 '*'는 이러한 의미로 해석하면 된다.

다. 이러한 유추는 기억의 부담을 줄일 수 있다는 점에서 장점이 될 수도 있으나, 'ㄱ, ㄷ, ㅅ'의 명칭을 '기역, 디귿, 시옷'이라고 해 온 오랜 관용을 무너뜨리는 것이라는 점 때문에 규범으로 삼지는 않았다.[9]

한편, 제4항의 [붙임 1]에서는 스물넉 자의 한글 자모만으로는 적을 수 없는 한국어 음을 적기 위해서는 둘 혹은 세 개의 자모를 아울러서 만든 글자를 사용하도록 규정하고 있다. 이는 전통적으로 병서자(竝書字)라고 해 오던 것들로, 'ㄲ, ㄸ, ㅃ, ㅆ, ㅉ' 등 된소리를 표기하는 데 사용하는 5개의 글자와 모음을 표기하는 데 사용하는 11개의 글자이다. 이와 같은 기술에 따르면, 결국 한국어를 표기하는 데 사용되는 한글 자모는 그 숫자가 40개에 달한다고 할 수 있다. 그러나 앞에서 제시한 스물넉 자의 기본 자모 외에 나머지 16개의 병서자는 같은 글자를 겹쳐 쓰거나 서로 다른 글자들을 합하여 쓰는 운용상의 자모라고 보아 자모의 숫자에 포함하지 않았다는 사실을 알아야 한다.

또한, [붙임 2]에서는 사전에 올릴 경우의 자모의 순서를 배열해 놓고 있는데, 여기에는 겹받침 글자의 순서를 정해 놓지 않았다는 문제가 있다. 이를 보완하여 그 순서를 재배열하면 다음과 같다.

(6) ㄱ ㄲ ㄳ ㄴ ㄵ ㄶ ㄷ ㄸ ㄹ ㄺ ㄻ ㄼ ㄽ ㄾ ㄿ ㅀ ㅁ ㅂ ㅃ ㅄ ㅅ
     ㅆ ㅈ ㅉ ㅊ ㅋ ㅌ ㅍ ㅎ

이에 따르면, 한국어의 겹받침을 표기하는 데 사용하는 글자는 모두 11 자임을 알 수 있다. 결과적으로 한국어를 표기하는 데 사용하는 운용상의 자모의 수는 앞에서 제시한 16자 외에 11자를 더한 27자라고 할 것이다.

---

9) 그러나 북한의 현행 어문 규범집인 <조선말규범집>에서는 'ㄱ, ㄷ, ㅅ'의 명칭을 '기윽, 디읃, 시읏'으로 규정해 놓고 있다는 점에서, 남북한 간에 자모 명칭의 차이가 있음을 알 수 있다.

3.2. 제3장 소리에 관한 것

3.2.1. 된소리

1) 용례

① 원더걸스 시절 ***이따끔** 랩 실력을 보여줬던 현아가 상상치 못했던 파워풀한 모습과 실력으로 대중을 놀라게 했다.

② 아직 밀물이 들어오지 않은 표선해수욕장은 막 잠에서 깬 맨얼굴의 여인처럼 ***해슥하다**.

③ 그러나 나는 영어가 ***잔득** 적힌 티셔츠를 입고 스타벅스 커피를 좋아한다.

④ SH공사가 올해 공급하는 시프트의 가격을 주변 시세의 80%보다 ***훨신** 낮은 수준에서 결정할 것으로 보입니다.

⑤ 그런데 점심을 먹은 아들이 ***갑짜기** 배탈 나는 바람에 가까운 광주로 방향을 돌렸다.

⑥ 철부지 아가씨 '진빨강'(최정원 분)이 부모님이 사고로 돌아가신 후 동생들을 보살피겠다는 각오를 다지며 긴 머리를 ***싹뚝** 자르고 입양한 다섯 명의 동생들에게 엄마 같은 존재로 다시 태어난다.

⑦ 왜 그때는 가만있다가 이제 와서야 ***야단법썩**을 떠는가? 이게 포스코 직원들의 첫째 불만이다.

⑧ 간편하게 전자레인지에 30초만 데우거나 끓는 물에 넣고 2분이면 바로 따끈한 밥에 감칠맛 나는 강된장을 ***쏙삭** 비벼 먹을 수 있다.

2) 규정

제5항 한 단어 안에서 뚜렷한 까닭 없이 나는 된소리는 다음 음절의 첫소리를 된소리로 적는다.

1. 두 모음 사이에서 나는 된소리

소쩍새   어깨   오빠   으뜸   아끼다

> 기쁘다　　깨끗하다　　어떠하다　　해쓱하다　　가끔
> 거꾸로　　부썩　　어찌　　이따금
> 2. 'ㄴ, ㄹ, ㅁ, ㅇ' 받침 뒤에서 나는 된소리
> 　　산뜻하다　　잔뜩　　살짝　　훨씬　　담뿍
> 　　움찔　　몽땅　　엉뚱하다
> **다만,** 'ㄱ, ㅂ' 받침 뒤에서 나는 된소리는, 같은 음절이나 비슷한
> 음절이 겹쳐 나는 경우가 아니면 된소리로 적지 아니한다.
> 　　국수　　깍두기　　딱지　　색시　　싹둑
> 　　법석　　갑자기　　몹시

3) 해설

　　한국어 단어 또는 형태소들 가운데는 뚜렷한 까닭 없이 나는 된소리, 곧 발음상 경음화의 규칙성이 적용되는 조건이 아닌 상황에서 경음이 실현되는 것들이 있다. <한글 맞춤법> 제5항은 이와 같은 경음, 즉 된소리의 표기에 대한 규정이다.

　　한 단어 안에서 경음화의 규칙성이 적용되는 조건이 아닌 상황에서 경음이 실현되는 경우는 세 가지로 구분할 수 있다. 그 하나는 두 모음 사이에서 나는 된소리이고, 다른 하나는 'ㄴ, ㄹ, ㅁ, ㅇ'[10] 같은 받침 뒤에서 나는 된소리이며, 마지막 세 번째는 'ㄱ, ㅂ' 받침 뒤에서 나는 된소리이다.

　　두 모음 사이에서 나는 된소리를 보여주는 단어의 예로는 '꾀꼬리, 메뚜기, 부뚜막, 부썩, 부쩍, 새끼, 소쩍새, 어깨, 오빠, 으뜸, 이따금, 자꾸, 해쓱하다' 등이 있다. 이와 같은 단어들은 그 자체가 모음 사이에서 된소리를 보여주는 형태소로 구성된 단어에 속하므로 된소리를 그대로 표기에 반영

---

10) 이 책에서는 한글 자모와 말소리, 곧 자음과 모음과 같은 음소를 구별하여 읽기로 한다. 따라서 'ㄱ, ㄴ, ㄷ……'을 읽을 때 자모로 읽는 경우는 '기역, 니은, 디귿……' 등으로, 말소리로 읽는 경우는 '그 느 드……' 등으로 읽는다.

해 주어야 한다. 그럼에도 불구하고, 일반 언중들의 경우, 된소리를 잘못 반영하여 평음으로 적거나, 평음으로 적어야 할 단어를 된소리로 적는 경우가 적지 않다. 위의 용례들 가운데 ①, ②의 '*이따끔', '*해슥하다'가 그러한 예에 속한다. 따라서 '*이따끔'은 '이따금'으로, '*해슥하다'는 '해쓱하다'[11]로 적어야 올바른 표기이다.

모음이 아닌 공명자음, 즉 'ㄴ, ㄹ, ㅁ, ㅇ' 같은 받침 뒤에서 그 기저형이 된소리로 실현되는 단어의 예들로는 '산뜻하다, 잔뜩, 번쩍, 살짝, 훨씬, 움찔, 듬뿍, 함빡, 몽땅, 뭉뚱그리다' 등이 있다. 이와 같은 단어들 역시 두 모음 사이에서 된소리를 보여주는 단어들과 마찬가지로 기저에서부터 된소리가 실현되는 모습을 보이므로 이를 평음으로 적지 않고, 된소리로 적어야 한다. 따라서 용례 ③, ④의 '*잔득, *훨신'은 '잔뜩, 훨씬'으로 표기해야 하는 것이다.

한편, 'ㄱ, ㅂ' 받침 뒤에서 된소리를 보여 주는 단어의 예로는 '깍두기, 딱지, 싹둑(-싹둑), 법석, 갑자기' 등이 있는데, 이들 단어는 표기에서 된소리를 반영하지 않음이 특징이다. 그 대신 '똑똑(-하다), 쌉쌀(-하다), 씁쓸(-하다), 쓱싹'과 같이 동일한 음절이나 비슷한 음절이 거듭나는 경우에는 된소리로 적어야 한다. 따라서 '깍두기, 딱지, 싹둑(-싹둑), 법석, 갑자기' 등처럼 같은 음절이나 비슷한 음절이 거듭나는 경우가 아닐 때에는 된소리로 표기해서는 안 된다. 위의 용례 ⑤~⑧에서 사용된 '*갑짜기, (야단)*법썩, *싹뚝, *쓱삭'이 바로 그러한 예들로, 앞의 세 단어는 각각 '갑자기, 법석, 싹둑'으로, 맨 마지막의 '*쓱삭'은 '쓱싹'으로 적어야 하는 것이다.

---

11) 북한의 경우, '해쓱하다' 대신 '해슥하다'를 표준어로 채택하고 있어, 남북한 간의 차이를 보인다.

3.2.2. 모음

1) 용례

① 사진 앞쪽으로 길게 서 있는 나무가 ***게수나무**인데 아직 자리를 못 잡은 듯 잎이 듬성듬성 나 있다.
② 돌이켜 보면 회사 일이 바쁘다는 ***핑게**로 얼굴을 보는 것조차 기억이 없을 정도로 무심했던 것 같다.
③ 학위 수여식을 마친 졸업생들이 **<u>휴계실</u>**에서 학사모와 꽃다발을 탁자 위에 놓고 갈증이 나는 듯 물을 마시고 있다.
④ 이와 관련해 박준범은 "***본이** 아니게 3학년 전체가 피해를 보는 것 같아서 미안하다."라며 드래프트에 앞서 현장을 떠났다
⑤ 민요 하면 "***닐리리야**' 하고 구성진 가락이 먼저 떠오른다.
⑥ 영어의 관사 용법은 국어의 ***띠어쓰기**처럼 까다롭다고 할 수 있다.

2) 규정

제8항 '계, 례, 몌, 폐, 혜'의 'ㅖ'는 'ㅔ'로 소리 나는 경우가 있더라도 'ㅖ'로 적는다.(ㄱ을 취하고, ㄴ을 버림.)

ㄱ	ㄴ		ㄱ	ㄴ
계수(桂樹)	게수		혜택(惠澤)	헤택
사례(謝禮)	사레		계집	게집
연몌(連袂)	연메		핑계	핑게
폐품(廢品)	페품			

다만, 다음 말은 본음대로 적는다.

   게송(偈頌)   게시판(揭示板)   휴게실(休憩室)

제9항 '의'나, 자음을 첫소리로 가지고 있는 음절의 'ㅢ'는 'ㅣ'로 소리 나는 경우가 있더라도 'ㅢ'로 적는다.(ㄱ을 취하고, ㄴ을 버림.)

ㄱ	ㄴ	ㄱ	ㄴ
의의(意義)	의이	본의(本義)	본이
무늬[紋]	무니	보늬	보니
오늬	오니	하늬바람	하니바람
닐리리	닐리리	닁큼	닝큼
띄어쓰기	띠어쓰기	씌어	씨어
틔어	티어	희망(希望)	히망
희다	히다	유희(遊戱)	유히

3) 해설

한국어 모음들 가운데 몇몇 이중 모음들은 제 음가대로 발음되지 못하고, 단모음으로 발음되는 경우가 종종 있다. <한글 맞춤법> 제8항과 제9항은 이와 같은 이중 모음의 단모음화 현상과 관련하여 원래의 이중 모음 그대로 발음되지 않는 경우가 있더라도 형태소의 원형을 밝혀 이중 모음으로 적도록 하고 있는데, 제8항에서는 'ㅖ'의 표기에 대해, 제9항에서는 'ㅢ'의 표기 문제에 대해 다루고 있다.

후술하게 되는 바와 같이, 현행 <표준어 규정>에 제시된 '표준 발음법 제5항'에 따르면, 이중 모음 'ㅖ'는 음절두음(音節頭音, onset)의 유무에 따라 두 가지로 발음된다. '예의(禮意)'의 '예'와 같이 음절두음이 없는 경우에는 이중 모음 [ㅖ]로 발음해야 하지만, '계수(桂樹), 사례(謝禮), 계집' 등과 같이 음절두음이 있는 경우에는 단모음 [ㅔ]로 발음할 수 있는 것이다. 그러나 이와 같은 발음과는 무관하게 실제 표기에서는 'ㅖ'를 그대로 반영해야 한다. 따라서 용례 ①, ②의 '*게수나무', '*핑게'는 각각 '계수나무', '핑계'로 적어야 하는 것이다. 다만 여기에는 예외가 있어, 한자 '偈, 揭, 憩'는 본음을 'ㅖ'가 아닌 'ㅔ'로 보기 때문에 '偈頌, 揭示板, 休憩室' 같은 단어의 경우 각각 '게송, 게시판, 휴게실'로 적어야 한다. 용례 ③의 '*휴계실'을 '휴게실'

로 바로잡아야 하는 이유는 바로 이것 때문이다.

한편, 이중 모음 'ㅢ'는 그 발음이 상당히 복잡하여[12) 비어두 위치나 음절두음이 있는 경우에는 이중 모음 [ㅢ]가 아닌 단모음 [ㅣ]로 소리 나는 것이 현실적인 발음이다. 그러나 이와 같은 단모음화 현상을 표기에 반영하지 않는다는 것이 제9항의 규정이다. 따라서 용례 ④~⑥의 '*본이, *닐리리야, *띠어쓰기'는 각각 '본의(本義), 닐리리야, 띄어쓰기'로 적어야 한다.

3.2.3. 두음 법칙

1) 용례

> ① 입력 및 조회 작업을 하실 경우에는 해당 **년도**와 학기를 입력하신 후 확인을 클릭합니다.
>
> ② **회계년도**란 세입과 세출을 구분하여 경리함으로써 그 관계를 명확히 하는 기간을 의미하며 1년을 단위로 하는 것이 통례이다.
>
> ③ 이 악보의 [A]와 [A'], 그리고 [A"]를 살펴보면, 세 곳 모두 **선률**과 리듬이 똑같은 형태로 반복되고 있다
>
> ④ 응답자들이 각각의 설문 항목에 대해 '3(보통)'으로 답한 것을 교육청이 **백분률**로 환산해 68.9%가 '아주 만족'하고 있는 것처럼 둔갑시킨 것이다.
>
> ⑤ 신문의 **가십란**이나 3류 주간지에서 봄 직한 해프닝이 일간지들의 정치면 대부분을 차지하고서도 모자라 일면 머리기사에까지 뽑힌 대목에서는 할 말을 잃게 만든다.
>
> ⑥ **경노석**에 앉은 채로 노인의 시선 공격을 받더라도 절대 물러서는 일이 없다. 일명 '무시(無視)'. 이 레벨의 아줌마는 절대로 비홀더나 바질리스크 등의 시선 공격에 영향을 받지 않는다.
>
> ⑦ 편찮은 **상노인**께 자식으로서 효도를 한다는 게 고작 쌀미음(쌀로만 끓인 죽, 통미음과 비슷한 밀)에 깨소금(깨를 볶아 소금과 섞어 찧은 양념) 반찬이었다.

---

12) 이에 대해서는 <표준 발음법> 제5항 '다만 3, 4' 참조.

2) 규정

제10항 한자음 '녀, 뇨, 뉴, 니'가 단어 첫머리에 올 적에는 두음 법칙에 따라 '여, 요, 유, 이'로 적는다.(ㄱ을 취하고, ㄴ을 버림.)

ㄱ	ㄴ	ㄱ	ㄴ
여자(女子)	녀자	유대(紐帶)	뉴대
연세(年歲)	년세	이토(泥土)	니토
요소(尿素)	뇨소	익명(匿名)	닉명

다만, 다음과 같은 의존 명사에서는 '냐, 녀' 음을 인정한다.
　　　냥(兩)　　　　　　　냥쭝(兩-)　　　　　년(年)(몇 년)

[붙임 1] 단어의 첫머리 이외의 경우에는 본음대로 적는다.
　　　남녀(男女)　　　당뇨(糖尿)　　　결뉴(結紐)　　　은닉(隱匿)

[붙임 2] 접두사처럼 쓰이는 한자가 붙어서 된 말이나 합성어에서, 뒷말의 첫소리가 'ㄴ' 소리로 나더라도 두음 법칙에 따라 적는다.
　　　신여성(新女性)　　　공염불(空念佛)　　　남존여비(男尊女卑)

[붙임 3] 둘 이상의 단어로 이루어진 고유 명사를 붙여 쓰는 경우에도 [붙임 2]에 준하여 적는다.
　　　한국여자대학　　　　　　　대한요소비료회사

제11항 한자음 '랴, 려, 례, 료, 류, 리'가 단어의 첫머리에 올 적에는 두음 법칙에 따라 '야, 여, 예, 요, 유, 이'로 적는다.(ㄱ을 취하고, ㄴ을 버림.)

ㄱ	ㄴ	ㄱ	ㄴ
양심(良心)	량심	용궁(龍宮)	룡궁
역사(歷史)	력사	유행(流行)	류행
예의(禮義)	례의	이발(理髮)	리발

다만, 다음과 같은 의존 명사는 본음대로 적는다.
　　　리(里) : 몇 리냐?　　　　　　리(理) : 그럴 리가 없다.

[붙임 1] 단어의 첫머리 이외의 경우에는 본음대로 적는다.
　　　개량(改良)　　　선량(善良)　　　수력(水力)　　　협력(協力)

사례(謝禮)　　　혼례(婚禮)　　　와룡(臥龍)　　　쌍룡(雙龍)

하류(下流)　　　급류(急流)　　　도리(道理)　　　진리(眞理)

다만, 모음이나 'ㄴ' 받침 뒤에 이어지는 '렬, 률'은 '열, 율'로 적는
다.(ㄱ을 취하고, ㄴ을 버림.)

ㄱ	ㄴ	ㄱ	ㄴ
나열(羅列)	나렬	분열(分裂)	분렬
치열(齒列)	치렬	선열(先烈)	선렬
비열(卑劣)	비렬	진열(陳列)	진렬
규율(規律)	규률	선율(旋律)	선률
비율(比率)	비률	전율(戰慄)	전률
실패율(失敗率)	실패률	백분율(百分率)	백분률

[붙임 2] 외자로 된 이름을 성에 붙여 쓸 경우에도 본음대로 적을
수 있다.

신립(申砬)　　　최린(崔麟)　　　채륜(蔡倫)　　　하륜(河崙)

[붙임 3] 준말에서 본음으로 소리 나는 것은 본음대로 적는다.

국련(국제연합)　　　　　　　대한교련(대한교육연합회)

[붙임 4] 접두사처럼 쓰이는 한자가 붙어서 된 말이나 합성어에서
뒷말의 첫소리가 'ㄴ' 또는 'ㄹ' 소리로 나더라도 두음 법칙에 따
라 적는다.

역이용(逆利用)　　　　　　　연이율(年利率)

열역학(熱力學)　　　　　　　해외여행(海外旅行)

[붙임 5] 둘 이상의 단어로 이루어진 고유 명사를 붙여 쓰는 경우
나 십진법에 따라 쓰는 수(數)도 [붙임 4]에 준하여 적는다.

서울여관　　　　　　　　　　신흥이발관

육천육백육십육(六千六百六十六)

제12항 한자음 '라, 래, 로, 뢰, 루, 르'가 단어의 첫머리에 올 적에
는 두음 법칙에 따라 '나, 내, 노, 뇌, 누, 느'로 적는다.(ㄱ을 취하
고, ㄴ을 버림.)

ㄱ	ㄴ	ㄱ	ㄴ
낙원(樂園)	락원	뇌성(雷聲)	뢰성
내일(來日)	래일	누각(樓閣)	루각
노인(老人)	로인	능묘(陵墓)	릉묘

[붙임 1] 단어의 첫머리 이외의 경우에는 본음대로 적는다.

쾌락(快樂)	극락(極樂)	거래(去來)
왕래(往來)	부로(父老)	연로(年老)
지뢰(地雷)	낙뢰(落雷)	고루(高樓)
광한루(廣寒樓)	동구릉(東九陵)	가정란(家庭欄)

[붙임 2] 접두사처럼 쓰이는 한자가 붙어서 된 단어는 뒷말을 두음 법칙에 따라 적는다.

내내월(來來月)	상노인(上老人)
중노동(重勞動)	비논리적(非論理的)

3) 해설

한국어에는 단어 첫머리에 자음이 둘 이상 이어져 나오는 자음군(子音群, consonant cluster)이 올 수 없고, 'ㅇ[ŋ]'이나 'ㄹ'가 올 수 없으며 'ㅣ'나 'j'계 이중 모음, 곧 '야, 여, 요, 유' 앞에 'ㄴ'가 올 수 없다는 제약이 있다. 이러한 제약으로 인해 한국어는 역사적으로 또는 공시적으로 어두 위치에 자음군, 'ㅇ'과 'ㄹ', 위에서 언급한 환경에서의 'ㄴ'가 놓이면 그것들을 발음하기 쉽게 바꾸어 왔다.[13] 이러한 음운 과정을 일컬어 두음 법칙이라고 한다. <한글 맞춤법> 제10항~제12항에서는 바로 이와 같은 한국어의 두음 법칙과 관련된 표기 문제를 다루고 있다. 현대 한국어 단계에서의 두음 법칙이란

---

13) 발음하기 쉽게 바꾸는 방법은 다음과 같은 세 가지 방법이 있다. 첫째, 그 자음을 탈락시킨다. 둘째, 그 자음을 다른 자음으로 바꾼다. 셋째, 그 자음의 앞이나 뒤에 모음을 끼워 넣는다.

고유어와 관련되는 것이라기보다는 주로 한자어와 관련이 있는바, 규정의
대부분이 한자음 표기에 관한 것이다.

　제10항은 한자음 '녀, 뇨, 뉴, 니'의 표기에 대한 규정이다. 즉, 이러한 한
자음들은 'ㄴ'가 'ㅣ'나 'j'계 이중 모음 '여, 요, 유' 앞에 놓이는 경우이므
로, 어두 위치에서는 두음 법칙을 적용하여 'ㄴ'를 탈락시켜 표기해야 하는
것이다. '남녀(男女), 당뇨(糖尿), 결뉴(結紐), 은닉(隱匿)' 등의 예에서처럼, 비어두
위치에서는 '녀, 뇨, 뉴, 니' 등으로 실현되는 한자음이, '여성(女性), 요소(尿
素), 유대(紐帶), 익명(匿名)' 등과 같이, 어두 위치에서는 두음 법칙에 의해 'ㄴ'
가 탈락하므로, 탈락하는 대로 표기해야 하는 것이다. 다음 예들 또한 그러
한 사실을 보여 준다.

(7) ㄱ. 소녀(少女)　　만년(晚年)　　배뇨(排尿)　　비구니(比丘尼)
　　　　운니(雲泥)　　탐닉(耽溺)

　　ㄴ. 여성(女性)　　연도(年度)　　요도(尿道)　　이승(尼僧)
　　　　이토(泥土)　　익사(溺死)

　위의 예들을 보면, '女, 年, 尿, 尼, 溺' 등의 한자의 경우, (7ㄱ)처럼 비어두
위치에서는 본음 그대로 '녀, 년, 뇨, 니, 닉'으로 적지만, (7ㄴ)처럼 어두 위
치에서는 두음 법칙을 적용하여 '여, 연, 유, 이, 익' 등으로 적고 있음을 알
수 있다. 용례 ①의 '*년도'를 '연도'로 표기해야 하는 이유도 바로 이러한
두음 법칙의 적용 때문이다.

　제10항에서 제시하고 있는 환경에서의 두음 법칙은 [붙임 2]에 제시한
대로, 접두사처럼 쓰이는 한자가 붙어서 된 말이나 합성어에도 적용된다.
우선, 접두사처럼 쓰이는 한자가 붙어서 된 말이란 '신-여성'이나 '구-여성',
'공-염불' 등과 같은 단어에서처럼, 접두사의 성격을 띠는 한자 '신(新)'이나
'구(舊)', '공(空)' 다음에서는 두음 법칙을 적용해야 한다는 것이다. 다음으로,

합성어에서 적용되는 두음 법칙은 '남존 # 여비→남존여비'의 예에서처럼, 각각 독립적 성격을 띠는 단어끼리 결합하여 새로운 단어를 구성하는 합성어에서 후행어의 첫소리 또한 두음 법칙을 적용해야 한다는 것이다. 용례 ②의 '*회계년도'를 '회계연도'로 적어야 하는 것도 바로 이러한 이유에서이다.

다만, 제10항과 같은 두음 법칙의 적용에는 제약이 있어서 의존 명사로 쓰이는 '냥(兩), 냥쭝(兩), 년(年)(몇 년)' 등은 그 앞의 말과 연결되어 하나의 단위를 구성하는 것이므로, 두음 법칙을 적용하지 않고 소리 나는 대로 적는다. 다음이 그 예이다.

> (8) ㄱ. '냥'이란 1 돈의 10 배로, 10 돈을 1 **냥**으로 하고 16 **냥**이 1 근 (斤), 1 돈쭝은 3.7301g이다.
> ㄴ. 궤 안에 담긴 선물은 금 25 **냥쭝**과 백은 100 **냥쭝** 등 수없이 많았는데, 모두 값비싼 물건들이었다.
> ㄷ. 이러한 질병 패턴의 변화에도 불구하고 국내에 류마티스학이 소개된 지는 고작 10여 **년**에 불과하며 환자들을 위한 인력 및 전문 시설은 극히 미약하다고 할 수 있습니다.

위 문장들에서 사용된 '냥(兩), 냥쭝(兩), 년(年)'은 모두 단위를 나타내는 데 쓰이는 의존 명사로, 두음 법칙이 적용되지 않고 있음을 알 수 있다.[14] 의존 명사에서 나타나는 이와 같은 두음 법칙의 제약은 '녀석(그 녀석), 년(괘씸한 년), 님(바느질 실 한 님), 닢(엽전 한 닢)' 등 일부 고유어에서도 그대로 적용된다.

한편, 한국어는 어두 위치에 'ㄹ'가 올 수 없다는 제약이 있다. 이러한 언어적 사실과 관련하여 제11항에서는 본음이 '랴, 려, 례, 료, 류, 리'인 한자

---

14) 가령, '년(年)'이 '연 3회'처럼 '한 해(동안)'란 뜻을 표시하는 경우에는 의존 명사가 아니므로, 두음 법칙이 적용된다.

가 어두 위치에 올 때에는 두음 법칙에 따라 '야, 여, 예, 요, 유, 이'로 적는 다는 규정이 제시되어 있다. 다음 예를 보자.

(9) ㄱ. 개량(改良)　　선량(善良)　　수력(水力)　　협력(協力)
　　　사례(謝禮)　　혼례(婚禮)　　와룡(臥龍)　　쌍룡(雙龍)
　　　하류(下流)　　급류(急流)　　도리(道理)　　진리(眞理)
　　ㄴ. 양심(良心)　　양식(良識)　　역동(力動)　　역사(歷史)
　　　예의(禮義)　　용루(龍戾)　　유행(流行)　　이발(理髮)

위의 예들 가운데 (9ㄱ)은 비어두 위치에서 본음 그대로 '랴, 려, 례, 료, 류, 리'로 발음되는 한자의 예이다. 또한 (9ㄴ)은 어두 위치에서 '랴, 려, 례, 료, 류, 리'의 'ㄹ'가 탈락하여 '야, 여, 예, 요, 유, 이'로 실현되는 예이다.

흥미로운 사실은 한자음 '렬, 률'은 여타의 한자음들과는 달리, 비어두 위치에서도 두음 법칙이 적용되는 경우가 있다는 것이다. 제11항의 '다만'에서 제시하고 있듯이, 모음이나 'ㄴ' 받침 뒤에 이어지는 '렬, 률'을 '열, 율'로 적어야 하는 것이다. 우선, '렬, 률'을 본음으로 하는 한자 가운데 그 사용 빈도가 높은 한자의 목록을 제시하면 다음과 같다.

(10) ㄱ. 렬 : 烈, 列, 裂, 劣
　　 ㄴ. 률 : 律, 率, 栗, 慄

이러한 한자들은 어두 위치에서는 물론, 모음이나 'ㄴ' 받침 뒤에 연결되는 경우에도 두음 법칙의 적용을 받는다는 점에서 다른 한자들과 구별된다. 이러한 두음 법칙이 적용된 한자어의 예들을 제시하면 다음과 같다.

(11) ㄱ. 의열(義烈), 치열(熾烈), 선열(先烈), 나열(羅列), 치열(齒列), 서열(序列), 분열(分列), 진열(陳列), 사분오열(四分五裂), 분열(分裂), 균열(龜裂), 비열(卑劣), 우열(優劣), 천열(賤劣)

ㄴ. 규율(規律), 자율(自律), 비율(比率), 실패율(失敗率), 조율(棗栗),
   백분율(百分率), 선율(旋律), 전율(戰慄)

위의 예에서 확인할 수 있는 것처럼, 한자음 '렬, 률'은 어두 위치 외에도
비어두 위치의 모음과 'ㄴ' 다음에서 두음 법칙이 적용된다. 그러므로 앞에
서 제시한 용례들 가운데, ③의 '*선률'과 ④의 '*백분률'은 각각 '선율'과
'백분율'로 고쳐 써야 한다.

한자음 '렬, 률'의 표기와 관련된 오류 가운데는 특히 '率'과 관련되는 것
들이 많다. 다음은 그러한 오류를 보여주는 전형적인 사례이다.

(12) ㄱ. 지난해 경제위기 탓에 노사가 합의한 협약 임금 **인상율**이 외환
     위기 이후 가장 낮았던 것으로 나타났다.
   ㄴ. 이 중에서 투자 수익성 분석의 조사 대상이 되는 영화 73편의
     투자 **수익율**은 -7.2%를 기록했다.
   ㄷ. 선박 **건조율**, 스타크래프트 상위 랭킹 **점유율**, 초고속 인터넷 *
     사용율, 컴퓨터 **보급율**, 인터넷 이용시간, TFD-LCD **점유율**,
     제철 조강 생산량, 단일 원자력 발전소 **이용율**, 휴대폰 보급 *
     성장율 등등.
   ㄹ. 이는 사법고시(8%), 행정고시(8%) 등 다른 시험과 비교해도 월
     등히 낮은 **합격율**로, 기술사 시험을 이공계의 변호사로 부르는
     이유가 여기 있다.
   ㅁ. **경감율**은 노인 세대의 경우 재산 가액에 따라, 장애인 세대의
     경우 장애 등급에 따라 10~30% 범위 내에서 달라진다.

위 문장들에서 사용되고 있는 '**인상율, *수익율, *사용율, *보급율, *이용
율, *성장율, *합격율, *경감율'은 모두 두음 법칙이 잘못 적용된 예들이다.
'건조율, 점유율'처럼 모음 다음이나 '백분율'과 같은 'ㄴ' 다음이 아니라면
본래의 한자음 그대로 '률'로 적어야 올바른 표기인 것이다.

어두음이 'ㄹ'인 한자어에서 실현되는 두음 법칙은 제10항 [붙임 2]의 규정과 마찬가지로, 독립성이 있는 단어에 접두사처럼 쓰이는 한자어 형태소가 결합하여 된 단어나 두 단어가 결합하여 된 합성어 또는 이에 준하는 구조의 경우, 뒤의 단어에 두음 법칙이 적용되는 것이 특징이다([붙임 4]).[15] 다음이 그 예이다.

(13) ㄱ. 몰-이해(沒理解)   과-인산(過燐酸)   가-영수(假領收)
　　　 등-용문(登龍門)   불-이행(不履行)   사-육신(死六臣)
　　　 생-육신(生六臣)   선-이자(先利子)   소-연방(蘇聯邦)
　　　 청-요리(淸料理)
　　 ㄴ. 수학-여행(修學旅行)   낙화-유수(落花流水)
　　　 무실-역행(務實力行)   시조-유취(時調類聚)

위의 예들 가운데 (13ㄱ)은 독립성이 있는 단어에 접두사처럼 쓰이는 한자어 형태소가 결합하여 이루어진 단어에 적용된 두음 법칙의 사례이다. 또한 (13ㄴ)은 두 단어가 결합하여 이루어진 합성어 또는 이에 준하는 구조에 적용된 사례이다.

한편, [붙임 5]에 제시하고 있는 것처럼, '육천육백육십육(六千六百六十六)'이나 '육육삼십육(6×6=36)' 같은 형식도 둘 이상의 단어가 결합하여 구성된 합성어로 보고 두음 법칙을 적용하여 적는다.[16] 아울러, 고유어 뒤에 한자어가 결합한 경우에도 후행 한자어 형태소는 하나의 단어로 인식되므로, 두음 법칙을 적용하여 적는다.

(14) 가시-연(蓮), 구름-양(量)[雲量], 허파숨-양(量)[肺活量], 수-용[雄龍]

---

15) 사람들의 발음 습관이 본음의 형태로 굳어져 있는 것은 예외 형식을 인정한다.
　　例. 미-립자(微粒子), 소-립자(素粒子), 수-류탄(手榴彈), 파-렴치(破廉恥) 등.
16) 다만, '오륙도(五六島), 육륙봉(六六峰)' 등은 '오/육, 육/육'처럼 두 단어로 갈라지는 구조가 아니므로, 본음대로 적는다.

그러나 이러한 'ㄹ'의 두음 법칙에는 몇 가지 예외가 있는데, 외자로 된 이름을 성에 붙여 쓸 경우[17]([붙임 2])와, 준말에서 본음으로 소리 나는 경우 ([붙임 3])이다. 다음이 그 예이다.

(15) ㄱ. 신립(申砬)   최린(崔麟)   채륜(蔡倫)   하륜(河崙)
    ㄴ. 국련(국제연합) 대한교련(대한교육연합회)

또한, 의존 명사 '량(輛), 리(理, 里, 厘)' 등은 두음 법칙과 관계없이 본음대로 적는 것이 특징이다. 다음을 보자.

(16) ㄱ. 객차 오십 량(輛)
    ㄴ. 그럴 리(理)가 없다, 십 리(里), 2푼 5리(厘)

한편, <한글 맞춤법> 제12항에서는 어두음이 'ㄹ'인 한자음 가운데 그 음이 '라, 래, 로, 뢰, 루, 르'인 경우는 두음 법칙에 따라 '나, 내, 노, 뇌, 누, 느'로 적어야 한다고 규정하고 있다. 이는 제11항에서 'ㄹ'를 탈락시키는 것과는 차이를 보이는 것이다.

(17) ㄱ. 쾌락(快樂)   극락(極樂)   거래(去來)   왕래(往來)
    부로(父老)   연로(年老)   지뢰(地雷)   낙뢰(落雷)
    고루(高樓)   광한루(廣寒樓) 강릉(江陵)   태릉(泰陵)
    동구릉(東九陵) 서오릉(西五陵) 공란(空欄)   답란(答欄)
    ㄴ. 낙원(樂園)   내일(來日)   노인(老人)   뇌성(雷聲)
    뇌우(雷雨)   누각(樓閣)   능묘(陵墓)

위의 예들 가운데 (17ㄱ)은 '樂, 來, 老, 雷, 樓, 陵, 欄' 등의 한자음이 비어

---

17) 이것은 한 글자 이름의 경우에 국한되는 허용 규정이므로, 두 글자 이름의 경우에는 '*박린수(朴麟洙), *김륜식(金倫植)'처럼 적는 것이 허용되지 않는다.

두 위치에서 본음 그대로 실현되고 있음을 보여주는 반면, (17ㄴ)은 그러한 한자음이 어두 위치에 놓일 때에는 두음 법칙에 따라 'ㄴ'로 교체되어 발음됨을 보여준다. 이와 같은 한자음 '라, 래, 로, 뢰, 루, 르'의 표기와 관련하여 한 가지 특기할 만한 것으로, 신문이나 잡지와 같은 대중매체에서 일정한 지면을 가리킬 때 사용하는 '란(欄)'의 표기를 들 수 있다. 다음 예를 보기로 하자.

(18) ㄱ. 가정란(家庭欄), 구직란(求職欄),
　　　　　독자란(讀者欄), 투고란(投稿欄)
　　　ㄴ. 어린이난, 어머니난, 가십난[18]

위의 예들을 분석해 보면, (18ㄱ)에서는 '란(欄)'이 '家庭, 求職, 讀者, 投稿'와 같은 한자어 다음에 결합되어 있으나, (18ㄴ)에서는 '어린이, 어머니, 가십'처럼, 고유어나 외래어 다음에 결합되어 있음을 알 수 있다. 이러한 차이 때문에, (18ㄱ)의 '란(欄)'은 하나의 단어 내부의 구성요소로 보아 두음 법칙을 적용하지 않지만, (18ㄴ)의 그것은 (14)의 예를 통하여 설명한 것처럼, 고유어나 외래어 다음의 한자어 형태소를 하나의 단어로 인식하여 두음 법칙을 적용하고 있는 것이다. 용례 ⑤에서 쓰인 '*가십란'을 '가십난'으로 적어야 하는 이유가 바로 여기에 있다.

한편, 제12항의 [붙임 2]에서는 접두사처럼 쓰이는 한자가 붙어서 된 단어나 두 단어가 결합하여 된 합성어의 경우, 뒷말을 두음 법칙에 따라 적는다고 규정하고 있다. 이는 앞에서 설명한 제10항의 [붙임 2]나 제11항의 [붙임 4]에서 설명한 것과 같은 맥락에 따른 것이다. 여기에 몇몇 예를 더 제시하면 다음과 같다.

---

18) '가십'이란 영어 단어 'gossip'에서 온 말로 신문, 잡지 등에서 개인의 사생활에 대하여 소문이나 험담 따위를 흥미 본위로 다룬 기사를 말한다. '촌평'으로 순화해서 사용하기도 한다.

(19) ㄱ. 반-나체(半裸體)   실-낙원(失樂園)   중-노인(中老人)
    ㄴ. 육체-노동(肉體勞動)   부화-뇌동(附和雷同)
        사상-누각(砂上樓閣)   평지-낙상(平地落傷)

위의 예 가운데 (19ㄱ)은 '반-(半), 실-(失), 중-(中)' 등의 한자어가 접두사처럼 쓰이는 말 뒤에서 두음 법칙이 적용된 사례이다. 용례 ⑥에 제시한 '*경노석'은 두음 법칙의 적용 대상이 아니지만, ⑦의 '상노인'은 두음 법칙의 대상에 해당하는 것은 바로 이러한 사례와 관련이 있다. 이어서 (19ㄴ)은 합성어의 뒷말로 쓰인 '노동, 뇌동, 누각, 낙상' 등의 어휘에 두음 법칙이 적용된 사례이다.

끝으로, 한국어의 두음 법칙과 관련하여 지적해 두어야 할 점이 있다면, <한글 맞춤법> 제10항~제12항에서 규정하고 있는 두음 법칙이 적용되지 않는 예외적인 어휘의 수가 적지 않다는 것이다. 다음 예들을 보자.

(20) ㄱ. 니트, 니켈, 니코틴, 뉴스, 뉴 미디어, 뉴턴, 뉴 패션
    ㄴ. 라면, 라디오, 램프, 러닝셔츠, 레인지, 로맨스, 루머, 르네상스, 리
        더십, 리어카

(20ㄱ)은 어두음이 'ㄴ'인 예이고, (20ㄴ)은 어두음이 'ㄹ'인 예이다. 이러한 예들은 모두 외래어라는 공통점이 있다. 이러한 예외의 존재는 한국어의 두음 법칙이 외래어에는 아직 적용되지 않는 데에서 비롯된 것이라고 할 수 있다.

또 한 가지 지적해야 할 언어적 사실로는 두음 법칙과 관련하여 일종의 부정 회귀(false regression)에 따른 표기의 오류가 종종 나타난다는 것이다. 가령, 한자 '難'은 본음이 '난'인데, 많은 한국어 화자들이 이 '난'을 '란'의 두음 법칙에 따라 생성된 한자음이라고 생각하여, 비어두 위치의 '난'을 '란'으로 표기하고 있는 것이다.

(21) ㄱ. 그는 또 연초라는 시기적 상황과 사상 최악이라는 ***실업란**, 서민
　　　경제의 불황 등이 점집을 찾게 하는 원인이 되고 있다고 조심스런
　　　분석을 내놓았다.
　　ㄴ. 의사 수급 정책의 혼선에 의한 의사 과잉 배출과 IMF 한파로 인한
　　　국가 **경제난**으로 의료기관의 **경영난**이 갈수록 악화되고 있는 가
　　　운데 개원과 취업이 어려워져 의사 ***취업란** 시대가 도래, 사회 문
　　　제로 대두되고 있다는 연구 결과가 발표돼 주목을 끌고 있다.
　　ㄷ. 경험이 풍부한 전직 CEO를 벤처 기업에서 영입토록 해, 벤처 기
　　　업의 힘이 미치지 못하는 마케팅이나 전략 경영 분야에 자문하도
　　　록 하면 벤처 기업의 ***인력란**을 덜고 크게는 벤처 강국 건설에도
　　　큰 도움이 될 것이라고 믿는다.

(22) ㄱ. **취업난**으로 대학마다 복수 전공자가 계속 늘어나고 있지만 대부분
　　　의 기업에서 제2 전공을 아예 무시하거나 입사 원서를 내는 자격
　　　정도로만 인정할 뿐이라는 것.
　　ㄴ. 대졸 고학력자를 비롯한 청년 구직자들이 채용 현장에서 느끼는
　　　실업난과 명퇴자 퇴출 인력 등이 재취업 시장에서 겪는 **구직난**은
　　　외환위기 때 못지않다.

　(21)의 예들에서 보듯이, 오늘날 우리가 사용하는 한국어 자료들 가운데
는 '*실업란, *취업란, *인력란' 등과 같이 'ㄴ'으로 표기해야 할 자리에 'ㄹ'
로 표기하는 오류가 적지 않다. 이러한 오용 사례는 대부분 신문이나 잡지
와 같은 대중매체에 자주 등장한다는 사실을 감안해 볼 때, 그 파급 효과가
적지 않으리라는 예측이 가능하다. 따라서 (21)에 사용된 '경제난'과 '경영
난', (22)에 사용된 '취업난', '실업난' 또는 '구직난'의 예에서처럼 본래의
한자음을 제대로 알고 써야 할 것이다.

'취업률'과 '*취업율'

우리의 통치자께서 청년 실업 문제를 해결해 보겠다는 굳센 의지를 보여 주신 것까지는 참 좋은 일이었는데, 그 불똥이 난데없이 대학으로 튀어 각종 대학 평가나 국책 사업의 평가 지표로서 취업률은 매우 중요한 비중을 차지하고 있습니다. 오늘날 많은 대학들이 졸업생 취업률을 높이기 위해 전전긍긍하고 있는 까닭이 바로 여기에 있다고 할 것입니다.

문제는 그러한 전전긍긍이 때때로 '취업률'인지 '*취업율'인지 하는 표기 문제로까지 번지는 경우도 없지 않다는 것입니다. 따라서 이번 편지에서는 일상적인 언어생활에서 매우 높은 빈도로 쓰이는 '률(率)'의 표기 원칙에 대해 살펴보기로 하겠습니다.

다음 표는 정부가 추진하고 있는 대학 구조조정 단계별 평가 지표 가운데 하나인 '정부 재정지원 제한 대학'의 지표입니다. 여기에 보면 '률(率)'이 '률'로 표기된 것이 있는가 하면, '율'로 표기되는 것도 있어서 이러한 표기의 원칙이 무엇일까 하는 관심을 유도하고 있습니다. 이해의 편의상 왼쪽의 표에 제시된 단어들 가운데 '률(率)'을 '률'로 표기한 경우와 '율'로 표기한 단어로 구분하여 제시해 보기로 하겠습니다.

취업률 20%
재학생충원율 30%
전임교원확보율
7.5%
학사관리 10%
장학금지급률 10%
교육비환원율 7.5%
등록금부담완화 10%
법인지표 5%

(1) 률 : 취업률, 지급률
(2) 율 : 충원율, 확보율, 환원율

위의 분류를 보면, '취업률'과 '지급률'에서는 '률(率)'을 '률'로 표기하고 있지만, '충원율, 확보율, 환원율' 등의 단어에서는 '율'로 표기하고 있음을 알 수 있습니다. 이를 좀 더 구체화해서 말하자면, (1)의 예처럼 '률' 앞에 오는 단어의 끝소리가 'ㄴ'을 제외한 자음인 경우에는 '률'로 적지만, (2)의 예처럼 단어의 끝소리가 모음이거나 자음 'ㄴ'이면 '율'로 적습니다. 다음 예들을 좀 더 보기로 하시지요.

(3) ㄱ. 선박 **건조율**, 스타크래프트 상위 랭킹 **점유율**, 초고속 인터넷 **사용률**, 컴퓨터 **보급률**, 인터넷 이용 시간, TFD-LCD **점유율**, 제철 조강 생산량, 단일 원자력 발전소 **이용률**, 휴대폰 보급 **성장률** 등등을 살펴볼 필요가 있다.

　　ㄴ. 17대 총선 당선자의 **당선율**은 지방대 출신 비율이 종전보다 크게 높아졌다.

　　ㄷ. 미국은 하원의원의 **재선율**이 90%를 상회하고 상원의원의 재선율도 70%를 상회하는 등 현역 의원들의 **재선율**이 매우 높다.

　여기에서 보듯이, '건조율, 점유율, 재선율' 등 '률(率)'이 모음이나 자음 'ㄴ' 뒤에 쓰인 경우에는 모두 '율'로 적지만, '사용률, 보급률, 이용률, 성장률' 등 'ㄴ'을 제외한 나머지 자음 뒤에서는 '률'로 적습니다. '취업률'을 '*취업율'로 적지 않는 이유가 바로 여기에 있는바, 이제 '취업율 ~%' 때문에 고민할 필요는 없어야 할 것으로 보입니다. 그렇다면, 원래의 음이 '률'인 한자 '率'을 모음이나 'ㄴ' 뒤에서 '율'로 적는 이유는 무엇일까요? 그 이유는 바로 한국어에 적용되는 '두음 법칙'이 이러한 환경으로 확대 적용되고 있기 때문입니다.

　　　　　　　　　− 출처 : 강희숙(2014), 『우리말 편지』, 소통, pp. 24~25.

3.3. 제4장 형태에 관한 것

3.3.1. 합성 동사의 표기

1) 용례

> ① *너머지며 일어서며 상처뿐인 영혼에 놀라워라.
> ② 가연물이 *떠러지거나 접촉할 우려가 없는 위치에 설치할 것.
> ③ 첫째, 가장 흔히 볼 수 있는 미소 짓는 모습은 소위 모나리자 미소이고, 둘째는 미소 지을 때 송곳니가 *들어나는 경우의 견치미소, 셋째는 전치미소로 큰어금니를 포함한 모든 치아가 *들어나는 경우로서 가장 드문 유형의 미소입니다.
> ④ 그러나 지금은 그 큰 마을 백가대촌이 흔적 없이 임하댐 속으로 *살아지고 푸른 물결만 일렁이고 있을 뿐이다.
> ⑤ 그러나 아오모리현 내에서도 사과 주산지가 논농사 지역보다 뇌졸중으로 *쓸어지는 사람이 적다는 것을 알았다.

2) 규정

> **제15항** 용언의 어간과 어미는 구별하여 적는다.
> **[붙임 1]** 두 개의 용언이 어울려 한 개의 용언이 될 적에, 앞말의 본뜻이 유지되고 있는 것은 그 원형을 밝히어 적고. 그 본뜻에서 멀어진 것은 밝히어 적지 아니한다.
> (1) 앞말의 본뜻이 유지되고 있는 것
>
> | | | | |
> |---|---|---|---|
> | 넘어지다 | 늘어나다 | 늘어지다 | 돌아가다 |
> | 되짚어가다 | 들어가다 | 떨어지다 | 벌어지다 |
> | 엎어지다 | 접어들다 | 틀어지다 | 흩어지다 |
>
> (2) 본뜻에서 멀어진 것
>
> | | | |
> |---|---|---|
> | 드러나다 | 사라지다 | 쓰러지다 |

3) 해설

앞에서 언급한 바와 같이, 현행 <한글 맞춤법>의 중요한 원리 가운데 하나는 형태음소론적 표기, 곧 형태소의 원형을 최대한으로 밝혀 적는 것이다. 그리하여 <한글 맞춤법> 제4장 1절에서는 체언과 조사를, 2절에서는 용언의 어간과 어미를 구별하여 적는 것을 원칙으로 하는 규정을 정해 놓고 있다. 이는 실질 형태소인 체언과 용언의 어간의 형태를 고정하고, 조사나 어미도 모든 체언이나 용언 어간에 공통으로 결합하는 통일된 형식을 유지하여 적기로 한 것이다. 다음 예를 보기로 하자.

(23) ㄱ. 밭이   밭을   밭에   밭도   밭만
     ㄴ. [바치]   [바틀]   [바테]   [받또]   [반만]

(24) ㄱ. 늙고   늙지   늙는   늙으니   늙어서
     ㄴ. [늘꼬]   [늑찌]   [능는]   [늘그니] [늘거서]

위의 예들 가운데 (23ㄱ)과 (24ㄱ)은 체언과 용언의 어간을 각각 형태를 고정하여 표기한 것이고, (23ㄴ)과 (24ㄴ)은 그와 같은 형태를 고정하지 않고 소리 나는 대로 표기한 것이다. 만일 'ㄴ'과 같은 표기 방식을 택한다면, 단일한 의미를 지니는 형태가 '밭'의 경우에는 '밫~밭~받~반' 등으로, '늙-'의 경우는 '늘~늑~능~늙'으로 표기됨으로써 체언이나 용언 어간의 원래 모양이 어떤 것인지 파악하기가 어렵다는 문제가 있다. 따라서 (23ㄱ), (24ㄱ)과 같은 방식의 형태음소론적 표기가 필요하게 된 것이다. 그러나 형태음소론적 표기가 언제나 가능한 것은 아니어서, 많은 예외가 존재하게 되는데, 그 가운데 하나가 여기에 제시한 제15항의 [붙임 1]이다.

[붙임 1]에 따르면, 두 개의 용언이 어울려 한 개의 용언이 되는 경우, 다시 말해, 합성 동사가 되는 경우, 앞말의 본뜻이 유지되고 있는 것은 그 원형을 밝히어 적고, 그 본뜻에서 멀어진 것은 밝히어 적지 아니한다고 규정하고 있다. 이를 이해하기 위해서는 이러한 유형에 속하는 합성 동사의 구

성 방식을 파악해야 한다.

    (25) 합성 동사의 구성 방식: 동사 어간 + -아/어 + 동사 어간

  (25)에 따르면, [붙임 1]에 속하는 합성 동사들은 선행 동사의 부동사형[19]에 또 다른 동사 어간이 결합함으로써 형성됨을 알 수 있다. 이러한 구성 방식은 현대 한국어의 합성 동사를 구성하는 가장 일반적인 방식이다.

  [붙임 1]에 제시된 합성 동사들은 모두 (25)와 같은 방식에 따라 형성된 합성 동사라는 점에서는 공통점을 지닌다. 그러나 그 표기 방식에서는 차이가 있다. 예컨대, '넘어지다, 늘어나다, 돌아가다'의 경우에는 선행 동사의 어간인 '넘-, 늘-, 돌-'이 본래의 의미를 유지하고 있어서, 그 원형을 밝혀 적지만, '드러나다, 사라지다, 쓰러지다'의 경우에는 어간 '들-, 살-, 쓸-'의 본래 의미가 제대로 인식되지 못하거나 변화를 겪음으로써 그대로 유지되고 있다고 보기 어려우므로, 원형을 밝혀 적지 않고 소리대로 적는 것이다. 따라서 위에서 제시한 용례들 가운데 ①, ②의 '*너머지며, *떠러지거나'는 전자의 경우에 속하므로, 원형을 밝혀 '넘어지며, 떨어지거나'로 적어야 한다. 또한 ③~⑤는 후자에 속하므로, '드러나는, 사라지고, 쓰러지고'로 각각 적어야 한다.

---

[19] 동사의 '부동사형'이란 '정동사형'에 대조되는 말로, 한 문장 속에서 그 문장 전체의 진술을 스스로 완결하지 못하고 다만 다른 구절이나 용언에 대하여 부사적 역할만 하는 서술어, 즉 용언이 부사형 어미를 가진 어형을 이른다.

3.3.2. 종결 어미 '-오', 연결 어미 '-요', 보조사 '요'의 구별

1) 용례

① 눈물겹게 사랑한 카타콤 속에서의 그분과의 약속을 들고 어느 날 문득 기억의 카타콤으로 ***오십시요.**

② 그나마 이만한 흔적이라도 남기려는 안타까운 몸짓이라고 보아 * **주십시요.**

③ 그 누구도 외딴 섬이 ***아니요.** 저 망망한 바다에 뿌려진 파편들 처럼 쓸쓸히 홀로 떠 있는 외로운 섬이 ***아니요.**

④ 내가 곧 **길이요, 진리요,** 생명이니 나로 말미암지 않고는 아버지 께로 올 자가 없느니라.

⑤ 우리들의 입은 갑옷 쇠가 **아니요,** 우리들의 가진 검은 강철 **아 니요,** 하나님께 받아 가진 평화의 복음 거룩하신 말씀이로다.

⑥ 볼륨매직—곱슬머리의 인생 역전이라 해도 과언은 **아니지요?**

⑦ 역사 속의 인물을 작가가 재해석하고 연기자가 재창조해서 시청 자가 새로운 감각으로 받아들이는 삼위일체가 이뤄진다는 것, 너무 멋있지 **않나요?**

2) 규정

제15항 용언의 어간과 어미는 구별하여 적는다.

[붙임 2] 종결형에서 사용되는 어미 '-오'는 '요'로 소리 나는 경우가 있더라도 그 원형을 밝혀 '오'로 적는다.(ㄱ을 취하고 ㄴ을 버림.)

ㄱ	ㄴ
이것은 책이오.	이것은 책이요.
이리로 오시오.	이리로 오시요.
이것은 책이 아니오.	이것은 책이 아니요.

[붙임 3] 연결형에서 사용되는 '-요'는 '-요'로 적는다.(ㄱ을 취하고 ㄴ을 버림.)

ㄱ	ㄴ
이것은 책이요, 저것은 붓이요, 또 저것은 먹이다.	이것은 책이오, 저것은 붓이오, 또 저것은 먹이다.

제17항 어미 뒤에 덧붙는 조사 '요'는 '요'로 적는다.

읽어	읽어요
참으리	참으리요
좋지	좋지요

3) 해설

형태음소론적 표기, 곧 형태소의 원형을 최대한 밝혀 적는다는 표기 원칙은 용언의 어간 뒤에 붙는 종결 어미 '-오'에도 그대로 적용된다. 이에 대해 규정하고 있는 것이 제15항의 [붙임 2]이다. 종결 어미 '-오'는 위의 용례 ①, ②의 예에서와 같이, '합쇼체'의 종결 어미 '-십시오'[20]의 구성 요소로 출현하거나, ③의 예에서와 같은 '하오체'의 종결 어미로 출현하는데, '-오'를 선행하는 요소가 'ㅣ' 모음으로 끝나게 되면, 모음 충돌 회피를 위한 장치로 반모음 'j'가 삽입됨으로써 '-요'로 발음될 수 있다. ①~③은 바로 그와 같은 사실을 말하여 주는 것이다. 그러나 발음상으로는 'j'가 삽입되는 것을 허용하는 경우[21]가 있다고 하더라도 표기만큼은 형태소의 원형을 밝혀 '오'로 해야 한다. 따라서 ①, ②의 '*오십시요, *주십시요'는 각각 '오십시오, 주십시오'로, ③의 '*아니요'는 '아니오'로 고쳐 써야 올바른 표기이다. 그럼에도 불구하고 우리들의 주변에서는 '오'로 적어야 할 자리에 '요'가 쓰이고 있는 경우들을 흔히 발견하게 되는데, 다음이 그러한 예이다.

---

20) 주지하는 바와 같이, '-십시오'는 "제 말대로 하십시오."나 "여기서 기다리십시오." 등에서처럼, 받침 없는 동사 어간이나 'ㄹ' 받침인 용언의 어간 뒤에 붙어 정중한 명령이나 권유를 나타내는 '하십시오'의 명령법 종결 어미이다.

21) 이에 대해서는 <표준 발음법> 제22항 참조

(26) ㄱ. "고향길 안전히 다녀 **오십시요**"라는 문구에서 '안전히'라는 말이
국어 어법에 맞나요?

ㄴ. 일본어로 '안녕히 **가십시요**'가 뭔가요?

ㄷ. 자료실은 링크로 연결되어 있습니다. 필요한 것 받아 **가십시요.**

ㄹ. 만일 약속한 일들을 부인께서 지키지 못했다 하더라도 책망하지 *
마십시요.

한국어 사용자들이 ①~③을 비롯하여, (26)과 같은 오류를 범하는 것은 종결 어미 '-오'의 용법을 연결 어미 '-요'나 보조사 '요'의 용법과 잘 구별하지 못하는 데서 비롯된 것이라고 할 수 있다. 이러한 분석은 종결 어미 '-오'와 연결 어미 '-요' 및 보조사로 쓰이는 '요'의 쓰임을 잘 구별해야 함을 시사한다. 이에 대해 규정하고 있는 것이 [붙임 3] 및 제17항이다.

우선, [붙임 3]에 따르면, 연결형에서 사용되는 어미 '-요'는 '요'로 적어야 한다. 예문 ④의 '길이요, 진리요'와 ⑤의 '쇠가 아니요, 강철 아니요'에서 알 수 있듯이, '-요'는 '이다, 아니다'의 어간에 붙어 사물이나 사실을 연결할 때 쓰는 연결 어미이다. 이러한 '-요'의 기능은 종결 어미 '-오'와 구별되므로 '오'가 아닌 '요'로 적어야 하는 것이다.

다음으로, 제17항에서 규정하고 있듯이, 보조사 '요'는 '요'로 표기해야 한다. 이 '요'는 그 분포가 상당히 자유로워서 ⑥, ⑦에서 보여주는 것과 같은 종결 어미 다음은 물론, 체언이나 조사, 부사어 또는 연결 어미 다음에 연결되어 청자에 대한 존대의 뜻을 나타내는 데 쓰인다. 예컨대, 다음과 같은 문장이 그러한 예이다.

(27) 저(요) 지금(요) 학교에서(요) 배가(요) 아파서(요) 병원에(요) 다녀오
는 길이거든(요).

위 문장을 통해서 우리는 보조사 '요'의 성격을 분명히 알 수 있다. 즉,

보조사 '요'는 문장을 구성하는 요소의 어디에든 비교적 자유롭게 연결되어 청자에 대한 높임의 뜻을 나타내는 데 쓰일 수 있는 것이다.

그런데 보조사 '요'는 하나의 문장을 적격한 한국어 문장으로 만드는 데 없어서는 안 되는 필수적 요소는 아니어서, 괄호 안에 묶은 것처럼 생략이 가능하다. 이와는 달리 (26)에서 사용된 종결 어미의 구성 요소로서의 '-오'는 생략이 불가능한 필수적 요소이다. 따라서 '-오'와 '요'의 문법적 기능의 구별은 경우에 따라 생략 가능 여부를 따져보는 것도 한 가지 방법일 수 있다.

길

김소월

어제도 하룻밤
나그네 집에
까마귀 까악까악 울며 **새였소.**

오늘은
또 몇 십 리
어디로 갈까.

산으로 올라갈까
들로 갈까
오라는 곳이 없어 나는 못 **가오.**

말 **마소** 내 집도
정주 곽산
차 가고 배 가는 **곳이라오.**

여보소 공중에
저 기러기
공중엔 길 있어서 잘 가는가.

여보소 공중에
저 기러기
열십자 복판에 내가 **섰소.**
갈래갈래 갈린 길
길은 있어도
내게 바이 갈 길은 하나 **없소.**[22]

책

김 수 영

책을 한 권 가지고 있었지**요**.[23] 까만 표지에 손바닥만한 작은
책이지**요**. 첫 장을 넘기면 눈이 내리곤 하지**요**.

바람도 잠든 숲속, 잠든 현사시나무들 투명한 물관만 깨어
있었지**요**. 가장 크고 우람한 현사시나무 밑에 당신은 멈추었
지**요**. 당신이 나무둥치에 등을 기대자 비로소 눈이 내리기 시
작했지**요**. 어디에든 닿기만 하면 녹아버리는 눈. 그때쯤 해서
꽃눈이 깨어났겠지**요**.

때늦은 봄눈이었구**요**. 눈은 밤마다 빛나는 구슬이었지**요**.

나는 한때 사랑의 시들이 씌어진 책을 가지고 있었지**요**. 모
서리가 나들나들 닳은 옛날 책이지**요**. 읽는 순간 봄눈처럼 녹
아버리는, 아름다운 구절들로 가득 차 있는 아주 작은 책이었
지**요**.

---

22) 하오체의 평서법 종결 어미로 '-오'와 '-소'가 쓰이고 있음을 보여 준다. 이 시에서 보듯이,
　　 '-오'와 '-소'는 음운론적 조건에 따른 이형태로, '-오'는 모음이나 'ㄹ' 다음에, '-소'는
　　 'ㄹ'을 제외한 자음 다음에 연결된다.
23) '있었지요', '책이지요', '하지요' 등에 등장하는 밑줄 친 '요'는 높임의 뜻을 지니고 있는 보
　　 조사이다. 이 작품에는 이와 같이 '요'가 자주 쓰이고 있음을 볼 수 있는데, 때로는 '요' 때
　　 문에 시 전체가 여성적인 어조를 지니는 것으로 보이기도 한다.

3.3.3. 모음 조화

1) 용례

> ① 길을 *막어도 대답 없는 엄마야, 가는 엄마야, 아가들을 두고서 산길을 타고 무서운 화장터로 뭐 하러 가나?
> ② 다리에 감는 천은 모직물, 린넨, 가죽 등이었으며 한 가지만 감거나 폭이 다른 몇 개의 띠를 다리에 *감었다.
> ③ 원단이 *얇어서 한여름에 적합한 티셔츠입니다.
> ④ 누군가가 투에 소리와 함께 침을 *뱉았다. 재수 없는 일이었기 때문이다.
> ⑤ 친정엄마처럼 맛있게 김치를 담그고 싶습니다. 나이 드신 엄마를 위해 이젠 제가 맛있는 김치를 *담궈 드리고 싶거든요.
> ⑥ 시동을 끄기 전에 가스 밸브를 *잠궈 연료라인 내에 있는 가스를 소모시키는 것을 잊지 말아야 한다.
> ⑦ 암만 *추와도 목욕을 해도 춥지 않다.
> ⑧ 조신은 아무쪼록 태연한 태도를 지으려 하였으나 인가가 *가까와 올수록 가슴이 울렁거렸다
> ⑨ 그동안 저희 LG 카드를 아껴 주신 회원님의 성원에 *보답코저 사용 한도를 대폭 올려드렸습니다.
> ⑩ 여러분들의 사랑에 *보답코저 연중무휴 포장 배달 서비스를 하오니 더 많은 사랑 부탁드립니다.

2) 규정

> **제16항** 어간의 끝 음절 모음이 'ㅏ, ㅗ'일 때에는 어미를 '-아'로 적고, 그 밖의 모음일 때에는 '-어'로 적는다.
> 1. '-아'로 적는 경우
>
> | | | |
> |---|---|---|
> | 나아 | 나아도 | 나아서 |
> | 막아 | 막아도 | 막아서 |
> | 얇아 | 얇아도 | 얇아서 |

돌아	돌아도	돌아서
보아	보아도	보아서

2. '-어'로 적는 경우

개어	개어도	개어서
겪어	겪어도	겪어서
되어	되어도	되어서
베어	베어도	베어서
쉬어	쉬어도	쉬어서
저어	저어도	저어서
주어	주어도	주어서
피어	피어도	피어서
희어	희어도	희어서

3) 해설

모음 조화란 2음절 이상의 다음절 어형에서 모음끼리 일정한 조화 자질(harmonic feature)을 공유하는 순행 격음동화(隔音同化) 현상을 말한다. 한국어의 경우 형태소 내부나 경계에서 양성 모음은 양성 모음끼리, 음성 모음은 음성 모음끼리만 연결될 수 있으며, 중립 모음, 곧 중성 모음은 원칙적으로 어떤 모음하고도 연결이 가능하다.

양성 모음과 음성 모음이란 한 단어 안에 표현 가치가 다른 모음이 교체됨으로써 어감의 차이를 가져오는 음상(音相, phonic phase)의 대립에 따라 구분된다. 모음의 음상은 대략 다음과 같이 나타낼 수 있다.

<표 3> 모음의 음상

구분	음상									
양성 모음	小	急	密	銳	寡	明	輕	淸	薄	速
음성 모음	大	緩	疎	鈍	多	暗	重	濁	厚	遲

한국어는 전통적으로 형태소 내부에서나 형태소 경계에서 상당히 강력하게 모음 조화를 지켜왔다. 그러나 역사적 발달에 따라 변화를 거듭함으로써 현대 한국어의 경우 형태소 내부에서는 의성어, 의태어에만 그 잔영이 남아 있고, 형태소 경계에서는 용언의 어간과 '아/어' 계열의 어미24) 사이에서만 모음 조화가 유지되고 있다. 표준 한국어 단모음들이 가지고 있는 조화 자질은 다음과 같다.

<표 4> 표준 한국어 단모음의 조화 자질

조화 자질	모음	비고
양성 모음	ㅏ, ㅗ	
음성 모음	ㅣ, ㅐ, ㅔ, ㅚ, ㅟ, ㅡ, ㅓ, ㅜ	어두 위치의 'ㅡ'
중립 모음	ㅡ	비어두 위치의 'ㅡ'

제16항에서는 이와 같은 모음의 조화 자질에 따라 어간의 끝음절 모음이 'ㅏ, ㅗ'일 때에는 어미를 '-아'로 적고, 그 밖의 모음일 때에는 '-어'로 적는다고 규정하고 있다. 즉, 어간의 끝음절 모음이 양성의 조화 자질을 지니는 모음 'ㅏ, ㅗ'일 때에는 모음 조화에 따라 양성의 자질을 지니는 '-아'가 연결되고, 그 밖의 모음일 때에는 음성의 자질을 지니는 '-어'가 연결되는 것이다. 앞의 용례 ①~③의 '*막어도, *감었다, *얇어서'는 '막아도, 감았다, 얇아서'로, ④의 '*뱉았다'는 '뱉었다'로 적어야 하는 이유는 바로 이러한 모음 조화 때문이다.

문제는 제16항의 규정만으로는 한국어 모음 조화의 전반적인 모습을 파

---

24) '-아/어' 계열의 어미라 함은 다음과 같은 유형의 어미들을 말한다.
　① 연결 어미 : -아/어, -아서/어서, -아도/어도
　② 선어말어미 : -았/었
　③ 종결 어미 : -아/어, -아라/어라

악하기 어렵다는 것이다. 즉, 모음 'ㅡ'의 모음 조화와 이른바 'ㅂ' 불규칙 활용 어간의 모음 조화에 대한 기술이 추가되어야 하는 것이다.

우선, 모음 'ㅡ'는 이른바 부분 중립 모음[25]으로서 어두 위치의 'ㅡ'는 음성의 조화 자질을 지니지만, 비어두 위치에서는 중립의 자질을 지닌다. 다음 활용 예들을 보기로 하자.

<blockquote>

(28) 뜨- :   떠서   떴다   떠라

      끄- :   꺼서   껐다   꺼라

(29) ㄱ. 담그- : 담가서   담갔다   담가라

        잠그- : 잠가서   잠갔다   잠가라

     ㄴ. 치르- : 치러서   치렀다   치러라

        들르- : 들러서   들렀다   들러라

</blockquote>

위의 활용 예들 가운데 (28)은 'ㅡ'가 어두 위치에서 음성의 조화 자질을 지니고 있어 '-어'와 연결됨을 보여준다. 이와는 달리 (29)는 'ㅡ'가 비어두 위치에서 중성의 조화 자질을 지니는바, (29ㄱ)에서는 양성의 자질을 지님으로써 '-아'와 연결되는 반면, (29ㄴ)에서는 음성의 자질을 지님으로써 '-어'와 연결됨을 보여 준다. 따라서 ⑤와 ⑥의 '*담궈'와 '*잠궈'는 각각 '담가, 잠가'로 적어야 올바른 표기이다.

다음으로, 이른바 'ㅂ' 불규칙 활용 어간이 어미와의 결합에서 보이는 모음 조화 양상을 살펴보면 다음과 같다.

---

25) 부분 중립 모음이란 어떤 제한된 조건에서만 중립을 지키는 모음으로, 부분적 합류의 결과로 발생하는 모음을 의미한다. 16세기 한국어에서 비어두 음절에서 수행된 'ㆍ'와 'ㅡ'의 합류는 부분적 합류였으므로, 이 경우 'ㅡ'는 '부분 중립 모음'이라 할 수 있다. 즉 'ㅡ'는 어두 음절에서는 음성 모음이었고, 비어두 음절에서는 '중립 모음'이었다.(이기문 1972 : 139)

(30) ㄱ. 곱- : 고와서   고와라   고왔다

       돕- : 도와서   도와라   도왔다

    ㄴ. 춥- : 추워서   추워라   추웠다

       덥- : 더워서   더워라   더웠다

       어렵- : 어려워서   어려워라   어려웠다

       가깝- : 가까워서   가까워라   가까웠다

       아름답- : 아름다워서   아름다워라   아름다웠다

위의 활용 예를 보면, 'ㅂ' 불규칙 활용 어간의 경우, (30ㄱ)에서 제시되고 있는 '곱-, 돕-'의 경우를 제외하면, 어간말 모음의 조화 자질과는 무관하게 '-어'가 연결되고 있음을 알 수 있다(30ㄴ). 이와 같은 모음 조화의 파괴는 (30ㄴ)의 경우처럼 어간의 음절 수가 2음절 이상인 'ㅂ' 불규칙 활용 어간의 경우에 나타나는 현상이다. 따라서 ⑦, ⑧의 '*추와도, *가까와'는 각각 '추워도, 가까워'로 바꿔 써야 올바른 표기이다.

한국어 모음 조화의 흔적으로서 또 한 가지 주목할 만한 것으로는 연결어미 '-고자'의 표기를 들 수 있다. 이 형태 또한 양성의 조화 자질을 지니는 모음끼리의 연결에 의해 '*-고저'나 '*-고져'가 아닌 '-고자'의 형식으로 표기해야 한다. 용례 ⑨, ⑩에 쓰인 '*-고저'와 '*-고져'를 '-고자'로 바로잡아야 하는 이유가 바로 여기에 있다.

詩

파블로 네루다[26]

그러니까 그 **나이였어**……시가
나를 **찾아왔어**. 몰라, 그게 어디서 **왔는지**,
모르겠어, 겨울에서인지 강에서인지.
언제 어떻게 **왔는지** 모르겠어,
아냐, 그건 목소리가 **아니었고,** 말도
아니었으며, 침묵도 **아니었어,**
하여간 어떤 길거리에서 나를 부르더군,
밤의 가지에서,
갑자기 다른 것들로부터,
격렬한 불 속에서 **불렀어,**
또는 혼자 돌아오는데 말야
그렇게 얼굴 없이 있는 나를
그건 건드리더군.

나는 뭐라고 해야 할지 **몰랐어,** 내 입은
이름들을 도무지
대지 **못했고,**
눈은 **멀었으며,**
내 영혼 속에서 뭔가 시작되어 **있었어,**
열(熱)이나 잃어버린 날개,
또는 내 나름대로 해 **보았어,**
그 불을
해독하며,

---

26) 칠레의 시인이자 외교관으로, 1971년 노벨 문학상을 수상하였다. 시집으로 『황혼의 일기』,
『스무 편의 사랑의 시와 한 편의 절망의 노래』 등이 있다.

나는 어렴풋한 첫 줄을 **썼어**
어렴풋한, 뭔지 모를, 순전한
난센스,
아무것도 모르는 어떤 사람의
순수한 지혜,
그리고 문득 나는 **보았어**
풀리고
열린
하늘을,
遊星들을,
고동치는 논밭
구멍 뚫린 그림자,
화살과 불과 꽃들로
들쑤셔진 그림자,
휘감아 도는 밤, 우주를

그리고 나 이 微小한 존재는
그 큰 별들 총총한
虛空에 취해,
신비의
모습에 취해.
나 자신이 그 심연의
일부임을 **느꼈고,**
별들과 더불어 **굴렀으며,**
내 심장은 바람에 **풀렸어.**[27]

---

27) 밑줄 친 단어들의 경우, 모음 조화에 따른 과거 시제 선어말어미 '-았-/-었-'의 교체가 활발하게 이루어지고 있음을 볼 수 있다.

3.3.4. 음운 탈락

1) 용례

① 미네르바의 부엉이는 황혼 녘에 ***날은다**. 이는 지혜의 여신인 부
엉이가 황혼 녘에 ***날은다**라는 의미가 된다. 그러면 여기서 지혜
의 여신과 부엉이, 그리고 황혼 녘과 ***날음**에 대한 상관관계가
눈길을 끈다.

② 바짝 열에 ***달은** 대목님과는 달리 30대의 그녀는 어쩐지 시큰둥
해 보였습니다.

③ 팥빙수 만들 때 얼음을 곱게 ***갈을수록** 맛있는 것 같습니다.

④ 나눔과 ***베품**의 미학!

⑤ 현재 학교 근처에서 ***삼**.

⑥ 하늘이 맑게 개어서 구름 한 점 없이 ***파랍니다**.

⑦ 볼이 항상 ***빨갑니다**. 어떻게 하죠?

⑧ 기본적인 정의와 원칙 그리고 상식이 통하는 사회가 되기에는
이 사회가 ***치루어야** 할 대가가 아직도 부족한가 보다.

⑨ 돌아오는 길에 교수 연구동에 ***들렸어야** 하는데, 제가 그만 집으
로 바로 와서요.

⑩ 이에 유지연은 "단추나 좀 똑바로 ***잠궈라**."라고 말한 뒤 자리를
떴다.

2) 규정

제18항 다음과 같은 용언들은 어미가 바뀔 경우, 그 어간이나 어미
가 원칙에 벗어나면 벗어나는 대로 적는다.

  1. 어간의 끝 '르'이 줄어질 적

갈다 :	가니	간	갑니다	가시다	가오
놀다 :	노니	논	놉니다	노시다	노오
불다 :	부니	분	붑니다	부시다	부오
둥글다 :	둥그니	둥근	둥급니다	둥그시다	둥그오

어질다 : 어지니 　어진 　어집니다 　어지시다 　어지오
[붙임] 다음과 같은 말에서도 'ㄹ'이 준 대로 적는다.

마지못하다 　　　　　　　　마지않다

(하)다마다 　　　　　　　　　(하)자마자

(하)지 마라 　　　　　　　　　(하)지 마(아)

3. 어간의 끝 'ㅎ'이 줄어질 적

그렇다 : 　그러니 　　그럴 　　그러면 　　그러오

까맣다 : 　까마니 　　까말 　　까마면 　　까마오

동그랗다 : 동그라니 　동그랄 　동그라면 　동그라오

퍼렇다 : 　퍼러니 　　퍼럴 　　퍼러면 　　퍼러오

하얗다 : 　하야니 　　하얄 　　하야면 　　하야오

4. 어간의 끝 'ㅜ, ㅡ'가 줄어질 적

푸다 : 　퍼 　　　펐다 　　뜨다 : 　떠 　　　떴다

끄다 : 　꺼 　　　껐다 　　크다 : 　커 　　　컸다

담그다 : 담가 　　담갔다 　고프다 : 고파 　　고팠다

따르다 : 따라 　　따랐다 　바쁘다 : 바빠 　　바빴다

3) 해설

하나의 어휘 의미를 지니거나 동일한 문법적 기능을 하는 형태소는 그것이 나타나는 음성 조건이나 특수한 형태소와의 결합에 따라 그 모습, 곧 그 음상(音相)이 다르게 나타나는 경우가 있다. 이와 같은 현상을 일컬어 형태소의 교체(交替, alternation)라 한다.

<한글 맞춤법> 제18항은 용언의 활용에서 나타나는 형태소의 교체에 대해 다루고 있는데, 이는 규칙적인 것과 불규칙적인 것으로 나눌 수 있다. 규칙적인 교체란 동일한 환경에서는 동일한 교체가 일어나는 것을 말하며, 동일한 환경에서도 경우에 따라서는 다른 유형의 교체가 일어나면 불규칙적인 교체이다. 규칙적인 교체에 속하는 것으로는 일정한 음성적 조건이나 특수한 형태소와의 결합 시에 나타나는 음운 탈락 현상이, 불규칙적인 교체에 속

하는 것으로는 이른바 용언의 불규칙 활용이 제시되고 있다. 이에 따라 제18항의 규정을 교체의 유형에 따라 두 가지로 나누어 기술하기로 한다.

먼저, 자동적 교체에 속하는 음운 탈락의 유형과 그 교체의 조건을 하나의 표로 정리하면 다음과 같다.

<표 5> 음운 탈락의 유형 및 조건

유형	조건
'ㄹ' 탈락	**a. 음운론적 조건** ⓐ 동기관적 이화: '-는, -노라면, -니' 등 /ㄴ/로 시작하는 어미와 '-시-, -십시오, -세' 등 /ㅅ/로 시작하는 어미 앞. ⓑ 자음군 단순화: '-ㄴ, -ㄴ다, -ㅁ세, -ㅂ니다, -ㅂ시다'와 같은 어미 및 '-ㄹX', 곧 'ㄹ계 어미' 앞. **b. 형태론적 조건:** 선어말어미 '-옵-', 하오체의 종결 어미 '-오', 해라체의 종결 어미 '-마' 앞.
'ㅎ' 탈락	모음 어미 및 종결 어미 '-네' 앞.
'ㅡ' 탈락	'아/어'계 어미 앞.

음운 탈락의 첫째 유형은 'ㄹ' 탈락이다. 'ㄹ' 탈락은 어간 말음이 'ㄹ'인 용언의 어간이 일정한 음운론적 또는 형태론적 조건에서 탈락하는 현상을 말하는데, 어간 말음이 'ㄹ'인 용언은 모두 이러한 조건에서 예외 없이 탈락하는 것이 특징이다. 다음은 'ㄹ' 탈락을 보이는 예들이다.

(31) ㄱ. **사노라면** 언젠가는 밝은 날도 오겠지.
　　 ㄴ. 부엌에서 분주히 음식을 **만드시던** 어머니가 드디어 한마디 하신다. "아이, 오빠 오는가 신작로에 한번 나가 봐라."
　　 ㄷ. 이 제품은 1970년 종합 활성형 비타민제 '아로나민 골드'로 재탄생했으며, '체력은 국력'이라는 슬로건을 **내건** 홍보 전략이 '대박의 과녁'을 관통하면서 국민 의약품으로 떠올랐다.

ㄹ. 자연을 담은 화장품은 많습니다. 그러나 자연을 잘 담은 화장품
은 **드뭅니다.**

ㅁ. 일반적으로 배는 크기가 크고 모양이 **둥글수록** 맛이 좋다고
알고 있는 경우가 많다.

(32) ㄱ. 삼백예순 날 하냥 섭섭해 **우옵니다.**

ㄴ. 바람이 **부오.** 커튼을 젖히고 잠시 평정을 되찾아 창밖을 바라보
았소.

ㄷ. 너희들을 위하여 아름답고 따뜻한 세상을 **만드마.**

위의 예들 가운데, (31)은 '살-, 만들-, 내걸-, 드물-, 둥글-' 등 어간 말음
이 'ㄹ'인 용언이 '-노라면', '-시-', '-ㄴ', '-ㅂ니다', '-ㄹ수록' 같은 어미 앞
에서 동기관적 이화(homorganic dissimilation)[28] 또는 자음군 단순화라는 음운
론적 기제에 따라 탈락하는 것을 보여주는 예이다. 그리고 (32)는 '울-, 불-,
만들-' 등의 어간 말음 'ㄹ'가 '-옵-, -오, -마' 같은 어미 앞이라는 형태론적
조건하에서 탈락함을 보여 준다.[29] 따라서 앞에서 제시한 용례들 가운데
①~③의 **'날은다', **'달은', **'갈을수록'은 어간 말음 'ㄹ'를 탈락시켜 각각
'난다', '단', '갈수록'으로 적어야 한다.

중요한 사실은 '말-'[勿]의 어간 말음 'ㄹ'는 <표 5>에 제시한 탈락 환경
이 아닌 곳에서도 탈락한다는 것이다. 즉, 위의 규정 [붙임]에서 제시하고
있는 것처럼, '말-'의 'ㄹ'는 'ㄷ, ㅈ'와 같은 자음 앞이나 명령형 어미 '-아
(요)'나 '-라' 앞에서도 탈락하는 것이다. 이와 같은 현상은 '말-'의 경우에만
특수하게 남아 있는 통시적인 언어 사실의 흔적, 곧 일종의 언어 화석

---

28) 동기관적 이화란 형태소 경계에서 어간 말음과 어미의 첫 음의 조음 위치가 같은 경우에
탈락이 이루어짐으로써 결과적으로 동화가 아닌 이화 현상이 나타났다는 것이다. 어간 말
음 'ㄹ'와 어미의 첫 음 'ㄴ', 'ㅅ'가 똑같이 치경음이기 때문에 나타나는 탈락 현상이 그
것이다.

29) <표 5>에 제시한 바와 같이, 어간 말음 'ㅎ'나 모음 'ㅡ' 탈락에 비해 'ㄹ' 탈락은 그 조건
이 상당히 복잡한 양상을 보인다. 이에 대한 구체적인 논의는 강희숙(2009) 참조..

(linguistic fossil)이라고 할 수 있다. 다만, 지난 2015년 12월 15일에 발표한 국립국어원의 <표준어 추가 사정안>[30]에서는 '말다' 뒤에 명령형 어미 '-아', '-아라', '-아요' 등이 결합할 경우 어간 끝의 'ㄹ'가 탈락하기도 하고 탈락하지 않기도 한다고 하여 '말아라, 말아, 말아요' 또한 올바른 활용형에 포함하였다. 이와 같은 언어 정책의 변화가 의미하는 바를 하나의 표로 정리하면 다음과 같다.

<표 6> '말-[勿] + 아(요)/아라'에서 수행된 'ㄹ' 탈락의 추가 표준형

기존 표준형	추가 표준형	용례
마	말아	내가 하는 말 농담으로 듣지 **마/말아**.
마라	말아라	애야, 아무리 바빠도 제사는 잊지 **마라/말아라**.
마요	말아요	아유, 말도 **마요/말아요**.

'ㄹ' 탈락 현상과 관련하여 주목할 만한 또 한 가지 언어적 사실은 'ㄹ'가 명사형 어미 '-ㅁ' 앞에서는 탈락하지 않는다는 것이다. 다음을 보자.

(33) ㄱ. 고추 **값**.
ㄴ. 지점토 **만듦**.
ㄷ. 친숙함과 **낯섦**의 끝없는 이중주.
ㄹ. 지속적인 이윤 비결은 바로 **베풂**의 원칙.

위 문장들에서 쓰인 '값, 만듦, 낯섦, 베풂' 등의 형태는 '갈-, 만들-, 낯설-, 베풀-' 등 어간 말음이 'ㄹ'인 형태들이 명사형 어미 '-ㅁ'과 결합하여 명사형으로 사용된 것들이다. 이러한 예들에서 알 수 있듯이, 명사형 어미

---

30) 이와 같은 표준어 추가 사정은 어문 규범의 큰 틀을 유지하면서 <한글 맞춤법> 등의 어문 규정을 현실화하는 한편 복수 표준어를 지속적으로 추가함으로써 급변하는 언어 환경에 대응하고 국민 언어생활의 편의를 높이려는 배경하에 이루어진 것이다.

'-ㅁ' 앞에서는 'ㄹ'가 탈락하지 않는다. 따라서 만일 용례 ④, ⑤에서와 같이 'ㄹ'을 탈락시켜 '*베품' 또는 '*삼'이라고 적는 것은 명백한 오류이다.

음운 탈락의 둘째 유형은 어간 말음 'ㅎ' 탈락 현상이다. 어간 말음 'ㅎ'는 'ㄱ, ㄷ, ㅂ' 같은 파열음이나 'ㅈ'와 같은 파찰음과 만나는 경우에는 유기음이 되어 그 음가를 제대로 발휘하지만, 모음으로 시작하는 어미나 종결 어미 '-네'31) 앞에서는 탈락하므로, 'ㅎ'가 탈락하는 대로 표기해야 하는 것이다. 예컨대, '노랗다'의 활용에서 나타나는 'ㅎ' 탈락의 도출 과정을 제시하면 다음과 같다.

(34)   //노랗- + -으니//   //노랗- + -아서//   //노랗 + -네//
'ㅎ'탈락: 노라으니   노라아서   노라네
표면형   [노라니]   [노래서]   [노라네]

우리는 위의 도출 과정에서 어간 말음 'ㅎ'가 '-으니'나 '-아서'와 같은 모음 어미와 종결 어미 '-네' 앞에서 탈락하고 있음을 알 수 있다. 어간 말음 'ㅎ'의 탈락이 이와 같은 환경에서만 실현되므로, 예컨대, '-습니다' 같은 어미 앞에서는 'ㅎ'가 그대로 유지된다. 그리하여 다음 문장들에서처럼 'ㅎ'를 탈락시켜 표기하는 것은 오류이다.

(35) ㄱ. 술도 약이 된다는 말도 들리고, 적당량이 어느 정돈지가 모호해서
         그렇지, 실제로 심장 질환 예방에 효과가 있다는 연구 결과도 발표
         되고 그래서 혼란스럽고 *그럽니다.
     ㄴ. 또 전체적 피부는 *하얍니다. 그런데 얼굴에 열이 많아 항상 빨개요.
     ㄷ. 비눗방울이나 이슬방울은 모두 모양이 *동그랍니다.

---

31) 용언의 어간 뒤에 연결되어 감동을 나타내거나 같은 연배나 손아랫사람에게 이를 때에 쓰
   는 종결 어미이다.
   例. 꽃이 참 곱네.
      자네만 믿네.

위의 예문들 가운데 밑줄 친 '*그럽니다, *하얍니다, *동그랍니다'는 모두 '-습니다' 앞에 '그렇-, 하얗-, 동그랗-' 등 같은 형용사 어간이 연결된 것들이다. 이와 같은 환경은 'ㅎ' 탈락이 적용되는 환경이 아니므로, '그렇습니다, 하얗습니다, 동그랗습니다'로 각각 표기해야 한다. 용례 ⑥, ⑦의 '*파랍니다'와 '*빨갑니다'가 오류라는 것은 바로 이러한 이유에서이다.

다만, 종결 어미 '-네' 앞에서 실현되는 'ㅎ' 탈락에 대해서는 한 가지 특기한 만한 사실이 있다. '말다' 뒤에 명령형 어미 '-아(요)'와 '-아라'가 결합하는 환경에서 수행되는 어간 말음 'ㄹ'의 탈락이 수의적인 것과 마찬가지로 '-네' 앞에서 실현되는 'ㅎ' 탈락 역시 수의적이라고 보아, 두 가지 활용형을 모두 표준형이라고 할 수 있다는 것이다. 이와 같은 표준어 추가 사정역시 '말다'의 활용형과 마찬가지로 2015년 12월 15일 자에 이루어진 것이다. 다음은 그러한 추가 사정의 내용이다.

<표 7> '-네' 앞에서 수행되는 'ㅎ' 탈락에 대한 추가 표준형

현재 표준형	추가 표준형	비고
노라네 동그라네 조그마네 …	노랗네 동그랗네 조그맣네 …	▶ ㅎ불규칙 용언이 어미 '-네'와 결합할 때는 어간 끝의 'ㅎ'이 탈락하기도 하고 탈락하지 않기도 함. ▶ '그렇다, 노랗다, 동그랗다, 뿌옇다, 어떻다, 조그맣다, 커다랗다' 등등 모든 ㅎ탈락 용언의 활용형에 적용됨. (예문) 생각보다 훨씬 노랗네/노라네. 　　　이 빵은 동그랗네/동그라네. 　　　건물이 아주 조그맣네/조그마네.

한편, 'ㅎ' 탈락은 어간의 음절 수가 2음절 이상인 형용사 어간에서만 실현된다는 특징이 있다. 따라서 '닿-, 맞닿-, 놓-, 찧-, 빻-' 등 같은 동사 어간

과 '좋-'과 같은 1음절 형용사 어간의 경우에는 그러한 탈락이 실현되지 않는다. 다음 예문에서 보듯이 동사 어간이나 '좋-'의 'ㅎ'를 탈락시키는 것은 올바르지 못한 표기인 것이다.

(36) ㄱ. 좁쌀은 그냥 쌀을 ***찌은** 거를 말하는 건가요?
ㄴ. 잘게 ***빠은** 땅콩이나 아몬드를 뿌려줍니다.
ㄷ. 수평선은 하늘과 바다가 ***맞다은** 선이고, 지평선은 하늘과 땅 (육지)이 ***맞다은** 선이잖아요. 그럼 하늘과 하늘의 선은 무어라 부르나요?
ㄹ. 게임용 컴퓨터는 조립식이 ***조은가요**, 아니면 정품 컴퓨터가 ***조 은가요**?

위 문장들에서 쓰인 '*찌은, *빠은, *맞다은, *조은가요'는 모두 'ㅎ'가 탈락해서는 안 되는 상황에서 'ㅎ'를 탈락시킴으로써 오류를 범하고 있는 사례들이다. 이러한 예들은 각각 '찧은, 빻은, 맞닿은, 좋은가요' 등으로 적어야 올바른 표기인 것이다.

마지막으로 어간 말음 탈락의 셋째 유형은 용언의 어간 말음 'ㅡ'가 '-아/어' 계열의 어미, 곧 '-아/-어, -아서/-어서, -아도/-어도, -았-/-었, -아라/-어라' 등과 결합하는 경우에 탈락하는 현상이다. 우선, 다음 예들을 살펴보기로 하자.

(37) ㄱ. 만일 여행에서 돌아올 때 짐이 늘어나서 짐을 부쳐야 할 경우가 생기면 마음 편히 여분의 열쇠를 이용해 짐을 **잠가서** 부쳐 놓고 편히 이동할 수 있다는 장점도 있다.
ㄴ. 치아가 완전히 빠져도 1시간 내에 다시 심고 주변 치아에 고정시킬 수 있으므로, 치아가 오염되거나 마르지 않도록 식염수나 우유에 **담가서** 가져온다.
ㄷ. 이라크가 테러를 지원했다는 증거가 아직 없기 때문에 반테러 전

쟁 차원에서 **치러서는** 안 되고 '악의 축'과의 대결이라는 관점
에서 전쟁이 수행되어야 한다는 주장이 더 설득력을 갖고 있다.
ㄹ. 한번 **들러서** 힘내시라는 말이라도 건네고 싶은데 월급쟁이라
사정이 여의치 않습니다.

위의 예문들에서는 '잠그-, 담그-, 치르-, 들르-' 등 말음이 모음 'ㅡ'인 어
간들이 '-아/어' 계열의 어미와 결합하게 되면 'ㅡ'가 탈락하는 결과, '잠그-
+ -아서 → 잠가서', '담그- + -아서 → 담가서', '치르- + -어서 → 치러
서', '들르- + -어서 → 들러서' 등으로 실현됨을 알 수 있다. 많은 한국어
사용자들이 이와 같은 'ㅡ'의 음운론적 행동을 잘못 이해하거나 어간의 기
본형을 혼동함으로써 오류를 범하고 있는데 다음은 그러한 오류의 전형적
인 예들이다.

(38) ㄱ. 추울 땐 잠그고 좀 더울 땐 오픈해서 입을 수 있는 실용적인 점
퍼입니다. *잠궈서 입는다면 귀여운 분위기를 연출할 수 있겠죠.
ㄴ. 따뜻한 물에 몸을 푹 *담궈서 혈액 순환을 좋게 한 후에 베네트
요법을 실시하면 효과가 더욱 좋아진다고 한다.
ㄷ. 현재 사서자격증 제도는 정보처리기사처럼 시험을 *치뤄서 일
정 점수 이상이 되면 합격이 되어 자격증이 주어지는 형태가 아
닙니다.
ㄹ. 휴게소마다 *들려서 음식을 살 수도 있으나, 이곳은 다소 비싸
기 때문에 할인점에서 미리 사 둘 수 있는 식품들은 사가는 것
이 좋다.

위의 예들에서 알 수 있는 것처럼, 한국어 사용자들은 특히 '잠그-, 담그-,
치르-, 들르-'와 같은 어간의 활용에 대해 오류를 자주 범하고 있는 것으로
보인다. 앞에서 설명한 바와 같이, 이와 같은 형태들은 '-아/어' 계열의 어
미 앞에서 필수적으로 적용되는 'ㅡ' 탈락을 수행한다는 사실을 정확하게
인지해야 할 것이다. 아울러 'ㅡ' 탈락 현상은 앞의 제16항에서 살펴본 모

음 조화 표기에서 비어두 위치의 '一'가 지니는 조화 자질 및 그 음운론적 행동과 관련이 있다는 사실과 함께 후술하게 될 '르', '러' 불규칙 활용을 경험하는 어간 말음 '一'는 이러한 탈락 현상에서 제외된다는 점도 알아 두어야 할 것이다.

이와 같은 모음 '一'의 탈락 현상에 덧붙여 한 가지 더 언급해야 할 것은 어간 '푸-'에 대해 설정된 이른바 'ㅜ' 탈락 현상이다. 이 'ㅜ' 탈락에 대해서는 제18항의 4에서 '一' 탈락과 함께 제시되고 있는데, 이는 '푸-'의 다음과 같은 음운론적 특성 때문이라고 할 수 있다.

> (39) 어제저녁 때 할머니 댁 옆의 우물을 양수기로 **푸고** 다시 아침에 한
>   번 더 **펐다**. 일일이 사람의 힘으로 우물을 치고 청소하기보다는 기
>   계를 이용하는 것이 훨씬 편했다. 샘을 다 **푸는데** 10분 정도밖에
>   걸리지 않았다. 겨우내 **푸지** 못하였다가 어제와 오늘 두 번 **푸면서**
>   샘 청소를 한 셈이었다.

윗글에는 '푸-'의 활용형으로 '푸고, 펐다, 푸는데, 푸지, 푸면서' 등이 출현함을 알 수 있다. 이러한 활용형들 가운데 여타의 활용형들에서는 어간 '푸-'의 모음 'ㅜ'가 그대로 유지되고 있는 것과는 달리, '펐다'에서는 'ㅜ'가 탈락하고 있는바, 어간 '푸-'의 이와 같은 음운론적 특성을 일컬어 'ㅜ' 탈락이라 해 왔다. 그러나 김성규(1989)를 비롯하여, 송철의(1993)에서 논의해 온 대로, 'ㅜ' 탈락은 공시적인 음운 규칙에 따라 형성된 활용형이라기보다는 활용형 자체가 굳어져서 화석으로 존재하게 된 것이라고 본다면 인정하기 어렵다. 즉, '푸-'는 역사적으로 순자음에 의한 원순모음화, 곧 '프->푸-'의 변화를 수행한 것이므로, 'ㅜ' 탈락이 아니라, '프- + -어 → 퍼'의 '퍼'가 그대로 유지되었다고 보는 것이 훨씬 더 타당한 분석이라고 할 수 있는 것이다.

'들러서'와 '들려서'

사전의 표제어로 등재되는 동사나 형용사의 기본형 가운데, '담그다'나 '잠그다', '치르다'처럼 어간이 모음 'ㅡ'로 끝나는 어휘 가운데 하나로 '들르다'가 있습니다. '지나는 길에 잠깐 들어가 머무르다'의 의미를 지니는 '들르다'는 예컨대 다음 문장들에서와 같은 방식으로 쓰이는 것이 특징입니다.

(1) ㄱ. 태백선, 중앙선, 영동선이 만나는 순환 구간을 운행하면서 일대의 명소들을 두루 **들르고**, 승객들은 역에서 내려 주변의 관광지를 돌아본 뒤에 다시 다음 열차를 타는 방식으로 이용하게 된다.
 ㄴ. 관악구청에 **들르면** 먼저 구청 정면에 붙여진 아름다운 글이나 시가 눈을 사로잡는다.
 ㄷ. 언젠가 밀직 박천상(朴天常)이 여행길에 계림(雞林)에 **들르자** 윤승순이 술자리를 마련해 그를 위로한 일이 있었다.

(2) ㄱ. 퇴근길에 시장에 **들러서** 상인들과 포장마차에서 소주도 한잔 나누고, 젊은 사람들과 만나 호프도 한잔씩 하고, 또 어르신들과 막걸리도 나눌 수 있는 그런 대통령이 되겠습니다.
 ㄴ. 게시물에 따르면 영화가 끝나자마자 하는 말 1위는 90%의 응답률을 나타낸 "나 화장실 **들렀다** 갈래."라고 한다.
 ㄷ. 혹여 이 근처에 올 일이 있으면 나한테 꼭 **들러라**.

위 문장들을 통하여 알 수 있는 언어적 사실에 따르면, '들르다'의 활용형으로는 (1)의 '들르고, 들르면, 들르자'와 함께, (2)의 '들러서, 들렀다, 들러라' 등이 있습니다. 이러한 활용형들의 특징을 잘 살펴보면, (1)의 활용형들은 기본형 '들르다'의 어간 '들르-'가 그대로 쓰인 반면, (2)의 활용형들은 어간 모음 'ㅡ'가 탈락한다는 차이를 보이고 있습니다. 다시 말해, (2)의 '들러서, 들렀다, 들러라' 등은 다음과 같은 요소로 구성되어 있다는 것이지요

(3) ㄱ. 들러서 : 들르-+-어서(연결 어미)

ㄴ. 들렀다 : 들르-+-었-(과거 시제 선어말 어미)+-다

ㄷ. 들러라 : 들르-+-어라(명령형 어미)

이러한 분석을 토대로 하면 '들르-'의 끝 음절 모음 'ㅡ'는 '-어서, -었-, -어라' 등 '어'로 시작하는 어미 앞에서 탈락하게 되는데, 이러한 'ㅡ' 탈락 현상은 두 차례에 걸쳐 다루었던 '담그-, 잠그-, 치르-' 등과 동일한 현상에 속한다는 점을 염두에 두어야 합니다.

문제는 (1), (2)에 제시한 '들르다'의 활용형 '들르고, 들르면, 들르자', '들러서, 들렀다, 들러라' 대신 '*들리고, *들리면, *들리자, *들려서, *들렸다, *들려라'와 같은 잘못된 활용형들이 매우 자주 쓰인다는 것인데, 예컨대 다음과 같은 예가 그 전형적인 사례입니다.

(4) ㄱ. 입장권을 한 번 사면 한 달 동안은 입장료가 무료이다. 그만큼 더 자주 **들리면** 될 것이다. <공감코리아>

ㄴ. 국경 너머에서 자전거를 타고 오는 젊은이도 있고, 인근 국가 우간다에서 귀국길에 **들려서** 투표한 교민도 있다는 보도였다. <Break News>

ㄷ. KT, 올레 로밍 센터 **들려서** 해외여행 혜택 받아 가세요!! <스포츠 월드>

ㄹ. 원하는 소셜 미디어 직업과 관련된 링크드인(LinkedIn), 트위터, 페이스북 사이트를 **들려라**. <한국 IDG>

밑줄 친 단어 '*들리면(4ㄱ), *들려서(4ㄴ,ㄷ), *들려라(4ㄹ)'는 각각 '들르면, 들러서, 들러라'로 적어야 올바른 표기라고 할 수 있는 것들입니다. 흥미로운 점은 이러한 오류형들이 일정한 공통점을 보이고 있다는 것인데, '들르-'가 아닌 '들리-'로 어간을 재구조화하여 쓰고 있다는 것이 바로 그것입니다. 그러나 '들리-'는 '소리가 들리다' 또는 '귀신이 들리다', '가방을 들리다'와 같은 구문에서 주로 쓰이는 것으로 '들르-'의 의미, 곧 '지나는 길에 잠깐 들어가 머무르다'와는 전혀 다른 의미로 쓰이는 것이라는 점을 분명히 해 두어야 할 것입니다.

– 강희숙(2014), 『우리말 편지』, 소통, pp. 69~71.

3.3.5. 불규칙 활용

1) 용례

① 한의원도 그만 다니고 그렇다고 완전히 *낫은 것은 아니나 시간
이 너무 걸리고, 웬만큼 *낫으니 가기가 싫기도 하였다.

② 멥쌀로 고슬고슬한 밥을 *짓어서 엿기름물에 섞어 4, 5 시간 정
도 보온밥통의 보온 상태로 둔다.

③ 때에 겯고 기름에 결은 작업복!

④ 손으로 한 올 한 올 결어 만든 대나무 그릇들은 시간이 흐를수
록 쓰는 사람의 손때가 묻고 또 묻어 은은한 아름다움을 준다.

⑤ 면이 붇고 불어서 그런지 양도 많고요.

⑥ 앙상한 가지를 드러내고 있는 나무가 가여워 꼭 안아 줬어요.

⑦ 정의는 항상 우리에게 무슨 일을 하라고 지시하지는 않더라도
옳지 못한 일을 하여서는 안 된다고 알려 주는 힘을 가지고
있다.

⑧ 이상하기도 하여라. 고래는 어류가 아닌데 어부들이 고래를 잡
고, 어시장에서는 아직도 고래 고기를 판다.

⑨ 숨이 찬 것은 호흡수를 증가시키려고 해도 한계에 이르러서 더
이상 증가시키지 못하는 상황이다.

⑩ 헤지펀드의 가세로 유출 규모와 속도가 더 가팔라 질 가능성도
있으므로 금년 말이나 내년 초 중국의 외환 사정이 상당히 어려
운 국면에 진입할 가능성마저 예상된다.

2) 규정

제18항 다음과 같은 용언들은 어미가 바뀔 경우, 그 어간이나 어미
가 원칙에 벗어나면 벗어나는 대로 적는다.

2. 어간의 끝 'ㅅ'이 줄어질 적

| 긋다: 그어 | 그으니 | 그었다 |

낫다:	나아	나으니	나았다
잇다:	이어	이으니	이었다
짓다:	지어	지으니	지었다

5. 어간의 끝 'ㄷ'이 'ㄹ'로 바뀔 적

걷다[步]:	걸어	걸으니	걸었다
듣다[聽]:	들어	들으니	들었다
묻다[問]:	물어	물으니	물었다
싣다[載]:	실어	실으니	실었다

6. 어간의 끝 'ㅂ'이 'ㅜ'로 바뀔 적

깁다 :	기워	기우니	기웠다
굽다[炙] :	구워	구우니	구웠다
가깝다 :	가까워	가까우니	가까웠다
괴롭다 :	괴로워	괴로우니	괴로웠다
맵다 :	매워	매우니	매웠다
무겁다 :	무거워	무거우니	무거웠다
밉다 :	미워	미우니	미웠다
쉽다 :	쉬워	쉬우니	쉬웠다

다만, '돕-, 곱-'과 같은 단음절 어간에 어미 '-아'가 결합되어 '와'로 소리 나는 것은 '-와'로 적는다.

돕다[助]:	도와	도와서	도와도	도왔다
곱다[麗]:	고와	고와서	고와도	고왔다

7. '하다'의 활용에서 어미 '-아'가 '-여'로 바뀔 적

하다:	하여	하여서	하여도	하여라	하였다

8. 어간의 끝 음절 '르' 뒤에 오는 어미 '-어'가 '-러'로 바뀔 적

이르다[至] : 이르러 이르렀다	누르다 : 누르러 누르렀다
노르다 : 노르러 노르렀다	푸르다 : 푸르러 푸르렀다

9. 어간의 끝 음절 '르'의 'ㅡ'가 줄고, 그 뒤에 오는 어미 '-아/-어'가 '-라/-러'로 바뀔 적

가르다 : 갈라 갈랐다	부르다 : 불러 불렀다

거르다 :	걸러	걸렀다	오르다 :	올라	올랐다
구르다 :	굴러	굴렀다	이르다 :	일러	일렀다
벼르다 :	별러	별렀다	지르다 :	질러	질렀다

3) 해설

제18항에서는 앞에서 설명한 규칙적인 음운 탈락 현상 외에, 용언의 활용에서 나타나는 불규칙적인 교체 현상으로 6가지 불규칙 활용 현상에 대한 표기 규정을 제시하고 있다. 'ㅅ' 불규칙 활용, 'ㄷ' 불규칙 활용, 'ㅂ' 불규칙 활용, 'ㅕ' 불규칙 활용, '르' 불규칙 활용, '러' 불규칙 활용 등이 그것이다.

첫째로, 'ㅅ' 불규칙 활용 현상은 제18항의 2에 제시된 바와 같이, 어간 말음 'ㅅ'가 모음으로 시작하는 어미 앞에서 탈락하는 것을 말한다. 이러한 탈락을 수행하는 용언으로는 '긋-, 낫-, 붓-, 잇-, 잣-, 젓-, 짓-' 등이 있다. 따라서 위에 제시한 용례들 가운데 ①의 '*낫은, *낫으니'는 '나은, 나으니'로, ②의 '*짓어서'는 '지어서'로 바꿔 써야 올바른 표기이다. 이와 같은 현상을 일컬어 불규칙 활용이라 하는 것은 말음으로 'ㅅ'를 가지고 있는 용언의 어간들 가운데, '벗-, 빗-, 빼앗-, 솟-, 씻-, 웃-' 등은 모음 어미 앞에서도 'ㅅ'를 그대로 유지하기 때문이라고 할 수 있다.

한편, 한국어의 하위 방언들 가운데는 표준어의 '줍-' 대신에 'ㅅ' 불규칙 활용을 보이는 '줏-'을 사용하는 방언이 상당수 있다. 이 '줏-'은 다음 (40)의 예들에서처럼 상당히 널리 사용되고 있긴 하지만, 표준어의 신분을 얻고 있지는 못하고 있다.

> (40) ㄱ. 1억을 ***줏어서** 돌려준 사람들에게 1백만 원 ***줏어서** 돌려준 것은 선행도 아닙니다.

ㄴ. 밤 한 말을 *줏어서 살강 밑에 묻었더니 머리 감은 생쥐가 들
   락날락 다 까먹고 밤 한 톨을 남겼군.
ㄷ. 가구 이런 것도 다 *줏어서 살고, 내가 얼굴에 화장이라는 걸
   모릅니다. 나이가 지금 40이지만은 넘의 헌옷 *줏어 입고, 어
   떻게 한번 새끼하고 살아볼려고……
ㄹ. 막대기를 *줏어서 그걸로 이렇게 그림도 그렸었지.

불규칙 활용의 둘째 유형은 제18항의 5에 제시된 'ㄷ' 불규칙 활용이다.
'ㄷ' 불규칙 활용이란 용언의 어간 말음 'ㄷ'가 모음으로 시작되는 어미와
결합하면 'ㄹ'로 교체되는 현상을 말한다. 이와 같은 불규칙 활용을 수행하
는 단어는 '걷-[步]」, 듣-, 묻-, 싣-[載], 긷-[汲], 깨닫-, 눋-, 닫-[走], 붇-, 일컫
-, 겯-' 등이 있다. 그러나 '걷-[收], 곧-, 굳-, 닫-[閉], 돋-, 뜯-, 묻-[埋], 믿-,
받-, 뻗-, 얻-' 등은 모음으로 시작하는 어미 위에서도 'ㄷ'가 그대로 발음되
는 규칙 활용을 한다. 용례 ③의 '걸은'과 ④의 '걸어', ⑤의 '불어서'는 각
각 '걷- + -은 → 걸은', '걷- + -어 → 걸어', '붇- + -어서 →불어서'와 같
은 방식의 불규칙 활용에 의해 형성된 것들이다.

다음으로, 제18항의 6에 제시된 'ㅂ'불규칙 활용이란 어간말 자음 'ㅂ'가
모음 어미 앞에서 모음 'ㅜ'로 교체되는 현상을 말한다. 교체된 모음 'ㅜ'는
'돕-, 곱-'과 같이 단음절 어간의 모음이 'ㅗ'인 경우에는 모음 조화에 따라
'ㅗ'로 교체된다. 이러한 방식의 불규칙 활용을 보이는 용언으로는 6에 제
시된 예들 외에 다음과 같은 단어들을 더 제시할 수 있다.

(41) ㄱ. 곱-[麗], 눕-, 돕-, 줍-, 가볍-, 간지럽-, 그립-, 노엽-, 더럽-, 덥-,
      맵-, 메스껍-, 미덥-, 사납-, 서럽-, 아니꼽-, 어둡-, 역겹-, 즐겁-,
      지겹-, 차갑-, 춥- 등.
   ㄴ. '어기 + 접미사 -답-, -롭-, -스럽-'의 형용사
      例. 꽃답-, 참답-, 슬기롭-, 지혜롭-, 자연스럽-, 어른스럽- 등.

다음은 (41)의 어간들이 모음으로 시작하는 어미와의 결합에서 보이는 'ㅂ'불규칙 활용의 용례들을 몇 가지 제시한 것이다.

(42) ㄱ. 파르라니 깎은 머리 박사(薄紗) 고깔에 감추오고, 두 볼에 흐르는
       빛이 정작으로 **고와서** 서러워라.
    ㄴ. 친구를 **그리워하는** 글귀에서 나도 모르게 눈시울이 젖을 정도이다.
    ㄷ. 캠프장에서 맞는 아침은 **추워서** 더 상쾌했다.
    ㄹ. 설사 남이 나의 덕행을 알아주지 않는다고 하더라도 **노여워하**
       지 않는 것이 군자의 **참다운** 모습이라는 뜻이다.

위의 예들을 통하여 우리는 '곱-, 그립-, 춥-, 노엽-, 참답-' 등의 어간 말음 'ㅂ'가 모음 어미 앞에서 'ㅗ' 또는 'ㅜ'로 교체됨을 알 수 있다. 그러나 다음 (43)의 어간 말음 'ㅂ'는 그러한 교체가 없이 'ㅂ'가 그대로 실현된다는 점에서 (42)의 예들과는 대조를 이룬다.

(43) 꼽-[屈指], 뽑-, 씹-, 업-, 잡-, 접-, 집-, (손이) 곱-, 굽-[曲], 좁- 등.

불규칙 활용의 넷째 예는 이른바 'ㅕ'불규칙 활용으로, 이는 제18항의 7에 제시되어 있다. 'ㅕ'불규칙 활용이란 동사 '하-'가 '-아/어' 계열의 어미로 '-아'를 택하지 않고, 특이하게 '-여'를 택한다는 것이다. 다음을 보자.

(44) ㄱ. 가 + -아서 → 가서, 나 + -아서 → 나서,
       자 + -아서 → 자서
    ㄴ. 하 + -여서

(44ㄱ)을 보면, '가, 나, 자' 등 어간의 모음이 'ㅏ'인 용언의 어간들은 양성의 조화 자질을 지닌 '-아' 계열의 어미를 택함으로써 모음 조화를 꾀하게 된다. 그러나 이러한 일반적인 경향과는 달리, (44ㄴ)의 '하-'는 '-여'를 택한다. 용례 ⑦, ⑧의 밑줄 친 '하여서는'과 '하여라'는 이와 같은 불규

칙 활용의 모습을 보이는 예이다.

제18항의 8에서는 "어간의 끝 음절 '르' 뒤에 오는 어미 '-어'가 '-러'로 바뀔 적에는 바뀐 대로 적는다."라는 규정을 제시하고 있다. 이와 같은 활용 현상을 일컬어 '러' 불규칙 활용이라 한다. '러' 불규칙 활용을 보이는 용언은 그 수가 매우 제한적이어서 '이르-[至], 노르-, 누르-, 푸르-' 등 네 개뿐이다. 용례 ⑨에 제시한 '이르러' 외에 또 다른 활용 예들을 몇 가지 더 제시하면 다음과 같다.

> (45) ㄱ. 봄이 되면 프리지어는 달걀노른자의 빛깔과 같이 밝고 선명한 빛으로 **노르러지곤** 한다.
> ㄴ. 나뭇잎이 조금씩 **누르러지기** 시작하였으니 그 밑에 누른 잎 주우러 모이는 소년소녀들을 기다리는 것밖에 딴 재미가 없습니다.
> ㄷ. 부용산 산허리에 잔디만 **푸르러 푸르러**, 솔밭 사이사이로 회오리바람 타고, 간다는 말 한마디 없이 너만 가고 말았구나.

위의 예들 가운데 (45ㄷ)에 쓰인 '푸르다'의 활용과 관련해서는 한 가지 특기할 만한 사실이 있다. 2015년 12월 15일 자 표준어 추가 사정안에서 '푸르다'와는 별도의 표준어로서 '푸르르다'를 인정하고, 그 의미를 '푸르다'를 강조할 때 이르는 말로 본 것이 그것이다. 다음의 몇몇 사례에서 보듯, '푸르르다'는 그동안 비표준어라는 오명에도 불구하고, 문학 작품을 비롯하여 상당히 다양한 맥락에서 사용되어 왔다.

> (46) ㄱ. 찬 서리 눈보라에 절개 외려 **푸르르고** / 바람이 절로 이는 소나무 굽은 가지 / 이제 막 백학(白鶴) 한 쌍이 앉아 깃을 접는다 / <김상옥, 백자부(白磁賦)>
> ㄴ. 눈이 부시게 **푸르른** 날은 / 그리운 사람을 그리워하자 / <서정주, 푸르른 날>

(47) ㄱ. 우리나라 의료의 **푸르르고** 울창한 미래를 위한 깊고 든든한 뿌리가 될 수 있기를 간절하게 소망한다. <의협신문, 2013. 5. 20..>

ㄴ. 티저 영상은 스톱모션 촬영 기법을 활용해 **푸르르고** 화창한 봄날을 전하고 있다. <노컷뉴스, 2014. 5. 15.>

(46)은 문학 작품에서, (47)은 신문이나 인터넷 뉴스 기사문에서 '푸르르다'의 활용형들이 사용되어 왔음을 보여 준다. '푸르르다'는 '푸르다'를 강조하는 말이라는 의미 차이 외에 '러' 불규칙 활용이 아닌 'ㅡ' 탈락을 보이는 말이라는 차이를 보인다.

마지막으로, 제18항의 9에서는 '르' 불규칙 활용을 보이는 용언의 표기에 대해 규정하고 있다. '르' 불규칙 활용이란 어간 끝음절 '르' 뒤에 '-아/어' 계열의 어미가 결합할 때, '르'의 모음 'ㅡ'가 삭제되고 'ㄹ'가 하나 덧나는 현상을 말한다. 다음은 그러한 활용 예이다.

(48) ㄱ. 신정환은 탁재훈과 함께 현재 컨츄리꼬꼬로 활동 중이어서 탁재훈과 **갈라서고** 룰라에 전격 합류하게 될지가 미지수다.

ㄴ. 민주당은 재검표가 공연히 혼란과 낭비만 초래한 결과로 나타날 것이라고 예상하면서 한나라당의 책임을 묻겠다고 **별렀다.**

ㄷ. 때가 **일러서**, 혹은 늦어서 괴로운가? 그 말을 했기 때문에 또는 하지 않았기 때문에 문제인가?

ㄹ. "아버님, 무슨 소리를 하시는 겁니까?" 인혜가 비명처럼 소리를 **질렀다.**

위의 예들은 '가르-, 벼르-, 이르-[早], 지르-' 등 어간의 끝음절이 '르'인 어간들이 '-아/어' 계열의 어미와 결합하여 각각 '갈ㄹ-, 별ㄹ-, 일ㄹ-, 질ㄹ-'로 교체됨을 보여 주고 있다. 용례 ⑩에 제시된 '가파르-' 역시 이와 같은 교체를 보인다.

낮에 나온 반달

윤석중

낮에 나온 반달은 하얀 반달은
해님이 쓰다 버린 쪽박인가요
꼬부랑 할머니가 물 **길러**32) 갈 때
치마끈에 딸랑딸랑 채워 줬으면

낮에 나온 반달은 하얀 반달은
해님이 신다 버린 신짝인가요
우리 아기 아장아장 걸음 배울 때
한 짝 발에 딸각딸각 신겨 줬으면

낮에 나온 반달은 하얀 반달은
해님이 빗다 버린 면빗인가요
우리 누나 방아 찧고 아픈 팔 쉴 때
흩은 머리 곱게곱게 빗겨 줬으면

---

32) 윤석중 작사, 홍난파 작곡의 동요로 널리 알려진 작품. '길러'는 '긷-[汲] + -으러 → 길으러'의 축약형이다.

저문 강에 삽을 씻고

정희성

흐르는 것이 물뿐이랴
우리가 저와 같아서
강변에 나가 삽을 씻으며
거기 슬픔도 퍼다 버린다
일이 끝나 저물어
스스로 깊어가는 강을 보며
쭈그려 앉아 담배나 피우고
나는 돌아갈 뿐이다
삽자루에 맡긴 한 생애가
이렇게 저물고, 저물어서
샛강 바닥 썩은 물에
달이 뜨는구나
우리가 저와 같아서
흐르는 물에 삽을 씻고
먹을 것 없는 사람들의 마을로
다시 **어두워**33) 돌아가야 한다

---

33) 어둡- + -어 → 어두워. 'ㅂ' 불규칙 활용을 보이는 형태이다.

3.3.6. 접미사가 붙어서 된 말

3.3.6.1. 용언 어간 + '-이, -음/-ㅁ', '-이, -히'

1) 용례

① 가을철 집중호우 등으로 올해 벼 수확이 감소할 것으로 예상되는 가운데 **벼훑이**를 이용해 막바지 탈곡 작업을 하는 농촌 노부부의 일손이 바쁘기만 하다.

② 에덴이 순결과 무지를 원했다면 새로운 시원은 정보와 **앎**을 요구한다.

③ CJ 제일제당(097950)이 대형마트에 납품하는 햇반 **묶음** 상품에 대한 공급을 중단시켰다.

④ 14K, 18K 반지, 커플링, **목걸이**, 귀걸이, 팔찌, 발찌 판매.

⑤ **목거리**란 목이 붓고 아픈 병을 말한다.

⑥ 이날 불은 25평 **넓이**의 집안을 모두 태우고 30여 분 만에 꺼졌다.

⑦ 알프스형 습곡이란 습곡 지층의 **너비**가 변형 전에 비해서 몹시 단축된 것으로 보이는 습곡을 말한다.

⑧ 교문을 나서자마자 웅례는 학교 옆 분식집과 문방구 가게 안을 유리창 **너머**로 확인했다.

⑨ 그는 어떻게 하는 것이 현명한 일일까 초조하게 생각하다, 여백사의 **주검**을 뒤로하고 올 때 마음먹었던 것처럼 조조를 죽여 버리는 것이 옳겠다는 결론을 내렸다.

⑩ 순간 할 말을 잃고 멍하니 서 있으니 한 아저씨가 눈에 두려움을 가득 담은 채 어눌한 한국말로 **뜨덤뜨덤** 잘못했다고 용서를 빌었다.

⑪ 경제협력추진위원회 4차 회의를 현 정부 임기가 끝나기 전인 다음 달 11~14일(서울)로 **바투** 잡은 점도 일정상 주목할 만하다.

2) 규정

제19항 어간에 '-이'나 '-음/-ㅁ'이 붙어서 명사로 된 것과 '-이'나 '-히'가 붙어서 부사로 된 것은 그 어간의 원형을 밝히어 적는다.

1. '-이'가 붙어서 명사로 된 것

   길이   깊이   높이   다듬이   땀받이   달맞이
   먹이   미닫이   벌이   벼훑이   살림살이   쇠붙이

2. '-음/-ㅁ'이 붙어서 명사로 된 것

   걸음   묶음   믿음   얼음   엮음   울음
   웃음   졸음   죽음   앎   만듦

3. '-이'가 붙어서 부사로 된 것

   같이   굳이   길이   높이   많이   실없이
   좋이   짓궂이

4. '-히'가 붙어서 부사로 된 것

   밝히   익히   작히

다만, 어간에 '-이'나 '-음'이 붙어서 명사로 바뀐 것이라도 그 어간의 뜻과 멀어진 것은 원형을 밝히어 적지 아니한다.

   굽도리   다리[髢]   목거리(목병)   무녀리
   코끼리   거름(비료)   고름[膿]   노름(도박)

[붙임] 어간에 '-이'나 '-음' 이외의 모음으로 시작된 접미사가 붙어서 다른 품사로 바뀐 것은 그 어간의 원형을 밝히어 적지 아니한다.

(1) 명사로 바뀐 것

   귀머거리 까마귀   너머   뜨더귀   마감   마개
   마중   무덤   비렁뱅이 쓰레기   올가미   주검

(2) 부사로 바뀐 것

   거뭇거뭇 너무   도로   뜨덤뜨덤 바투
   불긋불긋 비로소   오긋오긋 자주   차마

(3) 조사로 바뀌어 뜻이 달라진 것

   나마   부터   조차

3) 해설

"표준어를 소리대로 적되, 어법에 맞도록 함을 원칙으로 한다."라는 현행 <한글 맞춤법>의 대원칙은 새로운 단어의 파생 과정에도 그대로 적용된다. 따라서 파생어, 곧 어기(語基, base)에 접사가 결합하여 새로운 단어를 만드는 과정에서도 어기를 이루는 요소의 원형을 밝혀 적어야 한다. 제19항에서는 바로 이와 같은 문제를 다루되, 주로 용언의 어간에 명사 파생 접미사 '-이, -음/-ㅁ'이나 부사 파생 접미사 '-이, -히'가 결합할 때, 용언의 어간을 밝혀 적는다는 규정을 제시하고 있다. '벼의 낟알을 훑어 내는 농구'를 뜻하는 용례 ①의 '벼훑이'나 '아는 것, 지식'을 뜻하는 ②의 '앎', '한데 모아서 묶어 놓은 덩이'를 의미하는 ③의 '묶음'은 바로 이러한 표기 원칙에 따른 것이다.

용언 어간에 '-이'나 '-음/-ㅁ'이 결합하여 새로운 명사를 만들어 내는 것은 비교적 생산적인 단어 형성 과정이다. 어간의 원형을 밝혀 적는 예로는 다음과 같은 사례들을 더 들 수 있다.

(49) ㄱ. 굽이(굽-)　　귀걸이(걸-)　　귀밝이(밝-)　　넓이(넓-)
　　　놀이(놀-)　　더듬이(더듬-)　　대뚫이(뚫-)　　물받이(받-)
　　　물뿜이(뿜-)　　배앓이(앓-)　　뱃놀이(놀-)　　손님맞이(맞-)
　　　손잡이(잡-)　　액막이(막-)　　여닫이(닫-)　　옷걸이(걸-)
　　　점박이(박-)　　하루살이(살-)　　해돋이(돋-)　　호미씻이(씻-)
　　　휘묻이(묻-)[34]
　　ㄴ. 갈음(갈-)　　고기볶음(볶-)　　그을음(그을-)　　모짊(모질-)
　　　삶(살-)　　설움(섧-)　　슮음(슮-)　　수줍음(수줍-)
　　　앙갚음(갚-)　　엮음(엮-)　　용솟음(솟-)　　일컬음(일컫-)
　　　탈놀음(놀-)　　판막음(막-)

---

34) 식물의 인공 번식법의 한 가지로 나무의 가지를 휘어 그 한끝을 땅속에 묻고, 뿌리가 내린 뒤에 그 가지를 잘라 한 개체를 만드는 방법.

위의 예에서 (49ㄱ)은 용언의 어간에 명사 파생 접미사 '-이'가, (49ㄴ)은 '-음/-ㅁ'이 결합하여 새로운 명사를 형성한 예들이다. 이러한 예들은 모두 어간의 원형을 밝혀 적고 있음과 동시에, 본디 어간 형태소의 뜻이 그대로 유지되고 있음이 그 특징이라고 할 수 있다. 여기서 어간 형태소의 의미가 유지된다는 것은 매우 중요한 조건이다. 그 이유는 위 규정의 '다만'에서 밝히고 있듯이, 어간에 '-이'나 '-음'이 붙어서 명사로 바뀐 것이라도 그 어간의 본뜻과 멀어진 것은 원형(原形)을 밝힐 필요가 없으므로, 소리 나는 대로 적어야 하기 때문이다. 예를 들어, 용례 ④, ⑤의 '목걸이'와 '목거리', ⑥, ⑦의 '넓이'와 '너비'가 그러한 사실을 대조적으로 보여 주는 것이다. 즉, '목걸이'와 '넓이'는 '걸-', '넓-'이라는 어간 본래의 의미가 그대로 유지되고 있음에 반하여, '목거리'와 '너비'[35]에서는 그러한 의미가 유지되고 있지 아니하므로, 어간의 원형을 밝혀 적지 않는 것이다.

한편, [붙임]에서는 어간에 '-이'나 '-음' 이외의 모음으로 시작된 접미사가 붙어서 다른 품사로 바뀐 것은 그 어간의 원형을 밝히어 적지 않는다고 규정하고 있다. 예컨대, ⑧, ⑨의 예에 제시된 '너머'와 '주검'은 '넘- + -어'와 '죽- + -엄'의 조어 구조를 가지고 있는바, '-이'나 '-음' 이외의 접미사와 결합되어 있으므로, 어간을 밝혀 적지 않기로 하였다. ⑩, ⑪의 '뜨덤뜨덤', '바투' 역시 그러한 경우에 해당한다.

부사 파생 접미사 '-이, -히'도 비교적 높은 생산성을 지닌 접미사이다. 따라서 이러한 접미사 역시 그 어기는 용언의 어간들이라고 할 수 있으므로 3, 4에 제시된 대로 그 어간의 원형을 밝혀 적어야 한다.

---

35) '넓이'는 '어떤 장소나 물건의 넓은 정도'를 의미하므로, '넓-'의 본래 의미가 유지되고 있다고 할 수 있는 데 반하여, '너비'는 물건 옆의 한끝에서 다른 한끝까지의 거리, 곧 폭을 의미하므로, 어원에서 멀어졌다고 할 수 있다.

3.3.6.2. 명사 + -이

1) 용례

① 여기서 글쓴이는 그들이 남긴 출생지나 성장지, 부임지, 유배지, 은둔지 등을 다리품을 팔아 **샅샅이** 뒤져 그 속에 녹아 있는 아름답고 애절한 언어와 감정을 들춰낸다.
② 머리가 허연 나무꾼 총각이, **곰배팔이** 총각이 있더래. 곰배팔이. 팔이 하나밖에 없는 곰배팔이 총각이 머리가 허연 게 앉아 있더래.
③ 사람의 생김새며 하고 다니는 **꼬락서니**가 아주 유난스러우니까 말이다.
④ 위기를 간파한 놈은 **모가지**를 단단한 등껍질 속에 처박은 채 도무지 뺄 생각을 안 했다.
⑤ **짜개**란 콩이나 팥 등을 둘로 쪼갠 한쪽을 말한다.

2) 규정

제20항 명사 뒤에 '-이'가 붙어서 된 말은 그 명사의 원형을 밝히어 적는다.

　1. 부사로 된 것

곳곳이	낱낱이	몫몫이
샅샅이	앞앞이	집집이

　2. 명사로 된 것

곰배팔이	바둑이	삼발이
애꾸눈이	육손이	절뚝발이/절름발이

[붙임] '-이' 이외의 모음으로 시작된 접미사가 붙어서 된 말은 그 명사의 원형을 밝히어 적지 아니한다.

꼬락서니	끄트머리	모가지
바가지	바깥	사타구니
싸라기	이파리	지붕
지푸라기	짜개	

3) 해설

본 항은 명사 뒤에 파생접사 '-이'가 연결되어 부사나 새로운 명사를 파생해 낼 때에도, 제19항의 경우와 마찬가지로 명사의 원형을 밝혀 적는다는 규정이다. 용례 ①의 '삳삳이'나 ②의 '곰배팔이'의 경우, '삳삳'이나 '곰배팔'에 파생접사 '-이'가 결합되어 만들어진 단어라고 할 수 있는바, '삳사치'나 '곰배파리'가 아닌 '삳삳이', '곰배팔이'로 표기해야 하는 것이다.

그러나 [붙임]에 제시한 바와 같이, '-이' 이외의 모음으로 시작된 접미사가 붙어서 된 말은 그 명사의 원형을 밝혀 적지 않는다. 용례 ③~⑤의 '꼬락서니', '모가지', '짜개' 등을 '*꼴악서니', '*목아지', '*짝애'와 같은 방식으로 표기하지 않는 것은 바로 이러한 이유에서이다.

3.3.6.3. 명사, 용언 어간 + 자음 접미사

1) 용례

① 좌측 산비탈로 가는 길이 더 좋아 시간상 이 봉우리를 직진봉으로 가정하고 좌측 **옆댕이**를 돌아나가 만나는 능선 안부에서 한숨 돌린다.
② 그녀는 요한을 **늙정이**라고 매도하고, 결국에는 다른 남자에게로 떠나갔다.
③ 너비아니는 안심이나 등심을 **넓적하게** 저며서 불고기 양념을 한 다음 팬에 지져 낸 음식으로, 불고기와는 또 다른 독특한 맛이 있다.
④ 북에서 남으로 굽이치며 흐르는 섬진강과 아래로 **널찍하게** 굽어 보이는 평사리 들판의 모습은 놓칠 수 없는 광경이다.
⑤ 아침이나 저녁에 한 대접 **골막하게** 덜어, 먹기 좋게 데워서 먹는다.

2) 규정

> **제21항** 명사나 혹은 용언의 어간 뒤에 자음으로 시작된 접미사가 붙어서 된 말은 그 명사나 어간의 원형을 밝히어 적는다.
>
> 1. 명사 뒤에 자음으로 시작된 접미사가 붙어서 된 것
>
> | | | |
> |---|---|---|
> | 값지다 | 홑지다 | 넋두리 |
> | 빛깔 | 옆댕이 | 잎사귀 |
>
> 2. 어간 뒤에 자음으로 시작된 접미사가 붙어서 된 것
>
> | | | | |
> |---|---|---|---|
> | 낚시 | 늙정이 | 덮개 | 뜯게질 |
> | 갉작갉작하다 | 갉작거리다 | | 뜯적거리다 |
> | 뜯적뜯적하다 | 굵다랗다 | | 굵직하다 |
> | 깊숙하다 | 넓적하다 | | 높다랗다 |
> | 늙수그레하다 | 얽죽얽죽하다 | | |
>
> 다만, 다음과 같은 말은 소리대로 적는다.
> (1) 겹받침의 끝소리가 드러나지 아니하는 것
>
> | | | | |
> |---|---|---|---|
> | 할짝거리다 | 널따랗다 | 널찍하다 | 말끔하다 |
> | 말쑥하다 | 말짱하다 | 실쭉하다 | 실큼하다 |
> | 실컷 | | | |
>
> (2) 어원이 분명하지 아니하거나 본뜻에서 멀어진 것
>
> | | | | |
> |---|---|---|---|
> | 넙치 | 올무 | 골막하다 | 납작하다 |

3) 해설

제21항은 명사나 용언의 어간 뒤에 자음으로 시작된 접미사가 연결되어 형성된 단어의 경우, 그 명사나 어간의 원형을 밝히어 적는다는 규정이다. 예컨대, ①의 '옆댕이'는 명사 '옆'에 자음으로 시작되는 접미사 '-댕이'가 연결된 형태이고, ②, ③의 '늙정이', '넓적하게'는 용언의 어간에 '-정이', '-적하-'와 같은 자음으로 시작된 접미사가 연결되어 만들어진 단어이므로, '옆', '늙-, 넓-'과 같은 명사 혹은 용언의 어간을 밝혀 적어야 하는 것이다.

그런데 ④의 '널찍하게'는 ③의 '넓적하게'와 그 어원이 동일함에도 불구하고, 어간의 원형을 밝혀 적지 않고 소리대로 표기하고 있다는 점에서 차이가 있다. 이와 같은 표기의 원칙을 밝히고 있는 것이 '다만'에 딸린 규정 (1)이다. 이에 따르면, 겹받침의 끝소리가 드러나지 아니하는 경우, 어간의 원형을 밝혀 적지 않고 소리대로 적어야 한다. 다시 말해, 어간 말 위치에 나타나는 겹받침 가운데 두 번째 자음이 발음되는 경우에는 그 어간의 형태를 밝히어 적고, 첫 번째 자음만 발음되는 경우에는 어간의 형태를 밝히지 않고 소리 나는 대로 적는 것이다. 다음을 보자.

> (50) ㄱ. 굵다랗다(굵-→[국-]), 굵적거리다(굵-→[국-]),
>   늙수그레하다(늙-→[늑-])
>   ㄴ. 할짝거리다(핥-→[할-]), 말끔하다(맑-→[말-]),
>   실쭉하다(싫- →[실-])

위의 예들에서 (50ㄱ)은 '굵-, 굵-, 늙-' 등에 나타나는 겹받침 'ㄺ'의 두 번째 자음이 실현되지만, (50ㄴ)의 '핥-, 맑-, 싫-'의 겹받침 'ㄾ, ㄺ, ㅀ'에서는 첫 번째 자음 'ㄹ'가 실현되고 있음을 알 수 있다. 이러한 겹받침의 실현과 표기와는 밀접한 관련이 있다. 즉, (50ㄱ)처럼 두 번째 자음이 실현되는 경우에는 어간의 원형을 밝혀 적지만, (50ㄴ)의 경우처럼 첫 번째 자음이 실현되는 경우에는 어간의 원형을 밝혀 적지 않고 소리대로 적어야 하는 것이다. 따라서 ③의 '넓적하게'는 '넓-'이 [넙-]으로 발음되므로 어간의 원형을 밝혀 적지만, ④의 '널찍하게'는 '넓-'이 [널-]로 발음되는 경우이므로 소리대로 표기하는 경우에 해당한다고 하겠다.

한편, '다만'에 딸린 규정 (2)는 어원이 분명하지 않거나 본뜻에서 멀어진 것은 소리 나는 대로 적는다는 규정이다. '넙치', '올무', '골막하다'[36], '납

---

36) '그릇에 거의 차다'의 뜻.

작하다' 등이 여기에 해당한다.

3.3.6.4. 용언 어간 + 기타 접미사

1) 용례

> ① 요즘 시력이 급격하게 떨어지는 바람에 안경의 도수를 좀 더 **돋구려고** 안과에 다녀왔다.
> ② 박찬호를 보고 꽥꽥 목청을 **돋우다가** 냉장고 문에 붙여 놓은 홍길동 님의 사진과 눈이 마주쳤는데 괜히 신웃음이 났다.
> ③ 요즈음 체로 막걸리를 **밭치는** 사람이 어디 있나?
> ④ 부채를 들어 소리가 나도록 **부치다** 말고 문득 임상옥은 그 부채를 들여다보았다.
> ⑤ 여기서 '**미쁘다**'는 낱말의 뜻은 '믿음직하다', '진실하다'는 말입니다.

2) 규정

> **제22항** 용언의 어간에 다음과 같은 접미사들이 붙어서 이루어진 말들은 그 어간을 밝히어 적는다.
> 1. '-기-, -리-, -이-, -히-, -구-, -우-, -추-, -으카-, -이키-, -애-'가 붙는 것
>
> | | | | | | |
> |---|---|---|---|---|---|
> | 맡기다 | 옮기다 | 웃기다 | 쫓기다 | 뚫리다 | 울리다 |
> | 낚이다 | 쌓이다 | 핥이다 | 굳히다 | 굽히다 | 넓히다 |
> | 앉히다 | 얽히다 | 잡히다 | 돋구다 | 솟구다 | 돋우다 |
> | 갖추다 | 곧추다 | 맞추다 | 일으키다 | 돌이키다 | 없애다 |
>
> 다만, '-이-, -히-, -우-'가 붙어서 된 말이라도 본뜻에서 멀어진 것은 소리대로 적는다.
> 도리다(칼로 ~)   드리다(용돈을 ~)   고치다
> 바치다(세금을 ~)   부치다(편지를 ~)   거두다

> 　　미루다　　　　　이루다
> 　2. '-치-, -뜨리-, -트리-'가 붙는 것
> 　　놓치다　덮치다　떠받치다 받치다　　밭치다
> 　　부딪치다 뻗치다　엎치다　부딪뜨리다/부딪트리다
> 　　쏟뜨리다/쏟트리다　젖뜨리다/젖트리다
> 　　찢뜨리다/찢트리다　흩뜨리다/흩트리다
>
> **[붙임]** '-업-, -읍-, -브-'가 붙어서 된 말은 소리대로 적는다.
> 　미덥다　　　　　우습다　　　　　미쁘다

3) 해설

　제22항은 어기에 피·사동 접미사 및 강세의 의미와 기능을 하는 접미사가 결합되는 경우에도 어기를 구성하는 본래 어간의 원형을 밝혀 적기로 한다는 규정이다. 즉, '어기 + 피·사동 접미사 -기-, -리-, -이-, -히-, -구-, -우-, -추-, -으키-, -이키-, -애-'가 결합하는 경우를 포함하여 '어기 + 강세 접미사 -치-, -뜨리-, -트리-'가 연결되는 경우, 본디의 어간 형태소의 원형을 밝혀 적는 것이다. ①의 '돋구-'와 ②의 '돋우-' 역시 '-구-', '-우-'의 의미에는 차이가 있긴 하지만,37) 어간의 원형을 밝혀 적는다는 점에서는 차이가 없다. 또한, ③의 '밭치-'의 경우도 ①, ②와 마찬가지로 어간의 원형

---

37) '돋구-'는 '안경의 도수 따위를 더 높게 만들다'의 의미로 쓰이며, '돋우-'는 의미가 상당히 여러 가지로 나타나므로, 그 의미와 용법에 대한 깊이 있는 이해가 요구된다. 다음은 '-돋우-'의 의미이다.
　a. 위로 끌어올리거나 높아지게 하거나 도드라지게 하다.
　　例. 램프의 심지를 돋우다.
　b. 기분·느낌·의욕 등의 감정을 자극하여 일어나게 하다.
　　例. 용기를 돋우다.
　c. 밑을 괴거나 쌓아올려 높아지게 하거나 도드라지게 하다.
　　例. 발을 돋우다
　d. 입맛이 좋아지게 하다. 例. 입맛을 돋우는 음식.
　e. 싸움을 부추기다. 例. 싸움을 돋우다.

을 밝혀 적은 경우에 해당한다.

그러나 1의 '다만'에 따르면, 피·사동 접미사 '-이-, -히-, -우-'가 연결되어 이루어진 형태 가운데 본뜻에서 멀어진 것은 소리대로 적어야 한다고 규정하고 있음을 알 수 있다. 예컨대, ④의 '부치다'는 어원상으로 어기 '붙-'에 접미사 '-이-'가 결합하여 형성된 것으로 해석되긴 하지만, 본뜻에서 멀어짐으로써 피동이나 사동의 형태로 인식되지 않으므로, 소리 나는 대로 적어야 하는 것이다.

한편, [붙임]에 제시한 대로, 어기에 '-업-, -읍-, -브-'와 같은 접미사가 연결된 경우는 소리대로 적어야 하므로, '미덥-(>믿- + -업-), 우습-(>웃- + -읍-), 미쁘-(믿- + -브-)'와 같은 방식으로 표기해야 한다. ⑤의 '미쁘다'가 그러한 예이다.

3.3.6.5. '-하다'나 '-거리다'가 붙는 어근 + '-이'

1) 용례

① 한국어로 *<u>오뚜기</u>라고 하는 것은 넘어져도 금방 '오뚝 일어난다' 해서 이러한 이름이 붙여졌으며, 옛날부터 어린이들의 사랑을 받아온 장난감으로 늘 함께 한 소중한 친구였다.

①' 고정민은 MBC 설날특집 드라마 <순덕이>에서 고단한 가운데서도 <u>오뚝이</u>처럼 살아가는 식모 순덕이 역을 맡아 20여 일간의 촬영을 마쳤다.

② 외할머니가 순무 *<u>깍둑이</u>를 담갔는데 그것 보면서 책을 읽으니까 훨씬 생동감이 나요.

②' <u>깍두기</u>는 배추김치와 더불어 한국의 대표적인 김치로, 무를 큼직큼직하게 썰어 담그는 것이 비타민 파괴가 적다.

③ 날마다 나는 *<u>얼룩이</u>를 기다립니다. *<u>얼룩이</u>를 못 본 날이면 몇 번이고 창문을 열고 닫습니다.

③′ 흰 점이 듬성듬성 박힌 **얼루기**는 형이 좋아하는 말이다.
④ ***칼싹둑이** 솜씨 보유자.
④′ **칼싹두기**는 칼국수를 칼로 싹둑싹둑 잘랐다는 데서 붙여진 이름이다. 이 음식들은 강화 지방의 옛 음식이다.

2) 규정

제23항 '-하다'나 '-거리다'가 붙는 어근에 '-이'가 붙어서 명사가 된 것은 그 원형을 밝히어 적는다.(ㄱ을 취하고, ㄴ을 버림.)

ㄱ	ㄴ	ㄱ	ㄴ
깔쭉이	깔쭈기	살살이	살사리
꿀꿀이	꿀꾸리	쌕쌕이	쌕쌔기
눈깜짝이	눈깜짜기	오뚝이	오뚜기
더펄이	더퍼리	코납작이	코납자기
배불뚝이	배불뚜기	푸석이	푸서기
삐죽이	삐주기	홀쭉이	홀쭈기

[붙임] '-하다'나 '-거리다'가 붙을 수 없는 어근에 '-이'나 또는 다른 모음으로 시작되는 접미사가 붙어서 명사가 된 것은 그 원형을 밝히어 적지 아니한다.

개구리 귀뚜라미 기러기 깍두기 꽹과리 날라리
누더기 동그라미 두드러기 딱따구리 매미 부스러기
뻐꾸기 얼루기 칼싹두기

3) 해설

제23항은 '-하다'나 '-거리다'가 붙는 어근에 '-이'가 붙어서 명사가 된 것은 그 원형을 밝히어 적어야 한다는 규정이다. 여기에 제시된 예들은 다음과 같이 '-하다'나 '-거리다'가 결합하여 새로운 어간을 형성하는 것들이다.

<표 8> 어근 + '-하다', '-거리다'의 결합 양상

구분	예	비고
어근 + '-하다'	불뚝-, 오뚝, 납작-, 푸석-, 홀쭉-	오뚝+이>오뚝이
어근 + '-거리다'	깔쭉-, 깜짝, 꿀꿀-, 더펄-, 삐죽-, 살살-,쌕쌕-, 푸석-,	

　이와 같이, '-하다'나 '-거리다'가 붙는 어근에 '-이'가 붙어서 명사가 될 경우, 그 어근을 밝혀 적어야 한다. 따라서 ①의 '*오뚜기'는 ①'에서와 같이 '오뚝이'로 적어야 한다. 부사형 역시 '오뚝이'이다. 다만, '오뚜기 식품'과 같은 회사명의 경우, 그 관례를 인정하여 예외적으로 '오뚜기'로 적는 것을 허용하고 있다.

<장난감 '오뚝이'>

[그림 2] 아이들의 장난감 '오뚝이'와 식품회사 로고 '오뚜기'

　제23항의 [붙임]에 제시한 대로, '-하다'나 '-거리다'가 붙을 수 없는 어근에 '-이'나 다른 모음으로 시작되는 접미사가 결합함으로써 이루어진 한국어 명사들은 그 원형을 밝혀 적지 않고 소리대로 적어야 한다. ②~④의 '*깍둑이, *얼룩이, *칼싹둑이' 대신 ②'~④'의 '깍두기, 얼루기, 칼싹두기' 등으로 적어야 하는 것은 바로 그러한 이유 때문이다. '얼루기'의 경우, 한

때는 '얼룩이'(얼룩무늬의 뜻.)와 구별하여 '얼룩무늬가 있는 짐승'을 가리키는 데만 사용하기도 하였으나, 현재는 그러한 구별이 없이 '얼루기'만을 쓰는 것이 특징이다.[38]

3.3.6.6. '-거리다'가 붙는 의태어 어근 + '-이다'

1) 용례

> ① 수많은 불면의 밤들 속에서 **뒤척이다** 일어나 그가 노래한 사랑의 대상은 무엇일까?
> ② 그는 최근 모 휴대전화 광고에서 남성적인 강한 카리스마를 **번 득이며** 얼굴을 알렸고, 두 번째 영화에서 주연을 거머쥐며 가능성을 보였다.
> ③ 학교 가는 학생들, 다 민제를 이상한 눈으로 **숙덕이며** 간다.
> ④ 그녀는 사내가 **지껄이는** 말에 더욱 졸음이 와서 몸을 비틀었다.
> ⑤ 그래도 거북이의 다리보다는 매미의 날개가 훨씬 길어서인지 몇 번 **퍼덕이더니** 바로 앉기는 앉았다.

2) 규정

> **제24항** '-거리다'가 붙을 수 있는 시늉말 어근에 '-이다'가 붙어서 된 용언은 그 어근을 밝히어 적는다.(ㄱ을 취하고, ㄴ을 버림.)
>
> | ㄱ | ㄴ | | |
> |---|---|---|---|
> | 깜짝이다 | 깜짜기다 | 속삭이다 | 속사기다 |
> | 꾸벅이다 | 꾸버기다 | 숙덕이다 | 숙더기다 |
> | 끄덕이다 | 끄더기다 | 울먹이다 | 울머기다 |
> | 뒤척이다 | 뒤처기다 | 움직이다 | 움지기다 |

---

38) 표준어에서 사용되는 '얼룩이'의 의미를 제시하면 다음과 같다.
  a. 얼룩얼룩한 점이나 무늬. 또는 그런 점이나 무늬가 있는 짐승이나 물건.
  b. 살갗이 두드러지지 않고 색깔만 달라지는 병. 자색반, 색소 모반, 백반(白斑) 따위가 있다.

들먹이다	들머기다	지껄이다	지꺼리다
망설이다	망서리다	퍼덕이다	퍼더기다
번득이다	번드기다	허덕이다	허더기다
번쩍이다	번쩌기다	헐떡이다	헐떠기다

3) 해설

제24항은 '-거리다'가 붙을 수 있는 의태어 어근에 '-이다'가 붙어서 된 용언의 경우, 그 어근을 밝히어 적는다는 규정이다. 예컨대, '깜짝-, 꾸벅-, 끄덕-'과 같은 어근들은 '-거리다'가 결합할 수 있는 어근들로서, 이러한 어근에 '-이다'가 결합하여 용언을 형성할 경우, 각각의 어근들과 '-이다'를 구별하여 표기해야 하는 것이다. ①~⑤의 예들도 모두 그러한 예에 속한다.

3.3.6.7. '-하다'가 붙는 어근 + '-히', '-이', 부사 + '-이'

1) 용례

① 주머니에 돈이 떨어지지 않도록 용돈을 **넉넉히** 줘도 마찬가지였다.
② 저 무량수전의 더운 피는 누가 앗아가기에 저리도 싸늘히 식어 버렸을까? 난 일생 동안 저 무량수전같이 되지 않으려 **무던히도** 애를 썼었다.
③ 친구와 같이 걸어가는데 ***갑작이** 3층의 어떤 교실에서 저를 부르는 것이었습니다.
③' 안정환은 오후 패스 훈련을 하던 도중 **갑자기** 오른 무릎을 감싸 쥐고 주저앉았다.
④ ***더우기** 의지만 천명하고 시일에 대해 못 박지 않음으로써 불확실성은 오히려 가중됐다.
④' **더욱이** 한반도 전쟁 발발 시 서울 주둔 미군은 북한의 포격에 취약한 상황이라고 신문은 지적했다.

⑤ ***일찌기** 잃어버린 고향을 시로 담아서 먼 후대에까지 가슴에 새기도록 남겨준 '향수'와 '고향'의 시인 정지용에게서 우리는 민족사의 비극과, 그 통곡을 듣게 된다.
⑤' 그래서 역사를 거슬러 **일찍이** 남쪽에서 유입되는 백성들이 끊이질 않았다.

2) 규정

제25항 '-하다'가 붙는 어근에 '-히'나 '-이'가 붙어서 부사가 되거나, 부사에 '-이'가 붙어서 뜻을 더하는 경우에는 그 어근이나 부사의 원형을 밝히어 적는다.
1. '-하다'가 붙는 어근에 '-히'나 '-이'가 붙는 경우
　　급히　　꾸준히　　도저히　　딱히　　어렴풋이　　깨끗이

[붙임] '-하다'가 붙지 않는 경우에는 반드시 소리대로 적는다
　　갑자기　　　　　　　반드시(꼭)　　　　　　슬며시
2. 부사에 '-이'가 붙어서 역시 부사가 되는 경우
　　곰곰이　　더욱이　　생긋이　　오뚝이　　일찍이　　해죽이

3) 해설

제25항은 파생 부사의 어기가 되는 요소를 밝혀 적는 것과 관련이 있는 규정이다. 여기에 제시된 부사 파생법은 다음과 같은 두 가지 유형이다.

(51) ㄱ. '-하다'가 붙는 어근 + 부사 파생 접사 '-히', '-이'
　　　　例. 급히(급하다), 꾸준히(꾸준하다), 넉넉히(넉넉하다)
　　　　　　무던히(무던하다), 뚜렷이(뚜렷하다), 버젓이(버젓하다)
　　ㄴ. 부사 + 부사 파생 접사 '-이'
　　　　例. 곰곰이(곰곰), 더욱이(더욱), 일찍이(일찍), 오뚝이(오뚝)

(51ㄱ)과 같은 부사 파생법은 상당히 규칙적인 생산성이 있는 단어 형성법이라고 할 수 있는바, 이때 어근의 원형을 밝혀 적어야 한다는 것이 제25항의 첫 번째 규정이다. ①, ②의 '넉넉히'와 '무던히도'는 그러한 사실을 입증하여 주는 예이다. 그러나 (51ㄱ)과 달리, '-하다'가 붙지 않는 어근에 '-히'나 '-이'가 결합할 경우에는 어근의 원형을 밝혀 적지 않는 것이 원칙이다. [붙임]에 제시된 바와 같이, '갑자기, 반드시(꼭), 슬며시' 등이 그러한 예에 속한다. 따라서 ③의 '*갑작이'는 ③'과 같이 '갑자기'로 바로잡아야 하는 것이다.

(51ㄴ)과 같은 방식의 부사 파생법은 자립성이 있는 부사에 '-이'를 결합함으로써 새로운 단어를 형성한 경우인데, 이 경우에도 부사의 원형을 밝혀 적는 것이 원칙이다. 특히 '더욱이, 오뚝이, 일찍이' 등은 종래의 표기법에서 소리 나는 대로 '*더우기, *오뚜기, *일찌기' 등으로 표기해 오던 전통 때문에 언중들이 혼동을 겪는 경우가 많이 있다. 이러한 사실을 보여 주는 것이 ④, ⑤의 예라고 할 것이다.

일찍이 나는

최승자

일찍이 나는 아무 것도 아니었다[39]
마른 빵에 핀 곰팡이
벽에다 누고 또 눈 지린 오줌 자국
아직도 구더기에 뒤덮인 천 년 전에 죽은 시체.

아무 부모도 나를 키워 주지 않았다
쥐구멍에서 잠들고 벼룩의 간을 내먹고
아무 데서나 하염없이 죽어가면서
일찍이 나는 아무 것도 아니었다

떨어지는 유성처럼 우리가
잠시 스쳐갈 때 그러므로,
나를 안다고 말하지 마라
나는너를모른다나는너를모른다
너당신그대, 행복
너, 당신, 그대, 사랑

내가 살아 있다는 것,
그것은 영원한 루머에 지나지 않는다.

---

39) '일찍이' 나는 무엇이었을까? '일찍'이라는 부사에 파생접사 '-이'를 결합한 것······.

아침 詩

최하림

굴참나무는 공중으로 솟아오른다
해만 뜨면 솟아오르는 일을 한다
늘 새롭게 솟아오르므로 우리는 굴참나무가 새로운 줄을 모른다
굴참나무는 아침 일찍 눈을 뜨고
일어나자마자 대문을 열고 안 보이는
나라로 간다 네거리 지나고 시장통과
철길을 건너 천관산 입구에 이르면
굴참나무의 마음은 벌써 달떠올라
해의 심장을 쫓는 예감에 싸인다

그때쯤이면 아이들도 산란한 꿈에서
깨어나 자전거의 페달을 밟고 검은 숲 위로
오른다 볼이 붉은 막내까지도 큼큼큼
기침을 하며 **이파리**40)들이 쏟아지듯 빛을
토하는 잡목숲 옆구리를 빠져나가
공중으로 오른다 나무들이 일제히
손을 벌리고 아이들이 일제히
손을 벌리고 아이들은 용케도 피해 간다
아이들의 길과 영토는 하늘에 있다
그곳에서는 새들과 무리지어 비행할
수가 있다 그들은 종다리처럼 혹은
꽁지 붉은 비둘기처럼 이 가지에서
저 가지로 포르릉포르릉 날며 흘러
내리는 햇빛을 굴참나무처럼 느낄 수 있다

---

40) '잎+-아리'로 분석, '-이' 이외의 모음으로 시작된 접미사가 붙어서 된 말이므로 명사의
원형을 밝히어 적지 아니한다.

3.3.7. 사이시옷

1) 용례

① 엄마, **해님**은 무얼 먹고 살아?

② 민주당 서울시장 후보 선출을 위한 '모의 시민 공천 배심원 대회'가 열린 5일 오후 국회 의원회관 대회의실에서 김원기 전 국회의장이 **인사말**을 하고 있다.

③ 아무래도 **김칫국**부터 마시는 격이지만 워낙 큰돈이다 보니 그럴 만도 하다.

④ 집에서는 부식시킨 **깻묵**을 포기 사이사이를 덮을 정도로 충분히 준다.

⑤ 뱃사람들이 사나흘씩 죽치고 있다가 한꺼번에 떠난 다음엔 **베갯잇**에서부터 이불잇은 물론 아예 이부자리 전체를 내다 빨아야 했다.

⑥ 주인의 며느리는 **머릿방**을 중심으로 생활을 하였다. 특히, 수납 공간이 잘 갖추어진 **머릿방**(건넌방)과 그 동쪽의 좁은 마당이 만들어 내는 며느리 영역은 다른 한옥들에서 찾아보기 힘든 재미 있는 공간 구성을 보여준다.

⑦ 또 양치질을 **양칫물**이 더워질 때까지 계속하고 나서 뱉도록 한다.

⑧ 국회 노동위 의원들이 현장을 방문하는 것만 해도 노동자를 보호하는 효과가 있어 그것이 중요한 **가욋일**이었다고 해명했다.

⑨ 문법 교육은 주로 문자언어의 사용에 더 기여한다고 보고, 앞으로의 문법 교육은 문장 단위에 **초점**을 맞춰야 한다고 역설하기도 한다.

⑩ 재정 적자 급증으로 미 정부의 유동성 부족이 심화되면서 5일 미 재무부는 국채 발행 **횟수**와 규모를 늘리겠다고 전격적으로 밝혔다.

2) 규정

제30항 사이시옷은 다음과 같은 경우에 받치어 적는다.

1. 순우리말로 된 합성어로서 앞말이 모음으로 끝난 경우

(1) 뒷말의 첫소리가 된소리로 나는 것

고랫재	귓밥	나룻배	나뭇가지	냇가	댓가지
뒷갈망	맷돌	머릿기름	모깃불	못자리	바닷가
뱃길	볏가리	부싯돌	선짓국	쇳조각	아랫집
우렁잇속	잇자국	잿더미	조갯살	찻집	쳇바퀴
킷값	핏대	햇볕	혓바늘		

(2) 뒷말의 첫소리 'ㄴ, ㅁ' 앞에서 'ㄴ' 소리가 덧나는 것

멧나물	아랫니	텃마당	아랫마을	뒷머리
잇몸	깻묵	냇물	빗물	

(3) 뒷말의 첫소리 모음 앞에서 'ㄴㄴ' 소리가 덧나는 것

도리깻열	뒷윷	두렛일	뒷일	뒷입맛
베갯잇	욧잇	깻잎	나뭇잎	댓잎

2. 순우리말과 한자어로 된 합성어로서 앞말이 모음으로 끝난 경우

(1) 뒷말의 첫소리가 된소리로 나는 것

귓병	머릿방	뱃병	봇둑	사잣밥
샛강	아랫방	자릿세	전셋집	찻잔
찻종	촛국	콧병	탯줄	텃세
핏기	햇수	횟가루	횟배	

(2) 뒷말의 첫소리 'ㄴ, ㅁ' 앞에서 'ㄴ' 소리가 덧나는 것

곗날	제삿날	훗날	툇마루	양칫물

(3) 뒷말의 첫소리 모음 앞에서 'ㄴㄴ' 소리가 덧나는 것

가욋일	사삿일	예삿일	훗일

3. 두 음절로 된 다음 한자어

곳간(庫間)	셋방(貰房)	숫자(數字)
찻간(車間)	툇간(退間)	횟수(回數)

3) 해설

이 항은 한국어 합성 명사 및 일부 한자어에서 나타나는 사이시옷의 표기에 관한 규정이다. 합성 명사라는 것은 예컨대, '꽃잎, 물통, 부엌일'의 경우처럼, 두 개의 명사가 어울려서 하나의 명사가 되는 것을 가리킨다. 이와 같이 합성 명사가 형성될 때, 아래 명사의 첫소리가 된소리로 나는 등 그 중간에 발음의 변화가 생기는 일이 있다. 이때, 된소리로 발음되는 현상 등을 정확하게 표기하기 위하여, 두 명사 사이에 'ㅅ'을 끼여 넣기로 한 것이 이른바 사이시옷이다.

한국어 사이시옷 삽입의 기제를 설명해 줄 수 있는 적절한 이론을 발견하기란 쉽지 않은 것으로 보인다. 그러나 지금까지 제시되어 온 사이시옷에 관한 연구 성과들과 제30항의 원칙을 토대로 몇 가지 원칙을 제시해 보면 다음과 같다.

우선, 사이시옷 표기의 가장 기본적인 원칙은 일부 한자어를 제외하고는 그 단어가 합성 명사여야 한다는 조건을 충족해야 한다. 따라서 용례 ①의 '해님'과 같은 경우는 '해 + -님'의 구조, 곧 '명사+접미사'의 구조이므로 사이시옷이 삽입되어서는 안 된다. 그러므로 흔히들 잘못 사용하고 있는 것처럼 '*햇님'이 아니라 '해님'으로 표기해야 올바른 표기인 것이다.

[그림 3] 사파리(언어세상)에서 펴낸
동화 <해님 달님> 표지

사이시옷을 표기하는 데 필요한 두 번째 원칙은 '명사＋명사'의 구조로
이루어진 합성 명사라 하더라도 후행 명사의 첫소리가 별다른 발음의 변화
가 없다면, 사이시옷이 삽입되어서는 안 된다는 것이다. 예컨대, '개구멍,
배다리, 새집, 머리말, 인사말, 머리방' 등의 단어에서는 아무런 발음의 변
화가 나타나지 않으므로, 사이시옷을 표기하지 않는 것이다. 용례 ②에서
쓰인 '*인삿말' 대신 '인사말'을 써야 하는 이유가 바로 그것이다.

결과적으로 한국어의 사이시옷은 합성 명사의 형성 과정에서 야기된 발
음의 변화를 표시하기 위한 일종의 음운론적 장치인 셈이다. 그렇다면, 제
30항의 규정에서는 그러한 발음의 변화를 어떻게 제시하고 있는지, 하나의
표로 제시하면 다음과 같다.

<표 9> 사이시옷의 표기 원칙

구분	발음 변화	예	비고
고유어＋고유어	된소리화	고랫재, 냇가, 뱃가죽, 샛길	
	'ㄴ' 삽입	멧나물, 아랫니, 텃마당, 깻묵	
	'ㄴㄴ' 삽입	도리깻열, 베갯잇, 욧잇, 댓잎	
고유어＋한자어	된소리화	귓병, 머릿방, 셋방, 횟김	
	'ㄴ' 삽입	무싯날, 곗날, 봇물, 팻말	
	'ㄴㄴ' 삽입	가윗일, 사삿일, 예삿일, 훗일	
일부 한자어	된소리화	곳간(庫間) 셋방(稅房) 숫자(數字) 찻간(車間) 툇간(退間) 횟수(回數)	6개에만 한정.

위의 표를 통하여 알 수 있는 바와 같이, 사이시옷의 표기는 '고유어＋고
유어'의 구조, 곧 순우리말로 된 합성어나, '고유어＋한자어', 곧 순우리말
과 한자어로 된 합성어 및 일부 2음절로 이루어진 한자어에서 이루어지고
있다. 이러한 형태론적 특성 외에 몇 가지 음운론적 특성을 살펴보면, 맨

먼저 지적할 수 있는 것이 선행명사의 끝소리가 모음이어야 한다는 것이다.
다음을 보자.

> (52) ㄱ. [손뜽] : 손등~손ㅅ등~슷등
>   ㄴ. [비빔빱] : 비빔밥~비빔ㅅ밥

 '손등'이나 '비빔밥'은 고유어로 이루어진 합성 명사들이다. 그리고 음운
론적으로 후행어의 첫소리가 된소리화를 겪는바, 사이시옷을 표기해야 하
는 구조를 보이고 있다. 그럼에도 불구하고, '손ㅅ등~슷등'과 같은 표기 방
식을 택하지 않고, '손등'으로 표기하는 것은 선행명사가 모음으로 끝나는
개음절의 경우에만 사이시옷을 표기하기 때문이다.

 선행어가 개음절이어야 한다는 조건 외에도 사이시옷의 표기는 또 다른
음운론적 조건을 요구한다. 후행어의 첫소리가 된소리로 실현되거나, 뒷말
의 첫소리 'ㄴ, ㅁ' 앞에서 'ㄴ' 소리가 덧나거나, 뒷말의 첫소리 모음 앞에
서 'ㄴㄴ' 소리가 덧나는 경우에만 표기가 이루어지는 것이다. 앞의 용례들
가운데 ③~⑤의 '김칫국, 깻묵, 베갯잇'은 '고유어+고유어'의 구조에서 사
이시옷이 삽입됨으로써 나타나는 발음의 변화를 보여 주는 예라고 한다면,
⑥~⑧의 '머릿방, 양칫물, 가욋일'은 '고유어+한자어'의 구조에서 보여 주
는 예들이다.

 한편, ⑨~⑩의 예는 2음절로 된 한자어의 사이시옷 표기가 어떻게 이루
어지는지 보여 주는 것으로, ⑨의 '초점'(焦點)의 경우는 사이시옷을 표기하
지 않지만, ⑩의 '횟수'는 사이시옷을 표기한 형태가 올바른 표기이다. 한자
어에 적용되는 이와 같은 표기 원칙은 '초점'이 6개의 한자어에 포함되지
않는 데 반하여, '횟수'는 6개 안에 포함되기 때문이다. 따라서 일상생활에
서 흔히 발견되는 다음과 같은 표기의 오류는 한자어와 관련되는 사이시옷
표기의 원칙을 잘 알지 못한 데서 비롯된 것이다.

(53) ㄱ. 회사 측은 "계약금 5백만 원만 내면 중도금은 전액 무이자 융자
　　　 를 알선해 줄 예정이기 때문에 입주 ***싯점**까지 수요자들의 부담
　　　 은 거의 없다."라고 설명했다.
　　 ㄴ. 펜티엄4 1.8~2.0의 중앙 연산 처리장치(CPU)를 장착한 노트북
　　　 'X노트'를 구입하면 ***싯가** 40만원이 넘는 디지털카메라나 컬러
　　　 휴대폰을 공짜로 준다.
　　 ㄷ. 다시 말해, 성공하는 사람들은 그 성공에 대한 ***댓가**를 치르기
　　　 때문에 성공하는 것이며, 그렇지 않은 사람들은 야망이나 욕망
　　　 은 있으나 기꺼이 그 ***댓가**를 치르지 않기 때문에 실패하는 것
　　　 이라는 결론을 내리게 된다.
　　 ㄹ. 부상을 치료하려고 의사나 ***칫과** 의사를 처음 찾아갔을 때는
　　　 ACC 청구 양식(Claim form)을 작성하여야 한다.

위 문장들에서 사용되고 있는 '時點, 時價, 代價, 齒科'는 비록 둘째 음절의
첫소리가 된소리로 실현되기는 하지만, 모두 '시점, 시가, 대가, 치과'로 적
어야 하는 것들이다. 이러한 원칙은 이 한자어들이 사이시옷의 표기를 필요
로 하는 6개의 한자어에 해당하지 않기 때문이다.

흥미로운 사실은 한국어 합성 명사들 가운데는 사이시옷의 개재 여부에
따라 단어의 의미가 달라지는 예들이 있다는 것이다. 한국어 화자들은 두
개의 동일한 명사를 결합하여 하나의 단어를 형성하는 경우, 사이시옷의 개
재 여부를 통해 의미가 서로 다른 단어를 만들어 사용하고 있는 것이다.

(54) ㄱ. 고기배[魚腹] : 고깃배[漁船]
　　 ㄴ. 나무배[木船] : 나뭇배[나무 운반용 배]
　　 ㄷ. 머리방[美容室][41] : 머릿방[안방 뒤에 딸린 작은 방]

마지막으로, 한국어 사이시옷 표기와 관련하여 알아야 할 중요한 사실
가운데 하나는 뒷말의 첫소리가 본래 된소리거나 거센소리인 경우에는 사

---

41) '미용실'을 가리키는 말.

이시옷을 표기하지 않는다는 것이다. 다음을 보기로 하자.

> (55) ㄱ. 졸졸 흐르는 시냇물 ***윗쪽**에서 상춧잎 하나가 유유히 떠내려오
> 고 있었다.
> ㄴ. 이제 몇 시간만 지나면 자유인이 되는 순간 형사가 찾아왔다.
> ***윗층**에 숨은 아들이 구멍을 통해 형사를 보고 있었다. 아들이
> 없다고 변명하는 어머니의 얼굴은 차라리 간절한 애원이었다.
> 이윽고 형사는 아들이 돌아오면 알려 달라며 일어섰다.
> ㄷ. 그래서 겨울이면 ***뒷뜰**에 묻어놓은 김장 무를 까먹는 게 간식이
> 었다.
> ㄹ. ‘갈라쇼’는 주로 스포츠 · 뮤지컬 · 발레 등의 분야에서 공식 행
> 사가 끝난 뒤 선수들과 함께 기쁨을 나누고 관객들에게 감사를
> 전하고자 하는 ***뒷풀이** 형식의 행사를 일컫는다.

위 예문들에서 사용된 ‘*윗쪽, *윗층, *뒷뜰, *뒷풀이’는 모두 ‘위쪽, 위층,
뒤뜰, 뒤풀이’로 표기해야 한다. 후행어의 첫소리가 모두 된소리이거나 거
센소리이므로, ‘위’나 ‘뒤’ 다음에 사이시옷을 표기해서는 안 되는 것이다.

자연

박재삼

뉘라 알리
어느 가지에서는 연신 피고
어느 가지에서는 또한 지고들 하는
움직일 줄 아는 내 마음 꽃나무는
내 얼굴에 가지 벋은 채
참말로 참말로
사랑 때문에
햇살42) 때문에
못 이겨 그냥 그
웃어진다
울어진다 하겠네

42) 해＋살→[해쌀]로 발음되므로, 사이시옷을 삽입하여 '햇살'로 적는다.

자작나무 숲으로 가서

고　은

광혜원 이월마을에서 칠현산 기슭에 이르기 전에
그만 나는 영문 모를 드넓은 자작나무 분지로 접어들었다.
누군가가 가라고 내 등을 떠밀었는지 나는 뒤돌아보았다.
아무도 없다 다만 눈발에 익숙한 먼 산에 대해서
아무런 상관도 없게 자작나무숲의 벗은 몸들이
이 세상을 정직하게 한다 그렇구나 겨울나무들만이 타락을 모른다.

슬픔에는 거짓이 없다 어찌 삶으로 울지 않은 사람이 있겠느냐
오래오래 우리나라 여자야말로 울음이었다 스스로 달래어온 울음이었다
자작나무는 저희들끼리건만 찾아든 나까지 하나가 된다
누구나 다 여기 오지 못해도 여기에 온 것이나 다름없이
자작나무는 오지 못한 사람 하나하나와도 함께인 양 아름답다

나는 나무와 **나뭇가지**와 깊은 하늘 속의 우듬지의 떨림을 보며
나 자신에게도 세상에도 우쭐해서 **나뭇짐**[43] 지게 무겁게 지고 싶었다
아니 이런 추운 곳의 적막으로 태어나는 눈엽이나
삼거리 술집의 삶은 고기처럼 순하고 싶었다
너무나 교조적인 삶이었으므로 미풍에 대해서도 사나웠으므로

얼마 만이냐 이런 곳이야말로 우리에게 십여 년 만에 강렬한 곳이다
강렬한 이 경건성! 이것은 나 한 사람에게가 아니라
온 세상을 향해 말하는 것을 내 벅찬 가슴은 벌써 알고 있다
사람들도 자기가 모든 낱낱 중의 하나임을 깨달을 때가 온다
나는 어린 시절에 이미 늙어버렸다 여기 와서 나는 또 태어나야 한다
그래서 이제 나는 자작나무의 천부적인 겨울과 함께
깨물어먹고 싶은 어여쁨에 들떠 남의 어린 외동으로 자라난다

나는 광혜원으로 내려가는 길을 등지고 삭풍의 칠현산 험한 길로 서슴없
이 지향했다

---

43) 자작나무 숲을 이루는 것은 '나무+가지→ 나뭇가지, 나무+짐→나뭇짐'이 아닐까?

3.3.8. 준말

3.3.8.1. 어말 모음 탈락

1) 용례

① **엊그저께** 국회에 정식으로 제출해서 그저께 회의에서 저희가 문방위원회 정식 의제로 상정을 했습니다.
② **엊저녁** 차로 껑을 들이받았을 때처럼 다시 가슴에 뻐근한 통증이 내려앉았다.
③ 구본무 LG그룹 회장이 LG 계열사 신임 임원들에게 "열정을 **갖고** 몰입하되 즐겁게 일해 달라."고 당부했다.
④ 열악한 여건을 **딛고** 이번 대회에서 금, 동메달을 1개씩 따낸 스키점프는 한국 동계종목에 새로운 희망으로 떠올랐다.

2) 규정

제32항 단어의 끝 모음이 줄어지고 자음만 남은 것은 그 앞의 음절에 받침으로 적는다.

(본말)	(준말)
기러기야	기럭아
어제그저께	엊그저께
어제저녁	엊저녁
가지고, 가지지	갖고, 갖지
디디고, 디디지	딛고, 딛지

3) 해설

준말이란 일정한 모음이나 자음 또는 음절 등 단어를 구성하는 요소의 일부가 줄어듦으로써 만들어진 말이다. 제32항~40항까지는 준말의 표기에 대해 다루고 있는바, 본말에서 준말이 형성되는 다양한 음운론적 기제와 더 붙어 그 표기 원칙에 대해 살펴보기로 한다.

제32항에서는 단어의 끝 모음이 탈락함으로써 자음만 남아 있을 경우에 그 자음을 어떻게 처리하여 적을 것인가에 대해 규정하고 있는데, 여기에 제시된 대로, 그 자음을 앞 음절의 받침으로 적는 것이 원칙이다. 예컨대, '어제그저께'를 보면, '어제'의 끝 모음 'ㅔ'가 탈락하고 남은 자음 'ㅈ'는 선행 음절 '어'의 받침으로 적게 되는 결과, '엊그제'가 되는 것이다. ①의 '엊그제께', ②의 '엊저녁'은 이러한 줄임 현상을 보여 주는 예이다.

③, ④의 '가지고→갖고, 디디고→딛고'도 ①, ②와 동일 과정으로 형성된 준말들이긴 하지만, 이 경우에는 단어의 끝 모음이 아니라, 어간의 끝 모음이 줄어든 것이라는 점에서 약간의 차이가 있다. 문제는 '가지고, 디디고'가 '갖고, 딛고'로 줄어드는 현상은 모든 어미 앞에서 가능한 것이 아니라, 자음 어미 앞에서만 가능하다는 사실이다.

> (57) ㄱ. 조금만 관심을 *<u>**갖으셔서**</u> 중요한 데이터를 잃지 않도록 주의하
> 시기 바랍니다.
> ㄴ. 보행하다 잘못 발을 *<u>**딛어서**</u> 발목을 삐게 되면 다친 쪽의 하지
> 에 힘을 적게 주거나, 아예 힘을 싣지 않는 상태로 반대쪽의 하
> 지에 힘을 주고 활동하게 된다.

위의 예에서 (57ㄱ)은 '가지-'의 준말 형태인 '갖-'이 모음 어미 '-으셔서'와 결합한 예이고, (57ㄴ)은 '디디-'의 준말 형태인 '딛-'이 역시 모음 어미 '-어서'와 결합한 예이다. 그러나 이러한 준말형을 인정하지 않으므로, '*갖으셔서'는 '가지셔서'로, '**딛어서'는 '디뎌서'로 표기해야 한다. 다음은 그러한 단어들이 사용된 문장들이다.

> (58) ㄱ. 이 후보님이나 한 여사님은 하늘을 더 이상 운운하는 오만함을
> 버리시고 군 면제를 받은 것에 대해 반성하는 마음을 **가지셔야**

합니다.

ㄴ. 발을 잘못 **딛거나** 무서워서 어정쩡하게 있으면 밀린다. 잡을 데라
고는 하나도 없고, 발도 잘못 **디뎌서인지** 막 미끄러질 것 같다.

3.3.8.2. 체언과 조사의 축약

1) 용례

① 농민들은 늘상 로또복권 숫자 맞추기 게임보다도 더 어려운 게
임들을 강요당하고 있는데 **그게** 뭐 그렇게 대수일까요?
② **그걸로** 됐어요. 내게 미안해하지 말아요.
③ 하물며 그 숫자가 고무줄처럼 늘었다 줄었다 한다면 **무얼** 더 말
하랴.
④ 동생을 배반한 것도 아닌데, 다 지난 과거 갖고 **뭘** 그래.
⑤ 시집가기 전날 강아지한테 시집간다고 자랑한다는 말도 있듯이,
나도 **뭣이** 뭣인지도 모르면서 신나했었습니다.
⑥ 그것이 **무에** 그리 좋은 일이라고 동네방네 떠들고 다니는 거니?

2) 규정

제33항 체언과 조사가 어울려 줄어지는 경우에는 준 대로 적는다.

(본말)	(준말)
그것은	그건
그것이	그게
그것으로	그걸로
나는	난
나를	날
너는	넌
너를	널
무엇을	뭣을/무얼/뭘
무엇이	뭣이/무에

3) 해설

한국어 준말 가운데는 체언의 곡용형, 곧 체언과 조사의 축약형이 음운의 탈락이나 음절 수 줄이기 등의 방법에 따라 형성되는 것들이 있다. 이러한 준말 형태를 인정하여 준 대로 적어야 한다는 규정이 바로 제33항이다.

체언의 곡용형이 준말로 만들어지는 과정은 크게 두 가지이다. 첫 번째는 체언은 줄어들지 않고 조사만 줄어드는 경우로, '나는→난, 너는→넌, 나를→날, 너를→널' 등이 여기에 속한다. 두 번째는 조사뿐만 아니라 체언의 요소도 일부 줄어듦으로써 준말이 형성되는 경우로, '그것이→그게', '무엇을→뭣을→무얼→뭘', '무엇이→뭣이/무에' 등이 그 예들이다. 위에 제시한 ①~⑥의 예들은 실제 한국어 문장들에서 체언의 곡용형의 준말이 활발하게 사용되고 있음을 보여준다.

체언의 본말 형태와 준말 형태는 문체상의 차이를 가지고 있다고 할 수 있다. 따라서 ①~⑥의 예들은 대부분 구어의 성격을 지니고 있다는 사실에 주목할 필요가 있다. 즉, 본말 형태는 격식적인 문어에 주로 쓴다고 한다면, 준말 형태는 다분히 비격식적 성격의 구어에 주로 쓴다고 할 수 있는 것이다. 본말과 준말이 지니는 이러한 문체상의 차이를 어느 정도는 구별해야 함에도 불구하고, 오늘날 젊은 세대에게서는 그러한 구별이 점차로 사라져가고 있음이 눈에 띈다. 특히, 이러한 경향은 인터넷상에서 사용되는 통신언어에서 두드러지게 나타나는 현상이라고 할 수 있다. 예컨대, 다음과 같은 글이 그러한 예이다.

(59) ㄱ. 저번에 보니깐 쿨이오 갖고 있는 분들이 좀 계신 **거** 같은데, **이 거** 어찌해야 하죠? 우선 CARD/BATT 여기서 메모리 카드 이거 넣는 **거** 맞죠?
　　ㄴ. 근데…**요걸** 어케 제거를 하지요..? 시스템 새로 밀어야 하남요..? 에구에구~~ ㅠ.ㅠ. 공부를 위해서 **요걸** 함 분석해 볼려구 하는 데 잘 안 되네요.

3.3.8.3. 동일 모음 탈락

1) 용례

① 에이지의 등은 이미 땀에 흠뻑 젖어 있어서 어디 **가서** 맥주나 한 잔 들이켜고 싶었다.
② 이런 틈을 **타서** 국내 기업이 해외 BW를 발행한 후 대주주 관련자가 BW를 다시 인수해 재미를 본 사례도 많았다.
③ 엄청난 폭우가 쏟아질 가능성이 높은 현 상황을 미루어 보아 미리 우산을 **펴** 최악에 대비해야겠다.
④ 망치를 휘두르는 바람에 안 맞으려고 하다 손톱자국이 **났다.**
⑤ 이 밖에 큰 길거리 또는 사람이 많이 다니는 곳에는 어디든지 나무장이 **섰었다.**

2) 규정

제34항 모음 'ㅏ, ㅓ'로 끝난 어간에 '-아/-어, -았-/-었-'이 어울릴 적에는 준 대로 적는다.

(본말)	(준말)	(본말)	(준말)
가아	가	가았다	갔다
나아	나	나았다	났다
타아	타	타았다	탔다
서어	서	서었다	섰다
켜어	켜	켜었다	켰다
펴어	펴	펴었다	폈다

3) 해설

이 항은 용언의 어간과 어미의 모음이 동일 모음의 연결, 곧 'ㅏ+ㅏ', 'ㅓ+ㅓ'와 같은 방식으로 연결되는 것을 기피하는 것 때문에, 어미의 모음 'ㅏ' 또는 'ㅓ'가 수의적이 아니라 필수적으로 탈락하는 현상을 표기에 반

영하도록 한 것이다. 용례 ①~⑤의 밑줄 친 활용형들은 다음과 같은 모음
결합과 탈락에 따라 형성된 예들이다.

(60) ㄱ. 가- + -아서 → [가서]
ㄴ. 타- + -아서 → [타서]
ㄷ. 펴- + -어 → [펴]
ㄹ. 나- + -았- + -다 → [났다]
ㅁ. 서- + -었었- + -다 → [섰었다]

이와 같은 성격의 동일 모음 탈락은 제18항에서 설명한 'ㅅ' 불규칙 용
언의 어간과 어미의 결합에서는 실현되지 않는다는 제약을 보인다. 예컨대,
'낫-'의 활용형들을 제시하면 다음과 같다.

(61) ㄱ. 낫- + -아 → [나아]
ㄴ. 낫- + -아서 → [나아서]
ㄷ. 낫- + -았- + -다 → [나았다]
ㄹ. 낫- + -아도 → [나아도]

3.3.8.4. 반모음화

1) 용례

① 윤 씨는 "그냥 **뒤서는** 안 되겠다 싶어 나라도 나서자는 생각으
로 동참했다."라고 말했다.
② "죽 **쒀서** 개 준다."라는 속담이 이처럼 딱 들어맞는 경우도 별로
없을 것입니다.
③ 이형택이 자신의 배필을 고르는데, 어머니 최 씨가 "감 **봐라,** 배
봐라."하지는 않겠단다.
④ 복권 당첨자들에게 판매액의 50%가 돌아가고 나머지 50%를 관
련 회사 등이 20%, 정부가 30%씩 나눠 갖게 **돼** 있기 때문이다.

⑤ 밖에 나가서 바람도 **쐐** 보았지만 역시 무한히 밀고 들어오는 졸음 때문에 하는 수 없이 의자 칸 사이에 쪼그리고 앉아 자고 있었다.

⑥ 이들에 이어 가지 부공보관은 4일 고이즈미 준이치로(小泉純一郞) 총리의 국회 시정 연설을 유창한 영어로 브리핑하는 것을 시작으로 외국인 특파원들에게 선을 **뵀다.**

⑦ 설을 거꾸로 **쇘다.**

⑧ 우즈는 홈페이지를 통해 "이번 대회를 통해 긴장감 속에서도 무릎이 잘 **버텨** 낼 수 있는지, 혹시 걷는 데 어떤 이상이 있는지를 체크할 수 있을 것"이라고 말했다.

⑨ 가장 소중한 것을 파괴하는 행위는 당연히 잠정적인 자기잠식을 가져온다. 그러나 이것을 **견뎌야** 한다.

2) 규정

제35항 모음 'ㅗ, ㅜ'로 끝난 어간에 '-아/-어, -았-/-었-'이 어울려 'ㅘ/ㅝ, 왔/웠'으로 될 때에는 준 대로 적는다.

(본말)	(준말)	(본말)	(준말)
꼬아	꽈	꼬았다	꽜다
보아	봐	보았다	봤다
쏘아	쏴	쏘았다	쐈다
두어	둬	두었다	뒀다
쑤어	쒀	쑤었다	쒔다
주어	줘	주었다	줬다

[붙임 1] '놓아'가 '놔'로 줄 적에는 준 대로 적는다.

[붙임 2] 'ㅚ' 뒤에 '-어, -었-'이 어울려 'ㅙ, 쇘'으로 될 적에도 준 대로 적는다.

(본말)	(준말)	(본말)	(준말)
괴어	괘	괴었다	괬다
되어	돼	되었다	됐다

뇌어	봬	뇌었다	뵀다
쇠어	쇄	쇠었다	쇘다
쬐어	쫴	쬐었다	쬈다

제36항 ' ㅣ ' 뒤에 '-어'가 와서 ' ㅕ'로 줄 적에는 준 대로 적는다.

(본말)	(준말)	(본말)	(준말)
가지어	가져	가지었다	가졌다
견디어	견뎌	견디었다	견뎠다
다니어	다녀	다니었다	다녔다
막히어	막혀	막히었다	막혔다
버티어	버텨	버티었다	버텼다
치이어	치여	치이었다	치였다

3) 해설

한국어의 모음 ' ㅣ, ㅗ, ㅜ' 뒤에 ' ㅏ, ㅓ'가 연결되면, 모음 ' ㅣ, ㅗ, ㅜ'는 반모음화에 의해 ' ㅑ, ㅕ, ㅘ, ㅝ'로 실현된다. 이러한 반모음화는 필수적인 것이 아니고 수의적으로 나타나는 현상이라고 할 수 있으므로, 반모음화를 수행하기 이전의 형태는 본말이, 반모음화를 수행한 형태는 준말이 된다. 제35항과 제36항은 바로 이와 같은 반모음화에 따른 준말의 표기에 대해 규정하고 있다.

먼저, 제35항에서는 어간의 끝 모음이 'ㅗ, ㅜ'일 때, '-아/-어' 계열의 어미가 연결되면 'ㅗ, ㅜ'가 반모음 'w'로 변화하게 되고, 이 반모음이 어미와 결합함으로써 결국 이중 모음 'ㅘ/ㅝ, ㅙ/ㅞ'으로 실현되므로, 이를 표기에 반영하도록 규정한 것이다. ①의 '둬서'나 ②의 '쒀서'는 이러한 반모음화를 보여 주는 예이다.

한편, [붙임 1]에 따르면, 어간 '놓-'의 경우도 '-아/-어' 계열의 어미와 결합하게 되면, 어간 모음 'ㅗ'의 반모음화에 의해 준말이 형성된다. 예컨대,

③의 '놓-+-아라' → '놔라'는 다음과 같은 도출 과정을 통해 이루어진 것이다.

(62) 기저형   // 놓-+-아라 //
    'ㅎ'탈락   노- + -아라
    반모음화   놔라
    음성형   [놔 : 라]

이러한 반모음화는 '놓-'의 경우에만 가능하다는 점에서 매우 독특한 현상이라고 할 수 있다. 즉, '좋아, 좋아서, 좋았다'나, '낳아, 낳아서, 낳았다' 등 어간 말음이 'ㅎ'인 다른 용언의 활용형들은 이러한 반모음화가 불가능하다는 점에서, (62)와 같은 현상은 매우 예외적인 특수한 현상인 것이다.

또한, [붙임 2]에서는 'ㅚ' 뒤에 '-아/-어' 계열의 어미가 연결되는 경우에도 반모음화에 따른 준말 형성이 가능함을 보여 주고 있다. ④~⑦의 '돼, 쐤, 뵀다, 쐤다'가 그와 같은 과정에 의한 준말의 사용을 보여 주는 예이다. 이러한 예들 가운데 '되- + -어 →돼'의 준말에 대해서는 좀 더 많은 설명이 요구되는 듯하다. 많은 한국어 사용자들이 어간 '되-'와 활용형 '돼'의 차이를 구별하지 못하고 있기 때문이다. 다음 예들을 보기로 하자.

(63) ㄱ. 김 선수는 "수혁이 형 사고 이후 가끔씩 의사도 오고, 구급차도 *__배치됬다.__"라고 말했다.
    ㄴ. 컴퓨터가 자주 *__다운되서__ 안타까워요.
    ㄷ. 이은결은 자신의 미니홈피를 통해 "엘프님들, 이제 사과문 그만 올리셔도 *__되요.__"라는 글을 남겼다.
    ㄹ. 그러면 안 *__되.__ 선생님이 하루 종일 끼라고 했으면 그렇게 해야 *__되.__

위의 예들은 어간 '되-'에 '-아/-어' 계열의 어미가 연결되었을 경우, 수의

적으로 일어나는 반모음화에 따라 '됐다, 돼서, 돼요, 돼'로 표기해야 할 자
리에 '되-'를 그대로 쓰고 있는 예들이다. 반모음화를 수행한 형태를 그대
로 적지 않고, 어간만을 표기하는 이러한 오류와 함께, 자음 어미 앞에서
어간만을 표기해야 할 자리에 반모음화형을 사용하는 오류도 또한 발견되
는데, 다음이 그러한 예이다.

(64) ㄱ. 빠른 대답을 원하는데 기다려도 *<u>**돼지요?**</u>
ㄴ. 현장을 바쁘게 뛰어다니는 아나운서 최은경 씨는 "통화 잘 *<u>**돼**</u>
<u>**고**</u> 핸드폰 값 빠지고."라고 외치며 환하게 웃는다.
ㄷ. 겨울철만 *<u>**돼면**</u> 피부가 상해 고생하는 경우가 많다
ㄹ. "여기서 어떤 표정을 지어야 하지?"하고 따지지 않아서 좋고 그
런 질문에 대답하지 않아도 *<u>**돼니까**</u> 좋다.

위와 같은 문장들에서 '되-'는 반모음화가 적용되지 않는다. 따라서 (64
ㄱ)의 '*돼지요'는 '되지요'로, (64ㄴ)의 '*돼고'는 '되고'로, (64ㄷ)의 '*돼면'
은 '되면'으로, (64ㄹ)의 '*돼니까'는 '되니까'로 적어야 올바른 표기이다.

'되-'의 활용에 대해서는 또 한 가지 언급해야 할 문제가 있는데, 그것은
'되-'의 명령형으로 두 가지 활용형이 가능하다는 것이다. 다음을 보자.

(65) ㄱ. 이어 김정난은 "이병헌에게 모든 것에는 예외가 있다. 오빠가
예외가 **돼라.**"라고 조언했다며, "그런데 정말 그 예외가 됐다."
라고 자랑스러움을 표현했다.
ㄴ. 사랑에 빠질수록 혼자가 **되라.**
ㄷ. 내가 고생하는 거는 내가 훌륭한 사람이 **되라는** 거라 생각할
수밖에 없었어요

위의 예문들에서 (65ㄱ)은 '되- + -어라 →돼라'의 형식으로 표기하고 있
는 반면, (65ㄴ), (65ㄷ)에서는 '되- + -라 →되라'로 표기하고 있다. 그렇다
면, '돼라'와 '되라'의 차이는 무엇일까? 이는 일차적으로는 문체의 차이에

서 비롯된 것이라고 할 수 있다. 즉, '돼라'는 구어체에서 쓰는 형태로, 화자가 청자를 앞에 두고 직접적으로 말하는 경우에 사용한다면, '되라'는 문어체에서나(65ㄴ) 간접 인용문에서만 사용되는 것이다(65ㄷ).

한편, 제36항에서는 말음이 'ㅣ'인 용언 어간이 '-아/-어' 계열의 어미와 결합할 경우에, 역시 반모음화에 의해 'ㅕ'로 실현됨으로써 형성되는 준말의 표기에 대해 규정한 것이다. 용례 ⑧, ⑨에서 사용된 '버텨', '견뎌'가 그러한 예이다. 물론 이러한 반모음화에 의한 준말의 형성은 수의적인 것이어서, 본말이 원칙적인 표기 형태라고 한다면, 준말은 허용 규정에 따른 것이다.

3.3.8.5. 모음 축약

1) 용례

① 오빠는 장식용 총까지 꺼내 와서 소파 위에 목도리를 **뉘어** 놓고선 나와 함께 정글놀이를 합니다.

② 물론 통행로에는 왼쪽으로 다니라고 **씌어** 있지만 본능적으로 오른쪽으로 다니게 된다.

③ 『노자』라는 책과 저자인 노자(老子)는 깊은 안개에 **쌔어** 있어서 신비스러울 정도이다.

④ 전자레인지에 뜨거운 물을 담은 그릇을 넣어 2, 3분 정도 가열해 내부에 수증기를 **쐬어** 주면 눌러 붙었던 오염이 부드러워져 청소가 쉬워진다.

⑤ 이때 치매로 언어 장애를 가진 노인이 국악 공연을 보면서 말문이 **틔어** 서로 껴안고 눈물을 흘렸던 감동을 잊을 수가 없다.

2) 규정

제37항 '卜, ㅕ, ㅗ, ㅜ, ㅡ'로 끝난 어간에 '-이-'가 와서 각각 'ㅐ, ㅖ, ㅚ, ㅟ, ㅢ'로 줄 적에는 준 대로 적는다.

(본말)	(준말)	(본말)	(준말)
싸이다	쌔다	누이다	뉘다
펴이다	폐다	뜨이다	띄다
보이다	뵈다	쓰이다	씌다

제38항 '卜, ㅗ, ㅜ, ㅡ' 뒤에 '-이어'가 어울려 줄어질 적에는 준 대로 적는다.

(본말)	(준말)		(본말)	(준말)	
싸이어	쌔어	싸여	뜨이어	띄어	
보이어	뵈어	보여	쓰이어	씌어	쓰여
쏘이어	쐬어	쏘여	트이어	틔어	트여
누이어	뉘어	누여			

3) 해설

제32항~제36항이 어간말 모음의 탈락이나 반모음화에 의해 형성된 준말의 표기를 규정한 것이라고 한다면, 제37항과 제38항은 이른바 모음 축약에 의해 형성된 준말의 표기에 대해 규정하고 있다. '싸이-→쌔-', '펴이-→폐-', '누이- →뉘-', '뜨이- →띄-' 등이 바로 그러한 예이다.

그런데 제38항을 보면, '싸이-, 보이-, 쏘이-, 누이-, 쓰이-, 트이-' 등과 같은 어간에 '-아/-어' 계열의 어미가 연결되는 경우, 두 가지 유형의 준말이 성립함으로써 복수 표준어가 형성될 수 있음을 보이고 있다. 먼저, 이 두 유형의 준말이 어떻게 형성되는가를 '싸이어'를 예로 들어 보이면 다음과 같다.

(66) 기저형   // 싸- + -이- + -어//
     모음축약   쌔- + -어
     표면형   [쌔어]

(67) 기저형   // 싸- + -이- + -어//
     반모음화   싸- + -여
     표면형   [싸여]

위의 도출 과정을 보면, // 싸- + -이- + -어//는 두 가지 유형의 음운 과정을 통해 준말을 형성하게 된다. 그 첫 번째는 (66)에서와 같이, 어간의 모음과 접미사 '-이-'가 하나의 모음으로 통합되는 모음 축약의 과정을 통해 '쌔어'가 형성되는 것이다. 두 번째는 (67)에서처럼, 접미사 '-이-'와 어미 '-어'의 결합에서 접미사 '-이-'가 반모음화함으로써 이중 모음으로 실현되는 방식에 의해 '싸여'가 형성된 것이다. 따라서 ①~⑤의 밑줄 친 준말 형태들은 각각 '누여, 쓰여, 싸여, 쏘여, 트여' 등으로 대체가 가능하다.

다만, '뜨이-'만큼은 독특한 예외적 행동을 보이는데, 모음 축약에 의한 준말 형성만 가능할 뿐, 반모음화에 의한 준말 형성은 불가능하다는 것이 그것이다. 따라서 '띄어쓰기, 띄어 쓰다, 띄어 놓다' 등은 **뜨여쓰기, *뜨여 쓰다, *뜨여 놓다' 같은 형태로는 사용되지 않는다. 물론, '뜨여'가 예컨대 "눈이 번쩍 **뜨였다.**"와 같은 문장에서와 같이 '被開'의 의미로 쓰이는 경우는 반모음화가 가능하다.

3.3.8.6. '-지 않-', '-치 않-'의 축약

1) 용례

> ① 의약 분업이 실시될 경우, **그렇잖아도** 불편이 예상되는 터에 의료 대란마저 벌어진다면 국민적 비난을 감수키 어려울 것이다.

② 이번 주 1등 당첨금이 총 835억 원에 이를 정도로 이상 열기를
일으키고 있는 '로또 바람'의 이면에는 언론의 책임도 **적잖은**
것으로 보인다.

③ 손가락 하나 자기 마음대로 못 움직이는 임 선수를 옮기려면 불
편도 불편이겠지만 비용도 **만만찮았습니다.**

④ 그렇다고 수입도 **변변찮은** 처지에 인건비까지 가외로 지출할 수
는 없는 일이어서 그녀는 안간힘을 쓰며 한사코 혼자 힘으로 버
텨왔었다.

2) 규정

제39항 어미 '-지' 뒤에 '않-'이 어울려 '-잖-'이 될 적과 '-하지' 뒤
에 '않-'이 어울려 '찮-'이 될 적에는 준 대로 적는다.

(본말)	(준말)
그렇지 않은	그렇잖은
적지 않은	적잖은
만만하지 않다	만만찮다
변변하지 않다	변변찮다

3) 해설

제39항은 '-지 않-', '-치 않-'이 한 음절로 줄어지는 경우는 각각 '-잖-',
'-찮-'으로 적도록 하는 규정이다. 이러한 준말 형성 과정을 앞에서 다룬 제
36항의 규정에 비추어 보자면, '-지 않-'은 '-*잖-'으로, '-치 않-'은 '-*챦-'으
로 줄여 써야 한다. 그러나 제39항의 예들은 준말 형태가 굳어져 하나의 단
어처럼 쓰이고 있으므로, 어원을 밝히지 않고 발음대로 적어야 한다. 따라
서 ①~④에 제시한 용례들과는 달리 '-*잖-, -*챦-'으로 표기하고 있는 다음
과 같은 예들은 이러한 표기 규정을 정확히 알지 못한 데에서 비롯된 것이
라고 할 수 있다.

(68) ㄱ. 안성맞춤이란 말 유래도 ***그렇쟎아요**.

ㄴ. 그리고 보면 홍인선은 이미 서울의 무당들 사이에서 ***적쟎이**
알려진 인물이 되고 있었던 셈이다.

ㄷ. 한화유통도 30%를 넘는 데다 부채 비율도 200% 수준에 있어
이번 대생 인수로 한화계열사들은 결과적으로 ***만만찮은** 부담
을 안게 됐다.

ㄹ. 하는 일은 ***변변찮고** 돈벌이는 ***시원찮으니** 자연스럽게 그런
쪽으로 신경이 가나 보다.

위의 예들을 통하여 알 수 있는 것처럼, '-지 않-', '-치 않-'의 준말 표기
에 대해 '-쟎-, -챦-'이 아닌 '-*쟎, -*챦-'으로 적는 사례들이 적지 않다. 그
러나 이러한 형태들은 소리대로 '-쟎-, -찮-'으로 적어야 올바른 표기이다.

'-지 않-', '-치 않-'의 구성이 '-쟎-', '-찮-'으로 줄어듦으로써 하나의 단
어처럼 쓰이는 예들은 본 항에 제시된 것들 외에도 상당히 많다. 다음이 그
예이다.

(69) ㄱ. 두렵지 않다 → 두렵쟎다 　　　많지 않다 → 많쟎다
　　　예사롭지 않다 → 예사롭쟎다　　의롭지 않다 → 의롭쟎다
　　　남부럽지 않다 → 남부럽쟎다　　점잖지 않다 → 점잖쟎다

ㄴ. 대단하지 않다 → 대단찮다 　　　만만하지 않다 → 만만찮다
　　시원하지 않다 → 시원찮다 　　　성실하지 않다 → 성실찮다
　　심심하지 않다 → 심심찮다 　　　평범하지 않다 →평범찮다
　　허술하지 않다 → 허술찮다

(70) 깨끗하지 않다 → 깨끗쟎다 　　　의젓하지 않다 → 의젓쟎다

위의 예들 가운데 (69ㄱ)은 '-지 않-'이 '-쟎-'으로, (69ㄴ)은 '-치 않-'이 '-
찮-'으로 줄어든 예이다. 이러한 예들은 물론 본말과 함께 표준어의 신분을
지니고 있는 것들인데, 경우에 따라서는 본말의 의미 그대로를 유지하기보

다는 하나의 독립된 의미를 지니는 경우도 있다. 예컨대, '시원찮다'는 '시원하지 않다'는 의미 외에 '몸이나 상태 따위가 좋지 않다'는 의미를 지니며, '심심찮다'의 경우도 본래의 의미 외에 '심심하지는 않을 만큼 사람의 내왕이나 일거리가 이어지다'라는 의미를 지니기도 하는 것이다.

한편, (70)의 예들은 약간의 예외적인 경우에 해당하는 것으로서 '-치 않-'의 구성임에도 불구하고, '-찮-'이 아닌 '-잖-'으로 표기됨을 보여 준다. 이에 대해서는 다음 제40항의 규정에서 함께 다루기로 하겠다.

3.3.8.7. 접미사 '-하다' 구성의 준말

1) 용례

① 밑줄 친 부분을 **'간편케'**라는 말로 바꾸어 문장을 다시 읽어 보세요. 그래도 자연스럽게 이어지지요? **'간편케'**는 '간편하게'의 준말로 쓰입니다.

② 시민들 사이에 **가타부타** 말들이 많지만, 많은 이들은 태산처럼 쌓인 지메네즈의 돈도 이번에는 그를 구조하기 힘들 것이라 믿는다.

③ 다만 **추측건대** 선분양 방식이 문제가 있기 때문에 주택의 선분양을 전면 금지하고, 후분양만을 하도록 하겠다는 것이 아닌가 한다.

④ 황사는 단순히 **깨끗지** 못한 시야만 제공하는 것이 아니라, 건강에 많은 해를 끼치기 때문에 심각한 문제이다.

⑤ **이렇든 저렇든** 이번 사건은 정치에서 신뢰가 얼마나 중요한가를 새삼 느끼게 해 준다.

⑥ **요컨대,** 검색 기능과 지식 정보 제공 기능이야말로 포털사이트의 핵심 기능이다.

2) 규정

제40항 어간의 끝음절 '하'의 'ㅏ'가 줄고 'ㅎ'이 다음 음절의 첫소리와 어울려 거센소리로 될 적에는 거센소리로 적는다.

(본말)	(준말)
간편하게	간편케
연구하도록	연구토록
가하다	가타
다정하다	다정타
정결하다	정결타
흔하다	흔타

[붙임 1] 'ㅎ'이 어간의 끝소리로 굳어진 것은 받침으로 적는다.

않다	않고	않지	않든지
그렇다	그렇고	그렇지	그렇든지
아무렇다	아무렇고	아무렇지	아무렇든지
어떻다	어떻고	어떻지	어떻든지
이렇다	이렇고	이렇지	이렇든지
저렇다	저렇고	저렇지	저렇든지

[붙임 2] 어간의 끝음절 '하'가 아주 줄 적에는 준 대로 적는다.

(본말)	(준말)
거북하지	거북지
생각하건대	생각건대
생각하다 못해	생각다 못해
깨끗하지 않다	깨끗지 않다
넉넉하지 않다	넉넉지 않다
못하지 않다	못지않다
섭섭하지 않다	섭섭지 않다
익숙하지 않다	익숙지 않다

[붙임 3] 다음과 같은 부사는 소리대로 적는다.

결단코 결코 기필코 무심코 아무튼 요컨대
정녕코 필연코 하마터면 하여튼 한사코

3) 해설

제40항은 한국어 준말 가운데 하나로, 어간의 끝음절에 위치하는 '하'의 모음 'ㅏ' 또는 음절 전체를 줄임으로써 준말을 형성하는 경우의 표기에 대한 규정이다. 예컨대, ①의 '간편케'는 '간편하게'의 줄임말로, 다음과 같은 과정을 통하여 형성된 것이다.

> (71) 기저형   //간편＋하＋게//
>   모음 탈락   간편ㅎ게
>   유기음화   간편케
>   음성형   [간편케]

이와 같은 도출 과정을 통하여 볼 때, '간편하게 → 간편케'는 결국 어간 말음 '하'의 모음 'ㅏ'가 탈락하고 난 후, 고립된 채로 남게 된 자음 'ㅎ'가 어미 '-게'의 첫소리 'ㄱ'와 통합함으로써 'ㅋ'로 유기음화하여 하나의 음절을 구성한 결과라고 할 수 있다. ②의 '가타부타' 역시 이와 같은 과정을 거쳐 이루어진 준말이다. 이는 어원상으로 '可하다 + 否하다'의 구성을 보이는데, 이러한 구성에서 'ㅎ' 탈락과 유기음화를 거쳐 '가타부타'로 굳어진 것이다.

그러나 ③, ④의 '추측건대'와 '깨끗지'는 '간편케'와 '가타부타'와는 달리, '하'의 모음 'ㅏ'뿐만 아니라 '하' 전체가 탈락함으로써 준말이 형성되고 있다. 즉, '추측하건대→추측건대'와 '깨끗하지→깨끗지'의 과정을 거쳐 준말이 이루어진 것이다.

그렇다면, '하'의 구성에서 이와 같은 두 가지 유형의 준말 형성을 결정하는 요인은 무엇일까? 이는 다름 아니라 '하'가 결합되는 어기의 음운론적 조건이라고 할 수 있다. 다음을 보자.

(72)　　ㄱ　　　　　　　ㄴ

간**편**하게　　　　거**북**하지
연**구**하도록　　　생**각**하건대
가하다　　　　　생**각**하다 못해
다**정**하다　　　　깨**끗**하지 않다
정**결**하다　　　　넉**넉**하지 않다
흔하다　　　　　**못**하지 않다

위의 예들은 각각의 어간이 '어기+파생접미사 하-'로 구성되어 있다는 점에서 공통점이 있다. 그러나 'ㄱ'의 예들은 어기의 말음이 모음이거나 공명 자음인 유음 또는 비음인 반면, 'ㄴ'의 예들은 폐쇄음이나 마찰음 같은 순수 자음이라는 점에서 차이가 있는 것이다. 따라서 'ㄱ'의 예들과 같이 어기의 말음이 모음이거나 공명 자음, 곧 유성음인 경우에는 '하'의 'ㅏ'만 탈락하지만, 'ㄴ'의 예들처럼 어기의 말음이 순수 자음, 즉 무성음인 경우에는 '하' 전체가 탈락함으로써 준말이 형성된다. 이러한 준말 형성의 기제를 정확히 알지 못함으로써 한국어 사용자들은 흔히 오류를 범하게 되는데, 다음이 그 예이다.

(73) ㄱ. ***고백컨대** 나는 젊은 날 사랑하는 여성에게 꽃을 건네준 적도
　　　없고, 깎아지른 바위 위에 핀 꽃을 목숨 걸고 따서 바치는 <헌
　　　화가>를 나이가 들어서도 노래할 줄 모른다.

ㄴ. 이 말도 ***적합치가** 않다. 나의 머릿속은 혼란이라는 말로 딱 잘
　　라서 규정할 수 있는 상태도 아니었다.

ㄷ. 또 두 번째 소리 있으되 "하나님께서 ***깨끗케** 하신 것을 네가
　　속되다 하지 말라." 하더라.

ㄹ. 하루 이틀, ***탐탁치** 않게 여겼던 식구들이 관심을 보이기 시작
　　할 때쯤 버들치들이 헤엄치기 시작했다.

ㅁ. 그런 표현에 ***익숙치** 못한 독자는 무슨 뜻인지 식별하기 어려
　　울 때도 있다.

위의 예들은 모두 '하'가 결합되는 어기의 말음이 무성 장애음들로, 이러한 조건하에서는 '하' 전체가 탈락함으로써 준말이 형성되고 있다. 따라서 '*고백컨대→고백건대, *적합치가→적합지가, *깨끗케→깨끗게, *탐탁치→탐탁지, *익숙치→익숙지' 등으로 바로잡아야 한다. 앞에서 설명한 (72)의 '깨끗하지 않다→깨끗잖다', '넉넉하지 않다→넉넉잖다'의 경우도 '*깨끗찮다, *넉넉찮다'로 줄지 않는 것은 바로 '하' 전체가 탈락했기 때문이다.

또한, 다음의 예들은 '하'가 결합할 수 없는 어기임에도 불구하고 '하'를 결합하거나 그에 대한 준말을 만드는 등의 오류를 범하고 있는 전형적인 예들이다.

> (74) ㄱ. 이에 따라 일부 에너지 전문가들은 시작하지도 않은 RPS가 이미 실패했다는 평까지 ***서슴치** 않는다.
> ㄴ. 충북청 관계자는 "유가가 크게 상승함에 따라 직원들에게 불필요한 공회전을 ***삼가하고**, 대기 상태에서는 시동을 끄는 습관 등 유류비를 절감할 수 있는 교육을 펼치고 있다."라고 말했다.

위 문장들에 등장하는 어기 '서슴-'과 '삼가-'는 '하'가 결합되지 않는 요소들이다. 따라서 '*서슴치'나 '*삼가하고'와 같은 활용형들은 성립하지 않는다. 결과적으로 (74ㄱ)의 '*서슴치'는 '서슴지'로, (74ㄴ)의 '*삼가하고'는 '삼가고'로 바로잡아야 할 것이다.

한편, 용례 ⑤의 '이렇든 저렇든'은 '이러하든 저러하든'이 줄어서 된 것으로, '이러튼 저러튼'이 아니라, 'ㅎ'을 어간의 끝소리로 고정하여 표기한 예에 속한다. 이 경우, 한 개 단어로 다루어지는 준말의 기준은 관용에 따르는데, 대체로 지시 형용사(指示形容詞) '이러하다, 그러하다, 저러하다, 어떠하다, 아무러하다' 및 '아니하다' 등이 줄어진 형태가 이에 해당한다. [붙임 1]에 그러한 예들이 제시되어 있다.

또한, 용례 ⑥의 '요컨대' 같은 경우는 어원상으로 '要하건대'에서 비롯된 것이다. 그러나 본말 대신 준말 형태만이 한 개의 단어로 굳어져 쓰이고 있다. '요컨대'를 비롯하여 [붙임 3]에 제시된 예들은 대부분 이러한 경우에 해당하는 것들이다.

제부도

이재무

사랑하는 사람과의 거리 말인가?
대부도와 제부도 사이
그 거리만큼이면 되지 않겠나

손 뻗으면 닿을 듯, 그러나
닿지는 않고, 눈에 삼삼한

사랑하는 사람과의 깊이 말인가?
제부도와 대부도 사이
가득 채운 바다의 깊이만큼이면 되지 않겠나

그리움 만조로 가득 출렁거리는
간조 뒤에 오는 상봉의 길 개화처럼 열리는

사랑하는 사람과의 만남 말인가? 이별 말인가?
하루에 두 번이면 되지 않겠나
아주 **섭섭지는**44) 않게 아주 물리지는 않게
자주 서럽고 자주 기쁜 것
그것은 사랑하는 이의 자랑스런 변덕이라네

---

44) 섭섭하지는(본말)→섭섭지는(준말). 본말과 준말의 거리는 얼마나 될까?

3.4. 제6장 그 밖의 것

3.4.1. 부사파생접사 '-이, -히'의 표기

1) 용례

① **가붓이** 산보나 하려던 일이 본격적인 삼림욕이 되고 말겠소.

② 세월의 손도 그의 머리 아닌 마음의 정수리에 **깊숙이** 눌러 씌워진 촌사람의 모자를 만만히 벗겨내지는 못한다.

③ 위스키 향이 입안을 **촉촉이** 적시고, 그리고 소독하듯 뱃속을 찌르르 훑고 지나가자 갑자기 알지 못할 미지의 괴력이 꿈틀거리기 시작한다.

④ 그날 선생님은 '꼴찌들의 승리'라며 무척 기뻐하셨어요. 그리고 우리들과 **일일이** 악수하셨죠.

⑤ 대추야자 씨는 바람에 훨훨 날려 어디엔가 떨어져 언젠가는 가슴속에 **고이** 간직했던 아름다운 생각을 현실로 만들어 피워 올릴 것이다.

⑥ 그는 또 "유독물질이 포함된 퇴적층을 제거하기 위해서라도 4대강 사업이 필요하다고 주장하는 사람이 있을지 모른다. 실제로 그 사람 말이 맞을 수도 있다."라며 "그러나 허드슨강 준설 문제를 놓고 왜 25년이란 긴 검토 기간이 필요했는지 **곰곰이** 생각해 볼 필요가 있다."라고 지적했다.

⑦ 불특정 금전 신탁이 사실상 집합 증권 투자 제도 역할을 수행하는 것을 **엄격히** 금지해야 하며 이를 위해 법적으로 신탁업법과 자산 운용업법이 분명히 구분돼야 한다는 주장이 제기됐다.

⑧ **솔직히** 말해서 나는 돈이 좋다.

⑨ 이번 정시모집은 대학별로 전형유형이 다르기 때문에 지원하고자 하는 대학의 입시 요강을 **꼼꼼히** 살펴보는 것이 중요하다.

⑩ 계명산과 금봉산 자락도 하얀 눈을 뒤집어쓴 채 **고요히** 누워 있다.

2) 규정

> **제51항** 부사의 끝음절이 분명히 '이'로만 나는 것은 '-이'로 적고, '히'로만 나거나 '이'나 '히'로 나는 것은 '히-'로 적는다.
>
> 1. '이'로만 나는 것
>
> | | | | | |
> |---|---|---|---|---|
> | 가붓이 | 깨끗이 | 나붓이 | 느긋이 | 둥긋이 |
> | 따뜻이 | 반듯이 | 버젓이 | 산뜻이 | 의젓이 |
> | 가까이 | 고이 | 날카로이 | 대수로이 | 번거로이 |
> | 많이 | 적이 | 헛되이 | 겹겹이 | 번번이 |
> | 일일이 | 집집이 | 틈틈이 | | |
>
> 2. '히'로만 나는 것
>
> | | | | | |
> |---|---|---|---|---|
> | 극히 | 급히 | 딱히 | 속히 | 작히 |
> | 족히 | 특히 | 엄격히 | 정확히 | |
>
> 3. '이, 히'로 나는 것
>
> | | | | | |
> |---|---|---|---|---|
> | 솔직히 | 가만히 | 간편히 | 나른히 | 무단히 |
> | 각별히 | 소홀히 | 쓸쓸히 | 정결히 | 과감히 |
> | 꼼꼼히 | 심히 | 열심히 | 급급히 | 답답히 |
> | 섭섭히 | 공평히 | 능히 | 당당히 | 분명히 |
> | 상당히 | 조용히 | 간소히 | 고요히 | 도저히 |

3) 해설

　한국어 부사들 가운데는 '가붓이'나, '극히'와 같이 접미사 '-이'나 '-히'에 의해 파생된 것들이 적지 않다. 제51항은 이러한 방식에 의해 파생된 부사들을 어떻게 구별하여 표기할 것인가를 규정하고 있는 것인데, 주로는 끝음절의 발음에 근거하여 '-이'나 '-히'로 구별하여 적어야 한다고 보고 있다. 그러나 단어의 개별 발음이란 경우에 따라 상당한 변이가 있게 마련이므로, '-이'나 '-히'의 구별을 음성적 조건 외에 일정한 형태론적 정보까지를 살펴보는 방법이 바람직하다고 할 수 있다. 먼저, 용례 ①의 '가붓이'처럼 '-이'로 적는 단어들은 다음과 같은 요건들을 갖추고 있다.

<표 10> 부사 파생접사 '-이'의 요건

구분	예
'-하다'가 붙는 어기의 끝 받침이 'ㅅ'인 경우	가붓하다→가붓이, 깨끗하다→깨끗이, 의젓하다→의젓이 등.
'-하다'가 붙지 않는 용언 어간 뒤	같다→같이, 굳다→굳이 등.
'-하다'가 붙지만 부사의 끝음절이 분명히 '이'로 소리 나는 경우	깊숙하다→깊숙이, 촉촉하다→촉촉이 등.
'ㅂ' 불규칙 형용사의 경우	곱다→고이, 날카롭다→날카로이 등.
첩어 또는 준 첩어인 명사 뒤	간간이, 일일이, 집집이, 틈틈이 등.
부사 뒤	곰곰이, 오뚝이, 일찍이, 히죽이 등.

이와 같은 요건들에 비추어 위에서 제시한 용례들을 검토해 보면, 우선 ①의 '가붓이'는 '-하다'가 붙는 어기의 끝 받침이 'ㅅ'인 경우에 해당한다. 그리고 ②, ③의 '깊숙이, 촉촉이'는 '-하다'가 붙지만 부사의 끝음절이 분명히 '이'로 소리 나는 경우에 해당하며, ④의 '일일이'는 첩어 또는 준첩어인 명사 뒤인 경우이다. 또한, ⑤의 '고이'는 'ㅂ' 불규칙 형용사인 경우이고, ⑥의 '곰곰이'는 어기가 부사인 경우에 해당한다.

그다음, 부사 파생접사를 '-이'가 아닌 '-히'로 적는 경우는 다음과 같은 요건들을 갖추고 있다.

<표 11> 부사 파생접사 '-히'의 요건

구분	예
'-하다'가 붙는 용언 어간 뒤에서, 부사의 끝음절이 '히'로만 소리 나는 경우	급히, 딱히, 속히, 족히, 엄격히 등.
'-하다'가 붙는 용언 어간 뒤에서, 부사의 끝음절이 '이, 히'로 소리 나는 경우	솔직히, 간편히, 나른히, 과감히 등.

<표 11>을 통해 알 수 있듯이, 부사 파생접사로 '-히'를 선택하는 경우는 두 가지이다. 어기가 '-하다'가 결합하는 용언 어간이되, ⑦의 '엄격히'처럼, 부사의 끝음절이 '히'로 소리 나는 경우와, ⑧~⑩의 '솔직히, 꼼꼼히, 고요히'의 경우처럼 '이, 히' 두 가지로 소리 나는 경우가 그것이다.

문제는 <표 10>과 <표 11>에 제시한 요건들을 일일이 따져가며 '-이', '-히'를 구별하여 적기란 상당히 번거로운 일일 수 있다는 것이다. 따라서 '-히'로 표기해야 하는 두 가지 경우만을 별도로 기억해 두는 방법도 바람직한 문제 해결 방법이라고 할 것이다.

밤(栗) 이야기

문정희

내 어머니는 분명 한쪽 눈이 먼 분이셨다
어릴 적 운동회 날, 실에 매단 밤 따먹기에 나가
알밤은 키 큰 아이들이 모두 따 가고
쭉정이 밤 한 톨 겨우 주워 온 나를
이것 봐라, 알밤 주워 왔다고 외치던 어머니는 분명 한쪽 눈이 **깊숙이**[45] 먼 분이셨다
어머니의 그 노래는 그 이후에도
30년도 더 넘게 계속되었다
마지막 숨 거두시는 그 순간까지도
예나 지금이나 쭉정이 밤 한 톨
남의 발밑에서 겨우 주워 오는
내 손목 치켜세우며
내 새끼 알밤 주워 왔다고
사방에 대고 큰 소리로 외쳤다.

---

45) '깊숙-'은 '깊숙하다'의 경우처럼 '-하다'가 연결될 수 있지만, 부사의 끝음절이 분명히 '이'로 소리가 나므로 '깊숙이'로 적는다.

3.4.2. 한자어의 발음과 표기

1) 용례

① 세밑에 원고 청탁을 받고 막상 **승낙**을 하고 나니 여간 고민스러운 게 아니었다.

①′ 조던은 경기가 시작하기 불과 몇 분 전 빈스 카터의 제의를 **수락**해 선발 출전했다.

② 아귀레는 자신을 '신의 **분노**'라 말한다. 만약 신에게 감정이 있다면 자신은 분노에 해당한다는 식이다.

②′ 그리스 비극은 단순히 삶의 **희로애락**을 노래한 예술이 아니라 지극히 정치적인 인간의 미적 반성의 표현이라고 할 수 있다.

③ 이제는 누구와도 **의논**하지 않고 스스로 결정해서 인물과 능력과 자질을 보고 선택하겠다고 하는 사람들이 늘어나고 있다

③′ 따라서 그를 폐하고 새로이 세자를 세우는 일은 매우 어려운 일이었기 때문에 세자 폐립에 관해 **의론**이 분분하였다

④ 정신을 바짝 차려 대엿새째 **오륙십** 전씩이라도 남겨 나가니 장마가 시작이다.

④′ 인간이 가진 부란 **오뉴월** 햇살 아래 놓인 한 방울 이슬입니다.

⑤ 겨울은 **시월, 십일월, 십이월**이니 시월은 '맹동(孟冬)', 십일월은 '중동(仲冬)', 십이월은 '계동(季冬)'이라 한다.

⑤′ 저승에서 죽은 사람을 재판한다는 10명의 대왕을 일컬어 **시왕**이라 한다.

2) 규정

제52항 한자어에서 본음으로도 나고 속음으로도 나는 것은 각각 그 소리에 따라 적는다.

(본음으로 나는 것)	(속음으로 나는 것)
승낙(承諾)	수락(受諾), 쾌락(快諾), 허락(許諾)
만난(萬難)	곤란(困難), 논란(論難)

안녕(安寧)	의령(宜寧), 회령(會寧)
분노(忿怒)	대로(大怒), 희로애락(喜怒哀樂)
토론(討論)	의논(議論)
오륙십(五六十)	오뉴월, 유월(六月)
목재(木材)	모과(木瓜)
십일(十日)	시방정토(十方淨土), 시왕(十王), 시월(十月)
팔일(八日)	초파일(初八日)

3) 해설

한국어에서 사용되는 한자음들 가운데는 한자음 본래의 음이 아니라 원음이 변한 채로 언중들에게 널리 통용되는 음들이 있다. 이를 일컬어 속음(俗音)이라고 한다. 그런데 원음이 변하여 속음으로만 발음되는 경우는 사전이나 옥편에서도 속음으로만 표기하기 때문에 그다지 큰 문제가 없다. 그러나 경우에 따라 원음으로 나기도 하고 속음으로 나기도 하는 한자음이 있을 수가 있는데, 이러한 경우에는 개별적으로 구별하여 표기해야 한다. 이러한 표기 문제에 대해 규정하고 있는 것이 제52항이다. 여기에 제시된 한자어의 음을 비롯하여, 한국어에서 널리 통용되고 있는 또 다른 예들을 하나의 표로 정리하면 다음과 같다.

<표 12> 한국 한자음의 속음

한자	한자음		예
諾	본음	낙	승낙(承諾)
	속음	락	수락(受諾), 쾌락(快諾), 허락(許諾)
難	본음	난	만난(萬難), 간난(艱難)
	속음	란	곤란(困難), 논란(論難)

한자	한자음		예
寧	본음	녕	안녕(安寧), 강녕(康寧)
	속음	령	의령(宜寧), 회령(會寧), 보령(保寧)
怒	본음	노	분노(忿怒)
	속음	로	대로(大怒), 희로애락(喜怒哀樂)
論	본음	론	토론(討論), 담론(談論), 의론(議論)
	속음	논	의논(議論)
六	본음	륙	오륙십(五六十), 오륙일(五六日)
	속음	뉴, 유	오뉴월(五六月), 유월(六月)
十	본음	십	십일(十日)
	속음	시	시방정토(十方淨土), 시왕(十王), 시월(十月)
八	본음	팔	팔일(八日)
	속음	파	초파일(初八日)
木	본음	목	목선(木船)
	속음	모	모과(木瓜)
牧	본음	목	목장(牧場)
	속음	모	모란(牧丹)
丹	본음	단	단심(丹心)
	속음	란	모란(牧丹)
宅	본음	택	자택(自宅), 주택(住宅)
	속음	댁	본댁(本宅), 시댁(媤宅), 댁내(宅內)
洞	본음	동	동굴(洞窟)
	속음	통	통찰(洞察)
糖	본음	당	당분(糖分), 당뇨(糖尿)
	속음	탕	사탕(砂糖), 설탕(雪糖)
布	본음	포	공포(公布), 반포(頒布)
	속음	보	보시(布施)

한자	한자음		예
提	본음	제	제공(提供)
	속음	리	보리(菩提)
場	본음	장	도장(道場)
	속음	량	도량(道場)

위의 <표 12>를 통해 알 수 있는 바와 같이, 한국어의 한자음 가운데는 본음에서 멀어져 속음으로 발음되는 경우가 적지 않다. 앞의 용례에서 제시한 ①, ①'의 '승낙과 '수락'에서 쓰인 '諾'을 비롯하여, ②, ②'의 '분노', '희로애락'에서 쓰인 '怒', ③, ③'의 '의론'과 '의논'에서 쓰인 '論', ④, ④'의 '오륙십, 오뉴월'에서 쓰인 '六', ⑤, ⑤'의 '시월, 십일월, 시왕'에서 쓰인 '十'이 그러한 언어적 사실을 예증하고 있다.

한자어의 발음에 대한 용례 가운데 ③, ③'의 '의론'과 '의논'에 대해서는 별도의 언급이 필요하다. 지난 2015년 12월 15일, '의논'과 별도의 의미를 지니는 단어로 '의론'이 표준어의 지위를 얻었기 때문이다. 『표준국어대사전』의 정의에 따르면, '의논'이란 "어떤 일에 대하여 서로 의견을 주고받음."의 의미를 지니고 있다. 이와는 달리, '의론'은 "어떤 사안에 대하여 각자의 의견을 제기함. 또는 그런 의견."이라는 의미가 있다. 구체적인 사례를 몇 가지 더 제시하면 다음과 같다.

(75) ㄱ. 지난 20일 CJ E&M 측은 **의논** 끝에 현재 의정부시에 남아 있는 <응답하라 1988> 세트장의 철거를 결정했다고 밝혔다.
ㄴ. 그 문제에 대해서는 이러니저러니 여야의 **의론**이 분분한 상황이다.
ㄴ. 문영 장군은 조정의 **의론**을 무시하고라도 구원병을 몰래 보내어 돕는 것이 좋겠다고 건의하였다. ≪홍효민, 신라 통일≫

3.4.3. '-ㄹ'계 어미의 발음과 표기

1) 용례

① '다른 교통수단을 이용하라고 **할걸**, 괜히 좌석버스를 타라고 했
나?' 하는 후회가 들었다.
② 저희가 치우고 설거지도 하고 **그럴게요.** 그렇지 않으면 아빠만
힘들잖아요.
③ 인생이 엄숙하면 **할수록** 그만큼 유머가 필요하다.
④ 정말 **그럴지도** 모르죠, 그럴지도 몰라요.
⑤ 그러므로 지구는 태양의 아들이요, 달은 지구의 아들, 즉 태양의
손자올시다.
⑥ 내일부터 중앙경제에 한국의 유명 만화가인 허영만 화백의 <커
피 **한잔할까요?**>가 연재됩니다.
⑦ 세상인이 너를 보면 두 손으로 움켜다가 끓는 물에 솟구쳐 끓여
내니 자라탕이 별미로다. 세가자제(勢家子弟) 즐기나니, 네 무슨
수로 다시 **살아올꼬?**

2) 규정

제53항 다음과 같은 어미는 예사소리로 적는다.(ㄱ을 취하고, ㄴ을
버림.)

ㄱ	ㄴ	ㄱ	ㄴ
-(으)ㄹ거나	-(으)ㄹ꺼나	-(으)ㄹ지니라	-(으)ㄹ찌니라
-(으)ㄹ걸	-(으)ㄹ껄	-(으)ㄹ지라도	-(으)ㄹ찌라도
-(으)ㄹ게	-(으)ㄹ께	-(으)ㄹ지어다	-(으)ㄹ찌어다
-(으)ㄹ세	-(으)ㄹ쎄	-(으)ㄹ지언정	-(으)ㄹ찌언정
-(으)ㄹ세라	-(으)ㄹ쎄라	-(으)ㄹ진대	-(으)ㄹ찐대
-(으)ㄹ수록	-(으)ㄹ쑤록	-(으)ㄹ진저	-(으)ㄹ찐저
-(으)ㄹ시	-(으)ㄹ씨	-올시다	-올씨다
-(으)ㄹ지	-(으)ㄹ찌		

다만, 의문을 나타내는 다음 어미들은 된소리로 적는다.
-(으)ㄹ까?   -(으)ㄹ꼬?   -(스)ㅂ니까?
-(으)리까?   -(으)ㄹ쏘냐?

3) 해설

한국어의 어미 목록 가운데는 어미의 첫 음이 'ㄹ'인 형태가 적지 않다. 예컨대, 본 항에 제시된 '-ㄹ걸, -ㄹ게, -ㄹ세' 등이 그것인데, 이때에 'ㄹ' 뒤의 평음은 필수적으로 적용되는 경음화를 수행함으로써, 각각 '-ㄹ껄, -ㄹ께, -ㄹ쎄' 등으로 발음된다. 이와 같은 현상 때문에 표기에 대해 형태소의 원형을 밝혀 적을 것인지, 아니면 소리대로 적을 것인지 논란의 대상이 될 수 있다. 제53항에서는 이러한 문제에 대해 경음화를 반영하지 않고 평음으로 적기로 한다고 규정하고 있다. 따라서 용례 ①~⑤에 제시된 예들 모두 경음이 아닌 평음으로 적어야 한다.

문제는 ②에서 사용된 '-ㄹ게'의 경우, 이전에는 예외를 인정하여 '-ㄹ께'로 표기해 온 오랜 전통 때문에 아직도 '*-ㄹ께'로 잘못 적는 사례들이 매우 자주 발견되고 있다는 것이다. 다음이 그 예이다.

(76) ㄱ. 저도 때 되면 시집 ***갈께요.**
ㄴ. 남편은 "어릴 때 엄마가 시골 장에서 사 주신 새 하얀 고무신이 얼마나 좋았는지 몰라. 딱, 오늘밤만 신고 ***잘께.**" 하는 것이었다.
ㄷ. "엄마 아빠, 잘못했어요. 앞으로는 밥 잘 ***먹을께요!**" 하는 말을 몇 번이고 되뇌며 용서를 빌었습니다.
ㄹ. 할머니 저 ***잘될께요.** 꼭 잘되어서 부모님도 기쁘게 해 드리고, 동생도 정신 차리고 공부하게 ***만들께요.**

위의 예들은 모두 '-ㄹ게'로 적어야 할 자리에 '*-ㄹ께'로 잘못 적고 있는 전형적인 예들이다. 경우에 따라서는 이와 같은 표기 방식이 친숙하게 느껴질 수도 있겠지만, 현행 <한글 맞춤법>에서는 이를 허용하지 않고 있다.

그러나 '-ㄹ계' 어미의 표기에는 예외가 있다. ⑥의 '-ㄹ까'와 ⑦의 '-ㄹ꼬'로 예측할 수 있듯이, 의문형 어미의 경우에는 'ㄹ' 뒤의 경음화를 표기에 반영하기로 한 것이다. 이러한 어미에 속하는 것으로는 '-ㄹ꼬'를 비롯하여 '-ㄹ까, -ㄹ쏘냐, -리까' 등이 있다. 아울러, 'ㄹ'계 어미는 아니지만, 같은 의문형 어미에 속하는 '-ㅂ니까/-습니까, -ㅂ디까/-습디까'의 경우도 경음으로 적고 있다. 이와 같은 예외는 1957년 6월 30일 한글학회 총회에서 결정한 <통일안>의 보유(補遺)에서 정한 것을 따라왔던 오랜 관용 때문이라고 할 수 있다.

농민의 모습

문병란

거지가 **아니올시다**, 더구나
콩고江에서 붙잡혀 와
켄터키 목화밭에서 일하며
잘 사는 나라의 오물통에서 비계 덩어리를 건져 먹는
그런 멋진 링컨의 흑인 노예가 **아니올시다**
아니올시다, 검둥이보다 더 서러운
우리는 또 하나의 이 땅의 검둥이
버림받고 소외당한 이 땅의 농민
그러나 가난해도 같은 형제끼리 모여
이 땅과 이 민족을 지켜온
우리는 사람, 두드리면 쏟아지는
그런 깨 다발이 **아니올시다**
양반들의 발길 아래 신음하던
곤장 밑에 모진 피꽃이 피는
슬픈 엉뎅이가 **아니올시다**
서울에서 뺨 맞고 장성 갈재에서 눈 흘기던
전라도 개땅쇠, 丁哥 李哥 부동산 문서 속에 죽어가는
지지리 못생긴 함평 고구마, 무안 양파 다마네기,
그러나 남의 것 훔치거나 놀고먹지 않는
우리는 도둑놈이 **아니올시다**
춘향이나 울리는 건달 이도령이 **아니올시다**
외인부대의 술상 머리에서 춤을 추는
화냥년 명월이 황진이가 **아니올시다**
우리는 이 땅의 주인,
우리를 주장하고 우리를 지킬 권리가 있는

우리는 이 땅의 일하는 **주인올시다**
오늘 누가 주인을 밀어내고 큰 소리 치는가?
오늘 누가 이 땅에 멋대로 법을 만드는가?
우리가 우리의 주인이라고 말하라
우리가 이 땅의 왕이라 말하라
우리는 이 땅의 당당한 **주인올시다**
우리끼리 오손도손 모여
묵은 땅을 갈아엎고 씨를 뿌리는
우리는 이 땅의 당당한 **주인올시다**[46]

---

46) '아니올시다', '주인올시다'에 쓰이고 있는 어미 '-올시다'는 합쇼할 자리에서 '이다, 아니다'의 어간에 붙어 '-ㅂ니다'의 뜻으로 쓰이는 종결 어미이다. '-올시다' 대신 '-올습니다' 형태를 쓰는 경우도 있는데, 이는 표준어가 아니다.
    '-올시다'는 '-ㄹ'계 어미들과 마찬가지로 'ㄹ' 다음에서 경음화하여 '-올씨다'로 발음되긴 하지만, 원래의 형태소 그대로 '-올시다'로 적어야 한다.

3.4.4. 접미사의 표기

1) 용례

① 어디서 보았는지 몰라도 정류장 **심부름꾼**인 성용이가 잽싸게 할머니 품에 안겨 들고 있습니다.

② 매혈, 감옥, **지게꾼** 등 한국 사회의 가장 밑바닥 삶을 고순도의 세련된 시어로 옮겨 놓은 이 시집은 시인의 독특한 이력과 함께 근대문학 100년의 가장 이색적인 시집으로 자리 잡았다.

③ 그곳에는 매끈매끈한 자갈들과 **때깔** 고운 모래가 깔려 있었고, 수영을 하다가 물을 발칵 들이켜도 별 탈이 없었던 맑은 물이 흘렀습니다.

④ 그녀는 스스로도 **객쩍었던지** 해죽 웃음을 지어 보였다.

⑤ 다음 날에도 안내원을 따돌리고 택시를 타고 가다 허름한 마을 어귀에서 내렸다. **볼때기**가 빨갛게 탄 아이들이 따라붙더니 어른들까지 줄줄이 쫓아왔다.

⑥ 그 사람은 써주기만 한다면 **이마빼기**에 회사 로고를 문신해서 애사심을 보여주겠다는 것이었어요.

⑦ "당신 최고야. 당신은 세기에 하나 날까 말까한 미녀야."라는 **객쩍은** 농담이 그를, 혹은 그녀를 세상에 둘도 없는 능력남 혹은 미인으로 바꿀 수 있다는 사실을 우린 가끔 잊는다.

2) 규정

제54항 다음과 같은 접미사는 된소리로 적는다.(ㄱ을 취하고, ㄴ을 버림.)

ㄱ	ㄴ	ㄱ	ㄴ
심부름꾼	심부름군	귀때기	귓대기
익살꾼	익살군	볼때기	볼대기
일꾼	일군	판자때기	판잣대기
장꾼	장군	뒤꿈치	뒷굼치

지게꾼	지겟군	팔꿈치	팔굼치
때깔	땟갈	이마빼기	이맛배기
빛깔	빛갈	코빼기	콧배기
성깔	성갈	겸연쩍다	겸연적다
객쩍다	객적다		

3) 해설

이 항은 '-꾼, -깔, -때기, -빼기, -꿈치, -쩍다' 등과 같이 된소리로 발음되는 접미사는 모두 된소리로 적어야 한다는 규정이다. 따라서 ①~⑦에 제시된 단어들은 모두 접미사의 형태를 된소리로 표기해야 하는 것들이다.

문제는 체언 어기에 접미사 '-꾼'이 결합하여 형성된 '지게꾼, 나무꾼, 낚시꾼, 농사꾼' 등의 경우, 이전 시기에 '지겟군, 나뭇군, 낚싯군, 농삿군'처럼 접미사 앞에 사이시옷을 적고 접미사는 '-군'으로 표기해 왔던 전통 때문에 표기의 오류가 발생하기 쉽다는 것이다. 다음이 그러한 예들이다.

(77) ㄱ. 남대문 시장의 *__지겟군__도 순서가 있다는 말이 있다.
　　 ㄴ. 그런데 이상한 일은 *__나뭇군__이 부자에게 잠을 팔고 난 후부터 *__나뭇군__의 집에서 그의 코 고는 소리가 들리지 않았다.
　　 ㄷ. 어둠이 오기 직전의 강가의 정경이, 실루엣으로 처리되어 있는 *__낚싯군__과 강에 드리운 긴 낚싯대에 의해 더욱 아늑한 분위기를 자아내게 한다.
　　 ㄹ. 지금 뒤돌아보면 *__농삿군__ 이원범의 일생보다 임금으로서의 일생이 나았는지 모르지만 글도 잘 몰랐던 이원범의 궁중 생활이 편안하지만은 않았으리라.

이와 같은 표기의 오류는 특히 접미사 '-꾼'이 결합되는 어기의 말음이 모음으로 끝나는 경우에 자주 나타난다. 제30항에서 살펴본 사이시옷의 표기 규정에 비추어 보더라도 접미사 앞에서는 사이시옷을 삽입하지 않으므로, 발음 나는 대로 '-꾼'으로 적어야 한다는 것을 기억해야 할 것이다.

그러나 위의 접미사 목록 가운데 '-빼기'는 '-배기'와, '-쩍다'는 '-적다'와 구별하여 적어야 하는 경우가 있다. 먼저, '-배기/-빼기'의 구별에 혼동의 여지가 있을 수 있는 단어는 다음과 같이 적는다.

(78) ㄱ. [배기]로 발음되는 경우는 '배기'로 적는다.
例. 귀퉁배기, 나이배기, 대짜배기, 육자배기, 주정배기 등.
ㄴ. 한 형태소 내부의 'ㄱ, ㅂ' 받침 뒤에서 [빼기]로 발음되는 경우는 '배기'로 적는다. 例. 뚝배기, 학배기 등.
ㄷ. 다른 형태소 뒤에서 [빼기]로 발음되는 것은 모두 '빼기'로 적는다.
例. 고들빼기, 과녁빼기, 그루빼기, 대갈빼기, 곱빼기, 머리빼기, 억척빼기 등.

이와 같은 '-배기/-빼기'의 구별과 관련하여 특히 '뚝배기'와 '곱빼기'는 혼동의 여지가 있다는 점에서 약간의 언급을 해야 한다. 그 이유는 '곱빼기'의 경우 (78ㄴ)에서 규정하고 있는 바와 같이, 'ㅂ' 받침 뒤에서 [빼기]로 발음되는 단어에 속하는 것으로 보이기 때문이다. 그러나 '뚝배기'의 '-배기'는 한 형태소 내부에서 쓰인 것인 데 반해, '곱빼기'의 '-빼기'는 '곱'이라는 형태소 뒤에서 쓰인 것이라는 점을 알고 보면 분명하게 구별할 수 있을 것이다.[47]

한편, 접미사 '-적다/-쩍다'의 구별은 다음과 같다.

(79) ㄱ. [적다]로 발음되는 경우는 '적다'로 적는다.
例. 괘다리적다, 괘달머리적다, 딴기적다, 열퉁적다 등.
ㄴ. '적다[少]'의 뜻이 유지되고 있는 합성어의 경우는 '적다'로 적

---

[47] 다만, 이러한 표기 원칙에는 예외가 있을 수 있는데, '언덕배기'가 그 예이다. 이는 분명히 '언덕'이라는 자립 형태소 뒤에서 '-배기'가 쓰이고 있는 경우임에도 불구하고 (78ㄴ)에 준하여 '언덕배기'로 적기로 한 것이다.

는다. 例. 맛적다[48]

　　ㄷ. '적다[少]'의 뜻이 없이, [쩍다]로 발음되는 경우는 '쩍다'로 적
　　　는다. 例. 맥쩍다, 멋쩍다, 해망쩍다, 행망쩍다 등.

3.4.5. 단어의 통합

1) 용례

　① 연인인 현빈과 송혜교가 각기 다른 도시에서 다른 파트너와 멜
　　로 호흡을 **맞추고** 있어 눈길을 끈다.
　①' 숭은 연미복과 모닝과 춘추복 한 벌, 동복 한 벌, 딴 바지 하나
　　씩 껴서 춘추 외투 한 벌, 겨울 외투 한 벌을 *마추고, 정선도
　　혼인식에 입을 드레스 기타 철 찾아 입을 양복 일습(一襲)을 *마
　　추었다.
　①'' 오후 무렵, 나는 같은 반 친구가 교복을 **맞추러** 가는 데 따라갔
　　다. 옷집은 광주공원 쪽에 있었는데 옷을 **맞추고** 돌아오던 길에
　　우리는 쫓고 쫓기는 한 떼의 시위 군중과 맞닥뜨렸다.
　② 디스크가 터져 나오게 되면 그 옆에서 지나가는 신경이 눌려 다
　　리로 통증이 **뻗치면서** 발등 부분의 감각이 이상하며 발가락의
　　운동력이 저하됩니다.
　②' 그놈은 아주 멀리서부터 흥얼대며 장단을 맞추어 왔는데, 우린
　　그 장단의 곡조조차 헤아리지 못하고 십리 길 넘게 *뻐쳐 있는
　　산길을 걸었다.
　②'' 이때 왕의 행렬이 얼마나 호화롭고 거창했는지 3리가 넘게 **뻗
　　쳤고,** 구경꾼이 길옆을 가득 메웠다.

---

48) 재미나 흥미가 거의 없어 싱겁다는 뜻. 파생어인 '멋쩍다'의 경우와는 달리, '맛적다'는
　　'적다[少]'의 뜻이 유지되는 합성어이다.
　　例. 그는 겉보기와는 달리 **맛적은** 사람이다.

2) 규정

> **제55항** 두 가지로 구별하여 적던 다음 말들은 한 가지로 적는다.(ㄱ
> 을 취하고, ㄴ을 버림.)
>
> | ㄱ | ㄴ |
> |---|---|
> | 맞추다(입을 맞춘다. 양복을 맞춘다) | 마추다 |
> | 뻗치다(다리를 뻗친다. 멀리 뻗친다) | 뻐치다 |

3) 해설

　이 항은 '맞추-'와 '마추-', '뻗치-'와 '뻐치-'를 구별하여 적어 오던 것을
하나로 통합하여 '맞추-, 뻗치-'로 적기로 한 규정이다. '맞추-'와 '마추-'의
경우, 종래에는 '맞추-'는 '맞도록 하다'의 의미를, '마추-'는 '주문하다'의 의
미를 지니는 것으로 구별해 왔으나, 이러한 구별이 언중들에게는 쉬운 일이
아니어서 혼동의 여지가 없지 않았다. 그리하여 그러한 구별을 없애고 '맞추
-' 하나로만 통합하여 적기로 하였다. ①~①"의 예가 그러한 사실을 보여 주
는바, 결과적으로 ①에서 사용된 '마추'는 ①"처럼 '맞추'로 표기해야 한다.
이러한 사실과 관련되는 것으로, 종래에 '안성에 주문함'의 의미로 써 오던
'안성마춤'도 '안성맞춤'으로 표기해야 한다는 것을 알아 두어야 할 것이다.

[그림 4] '안성맞춤'의 대명사인
안성 유기

'뻗치-'와 '뻐치-' 역시 전자는 '뻗다'의 힘줌말로, 후자는 '한쪽 끝에서 다른 쪽 끝까지 닿다'의 의미를 지니는 것으로 구별해 오던 것이나, 하나로 통합하여 '뻗치-'로 적기로 하였다. ②는 '뻗치-'가 '뻗다'의 힘줌말로 사용된 예이고, ②', ②″는 '한쪽 끝에서 다른 쪽 끝까지 닿다'의 의미를 지니는 바, ②'의 '*뻐치-' 또한 '뻗치-'로 바꿔 써야 한다.

3.4.6. 어미의 구별

1) 용례

> ① 또 "장나라라는 배우가 중국에서 6년 넘게 톱스타로 활동을 해서 한국말을 잘하나 걱정을 많이 했다. 의사소통이 어려울 줄 알았는데 한국말 **잘하더라.**"라고 덧붙여 또 한번 좌중을 웃겼다.
> ①′ 강혜정과 박해일이 연기를 너무 ***잘하드라.** 다음에 또 좋은 영화 있음 같이 보자.
> ② 앞으로 재협상은 없으며, 이 달 말까지 이 금액에 계약을 **하든지 말든지** 하라고 못 박았다.
> ②′ 외진 곳에 폐차 직전의 차를 버리는 비양심적인 행동도 남이야 욕을 ***하던지 말던지** 이익이라고 생각하니까 서슴없이 그런 행동을 하는 게 아닌가.

2) 규정

> **제56항** '-더라, -던'과 '-든지'는 다음과 같이 적는다.
> 1. 지난 일을 나타내는 어미는 '-더라, -던'으로 적는다.(ㄱ을 취하고, ㄴ을 버림.)
>
> | ㄱ | ㄴ |
> |---|---|
> | 지난겨울은 몹시 춥더라. | 지난겨울은 몹시 춥드라. |
> | 깊던 물이 얕아졌다. | 깊든 물이 얕아졌다. |

> 그렇게 좋던가?　　　　　그렇게 좋든가?
> 그 사람 말 잘하던데!　　　그 사람 말 잘하든데!
> 얼마나 되던지 몰라?　　　얼마나 되든지 몰라?
> 2. 물건이나 일의 내용을 가리지 아니하는 뜻을 나타내는 조사와
> 　　어미는 '(-)든지'로 적는다.(ㄱ을 취하고, ㄴ을 버림.)
> 　　　　　　　ㄱ　　　　　　　　　　　　ㄴ
>
> 배든지 사과든지 마음대로 먹어라.　배던지 사과던지 마음대로 먹어라.
> 가든지 오든지 마음대로 해라.　　　가던지 오던지 마음대로 해라.

3) 해설

　이 항은 발음상으로 잘 구별되지 않는 '-더라, -던'과 '-든(지)'를 구별하여 적기로 한 규정이다. '-더라, -던'의 '-더-'는 이른바 선어말어미로 과거 어느 때에 직접 경험하여 알게 된 사실을 현재의 말하는 장면에 그대로 옮겨 와서 전달한다는 뜻을 나타낸다. ①의 '잘하더라'에 쓰인 '-더라'가 그 예이다. 이와는 달리, '-든(지)'는 ②의 '하든지 말든지'처럼, 어떤 일의 내용을 가리지 않는다는 의미를 나타낸다. 그런데 언중들은 흔히들 이 두 가지를 혼동하여 '-더-'는 '-*드-'로, '-든(지)'는 '-*던지'로 적는 일이 많다. ①', ②'가 바로 그러한 예이다. 그러나 이 두 가지는 엄연히 의미 기능이 다르므로 엄격히 구별하여 적어야 할 것이다.

쑥부쟁이 피었구나, 언덕에

이준관

쑥부쟁이 피었구나, 언덕에
쑥부쟁이야, 너를 보니
모두들 소식이 궁금하구나.

늙은 어머니의 마른 젖꼭지를 파고들던
달빛은 잘 있는가.

전봇대에 오줌을 갈기던 개는
달을 보고 컹컹컹 잘 짖어대는가.

해거리를 하는 감나무에
올해는 유난히 감이 많이 열렸는가.

볼때기[49)]에 저녁 밥풀을 잔뜩 묻히고 나와
아아아아 산을 향해
제 친구를 부르던 까까머리 소년은
잘 있는가.

---

49) 볼+-때기→볼때기. '-때기'는 몇몇 명사에 붙어 그 명사를 속된 말로 만드는 역할을 하는
   접미사이다. '볼때기' 외에 '귀때기, 배때기, 팔때기' 등이 있다.

연│습│문│제

1 한글 맞춤법의 2대 원칙, 곧 '표음주의'와 '형태음소주의'가 훈민정음 창제 당시
로부터 현행 <한글 맞춤법>에 이르기까지 어떠한 통시적 변천을 겪었는지 제
시하는 보고서를 작성하라.

2 북한의 현행 어문 규범은 1987년 5월 15일 국어사정위원회가 제정하고 1988
년 2월 16일 사회과학출판사에서 단행본으로 발간한 <조선말 규범집>의 여
러 규정이다. 남한의 <한글 맞춤법>과 북한의 <조선말 규범집>의 규정들 사
이에는 어떠한 차이가 존재하며, 그러한 차이를 극복하는 방안은 무엇인가를
제시하는 보고서를 작성하라.

3 다음 글을 읽고, 각 문장의 끝에 쓰인 '-오' 또는 '요'의 문법적 기능을 설명하라.

똑똑똑.

나는 내 심장을 두드리듯이 손끝에 온 신경을 모으며 검사실 문을 두드렸다.

생전 처음 와 보는 검찰청이었다. 왜 검사는 이름도 잘 알지 못하는 피고인의 참고인으로 나를 부른 것일까.

똑똑똑.

또 한 번 문을 두드렸는데도 안에서는 아무 대답이 없었다. 대한민국 관공서에서 문을 두드린다고, 들어오십시오, 친절한 대답을 들을 리가 있는가. 나는 조심스럽게 문을 밀고 안으로 들어섰다. 검사는 아니고 검사보 같은 남자가 책상 저편에 앉아, 이편에 앉은 어떤 아주머니를 상대로 조사를 하다 말고 나를 향해 버럭 고함을 질렀다.

"아주머니는 뭐요? 나가 기다려요."

나는 온 용건을 말하려다 그 고함 소리에 기가 질려 엉거주춤 문밖으로 나오고 말았다. 나와서 둘러보니 바로 맞은편에 대기실이라는 방이 긴 있었다. 대기실에서 기다리다가 아까 그 아주머니가 나오고 나서 검사실로 다시 들어갔다.

"아주머니네 건물은 종합 건축업자가 지어야 하는데 보통 집장사가 종합건축업자한테 자격증을 빌려 지었단 말이오. 여기저기 불법으로 자격증을 마구 빌려 준 건축업자가 구속되어서 아주머니를 참고인으로 부른 거요. 아주머니가 벌금을 물지 않으려면, 구청에 가서 건축 허가서 사본하고 착공 신고서 사본을 떼어오란 말이오. 그렇지 않으면 벌금이 3백만 원이오."

나는 허겁지겁 검찰청을 나와 간신히 택시를 잡아 뒷좌석에 올라탔다. 내가 한숨을 몰아쉬고 있는데 앞쪽에 앉은 운전사가 뒤도 돌아보지 않고,

"거참, 아주머니. 어딜 갈 건가 말을 해야죠."

퉁명스레 내뱉었다. 나는 갑자기 누가 손님이고 누가 주인인지 얼떨떨해진 채, 구청이라고 행선지를 밝혔다.

운전기사는 합승 손님을 태우기 위해 택시를 몰고 가다가 서고

또 서고 그러기를 수차례나 하였지만 방향이 달라 손님을 더 태우지는 못했다. 대개 합승하려는 손님들은 "주공 아파트, 주공 아파트!" 하고 외치기가 일쑤였다.

"주공 아파트 가는 손님을 태워야 하는 건데, 에이." 운전사가 노골적으로 투덜거렸다. 구청으로 가는 손님을 태워 택시 수입에 무척 지장이 많다는 투였다. 나는 울컥 부아가 치밀어 택시를 세워 내리고 싶은 충동을 느꼈으나 꾹 참을 수밖에 없었다. 점심시간이 되기 전에 구청에 도착해야 했다.

택시에서 내려 구청 현관으로 들어서니 어디선가, "어서 오십시오." 하는 간드러진 아가씨의 목소리가 들려 와 멈춰 서서 주위를 살펴보았다.

"안녕히 가십시오."

누가 현관문을 밀고 나가자 이번에는 배웅하는 인사말이 들려 왔다. 현관 위쪽에 붙어 있는 자동 감식기에서 울려 나오는 기계음이었다. 기계의 성능이 좋지 않은지, 오십시오, 가십시오의 '십'자가 '된소리'로 들렸다. 나는 한자리에 서서, 맞이하는 인사말과 배웅의 말을 동시에 들은 셈이었다.

2층 건축과로 올라가니 여직원은 현관의 기계가 대신 인사를 했을 거라고 생각하는지, 꿀 먹은 벙어리처럼 아무 말이 없었다.

"아가씨, 건축 허가서와 착공 신고서 사본을 떼러 왔는데요." 결국 내가 여직원에게로 다가가 용건을 꺼내 놓았다.

"아가씨라고 부르지 마세요. 그리고 건축 허가서와 착공 신고서 같은 것은 사본을 떼 주지 않아요."

"이보세요 검사가 떼어 가지고 오라고 했는데 떼 주지 않는다니 관공서끼리 왜 이리 서로 맞지가 않죠?"

그때서야 안쪽에서 중년 남자 직원이 다가와 제법 정중한 목소리로 말했다.

"마침 담당 직원이 출장을 가고 없군요. 오늘 중에는 돌아온다고 했는데 언제 올지 모르겠군요. 담당이 오면 사본을 떼 줄 거예요. 기다리시든지, 내일 다시 오시든지 하시죠."

나는 기다리기로 하고 바깥 복도로 나가 플라스틱 의자에 앉았다. 2시간이 지나고 3시간이 지나도 담당 직원은 돌아오지 않았다. 이제는 기다린 시간이 아까워서라도 자리를 뜰 수가 없었다. 기다린 지 5시간이 훨씬 넘어 오후 5시 10분쯤 담당 직원이 돌아왔다. 담당 직원은 업무 시간이 지났는데 어쩌고 투덜대며 사본을 떼어 주면서 한마디 하였다.

"나 대신 다른 직원이 떼어 줘도 되는 건데, 검사가 떼어 가지고 오라는 거니까 겁들을 먹고"

– 조성기, 〈기계는 친절하다〉에서

4 다음 문장에 들어갈 올바른 단어를 택하라.

(1) 이제 와서 (생각컨대, 생각건대), 그때가 정말 좋았었어.

(2) 집안이 (깨끗치, 깨끗지) 않다고 부끄러워하고 있어.

(3) (요컨대, 요컨데) 피서법으로는 방콕행 비행기가 제일 좋다고 할 수 있다.

(4) 손에 (익숙치, 익숙지) 않은 일이라 쉽지가 않네요.

(5) (섭섭지, 섭섭치) 않게 여비도 주고 했지요.

(6) 발을 (따뜻이, 따뜻히) 해야 건강에 좋다.

(7) 남에 대한 외경심을 (솔직이, 솔직히) 토로할 줄 아는 태일을 보면서, 글은 바로 사람이라는 평범한 말에 승복하게 된다.

(8) 그런 것을 (일일이, 일일히) 다 말해야 하는 것인가요?

(9) (일찌기, 일찍이) 비서대학에 희망을 품고 원서를 제출하였다.

(10) 숙고사 갑사치마를 장롱 속 (깊숙이, 깊숙히) 간직하였다.

5 다음 문장들에서 사용된 '넘어, 너머, 너무'의 품사 및 단어 형성 과정을 밝히고, 그와 같은 표기의 원칙이 무엇인가를 설명하라.

(1) 산을 **넘어** 날아간다.

(2) 산 **너머**에 있는 마을

(3) 사람이 **너무**(부사) 많다.

6 다음 문장들에서 틀린 표기를 찾아서 올바르게 고치고 이와 관련된 한국어 현상에 대해 설명하라.

(1) 우리가 그릴 햇님 그림 참 간단하죠?

(2) 모두(冒頭) 발언을 책으로 얘기하면 머릿말과 같다.

(3) 저녁은 기찻간에서 김밥으로 때우면 되니 국감을 끝까지 진행하자고 투지를 불태우던 야당의원들은 혀를 찼다.

(4) 로잔은 제네바 호수가에 있는 아름다운 도시다.

(5) 고령자나 만학도, 혹은 공직자, 어려운 가운데서 학업을 마친 사람, 뛰어난 논문을 완성한 사람 등등 얘기거리가 될 만한 졸업예정자를 찾고 있습니다.

(6) 2008년 광우병 수입 소 파동 당시 촛불시위를 배경으로 연두빛 소녀, 소년들의 감성적인 이야기를 담아냈다.

(7) 우리 인삿말에는 몸이 건강하고 마음이 편한지 안부를 전하고 묻는 '안녕하세요'라는 말을 쓴다.

(8) 단 하루이긴 하지만 예비신부를 위해 전시회에 출품 중인 싯가 6억 원짜리 티아라(왕관)를 디자이너에게 부탁해 예비신부에게 씌워주는 이벤트도 함께했다.

(9) 노르데그렌이 골프채를 들고 뒤따라와 우즈의 차 뒷쪽을 몇 차례 내리쳤다.

(10) 팬들의 이런 지나친 관심에 사고를 우려한 소속사는 뒷풀이 장소인 식당 문을 폐쇄하기도 했다.

참고문헌

강희숙(2009), /ㄹ/ 탈락 규칙 재고, 『어문연구』 61, 어문연구학회, pp. 33~54.

강희숙(2007), 『시로 읽는 국어 정서법』, 글누림.

강희숙(2014), 『우리말 편지』, 소통.

국립국어연구원(1999), 『국어연구원에 물어 보았어요 1999』.

국립국어연구원(2001), 『국어연구원에 물어 보았어요 2001』.

김민수(1973), 『국어정책론』, 고려대학교 출판부.

김성규(1989), 활용에 있어서의 화석형, 『주시경학보』 3. 탑출판사, pp. 159~165.

김정남(2008), 한글맞춤법의 원리―총칙 제1항의 의미 해석을 중심으로―, 『한국어 의
　　　　　미학』 27, 한국어 의미학회, pp. 21~44.

남영신(2002), 『나의 한국어 바로 쓰기 노트』, 까치.

리의도(1999), 『이야기 한글 맞춤법』, 석필.

문화체육부(1988), 『국어어문규정집』, 대한교과서주식회사.

미승우(1988), 『(새)맞춤법과 표준어 해설 편』, 지학사.

민현식(1999), 『국어 정서법 연구』, 태학사.

송철의(1993), 언어 변화와 언어의 화석, 『국어사 자료와 국어학의 연구』, 문학과 지성사.

안병희(1988), <한글 맞춤법>의 역사, 『국어생활』 제13호, pp. 8~16.

원영섭(11995), 『예문으로 배우는 한글 맞춤법』, 세창출판사.

윤석민(2005), 일제시대 어문규범 정리과정에서 나타난 수용과 변천의 양상 ―<언문철
　　　　　자법>과 <한글 맞춤법 통일안>을 중심으로―, 『한국언어문학』 55, 한국
　　　　　언어문학회, pp. 51~72.

이상억(1993), 『국어 표기 4법 논의』, 서울대학교 출판부.

이선웅・정희창(2002), 『우리말 우리글 묻고 답하기』, 태학사.

이익섭(1992), 『국어표기법 연구』, 서울대학교 출판부.

이희승・안병희(1989), 『한글맞춤법 강의』, 신구문화사.

최태영(1989), 『한글 맞춤법 강해』, 숭실대학교 출판부.

1. 띄어쓰기의 원리

<한글 맞춤법> 총칙 제2항에서는 "문장의 각 단어는 띄어 씀을 원칙으로 한다."라고 규정함으로써, 일견 '단어를 단위로'라는 매우 명쾌한 띄어쓰기 원칙을 제시해 놓고 있다. 그러나 이와 같이 명쾌한 원칙에도 불구하고, 한국어 사용자들이 실제로 띄어쓰기를 해결해 나가는 과정에서 부딪칠 수 있는 문제들은 실로 헤아리기가 어려울 정도로 많은 것이 사실이다. 대부분의 한국어 사용자들에게 띄어쓰기의 해결이 만만치 않은 문제가 된 까닭은 첫째로 단어란 무엇인가를 정의하기가 결코 쉽지 않기 때문이고, 둘째로는 시행 세칙에 일관성이 결여되어 있거나 허용 규정이 많기 때문이라고 할 수 있다.

첫째 문제, 곧 단어가 무엇인가의 문제는 다음과 같은 예들을 통해서 그 문제의 일단을 생각해 볼 수 있다.

(1) ㄱ. 우리글, 우리나라, 우리말, 우리은행
　　ㄴ. 우리 민족, 우리 학교, 우리 집
(2) ㄱ. 전주비빔밥
　　ㄴ. 영광 굴비
(3) ㄱ. 통행금지, 건강관리, 약소국가
　　ㄴ. 품질 관리, 출입 금지, 민주 국가, 잠재 능력

위의 예들 가운데 ㄱ의 예들은 하나의 단어로서 붙여 써야 하는 것들이고, ㄴ은 단어가 아닌 단어의 연결체, 곧 구(句) 구성이어서 띄어쓰기가 이루어져야 하는 것들이다. 이러한 예들을 통하여 알 수 있는 것처럼, 비슷한 형태 구조임에도 불구하고 어떤 형태는 단어이므로 붙여 써야 하고, 또 어떤 형태들은 단어가 아닌 구이므로 띄어 써야 하는바, 이를 결정하기란 쉽지 않은 일이다.[1] 따라서 우리는 먼저 단어가 지니는 특징적인 성격을 이해해야 한다.

오늘날 단어에 대한 정의로 가장 널리 받아들여지고 있는 것은 단어가 최소 자립 형식(minimal free form)이라는 것이다. 자립 형식이란 단독으로 쓰일 수 있는 언어 형식을 말한다. 자립 형식의 개념을 이해하기 위하여 가령, "그 사람의 아들은 유명한 화가였다."라는 문장을 그 상위 구성 요소로부터 하위 구성 요소로 나누어 보면 다음과 같다.

> (4) ㄱ. 그 사람의 아들은 유명한 화가였다. ·························· 문장
> ㄴ. 그 사람의 아들은, 유명한 화가였다 ······· 구(명사구, 동사구)
> ㄷ. 그, 사람의, 아들은, 유명한, 화가였다 ·························· 어절
> ㄹ. 그, 사람, (의), 아들, (은), 유명한, 화가, (였다) ··········· 단어
> ㅁ. 그, 사람, 의, 아들, 은, 유명, -하-, -ㄴ, 화가, 이-, -었-, -다
> ·· 형태소

위의 분석을 통하여 우리는 문장을 구성하는 요소들 가운데 문장 층위로부터 시작하여, 문장의 하위 요소인 구, 어절, 단어의 층위까지는 모두가 단독으로 쓰일 수 있는 자립 형식이라는 것을 알 수 있다. 그러나 형태소 층위에 이르게 되면, '-하, -ㄴ, 이-, -었-, -다' 등 단독으로는 쓰일 수 없는

---

1) 가령, (2ㄱ)은 '전주'라는 지명이 해당 음식의 특정한 종류를 가리키는 구별 표지로 쓰이는 경우이므로 합성어로 처리하여 붙여 쓰지만, (2ㄴ)에서의 지명 '영광'은 단지 물품의 유명한 산지를 가리키는 경우여서 하나의 단어가 아닌 구로 보아 띄어쓰기를 해야 한다.

비자립 형식들이 나타나므로, 단어가 문장을 구성하는 요소들 가운데 최소의 자립 형식임을 알 수 있다. 따라서 단어는 일단 최소 자립 형식이라는 것으로 정의될 수 있다고 할 수 있다.

그러나 단어의 층위, 곧 (4ㄹ)의 요소들 가운데 괄호로 묶은 '은, 이, 였다' 등은 엄밀한 의미로는 자립 형식이라고 할 수는 없으므로, 이에 대해 특별한 처리가 필요함을 알 수 있다. 즉, 이들은 한국어 조사들로서 원래는 자립 형식이 아니지만, 분포상 언제나 자립성이 있는 말에만 연결됨으로써 쉽게 분리가 가능하다는 사실에 근거하여 한국어 문법에서 자립 형식으로 처리하여 단어의 범주로 묶어 놓고 있는 것이다. 이렇게 보면 (4ㄹ)의 요소들 가운데 조사 문제가 해결되었으므로, 단어를 최소의 자립 형식이라고 정의하는 데에는 별 문제가 없는 것처럼 보인다. 그렇지만, 다음과 같은 예들을 보면 단어의 정의가 최소 자립 형식이라고 하는 것만으로는 해결되지 않음을 알 수 있다.

(5) 큰아버지(伯父), 밤낮(항상), 바늘방석, 소나무……

위의 단어들은 각각 하나의 단어이고 자립 형식이므로 띄어쓰기를 하지 않는 언어 단위이다. 그러나 이들을 구성하는 요소를 분석해 보면 그 구성 요소들 또한 분명한 자립 형식임을 알 수 있다.

(6) 큰, 아버지, 밤, 낮, 바늘, 방석, 소(솔), 나무……

이렇게 보면 (5)의 단어들은 결국 최소 자립 형식이 아니어서 단어라고 보기 어려운 점이 있으므로, 단어를 정의하기 위한 또 다른 장치가 필요함을 알 수 있다. 이와 같은 문제를 해결하기 위해서 제시된 것이 단어의 '분리 불가능성'이다. 즉, 어떤 언어 형식이 단어라고 한다면, 그 내부는 더 이상 분리가 불가능하다는 것이다. 이러한 사실을 입증하기 위해서 흔히 제시되는 예가 다음 (7)과 같은 문장이다.

> (7) ㄱ. 키가 **큰 아버지**께서는 늘 내게 목말을 태워 주시곤 했다.
> ㄴ. 키가 큰 **큰아버지**께서는 늘 내게 목말을 태워 주시곤 했다.

위의 문장에서 (7ㄱ)의 문장에 나타난 '큰 아버지'는 이른바 명사구의 구성이고, (7ㄴ)의 '큰아버지'는 하나의 단어, 곧 합성어이다. 여기에서 우리는 구의 구성, 곧 '큰 아버지'는 둘 이상의 단어로 이루어져 있으므로 띄어 쓰지만, 단어, 즉 '큰아버지'는 하나의 단어이므로 띄어 쓰지 않는다는 것을 알 수 있다. 이때 만일 단어인 '큰아버지'의 내부를 분리하면 단어가 아닌 구의 구성이 되어 버린다.

단어 내부에 분리성이 없다는 것은 다른 의미로는 두 성분 사이에 다른 성분 요소가 끼어 들어갈 수 없다는 것을 의미한다. 가령, (7ㄱ)의 '큰 아버지'는 '큰 우리 아버지'가 가능한 반면, (7ㄴ)의 '큰아버지'는 이를 분리하여 다른 요소를 끼여 넣으면 백부(伯父)의 의미는 사라지는 것이다.

이상의 논의에서 우리는 단어는 일단 '더 이상 분리가 불가능한 최소 자립 형식'이라고 정의할 수 있음을 알 수 있다.[2] 여기에 한 가지 더, 만일 어떤 언어 형식이 단어의 신분을 지니고 있다면, 그 단어는 '거의 대부분' 사전에 등재되어 있다는 사실 또한 알아 두어야 한다. 여기에서 '거의 대부분'이라고 하는 것은 단어가 경우에 따라서는 등재되지 않는 경우도 있을 수 있기 때문이다. 그러한 단어들은 시간상으로 형성된 지 얼마 되지 않은 신어(新語)이거나 생산적인 성격의 합성어로서 굳이 사전에 등재하지 않더라

---

2) 이러한 정의 역시 완벽할 수 없는데, 그것은 한국어 문법에서 단어로 처리되고 있는 한국어의 의존 명사나 조사의 경우, 이러한 요건을 충족하지 못하기 때문이다. 그러나 오늘날 이 두 가지 형식에 대해서는 준 자립 형식으로 보아 단어로 처리하는 것이 일반적인 견해이다.

도 그 의미를 충분히 추출할 수 있는 단어인 경우가 많다. 이러한 경우를 제외하고는 단어는 사전에 실리게 된다고 할 수 있으므로, 일정한 언어 형식이 단어인지 아닌지를 확인하여 띄어쓰기의 단위로 삼기 위해서는 사전 등재 여부를 먼저 검토하는 것이 좋다고 본다.

둘째, 띄어쓰기가 한국어 사용자들에게 결코 만만한 문제가 아니라고 하는 것은 다음과 같이 시행 세칙들이 일관성이 결여되어 있거나 허용 규정이 적지 않기 때문이다.

> (8) ㄱ. 집 한 **채**
> ㄴ. 삼 **학년**/ **삼학년**/ 3**학년** (제43항)
> (9) ㄱ. 그가 올 듯도 **하다.**
> ㄴ. 비가 올 듯하다. / 비가 올**듯하다.** (제47항)
> (10) ㄱ. 사과를 깎아서 **드린다.**
> ㄴ. 사과를 깎아 드린다. / 사과를 깎아**드린다.** (제47항)

위의 예들 가운데 ㄱ은 원칙적으로 띄어 써야만 하는 경우이고, ㄴ은 원칙적으로는 띄어 써야 하지만 붙여 쓰는 것도 가능한 경우들이다. 즉, (8)의 경우는 단위를 나타내는 명사는 띄어 쓰는 것이 원칙이지만, 순서를 나타내는 경우나 숫자와 어울리어 쓰는 경우에는 붙여 쓸 수 있다는 것을 말하여 주는 예이다. 또한 (9), (10)은 보조 용언의 띄어쓰기와 관련하여 "보조 용언은 띄어 씀을 원칙으로 하되, 경우에 따라 붙여 씀도 허용한다."라는 것 때문에 (9ㄴ) 같은 방식으로 띄어쓰기가 가능함을 보여 준다.

여기에서 보듯이, 띄어쓰기의 예외 또는 허용 규정을 이해하는 것은 결코 쉽지 않은 일이다. 또한 다음 예에서 보는 바와 같이, 제49항에서 제시하고 있는 고유 명사의 표기에서도 원칙과 허용 규정이 있어 그 띄어쓰기를 결정하기란 쉽지 않은 일로 보인다.

(11) ㄱ. ○○ 대학교 인문 과학 대학 국어 국문 학과 (원칙)
    ㄴ. ○○대학교 인문과학대학 국어국문학과 (허용)

지금까지 검토한 사실들에 비추어 볼 때, 우리가 내릴 수 있는 결론은 한
국어의 띄어쓰기가 결코 만만한 대상은 아니라는 것 정도일 것이다. 그러나
결국은 아는 만큼 보이는 법이므로, 우리가 보아야 할 대상에 좀 더 가까이
다가서려는 노력이 절실히 요청된다고 할 것이다.

詩人 久甫氏의 一日 1
─久甫氏가 당신에게 보내는 私信 또는 희망 만들며 살기

오규원

1

가을. 하고도가을어느날.

길을가다가자리를잘못잡아地上에서반짝이는별, 그런별몇개로반짝이는黃菊이나野菊을만나면가을동안가을이게두었다가그다음菊을다시별로불러별이되게하고몇개는내주머니에늘넣고다니리라.

내주머니가작기는하지만그곳도우주이니별이뜰자리야있습지요. 딴은주머니가낡아서몇군데구멍이있는데혹지나다니는길에무슨모양을하고떨어져있거든눈곱이며그곳이나비누로좀닦아서어디든두고안부나그렇게만전해주시기를.

2

오해하고싶더라도제발오해말아요
시인도詩먹지않고밥먹고살아요
시인도詩입지않고옷입고살아요
시인도돈벌기위해일도하고출근도하고돈없으면라면먹어요
오해하고싶더라도제발오해말아요
오해하고싶다면제발오해해줘요
시인도밥만먹고못살아요
시인도마누라만으로는못살아요
구경만하고는만족못해요
그러니까시인도무슨짓을해야지요

무슨짓을하긴하는데그게좀그래요
정치는정치가들이더좋아하고
사기는사기꾼이더좋아하고
밀수는밀수업자들이더잘하고
작당은꾼들이더잘하고
시인은詩를더좋아하니까
시에미치지요밥만먹고못사니까
밥만먹고못사는이야기에미쳤지요
그래요미쳤지요허지만시인도
밥먹고살아요돈벌기위해일도하고
출근해요출근하지못하면정말곤란해요
순사가검문하면주민등록증보여야해요
순사가검문해도번호가없는詩는그러니까
위법이지요위법이니까그게좀그래요
위법은또하나의法이니유쾌해요그게그래요
거리를가다가혹詩가있거든눈곱이며
그곳이나비누로닦아주고안부나
그렇게만전해줘요그게그렇다구요3)

---

3) 띄어쓰기를 하지 않음으로써 기존의 글쓰기 방식에서 이탈하고 있는 작품. 이러한 시적 전
   통은 일찍이 이상(李箱)에게서 확립되어 1980년대의 포스트모더니즘 계열의 시에서 흔히
   발견된다.

2. '조사'(助詞)의 띄어쓰기

1) 용례

① 병장닷컴은 병역 비리를 척결하고 올바른 병역 문화를 만들어 내고자 만들어진 *싸이트 입니다.
② 문장에는 *주성분 뿐만 아니라 부속 성분도 있다.
③ 유족들은 결국 이 일상성 속의 죽음을 받아들일 *수 밖에 없을 것이다.
④ 구수하여 *보리차 보다 더 맛이 좋습니다.
⑤ *햇살 보다 빛나는 그 남자의 피부 이야기.
⑥ 어린 *차잎 만을 정성들여 가공하여 그 모양이 참새의 혀와 같이 정교하고 깨끗하게 생겼으며 맛과 향기가 매우 그윽하여 *작설차 라 합니다.
⑦ *나무 커녕 풀도 없는 황무지가 저렇게 옥답으로 변했다오.
⑧ 부부 싸움은 언제나 아이 *문제에서 부터 시작되었다.

2) 규정

제41항 조사는 그 앞말에 붙여 쓴다.

꽃이	꽃마저	꽃밖에	꽃에서부터	꽃으로만
꽃이나마	꽃이다	꽃입니다	꽃처럼	어디까지나
거기도	멀리는	웃고만		

3) 해설

앞에서 우리는 한국어 문법에서 조사를 하나의 단어로 처리하여 오고 있다는 사실을 언급한 바 있다. 그러나 단어에 대한 첫 번째 정의, 곧 단어는 최소 자립 형식이어야 한다는 정의를 조사는 충족하지 못한다. 이러한 사실 때문에 조사는 단독으로 쓰이지 못하고 앞말에 붙여 쓰도록 하고 있다. 따

라서 위의 용례들에서 사용된 '입니다, 뿐, 밖에, 보다, 만을, 라, 커녕, 부
터'는 모두 조사의 신분을 가지고 있는 것들이므로 앞말에 붙여 써야 하는
바, 다음과 같이 표기해야만 올바른 표기이다.

> (12) ㄱ. 싸이트 **입니다** → 사이트**입니다**
> ㄴ. 한 가지 **뿐** → 한가지**뿐**
> ㄷ. 받아들일 수 **밖에** → 받아들일 수**밖에**
> ㄹ. 보리차 **보다** →ㆍ보리차**보다**
> ㅁ. 햇살 **보다** → 햇살**보다**
> ㅂ. 어린 찻잎 **만을** → 어린 찻잎**만을**
> 작설차 **라** 합니다 → 작설차**라** 합니다

조사의 쓰임과 관련하여 대부분의 언중들이 조사는 앞말에 붙여 쓴다는
규정 자체에 대해서는 알고 있지만, 실제 문장을 쓰는 과정에서 무엇이 조
사인가를 잘 구별하지 못해서 문제를 해결하지 못하는 경우가 많은 것으로
보인다. 따라서 한국어의 조사로는 어떠한 부류가 있으며, 그것들이 지니는
특성은 무엇인가를 먼저 이해해야 한다.

조사는 주로 체언에 첨가되어 쓰이는 의존 형태소이다. 전통적으로 한국
어 문법에서는 이 조사를 매우 중요한 요소로 다루어 왔는데, 그것은 조사
의 수효가 많을 뿐만 아니라, 다양한 문법적 기능과 의미를 드러내기 때문
이다.

한국어의 조사는 격조사, 보조사, 접속조사 등 세 가지 부류로 구분하는
것이 일반적이다. 격조사는 체언에 붙어 그 말의 다른 말에 대한 관계를 표
시하는 역할, 곧 체언으로 하여금 일정한 자격을 지니도록 기능하는 것을
말한다. 여기에 한국어 격조사의 목록을 제시하면 다음과 같다.

<표 1> 한국어 격조사 목록

구분	목록	예
주격	이, 가, 께서, 에서, 서	• 학생들이 노래를 부르고 있다. • 지연이가 일찍 학교에 간다. • 아버지께서 진지를 드십니다. • 우리 학교에서 응원상을 받았다. • 너 혼자서 어디로 가니?
서술격	이다	• 세연이는 학생이다.
목적격	을, 를	• 윤서가 그림책을 샀다. • 아이들이 매미를 잡는구나.
보격	이, 가	• 수지가 반장이 되었다. • 그것은 종이가 아니다.
관형격	의	• 김 군의 논문은 매우 훌륭하다.
부사격	에, 에서, 로, 로써, 과, 라고, 고, 같이	• 지호는 지금 혼자 집에 있다. • 그것은 부산에서 가져 왔다. • 어디로 가십니까? • 칼로(써) 사과를 깎아라. • 배꽃의 희기가 눈과 같다. • 뽕밭이 바다로 바뀌었군! • "알았구나."라고 말씀을 하셨어. • 이리 오라고 아버지가 말씀하신다. • 새벽같이 일어나서 나왔어.
호격	아, 야	• 은혜야, 빨리 와.

이러한 격조사들 가운데 서술격 조사 '이다'는 여타의 격조사들과는 달리 어미의 변화, 곧 활용을 한다는 점에서 매우 독특한 존재라고 할 수 있는 것이다. 다음이 그 예이다.

(13) ㄱ. 나는 이 나라의 왕**이다.**
ㄴ. 나는 이 나라의 왕**이로소이다.**

ㄷ. 나는 이 나라의 왕**이니** 어디든 마음대로 갈 수가 있습니다.

ㄹ. 나는 이 나라의 왕**이므로** 아무 데도 갈 수가 없습니다.

위의 예에서처럼 서술격 조사 '이다'는 용언과 마찬가지로 활용한다. 따라서 '이다'는 조사가 아닌 다른 문법 범주에 포함하는 것이 일견 더 타당하게 보이기도 한다. 그럼에도 불구하고 '이다'를 조사로 보는 것은, 활용이라는 형태적 특성보다는 동사나 형용사가 서술어의 기능을 담당하는 반면, 서술격 조사는 조사의 기능을 담당한다는 기능적 특성을 더 중요시하고 있기 때문이다(김광해 외 1999: 163).

활용을 함으로써 그 모습이 바뀌기는 하지만, '이다'는 조사라는 문법적 신분을 지니고 있으므로, 반드시 앞말에 붙여 써야 한다. 그럼에도 불구하고, 다음 예들에서처럼 이를 띄어 쓰는 경우가 많다.

(14) ㄱ. 어두칙칙한 가로등 아래 오줌을 누고
취해서 비척비척 헤어져 돌아서
갔던 그 밤, 우리는 간재미 눈만도
못한 ***삶 일지라도** 아름다움만 간직하고 살기로 했다.
ㄴ. 일상의 작은 즐거움·보람…
개울을 건너는 ***징검돌 일뿐**
때로 슬픔·아픔도 우리를 지켜주지만
그것들 그대로 인생인 줄 여기지는 마시기를 …

위의 예들은 글쓰기를 전문적인 업으로 삼는 시인이나 작가들 또한 '이다'의 띄어쓰기를 능숙하게 처리하기가 쉽지 않은 일임을 보여 주는 예이다. 그러나 (14ㄱ)의 '일지라도'나 (14ㄴ)의 '일뿐' 모두 조사 '이다'의 활용형이므로, 앞말에 붙여 써야 한다.

한편, 한국어 격조사들 가운데 부사격 조사 '같이'는 부사로 사용되는 '같이'와 동일한 형태를 취하고 있어서 구별이 쉽지 않다. 다음을 보기로 하자.

(15) ㄱ. 이것과 **같이** 했다.

나와 **같이** 가자.

예상한 바와 **같이** 사태는 매우 심각하다.

ㄴ. 눈**같이** 희다.

새벽**같이** 출발하다.

위의 예들 가운데 ㄱ에서는 '같이'가 부사로, ㄴ에서는 조사로 사용되고 있다. 부사로 사용된 '같이'는 '같게, 함께, 바로 그대로' 등등의 의미를 지닌 형태로서 주로 뒤에 오는 동사를 수식하는 기능을 담당하고 있다고 할 수 있다. 그 반면, 조사로 사용된 '같이'는 체언 뒤에 붙어서 그 정도로 어떠하거나 어찌함을 나타내거나, 때를 나타내는 일부 명사 뒤에 붙어 '그때'를 강조하는 기능을 한다. 따라서 '같이'의 문법적 구별은 그 분포와 의미를 면밀히 따져 보는 데에서 출발하여 띄어쓰기를 구별하는 문제로 나아가야 할 것이다.

한국어 조사들 가운데 둘째 유형이라고 할 수 있는 보조사는 체언의 격을 표시하는 기능을 담당하는 격조사와는 달리, 체언에 일정한 뜻을 더하여 주는 역할을 하는 조사를 말한다. 한국어 보조사의 목록과 그 의미 기능은 다음과 같다.

<표 2> 한국어 보조사 목록과 의미 기능

목록	의미 기능	예
은, 는	대조	• 그 여자가 춤은 잘 춘다. • 선생님이 석규는 상을 주셨다.
만, 뿐	단독	• 승기만 먼저 가거라. • 이번 폭설에 건진 건 사진뿐이다.
도	역시	• 그 사과 혜은이도 하나 주어라.
부터	시작, 먼저	• 그 모임은 열 시부터 시작한다. • 나부터 할까?

목록	의미 기능	예
까지	미침	• 아내<u>까지</u> 그의 곁을 떠났다.
조차, 마저	추종	• 너<u>조차</u> 나를 못 믿는구나. • 김 씨는 사업 실패로 집<u>마저</u> 팔았다.
마다	균일	• 그 서류는 각 회사<u>마다</u> 배달되었다.
이나, 나	선택	• 할 일도 없는데 영화 구경<u>이나</u> 가자. • 누구<u>나</u> 다 같지 뭐.
이라도, 라도	불택	• 어려운 때일수록 한 푼<u>이라도</u> 아껴야 한다. • 누구<u>라도</u> 그러하듯이, 눈을 감으면 생각이 난다.
이나마, 나마	불만	• 고물 자가용<u>이나마</u> 타고 다닐 수 있으니 얼마나 다행이니? • 잠시<u>나마</u> 뉴욕의 매력을 조금이라도 더 느끼고 갈 수 있으면 좋겠네요.
이야, 야	유별남, 강조	• 그 사람<u>이야</u> 일등으로 합격할 거야. • 우리<u>야</u> 괜찮지 뭐.
요	높임	• 친구가 많이 아프던가<u>요</u>?
그려	느낌, 응낙	• 벌써 가을이네<u>그려.</u>
마는	시인, 어긋남	• 그때는 경기가 참 좋았다<u>마는.</u>
이든지, 든지	선택	• 그는 고기<u>든지</u> 생선<u>이든지</u> 다 잘 먹는다.

위의 표를 통하여 알 수 있는 것처럼, 보조사는 격조사처럼 체언 다음에 연결되어 결합하는 체언에 특별한 의미를 더하여 주는 기능을 하고 있다. 이러한 보조사들은 실제 문장에서 격조사와 함께 나타나기도 하고, 여러 개의 보조사가 한꺼번에 나타나는 경우도 많다. 다음 예들이 그러한 경우이다.

(16) ㄱ. 여기**서부터** 광주시가 시작됩니다.
ㄴ. 학교**에서만이라도** 좀 얌전히 지낼 수는 없겠니?

ㄷ. 그 긴 이야기는 분명 영혼의 부르짖음이었으나 죄의 **고백이라기보다** 한이 토해내는 지극히 토속적인 한숨 같은 느낌이 들었던 것이다.

보조사 가운데는 언제나 체언 다음에만 결합하는 격조사와는 달리, 용언의 어미나 부사 다음에도 결합함으로써 그 분포가 비교적 자유로운 것들도 있다. 다음에 제시한 '는'이나 '요', '도' 등이 그 예이다.

(17) ㄱ. 나도 그 음식을 먹어**는** 보았다.
　　 ㄴ. 책 한 권이 거기 놓여 있었어**요.**

(18) ㄱ. 정말 잘**도** 하는구나.
　　 ㄴ. 오늘은 빨리**도** 오는구나.

마지막으로. 접속조사는 둘 이상의 체언을 같은 자격으로 접속하는 기능을 하는 조사를 말한다. 이 접속조사에는 '와, 과, 하고, 이며, 에다, 랑' 등이 있는데, 예를 들면 다음과 같다.

(19) ㄱ. 지수**와** 지연이는 어깨동무를 하고 뛰놀곤 하였다.
　　 ㄴ. 벼루**하고** 먹**하고** 가져오너라.
　　 ㄷ. 옷**이며** 신**이며** 죄다 흩어져 있었다.
　　 ㄹ. 밥**에다** 떡**에다** 잔뜩 먹었다.
　　 ㅁ. 머루**랑** 다래**랑** 먹고 즐겁게 놀았다.

요컨대, 한국어 띄어쓰기에서 지켜야 할 첫 번째 중요한 원칙은 "단어를 단위로 띄어 쓰되, 조사는 그 앞말에 붙여 쓴다."라는 것이다. 따라서 지금까지 제시한 세 가지 유형의 조사 목록들을 분명히 인식하고 그러한 조사들을 앞말에 붙여 쓰는 것만으로도 띄어쓰기 문제를 상당 부분 해결할 수 있을 것이다.

짧은 노래

류시화

벌레**처럼**4)
낮게 엎드려 살아야지
풀잎**만큼의** 높이**라도** 서둘러 내려와야지
벌레**처럼** 어디서든 한 철**만** 살다 가야지
남**을** 아파하더라도
나**를** 아파하**진** 말아야지
다만 무심해야지
울 일**이** 있어도 벌레**의** 울음**만큼만** 울고
허무해도
벌레**만큼만** 허무해야지
죽어서**는** 또
벌레**의** 껍질**처럼** 그냥 버려져야지

---

4) '처럼, 만큼의, 만, 을, 를, ㄴ(는), 만큼만' 등 다양한 조사들이 단독으로, 또는 둘씩 결합한
모습으로 나타난다.

연애

안도현

연애 시절
그때**가** 좋았는가⁵⁾
들녘**에서도** 바닷가**에서도** 버스 안**에서도**
이 세상**에** 오직 두 사람**만** 있던 시절
사시사철 바라보는 곳**마다** 진달래 붉게 피고
비**가** 왔다 하면 억수비
눈**이** 내렸다 하면 폭설
오도 가도 못하고, 가만있지**는** 더욱 못하고
길거리**에서** 찻집**에서** 자취방**에서**
쓸쓸하고 높던 연애
그때**가** 좋았는가

연애 시절**아**, 너**를** 부르다가
나**는** 등짝**이** 화끈 달아오르는 것 같다
무릇 연애**란** 사람**을** 생각하는 것**이기에**
문득문득 사람**이** 사람**을** 벗어버리고
아아, 어린 늑대**가** 되어 마음**을** 숨기고
여우**가** 되어 꼬리**를** 숨기고
바람 부는 곳**에서** 오랫동안 흑흑 울고 싶은 것**이기에**
연애 시절**아**, 그날**은** 가도
두 사람**은** 남아 있다
우리**가** 서로 주고 싶은 것**이** 많아서
오늘**도** 밤하늘**에는** 별**이** 뜬다
연애 시절**아**, 그것 봐라
사랑**은** 쓰러진 그리움**이** 아니라
시시각각 다가오는 증기기관차 아니냐
그리하여 우리**가** 살아 있을 동안
삶**이란** 끝끝내 연애 아니냐

---

5) 이 작품 역시 다양한 조사가 단독으로, 또는 둘 이상씩 결합한 모습으로 나타남으로써 조사
의 쓰임을 잘 엿볼 수 있게 해 준다.

3. 의존 명사 및 연결 어미의 띄어쓰기

1) 용례

① 정부의 한 관계자는 민간 부문은 IMF를 거치면서 혹독한 과정을 겪었던 반면 공직 부문은 상대적으로 안정을 *구가한데 대한 비판적 여론이 퇴출제를 촉발하고 있는 계기라고 봐야 한다고 말했다.
② 이젠 더 이상 아무 말도 어떠한 구절의 표현도 *삼간채 백수는 그저 황홀지경에 빠져 있다.
③ *세끼 변화를 주는 과정에서 정식과 일반식의 원재료를 이용해 새로 조리해서 이용한 겁니다.
④ 꺼질 듯, 날려갈 듯하는 불씨를 붙들고 *지나온지 10년
⑤ *세탁하는대로 바로 말려서 바로 입는다.
⑥ 맛이 *진한만큼 영양도 진합니다.
⑦ 북어 *한쾌는 몇 마리일지 오늘도 숫자만 적어 내는 퀴즈네요.

2) 규정

제42항 의존 명사는 띄어 쓴다.

아는 **것**이 힘이다.   나도 할 **수** 있다.
먹을 **만큼** 먹어라.   아는 **이**를 만났다.
네가 뜻한 **바**를 알겠다.   그가 떠난 **지**가 오래다.

제43항 단위를 나타내는 명사는 띄어 쓴다.

한 **개**   차 한 **대**   금 서 **돈**
소 한 **마리**   옷 한 **벌**   열 **살**
조기 한 **손**   연필 한 **자루**   버선 한 **죽**
집 한 **채**   신 두 **켤레**   북어 한 **쾌**

다만, 순서를 나타내는 경우나 숫자와 어울리어 쓰이는 경우에는 붙여 쓸 수 있다.

> 두시 삼십분 오초   제일과   삼학년   육층
> 1446년 10월 9일   2대대   6동   502호
> 제1실습실   80원   10개   7미터

3) 해설

의존 명사(bound noun)란 자립성이 없는 특수한 명사를 말한다. 자립성이 없다는 것은 그 앞에 어떤 한정 성분이 나타나지 않으면 홀로 쓰이지 못한다는 것을 의미한다. 모든 명사는 관형어와 어울릴 수 있는 구문론적 성격을 지니고 있지만, 특히 의존 명사는 반드시 그 앞에 관형어를 수반해야 한다는 것이다.

한국어 의존 명사는 크게 두 가지 부류, 곧 일반 의존 명사와 수량 단위 의존 명사로 나눌 수 있다. 일반 의존 명사는 <제42항>에서 제시된 '것, 만큼, 바, 수, 이, 지' 등과 같이 흔히 의존 명사로 알려진 것들을 말한다. 여기에 제시된 것 외에도 한국어에는 상당히 많은 수의 일반 의존 명사가 존재하는데, 그 특성에 따라 몇 가지로 구분하면 다음과 같다.

<표 3> 일반 의존 명사의 유형과 특성

구분	종류	특성
보편성 의존 명사	분, 이, 것, 데, 바, 따위	주어, 목적어, 서술어, 부사어 등에 두루 쓰임.
주어성 의존 명사	지, 수, 리, 나위	주어로만 쓰임.
서술성 의존 명사	따름, 뿐, 터, 때문	서술어로만 쓰임. 즉, '이다' 앞에서만 사용됨.
부사성 의존 명사	대로, 양, 듯, 체, 척, 만큼, 둥, 뻔, 채, 만	부사어로만 쓰임.

위의 표를 통해 알 수 있듯이, 일반 의존 명사는 크게 네 가지로 구분된다. 보편성 의존 명사, 주어성 의존 명사, 서술성 의존 명사, 부사성 의존 명사 등이 그것이다.

다음으로, 수량 단위 의존 명사는 길이, 무게, 수효, 시간 등의 수량을 수치로 나타내는 데 일정한 기준이 될 수 있는 의존 명사를 말한다. <제43항>에 제시된 '개, 마리, 손, 채, 대, 벌, 자루, 켤레, 돈, 살, 죽, 쾌' 등이 여기에 속한다. 이 밖에도 한국어의 수량 단위 의존 명사로는 상당히 다양한 종류가 있다. 이를 하나의 표로 제시하면 다음과 같다.

<표 4> 수량 단위 의존 명사의 유형(서정수 1996: 483)

구분	형태
길이	자, 치, 푼, 마, 리, 마장, 발, 뼘
넓이	간, 평, 마지기, 정보
부피	섬, 가마니, 포대, 말, 되, 홉, 통, 동이, 잔, 병, 접시, 그릇
무게	양, 돈, 푼, 근, 관
액수	양, 돈, 푼, 리, 전, 원
시간	시, 분, 초, 월, 연, 세기
사물 수량	개, 낱, 손, 꾸러미, 점(點), 바퀴, 단, 뭇, 다발, 자(字), 번(차, 회), 판, 건(件), 지(종), 그루, 포기, 자루, 켤레, 채, 대, 척, 장, 권, 편, 짐, 쌈, 두름, 톳, 쾌
사람	사람, 쌍, 분, 명, 인
동물	마리, 필, 쌍, 두(頭)

<제42항>과 <제43항>에 제시한 대로, 한국어 의존 명사들은 띄어 써야 한다. 따라서 앞의 용례들은 다음과 같이 띄어 써야만 정확한 표기이다.

(20) ㄱ. *구가**한데** → 구가한 **데**

　　 ㄴ. *삼간**채** → 삼간 **채**

　　 ㄷ. *세**끼** → 세 **끼**

　　 ㄹ. *지나온**지** → 지나온 **지**

　　 ㅁ. *구가하는**대로** → 구가하는 **대로**

　　 ㅂ. *진한**만큼** → 진한 **만큼**

　　 ㅅ. *한**쾌** → 한 **쾌**

그런데 일반 의존 명사의 경우, 한국어 연결 어미와 그 형태적 유사성을 지니는 것들이 있어서 언중들이 이를 구별하기가 쉽지 않은 경우가 많다. 다음 예들이 그러한 경우에 속한다.

(21) ㄱ. 4장과 5장은 언어지리학과 사회방언학에 대한 이론적 골간과 개념을 **소개하는 데** 할애하였다.

　　 ㄴ. 하나는 근대 서구 계몽사상의 계보를 잇고 있는 인간 중심적 관점이고, 다른 하나는 새롭게 대두하고 있는 생명 사상에 바탕을 두고 있는 **관점인데**, 전자가 주로 환경문제를 문제 삼는 데 비해, 후자는 생태를 문제 삼는다.

(22) ㄱ. 올해는 남북한이 각각 대한민국과 조선인민주의 인민공화국이라는 사실상 분단된 두 개의 주권국가를 **건립한 지** 50년이 되는 해이다.

　　 ㄴ. 블룸필드 교수의 이 같은 조사 결과는 인터넷을 통한 학생들의 표절 행위가 얼마나 **심각한지** 잘 드러내고 있다.

　　 ㄷ. 비가 **올지** 모르겠어.

　　 ㄹ. 낯선 두 사람의 영국인이 열차의 객실에서 처음으로 만나게 되면 어떤 대화가 **오고갈는지** 쉽게 짐작할 수 있다.

(23) ㄱ. 우리의 나아갈 바는 이미 **정해진바** 우리는 이제 그에 따를 뿐이다.

　　 ㄴ. 그 일은 고려해 **본 바** 없다.

위의 예들을 통하여 알 수 있는 것처럼, 일반 의존 명사들 가운데 '데,
지, 바'는 '-ㄴ데', '-ㄴ지'와 '-ㄴ바' 등의 어미를 구성하는 요소로 나타나는
'데, 지, 바'와의 구별이 쉽지 않아 띄어쓰기에 어려움을 겪는 경우가 흔히
발견되는 것이다. 그렇다면, 의존 명사와 연결 어미의 구별은 어떻게 하는
것이 좋을까? 다음 문장들을 다시 보기로 하자.

> (24) ㄱ. 개념을 **소개하는 데(에)**……
>   ㄴ. 문제 **삼는 데(에)**……
>   ㄷ. **건립한 지(가)**……
>   ㄹ. 그 일은 **고려해 본 바(가)** 없다. (결합 가능)
>
> (25) ㄱ. *생명 사상에 바탕을 두고 있는 **관점인데(에)**,
>   ㄴ. ***심각한지(가)** 잘 드러내고 있다.
>   ㄷ. ***오고갈는지(가)** 쉽게 짐작할 수 있다.
>   ㄹ. *우리의 나아갈 바는 이미 ***정해진바** 우리는 이제 그에 따를 뿐
>   이다.(결합 불가능)

여기에서 볼 수 있는 것처럼, '데, 지, 바' 등이 의존 명사로 쓰인 경우에
는 조사가 결합할 수 있는 반면, 어미의 일부로 쓰였을 때에는 조사와 결합
이 불가능함을 알 수 있다. 그리하여 조사의 결합이 가능하면 띄어 쓰고,
그렇지 않다면 붙여 쓰는 방식으로 문제를 보는 것도 한 가지 가능한 해결
방안이라고 할 수 있을 것이다.

또한, 의존 명사는 한국어 보조사들과 동일한 형태를 취하고 있어서 그
분포와 의미 기능에 따라 띄어쓰기를 달리해 주어야 한다. 다음이 그러한
예들이다.

> (26) ㄱ. 인간 어머니였다면 아이 손등을 '탁' 하고 때렸겠지만, 플로는
>   끊임없이 뻗는 딸의 손을 부드럽게 걷어낼 **뿐**이었다.

ㄴ. 자신의 꿈을 좇아 아프리카로 갔지만, 고작 스물여섯의 그녀는
　　미래가 두려웠고 의문**뿐**이었다.

(27) ㄱ. 아는 **대로** 말했어.
　　ㄴ. 약속**대로** 이행하라.

(28) ㄱ. 아는 **만큼** 말할 수 있다.
　　ㄴ. 키가 전봇대**만큼** 하다.

(29) ㄱ. 떠난 지 사흘 **만에** 돌아왔다.
　　ㄴ. 하나**만** 알고 둘은 모른다.

　위의 예들 가운데 ㄱ은 '뿐, 대로, 만큼, 만' 등이 의존 명사로 기능하고
있는 것들이어서 띄어 쓰지만, ㄴ은 조사로 쓰이고 있으므로 앞말에 붙여
써야 올바른 표기이다. 그렇다면, 여기에 출현하는 형태소들이 의존 명사로
기능하고 있는지, 조사로 기능하고 있는지는 어떻게 구별하는 것이 좋을까?
대부분의 경우 의존 명사는 용언의 관형사형 다음에 분포하는 반면, 조사는
체언 바로 다음에 연결된다고 보면 비교적 간단하게 해결의 실마리를 찾을
수 있다. 위의 예들 가운데, (26)~(28)에서 사용된 '뿐, 대로, 만큼'의 경우
가 바로 그러한 예에 해당하는 것들이다. 다만, (29)의 '만'은 그러한 일반
적인 원칙만으로 설명하기가 어렵다. 즉, '만'은 분포상의 차이가 아니라 의
미상의 차이에 의해 문법 범주가 달라지는바, '만'이 의존 명사로 쓰일 때
에는 '시간의 경과'를, 조사로 쓰일 때에는 '한정'이나 '비교'의 뜻을 나타
낸다.

노동의 밥

백무산

피가 도는 밥을 먹으리라
펄펄 살아 튀는 밥을 먹으리라
먹은 **대로** 깨끗이 목숨 위해 쓰이고
먹은 **대로** 깨끗이 힘이 되는 밥
쓰일 **데로**6) 쓰인 힘은 다시 밥이 되리라
살아 있는 노동의 밥이

목숨보다 앞선 밥은 먹지 않으리
펄펄 살아오지 않는 밥도 먹지 않으리
생명이 없는 밥은 개나 주어라
밥을 분명히 보지 못하면
목숨도 분명히 보지 못한다

살아 있는 밥을 먹으리라
목숨이 분명하면 밥도 분명하리라
밥이 분명하면 목숨도 분명하리라
피가 도는 밥을 먹으리라
살아 있는 노동의 밥을

---

6) '대로'와 '데로'의 차이에 유의하며 읽어야 한다. '대로'는 '그 모양과 같이'의 의미를 지니는 의존 명사이고, '데로'는 '경우' 혹은 '처지'의 의미를 지닌 의존 명사 '데'와 조사 '로'가 결합한 구성상의 특징을 지닌다. 어떤 경우든 의존 명사로 쓰였으므로 띄어쓰기를 해야한다.

4. 관형사의 띄어쓰기

1) 용례

① 설레었던 우리의 ***첫만남**을 생각한다면 지금 이런 너에 대한 대우가 못내 섭섭하기도 하겠지.

② 이 두 편의 시는 형의 시집 <섬진강>에 실려 있는 것인데 둘 다 ***첫시집**의 성과를 고스란히 간직하고 있다.

③ 잠시 뒤 항공기 문이 열리고 신문 ***한부**가 안으로 던져진다.

④ 이 작은 ***한병**에 건강의 소중함을 담았습니다.

⑤ 단지 아내와 남편이라는 ***한줄**에 매달린 마리오네트 인형의 관계.

⑥ 그 사내의 깎인 머리와 바랑 위에 ***한줌**의 따뜻한 솜을 얹어놓기도 할 것입니다.

⑦ ***두개**의 에세이를 준비하는 데 평균 10~20여 권의 책을 읽어야 한다.

⑧ 하루 ***두알** 뼈로 간다.

2) 규정

<한글맞춤법> 총칙
제2항 문장의 각 단어는 띄어 씀을 원칙으로 한다.

3) 해설

체언의 수식어로서, 명사구를 이루는 요소를 통틀어 관형어라고 한다. 이와 같은 기능을 지니는 한국어 관형어로는 관형사와 체언과 용언의 관형사형이 쓰이게 된다. 이 가운데 관형사는 관형어들 가운데 가장 기본이 되는 형태로서 체언을 수식하는 기능만을 담당하는 불변의 형태를 말한다.

관형사는 원래부터 체언의 수식어로 굳어진 어휘 범주로서, 엄연히 자립

성이 있는 단어의 신분을 지닌 것들이다. 따라서 "문장의 각 단어는 띄어
씀을 원칙으로 한다."라는 원칙을 토대로 반드시 띄어 써야 한다. 그럼에도
불구하고, 관형사를 후행하는 체언에 붙여 쓰는 경우가 많은데, 이 예들은
다음과 같이 바로잡아야 올바른 표기이다.

(30) ㄱ. *첫만남을 생각한다면 → 첫 만남을 생각한다면
ㄴ. *첫시집의 성과를 → 첫 시집의 성과를
ㄷ. 신문 *한부가 → 신문 한 부가
ㄹ. 이 작은 *한병에 → 이 작은 한 병에
ㅁ. *한줄에 매달린 → 한 줄에 매달린
ㅂ. *한줌의 따뜻한 솜을 → 한 줌의 따뜻한 솜을
ㅅ. *두개의 에세이를 → 두 개의 에세이를
ㅇ. 하루 *두알 → 하루 두 알

이와 같은 방식으로 띄어쓰기가 필요한 한국어 관형사들은 관형사 자체
의 어휘적 의미와 그 구문론적 결합 관계에서 드러나는 특성을 바탕으로
하여 일반적으로 다음과 같은 네 가지 범주로 유형화할 수 있다(서정수 1996:
552). 그 목록과 함께 예를 제시하면 다음과 같다.

<표 5> 한국어 관형사의 유형과 목록

구 분	형 태	예문
지시	이/요, 그/고, 저/조, 딴, 여느, 별(別), 각(各), 어느, 웬, 모(某) 등.	• 의 가방은 누구 것이니? • 그 옷이 마음에 드니? • 적 책으로 주세요. • 이것 말고 딴 물건은 없어요? • 그이는 여느 사람과 다르다. • 나 원 별 사람을 다 보았네. • 각 신문마다 기사 내용이 같습니다. • 어느 사람이 웬 노래를 부릅니다. • 모 회사의 사람이 명함을 가지고 왔습니다.

구 분	형 태	예문
수	모든, 온, 온갖, 갖은, 전(全), 총(總) 등.	• <u>모든</u> 국민은 세금을 낼 의무가 있다. • <u>온</u> 나라가 월드컵 열기로 들끓고 있다. • 전쟁 중에 <u>온갖</u> 고생을 다 겪었다. • <u>갖은</u> 양념을 다 넣었습니다. • <u>전</u> 세계의 관심이 집중되고 있다. • <u>총</u> 인원을 파악해 주세요.
성상	첫, 새, 헌, 옛, 맨, 순(純) 등.	• <u>새</u> 집과 <u>헌</u> 집이 이웃해 있다. • 그는 <u>옛</u> 노래를 좋아한다. • 올해 <u>순</u> 이익이 얼마지? • 지수는 <u>맨</u> 앞으로 나와라.
의문	어느, 웬 등.	• <u>어느</u> 책이 좋습니까? • 이것은 <u>웬</u> 책입니까?

위와 같은 네 가지 유형의 한국어 관형사 가운데 첫째 유형에 속하는 지시 관형사(demonstrative determinative)는 체언 가운데 사물이나 사람을 단순히 가리키거나 지정하는 역할을 하는 것을 말하며, 수관형사(numeral determinative)는 후행하는 체언의 수효나 수량을 한정하는 어휘 범주를 말한다. 그다음, 성상 관형사(attributive determinative)는 '새'나 '헌'처럼 후행어의 성질이나 상태를 한정하는 역할을 하는 것을 가리키며, 마지막으로 의문 관형사(interrogative determinative)는 후행 체언의 어떤 면을 가리켜 묻는 역할을 하는 것들이다. 하나의 단어로서의 역할을 하는 이와 같은 유형의 관형사들을 구별하여 띄어쓰기를 제대로 할 수 있는 능력은 우리의 한국어 능력을 구성하는 중요한 요소라고 할 것이다.

관형사의 띄어쓰기 문제와 관련하여 또 한 가지 유의해야 할 것은 수사의 관형사형들이다. 이들은 본래 관형사는 아니지만, 체언을 수식하는 기능을 담당하는 관형어들이고, 띄어쓰기가 이루어져야 하는 단어의 신분을 지니고 있다.

(31) ㄱ. 한, 두, 세(서, 석), 네(너, 넉), 닷, 다섯, 여섯, 일곱, 여덟……
　　 ㄴ. 한두, 두어, 두세, 두서너, 서너, 너덧, 대여섯, 예닐곱, 일고여
　　　　덟……

위의 예들 가운데 ㄱ은 단일어로, ㄴ은 합성어로 사용되는 관형사형이다.
이들은 당연히 단어의 신분을 지닌 형식이므로 띄어쓰기가 철저하게 이루어
져야 한다. 특히 ㄴ과 같이 합성어로 나타나는 관형사형의 띄어쓰기를 잘못
하고 있는 경우를 흔히 보게 되는데, 이에 대해서도 유의해야 할 것이다.

(32) ㄱ. 속상하고 바쁘고 힘겨운 일이 *한 두 번이 아니었지만, 그녀는
　　　　대체로 그 주변의 일들에 담담한 편이다.
　　 ㄴ. 샌디에이고 선수들은 여기에 과일 한 종류 등 *두 세 가지 식단
　　　　이 추가될 뿐 내용은 거의 비슷하다.

위의 예 가운데, ㄱ은 '한두'를 '*한 두'로, ㄴ은 '두세'를 '*두 세'로 잘못
띄어 쓰고 있는 전형적인 예라고 할 수 있다, 그러나 '한두' 또는 '두세'가
각각 하나의 단어이므로 반드시 붙여 써야만 한다.
또한, 수사의 관형사형 '세'와 '네'는 후행하는 명사가 무엇인가에 따라 각
각 '서, 석', '너, 넉'과 같은 이형태가 사용되고 있다는 사실을 알아야 한다.
참고로, 관형사형과 후행 명사의 결합 관계를 표로 제시하면 다음과 같다.

<표 6> 수관형사형의 이형태

관형사형	후행명사	비 고
서, 너	말, 발, 푼, 돈	'ㅁ, ㅂ, ㅍ' 등으로 시작하는 단위명사 앞. '돈'은 예외임.(例. 서 돈, 너 돈)
석, 넉	냥, 달, 섬, 자	'ㄴ, ㄷ, ㅅ, ㅈ'으로 시작하는 단위명사 앞.
세, 네	위의 경우를 제외한 모든 명사.	

문제는 이러한 관형사들이 새로운 단어를 구성하는 데 사용되어 단일어가 아닌 합성어의 구성 요소로 출현하는 경우나, 체언을 한정한다는 점에서 관형사와 동일한 기능을 하는 요소라고 할 수 있는 접두사와 구별이 잘 되지 않는 경우가 있어 띄어쓰기 문제가 쉽게 해결되지 않는다는 것이다. 다음 어휘들은 관형사 혹은 용언의 관형사형들이 새로운 단어, 곧 합성 명사를 구성하는 요소로 나타나는 예들이다.

(33) ㄱ. 이것, 이날, 이놈, 이분, 이이
     ㄴ. 그것, 그날, 그놈, 그동안, 그분,
     ㄷ. 저것, 저놈, 저분

(34) ㄱ. 새것, 새날, 새달, 새댁, 새말, 새물, 새봄, 새사람, 새색시,
        새살, 새살림, 새서방, 새순, 새신랑, 새싹 등.
     ㄴ. 옛길, 옛날, 옛말, 옛사람, 옛사랑, 옛이야기, 옛정, 옛적,
        옛집, 옛터, 예전 등.
     ㄷ. 온공일, 온마리, 온몸, 온밤, 온음표, 온종일, 온힘 등.
     ㄹ. 첫인상, 첫사랑, 첫가을, 첫걸음, 첫겨울, 첫국밥, 첫길,
        첫나들이, 첫눈, 첫닭, 첫더위, 첫딸, 첫마디, 첫머리 등.
     ㅁ. 헌것, 헌계집, 헌솜, 헌쇠[7], 헌신짝 등.

(35) ㄱ. 큰집, 큰딸, 큰아들, 큰엄마, 큰따옴표 등.
     ㄴ. 작은집, 작은딸, 작은아들, 작은엄마, 작은따옴표 등.
     ㄷ. 지난봄, 지난여름, 지난가을, 지난겨울, 지난번 등.

위의 예들 가운데 (33)은 지시 관형사가, (34)는 수관형사나 성상 관형사가 합성 명사를 구성하는 요소로, (35)는 용언의 관형사형이 구성 요소로 쓰인 것이다. 이러한 합성 명사들은 다음과 같은 구성 방식에 의해 이루어진 하나의 단어라고 할 수 있으므로, 띄어 쓰지 않고 붙여 써야 한다.

7) 오래되어 못 쓰게 된 쇠붙이. 고철.

(36)

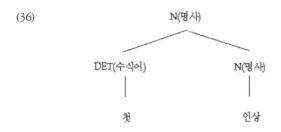

이와 같이 합성어를 구성하는 요소로 나타나는 관형사를 경우에 따라서 는 접두사로 보는 견해도 없지 않다. 그러나 어떤 합성어 속의 앞 성분이 독립된 단어로 쓰일 때와 의미가 같다면 접두사로 볼 수 없다는 견해(김창섭 1998: 8)에 비추어 본다면, 여기에 제시된 관형사들은 접두사로 처리해서는 안 되는 것들이다.

　문제는 기존의 단어가 새로운 단어, 곧 합성어를 구성하는 데 사용되어 더 이상 띄어 써서는 안 되는 단어가 된 것을 어떻게 판별할 수 있는가이 다. 이는 곧 구 단위와 구별되는 합성어의 변별 기준이 무엇인가 하는 것인 데, 여기에서는 서정수(1996)에서 제시한 세 가지 기준을 토대로 이 문제를 검토하기로 하겠다.

　서정수(1996: 96)에서는 합성어와 구를 구분할 수 있는 기준을 세 가지, 곧 '구문론적 기준', '의미론적 기준', '그 밖의 보조적 기준'으로 나누어 제 시하고 있다. '구문론적 기준'이란 '내적 비분리성'과 '외적 분포 관계' 두 가지를 말한다. 합성어 성분의 내적 비분리성(indivisibility)이란 합성어의 성 분은 쉽사리 갈라놓을 수 없을 정도의 의미적 또는 통사적 결합 관계를 보 인다는 것이다. 다음 예들을 보기로 하자.

　　(37) ㄱ. 그이는 **밤 낮** 구별하지 않았다.
　　　　 ㄴ. 그이는 **밤과 낮** 구별하지 않았다.

(38) ㄱ. 그이는 **밤낮** 남의 칭찬만 하였다.
　　 ㄴ. ?그이는 **밤과 낮**에 남의 칭찬만 하였다.

위의 예에서 (37)의 '밤 낮'은 명사구로서 두 성분 사이에 '과'와 같은 조사가 개입되어도 문제가 없지만, 합성어인 (38)의 '밤낮'에 '과'를 삽입하게 되면, 부자연스러운 결과를 가져옴을 알 수 있다. 따라서 합성어는 그 성분을 쉽게 갈라놓을 수 없는 내적 비분리성을 지닌다고 할 수 있을 것이다.

다음으로, 합성어 성분의 외적 분포(external distribution) 관계란 합성어 성분이 다른 수식어와의 결합에서 보여 주는 제약을 말한다.

(39) ㄱ. 우리는 **큰집**에 가 보았다.
　　 ㄴ. *우리는 **매우 큰집**에 가 보았다.
　　 ㄷ. 우리는 **매우 큰 집**에 가보았다.

위의 예에서 우리는 '큰집'이라는 합성어는 '매우'와 같은 부사어의 수식을 받는 것에 제약을 받고 있지만(39ㄴ), 명사구인 '큰 집'은 그와 같은 제약이 존재하지 않는다는 사실을 확인할 수 있다(39ㄷ). 이러한 사실들을 토대로 할 때, 합성어는 통사적으로 구와는 달리 내적 비분리성과 외적 분포 관계에서 제약이 있음을 알 수 있다.

합성어와 구를 구별할 수 있는 두 번째 기준은 합성어는 구와는 달리 의미적 융합 관계를 지닌다는 것이다. 의미의 융합이란 합성어를 구성하는 두 성분들이 서로 의미상으로 녹아 붙어서 쉽사리 가를 수가 없을 정도로 밀착된 것을 말한다. 물론 이때 두 성분의 의미 변화는 경우에 따라 차이가 있어서 의미 변화가 뚜렷하지 않은 것에서부터 두 성분의 의미만으로는 그 합성적 의미를 짐작하기 어려운 것까지 여러 가지 모습으로 나타난다고 할 수 있다. 예컨대, 다음 예들을 보기로 하자.

> (40) ㄱ. 밤나무(밤이 열리는 나무), 콩나물(콩을 길러 만든 나물)
>   ㄴ. 큰집(형의 집), 빈말(거짓말), 벼락부자(갑자기 된 부자),
>   일손(일하는 사람), 몸살(몸 아픔), 큰그릇(큰 인물)
>   ㄷ. 집안(친척, 일가), 피땀(노력), 쑥밭(황무지), 바늘방석(괴로운 자리)

위의 예들 가운데 (40ㄱ)은 합성어를 이루는 성분이 의미상으로 그다지 많이 달라지지 않음으로써 합성적 의미가 쉽게 짐작되는 경우이다. 이러한 합성어는 구와 같은 단어의 연속체와의 구별이 어려운 경우도 생기기도 한다. 그러나 어떤 경우든 단어의 연속체가 합성어를 이루는 경우에는 두 성분의 의미 변화가 다소라도 생기는 법이어서 그러한 의미 변화가 합성어와 구를 구별할 수 있는 변별 기준이 된다고 할 수 있다. '밤나무'의 경우를 예로 들어 이를 좀 더 분명히 해 보기로 하자.

>   //밤 + 나무//
> (41) ㄱ. 밤과 나무
>   ㄴ. 밤의 나무
>   ㄷ. 밤이 열리는 나무

'밤'과 '나무'라는 단어의 연쇄는 (41)에 제시한 것처럼 세 가지 정도의 의미를 지니게 된다. 그런데 '밤나무'가 합성어로서 하나의 단어로 사용될 때에는 일반적으로 (41ㄷ)과 같은 의미를 지닌다고 할 수 있다. 따라서 '밤나무'의 '밤'은 원래의 의미 그대로가 아니라 '밤이 열리는' 정도로 의미 변화를 겪었다고 할 수 있을 것이다.

한편, (40ㄴ)은 합성어를 구성하는 두 요소들 가운데 하나, 곧 앞 성분 또는 뒤 성분의 의미가 크게 달라짐으로써 그 의미가 색다르게 형성된 단어의 예들이다. 가령, '큰집'의 경우는 앞 성분인 '큰'의 의미가, '큰그릇'에서는 뒤 성분인 '그릇'의 의미가 본래의 단어와는 다른 의미를 지님으로써, 새로운 합성적 의미를 형성하게 된 경우에 해당되는 것이다. 물론, (40ㄷ)의 예는 흔히 융합 합성어라고 하는 것으로서, 합성어의 성분이 본래의 의미를 상실하고 완전히 새로운 의미를 형성하게 된 단어의 예들이라고 할 수 있는 것들이다.

이와 같이, 합성어는 구문론적 관점에서 '내적 비분리성'과 '외적 분포 관계의 제약'을 지닌다는 사실 외에, 의미론적 관점에서 두 성분의 결합이 이루어진 후에는 단순한 단어의 연쇄와는 달리 의미의 융합 또는 변화를 수반하게 된다는 점을 변별 기준으로 삼을 수 있을 것이다. 그 밖에도 합성어를 구분하는 기준으로는 음운 변화, 휴지 혹은 연접, 강세, 어순 관계 등이 제시되고 있다. 즉, 합성어는 구와 같은 구성과는 달리, 성분의 일부가 음운 변화를 일으킬 수 있다든지(例, //솔 + 나무// → 소나무), 합성어의 성분 사이에는 휴지가 없고, 연접이 폐쇄적인 경향이 있다든지 하는 특성을 드러낸다고 할 수 있는 것이다.

이상의 논의에서 우리는 하나의 자립 형식인 관형사로서 띄어쓰기가 필요한 경우와, 그 관형사가 다른 성분과의 결합을 통해 새로운 단어를 구성하는 요소로 사용됨으로써 띄어쓰기를 필요로 하지 않는 경우를 변별할 수 있는 기준을 마련하게 된 셈이다. 이와 같은 기준들은 서로 보완적인 기준으로 사용되어 우리의 주된 관심인 관형사와 합성어의 띄어쓰기 문제를 해결할 수 있는 열쇠가 될 수 있을 것이다.

흰 광목빛

나희덕

먼 길 가는 모양이다
동네 어귀 느티나무 그늘 아래
어떤 부부가 버스를 기다리며 서 있다
조금은 떨어져 선 두 사람은
목도리가 같아서인지 **한눈**8)에 부부 같다
지아비가 **한 손**9)을 올린 채 앞으로 나와 있고
지어미는 조금 뒤에서 웃고 있다
시골버스의 유일한 승객인 나는
그 부부를 발견하고 내심 반가웠지만
운전기사는 조금의 망설임도 없이 지나치는 게 아닌가
두 사람이 늘 거기 서 있으면서도
한번도 버스를 탄 적이 없다는 듯이
아아, 버스로는 이를 수 없는 먼 길 가는 모양이다
그 부부는 이미 오랜 길을 걸어 저기 당도했을 것이고
잠시 나무 그늘에서 쉬고 있는지 모르겠다
그런데 정갈하게 풀을 먹인 광목 목도리는
누가 둘러주고 간 것일까
목도리에 땀을 닦고 있을 그들을 뒤돌아보니
미륵 **한 쌍**이 석양 속으로 사라진다
두 개의 점, 흰 광목빛

---

8) '한눈'과 '한번'은 '관형어+명사'의 구성으로 '한+눈'과 '한+번'으로 이루어진 합성어이
   다. '한눈'은 '한번 또는 잠깐 봄'의 의미를, '한번'은 '기회 있는 어떤 때'의 의미를 지닌다.
9) '한 손, 한 쌍'은 모두 명사구로서 띄어 씀.

5. 보조 용언의 띄어쓰기

1) 용례

① 그가 살고 있는 디트로이트는 과거의 공업도시로서의 광명을 **잃어 버린** 지 오래고, 거리에는 부랑자들과 가난한 흑인들이 넘쳐난다.

①′ 수많은 시위 인파들 속에 **갇혀버린** 것이었다.

② 또한, 정지용은 <향수>, <고향> 등에서 향토적 서정을 신선한 감각으로 처리하였으나, <유리창> 등에서는 주지주의 시풍을 **보여 주었다.**

②′ 이 고귀한 작품을 특징짓는 명료한 비전, 방대한 지식 그리고 표현에 있어 보기 드문 정확성은 우리에게 깊은 인상을 **심어 주었다.**

③ 지은 지 적어도 백 년은 **넘을 성싶었다.**

③′ 네가 커서 학교에 들어가면 **올성싶다.**

④ 목을 **안아도 보고** 일어나지 못하게 **잡아도 보고** 굴레를 씌워 넘어지는 충격을 줄여 주려고도 하였다.

⑤ 벼들이 누렇게 **타들어 가면** 농민들의 마음도 시커멓게 타들어 간다.

2) 규정

제47항 보조 용언은 띄어 씀을 원칙으로 하되, 경우에 따라 붙여 씀도 허용한다.(ㄱ을 원칙으로 하고, ㄴ을 허용함.)

ㄱ	ㄴ
불이 꺼져 **간다.**	불이 꺼져**간다.**
내 힘으로 막아 **낸다.**	내 힘으로 막아**낸다.**
어머니를 도와 **드린다.**	어머니를 도와**드린다.**
그릇을 깨뜨려 **버렸다.**	그릇을 깨뜨려**버렸다.**

비가 올 **듯하다.**   비가 올**듯하다.**
그 일은 할 **만하다.**   그 일은 할**만하다.**
일이 될 **법하다.**   일이 될**법하다.**
비가 올 **성싶다.**   비가 올**성싶다.**
잘 아는 **척한다.**   잘 아는**척한다.**

다만, 앞말에 조사가 붙거나 앞말이 합성 동사인 경우, 그리고 중간에 조사가 들어갈 적에는 그 뒤에 오는 보조 용언은 띄어 쓴다.

잘도 놀아만 **나는구나!**   책을 읽어도 **보고**…….
네가 덤벼들어 **보아라.**   강물에 떠내려가 **버렸다.**
그가 올 듯도 **하다.**   잘난 체를 **한다.**

3) 해설

용언은 그 서술 기능 면에서 본용언(本用言, main verb)과 보조 용언(補助用言, auxiliary predicate)으로 나뉜다. 본용언은 단독으로 서술 기능을 드러낼 수 있는 용언인 반면, 보조 용언은 반드시 본용언과 더불어 쓰이면서 그 서술 기능을 보완하는 역할을 해 주는 용언을 말한다.

서정수(1996: 631-633)에 따르면, 보조 용언은 다음과 같은 특징이 있다.

첫째, 보조 용언은 특정한 문법 형태를 매개로 하여 본용언과 밀접한 관계를 가지고 결합한다. 예컨대, '꺼져 간다'의 경우는 본용언 '꺼지-'와 보조 용언 '간다'가 연결 어미 '-어'를 매개로 결합하고 있음을 알 수 있다. 참고로, 후술하게 될 보조 용언의 의미 범주에 따라 선행 용언과 보조 용언을 연결해 주는 문법 형태를 하나의 표로 제시하면 다음과 같다.

<표 7> 보조 용언의 유형과 연결 표지

의미 범주	선행 용언	연결 표지	보조 용언
완결	동사	아/어	버리다, 나다, 내다
수혜	〃	〃	주다, 드리다
시행	〃	〃	보다
반복	〃	〃	쌓다, 대다
보유	〃	〃	두다, 놓다, 가지다
기동	동사/형용사	〃	지다
사동	동사	게	만들다(/하다)
지속	〃	아/어	가다, 오다
	〃	고	있다
결과상	〃	아/어, 고	있다
희망	〃	고	싶다
추정/의도	동사 형용사	-는가, -나, -르까, ㄴ가	보다, 싶다

둘째, 본용언과 보조 용언 사이에는 <표 7>에 제시한 표지를 제외한 단어나 문법 형태가 끼어들기 어려울 만큼, 그 결합 관계가 매우 긴밀하다. 예를 들어 설명하면 다음과 같다.

(42) ㄱ. 아이가 종이를 찢어 버렸다
     ㄴ. ?아이가 종이를 찢어 얼른 버렸다.

위의 예문에서 (42ㄱ)의 경우는 본용언과 보조 용언의 연결 구성으로 '버리다'가 '완결'의 의미를 지니고 있지만, 두 성분 사이에 '얼른'이라는 부사가 끼어든 (42ㄴ)과 같은 문장에서는 '버리다'가 '완결'의 의미가 아닌 본래의 용언으로서의 의미, 곧 '내던져 없애다'의 의미를 지니므로, (42ㄱ)과는 의미가 달라지는 것이다. 따라서 본용언과 보조 용언은 그 관계가 상당히 긴밀하다고 할 수 있을 것이다.

셋째, 보조 용언은 본용언의 서술 기능을 돕는다. 주된 의미 기능은 본용언이 맡고, 보조 용언은 그것을 돕는 역할을 하는 것이다. (42ㄱ)의 '찢어 버렸다'의 경우, '찢는 행위 자체'는 본용언인 '찢다'가 담당하고, 보조 용언인 '버리다'는 그러한 행위가 완결되었다는 일종의 서법적 기능을 담당하게 되는 것이다.

넷째, 보조 용언은 그 자체가 각기 고유한 의미 기능을 지니고 있다. <표 7>에 제시한 바와 같이, 보조 용언들은 '완결, 수혜, 시행, 반복, 보유, 기동, 사동' 등등 각기 고유한 의미 기능을 지니고 그러한 의미들을 본용언에 부여하는 역할을 담당하게 되는 것이다.

다섯째, 보조 용언은 서술 보조사나 접속 기능소 등을 지탱하는 역할을 한다. 즉, 본용언에 첨가하도록 되어 있는 문법 요소들은 보조 용언이 나타나는 경우에는 보조 용언 쪽으로 옮기어 그 기능을 드러내게 되는 것이다.

(43) ㄱ. 그이는 이제까지 책을 **읽었습니다.**
ㄴ. 그이는 이제까지 책을 **읽고 있었습니다.**

(43ㄱ)의 본용언 '읽었습니다'에 나타나는 과거 시상 선어말 어미 '-었-'은 (43ㄴ)에서처럼 보조 용언이 나타나는 경우에는 본용언이 아닌 보조 용언 쪽으로 옮겨서 그 기능을 드러내게 된다.

한편, 제47항은 본용언과 보조 용언의 구성에서 본용언 다음의 보조 용언을 띄어 쓰는 것을 원칙으로 하며, 경우에 따라서는 붙여 쓸 수 있다는 규정이다. 따라서 위에 제시한 용례들을 통하여 확인할 수 있는 것처럼, '버리다', '주다', '성싶다' 등의 보조 용언들은 ①, ②, ③에서와 같이, 본용언과 구별하여 띄어 쓰는 것을 원칙으로 하되, ①', ②', ③'에서처럼 붙여 쓰는 것도 허용하는 것이다. 그러나 보조 용언을 본용언과 붙여 쓰는 것을 허용하지 않고, 띄어쓰기만을 원칙으로 하는 경우가 있는데, '다만'에서 규정하고 있는 것처럼, 다음과 같은 세 가지 경우가 이에 해당한다.

> (44) ㄱ. 본용언 다음에 조사가 붙는 경우
> 例. 잘도 놀아**만** 나는구나!
> 책을 읽어**도** 보고
> ㄴ. 본용언이 합성어인 경우
> 例. 네가 **덤벼들어** 보아라.
> 강물에 **떠내려가** 버렸다
> ㄷ. '듯하다, 만하다, 법하다, 성싶다, 척하다' 등의 보조 용언 중간
> 에 조사가 들어가는 경우
> 例. 그가 올 **듯도** 하다.
> 잘난 **체를** 한다.

이와 같은 규정에 따르면 예문 ④의 '안아도 보고, 잡아도 보고'는 본용언 다음에 조사가 결합한 경우이므로 띄어 써야 한다. ⑤의 '타들어 가면' 역시 본용언이 합성어인 경우에 해당하므로, 띄어 쓰는 것만을 원칙으로 해야 한다.

이러한 규정과 관련하여 알아 두어야 할 것은 본용언과 보조 용언을 연결해 주는 문법 형태 '아/어'는 <한글 맞춤법> 제15항 [붙임 1]에서 제시된 합성 동사 '늘어나다, 돌아가다, 접어들다'처럼, '아/어' 뒤에 다른 단어가 붙어서 된 단어들과 그 결합 방식이 동일하므로, 합성어인지 본용언과 보조 용언의 구성인지를 구별하기가 쉽지 않다는 것이다. 예컨대, '놀아나다, 늘어나다'에서의 '나다'와 '고난을 겪어 났다'에서의 '나다'의 차이가 그것이다. 요컨대, '놀아나다, 늘어나다'와 같은 합성 동사는 하나의 단어이므로 "*놀아 나다', "*늘어 나다'처럼 띄어 써서는 안 되고, '겪어 났다'와 같은 구성의 경우에만 띄어 쓸 수 있다.

문제는 어떤 경우에는 하나의 단어로 다루어 붙여 쓰고, 어떤 경우에는

두 단어로 다루어 띄어 써야 하는지, 명확하게 분별하지 못하는 곤혹을 겪을 수가 있다는 것이다. 이러한 문제를 해결하는 한 가지 쉬운 방법으로는 사전을 활용하는 방법이 있을 수 있다. 즉, '늘어나다, 돌아가다, 접어들다'와 같이, 합성 동사의 경우에는 사전의 표제어로 등록이 되어 있다는 것을 참조하여 띄어쓰기를 결정하면 될 것이다.

나의 생명의 생명이신 이여

타고르

나의 생명의 생명이신 이여
나는 항상 내 몸을 **정결하게 하리니**
당신의 살아계신 손이 내 온몸 구석구석 **닿고 있음을** 아옵기 때문입니다.
나는 항상 내 마음에서 모든 거짓을 멀리하렵니다.
당신의 진리가 내 마음속의 이성의
불을 켰음을 아옵기 때문입니다.

나는 항상 내 가슴에서 모든 악을 내쫓고
내 사랑을 **꽃피게 하렵니다.**[10]
당신께서 내 가슴 깊은 성전에 자리하셨음을 아는 때문입니다.

그러나 내가 할 바는 당신을 내 손발로 나타내는 것입니다.
나에게 일할 힘을 베푸시는 이가
바로 당신인 줄 믿기 때문입니다.

---

10) 밑줄 친 '정결하게 하리니', '닿고 있음을', '꽃피게 하렵니다'는 모두 본용언과 보조 용언
이 연결된 구성으로, 원칙적으로 띄어 써야 한다. 이 표현들의 경우, 본용언과 보조 용언
의 연결 표지로 '-게'와 '-고'가 사용되고 있다.

6. 성명, 호칭어 및 관직명의 띄어쓰기

1) 용례

① 염수정 **추기경**이 23일 명동대성당에서 병인년 순교 150주년 기념의 해 개막 미사를 집전하고 있다.

② 그 대표적인 것이 호남의 정자 문화로 **정송강(鄭松江)**과 **윤고산(尹孤山)**의 숨소리와 발자취다.

③ 이날 강의에서 **이 박사**는 자신의 어릴 적 꿈과 우주인이 되기까지의 과정, 우주인 훈련 과정, 비행 과정, 우주에서의 임무 등에 대해 자세히 설명하였다.

④ **정 대표**는 이날 오후 당직자들과 함께 현대제철소에 도착해 **홍승수 부사장**으로부터 제철소 현황에 대한 보고를 들었다.

⑤ 부천 펄벅 기념관이 위치한 부천시 소사구 심곡본동은 40여 년 전 소설 <대지>의 작가 펄 벅이 한국의 혼혈아동을 위해 사회 사업을 펼쳤던 곳으로 유한양행 설립자인 **고 유일한 박사**가 **펄 벅 여사**에게 전쟁고아와 혼혈 아동들을 위한 시설로 써 달라고 기증한 곳이기도 하다.

⑥ **노무현 전 대통령**은 집권 동안 '부동산 대못'이라고 불리는 분양가 상한제, 양도세 중과세, 총 부채 상환 비율(DTI), 주택 담보대출 인정 비율(LTV) 등을 도입하는 등 강력한 시장 안정책을 도입했다.

2) 규정

제48항 성과 이름, 성과 호 등은 붙여 쓰고, 이에 덧붙는 호칭어, 관직명 등은 띄어 쓴다.

김양수(金良洙)	서화담(徐花潭)	채영신 씨
최치원 선생	박동식 박사	충무공 이순신 장군

다만, 성과 이름, 성과 호를 분명히 구분할 필요가 있을 경우에

는 띄어 쓸 수 있다.
남궁억/남궁 억   독고준/독고 준
황보지봉(皇甫芝峰)/황보 지봉

3) 해설

제48항에서는 한국어의 성명과 이에 붙는 호칭어 및 관직명의 띄어쓰기
에 대해 규정하고 있다. 이에 따르면, 성과 이름, 성과 호 등은 붙여 쓰고,
이에 덧붙는 호칭어, 관직명 등은 띄어 쓰는 것이 원칙이라는 것을 알 수
있다.

한국어의 성과 이름은 별개 단어의 성격을 지니고 있다. 곧, 성은 혈통을
표시하며, 이름은 특정한 개인에게만 부여된 식별 부호(識別符號)이므로, 순수
한 고유 명사의 성격을 지니는 것이다. 이렇게 볼 때, 성과 이름을 띄어 쓰
는 게 합리적이긴 하지만, 한자 문화권에 속하는 나라들에서는 성명을 붙여
쓰는 것이 통례이고, 한국에서도 붙여 쓰는 게 관용이라고 할 수 있으므로,
성과 이름은 붙여 쓰기로 한 것이다. 이름과 마찬가지 성격을 지닌 호(號)나
자(字)가 성에 붙는 형식도 이에 준한다. 예문 ①의 '염수정 추기경'의 '염수
정'이나 ②의 '정송강'과 '윤고산' 등의 성과 이름, 혹은 성과 호를 붙여 쓰
는 것은 바로 이러한 규정 때문이다.

한편, 성명 또는 성이나 이름 뒤에 붙는 호칭어나 관직명(官職名) 등은 고
유 명사와 별개의 단위이므로 띄어 쓴다. 호나 자 등이 성명 앞에 놓이는
경우에도 마찬가지이다. 예문 ③의 '이 박사'와 ④의 '정 대표', 홍승수 부
사장, ⑤의 '유일한 박사', '펄 벅 여사', ⑥의 '노무현 전 대통령' 등의 표기
는 성이나 이름 뒤에 붙는 호칭어나 관직명을 각각 띄어 쓴 예이고, ⑥의
'백범 김구'는 성명 앞에 호가 놓이는 경우, 뒤에 놓이는 경우와는 달리 띄
어쓰기로 한 것을 보여 주는 것이다.

성명 또는 성이나 이름 뒤에 붙는 호칭어를 띄어 쓴다는 규정의 적용은 가령, 한 개인을 다음과 같은 방식으로 호칭을 하고 그에 따라 표기할 수 있다는 것을 의미한다.

> (45) ㄱ. **전지현 양/지현 양/ 전 양**에게 내 방에 들르라고 하게.
> ㄴ. **이민호 군/민호 군/이 군,** 어디를 그리 급히 가나?

이러한 호칭어의 표기와 관련하여 한 가지 더 기억할 것은 '씨(氏)'의 경우는 그 용법을 다음과 같이 두 가지 경우로 구분하여 띄어쓰기를 달리해야 한다는 것이다.

> (46) ㄱ. 성년이 된 사람의 성이나 성명, 이름 아래에 쓰여 그 사람을 높이거나 대접하여 부르거나 이르는 말. 공식적, 사무적인 자리나 다수의 독자를 대상으로 하는 글에서가 아닌 한 윗사람에게는 쓰기 어려운 말로, 대체로 동료나 아랫사람에게 쓴다.
> 例. 김 씨/길동 씨/홍길동 씨/그 일은 김 씨가 맡기로 했네.
> ㄴ. 인명에서 성을 나타내는 명사 뒤에 붙어 '그 성씨 자체'의 뜻을 더하는 접미사.
> 例. 김씨/이씨/박씨 부인/최씨 문중/그의 성은 남씨입니다.

위의 설명과 예를 통하여 알 수 있는 것처럼, '씨(氏)'가 호칭어로 쓰이는 경우에는 띄어 쓴다(46ㄱ). 그러나 인명에서 '그 성씨 자체'의 뜻을 더하는 경우에는(46ㄴ) 접미사로 쓰였으므로 붙여 써야 한다.

조성환의 죽음

김기택

조성환이 죽었다. 아무 때나 아무 데서나 아무나 잘 웃기던 **조성환**. 어른이 되어서도 어린애처럼 작고 개구쟁이마냥 잘 까불던 **조성환**. 잘못했어요. 안 그러께요. 한번만 용서해 주세요. 밧따 맞을 차례가 되면 울며 싹싹 잘도 빌던 **조성환**. 한 대 맞으면 펄쩍 퉁겨 잘도 나동그라지던 **조성환**. 불쌍하면 불쌍할수록 더 웃겨 보이던 **조성환**. 불쌍하면 불쌍할수록 더 웃겨 보이던 **조성환**. 죽음 앞에서도 그 실력 유감없이 발휘했을 테지. 잘못했다고, 다음부터 안 그럴 테니 딱 한번만 용서해 달라고, 요번만 살려주면 정말 말 잘 듣겠다고……두려움에 떠는 그 작은 얼굴을 떠올리는데, 그 모습이 얼마나 웃겼을까, 느닷없이, 뚱딴지같은 생각이 쳐올라왔다. 그의 죽는 모습이 정말로 웃겼을까봐 두려웠다. 그동안 그가 웃긴 모든 웃음이 갑자기 서늘해져왔다. 안 웃기려고 애쓸수록 더 웃기게 죽었을 것 같아 그 죽음이 더 으스스해 보였다. 언제나 바보같이 얼굴에 그려져 있었던 웃음, 코나 입처럼 얼굴에 붙박여 있었던 웃음, 울거나 찡그릴 때조차도 멈추지 않았던 웃음, 그 웃음들이 죽어가는 그를 마지막으로 웃기려고 달려들고 있었다. 죽음 앞에서 떨고 있는 **조성환**을, 보육원에서 매일 밤마다 밧따 맞으며 자란 **조성환**을, 너무나 조그맣고 가여운 **조성환**을, 더 살려두어도 이 세상에 아무런 표시가 나지 않을 **조성환**을.[11]

---

11) 너무나 조그맣고 가여운 조영환의 이름은 그러나 이 시에서 비로소 선명하게 표시 나는 이름 '조영환'으로 남아 있을 터……

7. 한자어의 띄어쓰기

1) 용례

> ① 21세기를 목전에 둔 **현 시점**에서 구조 조정은 21세기를 대비해 치밀하게 단계적으로 추진되어야 마땅합니다.
>
> ② 구개열은 아이가 **출생 시부터** 성장함에 따라 젖 빨기 장애, 치과적 문제, 이비인후과적 문제, 언어 장애, 심미적 문제 등 여러 가지 문제가 나타나는 질환이다.
>
> ③ 만일 인간에게 언어가 없다면, **개인 간**의 교류와 협동은 거의 이루어질 수가 없다.
>
> ④ **통화 중**에 목소리가 경미하게 떨렸고, 인사도 제대로 못하고 황망히 전화를 끊었던 기억은 당시의 사정을 잘 말해 준다.
>
> ⑤ **제5장의** 내용은 <표준어 규정> 중 '표준 발음법'을 다룬 것이다.
>
> ⑥ 매일같이 **1시간여**의 버스 여행을 하면서도 일산을 떠날 수 없는 이유가 생겼습니다.

2) 해설

한국어 띄어쓰기가 어렵다고 보는 것은 일정한 단어 혹은 형태소의 문법 범주를 결정하기가 쉽지 않다는 데에서 비롯되기도 한다. 예컨대, '첫인상, 첫걸음, 첫눈'의 '첫'은 합성어를 구성하는 요소이므로 후행 명사에 붙여 써야 하지만, '첫 경험, 첫 시험, 첫 월급' 등의 '첫'은 명사구를 구성하는 관형사이므로 띄어 써야 하는 것이 그러한 경우이다.

한국어에 들어와 쓰이는 한자어 가운데 1음절 한자어들 역시 그 문법 범주를 결정하기가 쉽지 않아 띄어쓰기에 어려움을 느끼는 경우가 많다. 위에서 제시한 용례들 가운데 ①의 '현(現)'은 관형사로, ②~④의 '시(時), 간(間), 중(中)'은 의존 명사로 쓰였으므로 후행 또는 선행 요소와 구별하여 띄어 써야 한다. 이와는 달리 ⑤의 '제(第)', ⑥의 '여(餘)'는 접사, 즉 접두사와 접미사이므로 선행 또는 후행 요소에 결합하여 띄어 쓰지 않는다. 이와 같은 한자어의 띄어쓰기는 한국어 사용자들에게 상당한 어려움을 겪게 하는 요인이라고 할 수 있다. 이러한 문제를 해결하기 위한 방안으로 여기에서는 1음절 한자어가 관형사나 의존 명사로 쓰여서 띄어쓰기가 필요한 경우, 접두사와 접미사로 쓰임으로써 어기가 되는 요소에 붙여 쓰는 경우로 나누어 그 의미 기능과 용례를 차례로 제시해 보기로 한다.

우선, 관형사로 쓰이는 한자어의 의미와 용례를 제시하면 다음과 같다.

<표 8> 한자 기원 관형사의 의미 및 용례

한자어	의미	용례
각(各)	낱낱의.	이번 포럼은 정부 **각** 부처 기후 변화 적응 정책의 올해 사업 계획을 공유하고 논의하는 자리다.
고(故)	이미 세상을 떠난.	현직 대통령을 미화하려고 한 듯한 부분도 살짝살짝 보이는 듯했지만 전체적인 모습은 서거한 **고** 노무현 대통령이랑 많이 비슷하지 않나 싶다.
당(當)	그, 바로 그, 이, 지금의.	**당** 열차는 30초 후 출발하겠습니다.
동(同)	앞에서 말한 것과 같은.	회사에서 채무 변제를 하지 않아서 **동** 회사의 재무제표 등본 교부를 요청하였으나, 회사에서는 등본 교부를 계속 거부하고 있다.
만(滿)	일정하게 정해진 기간이 꽉 참.	이 일을 **만** 하루 동안 다 끝냈다.
매(每)	하나하나의 모든. 또는 각각의.	• **매** 회계연도 우리 가족은 **매** 경기마다 빠지지 않고 응원하였다.

한자어	의미	용례
본(本)	어떤 대상이 말하는 이와 직접 관련되어 있음.	**본** 학회 임원의 임무는 다음과 같다.
양(兩)	둘 또는 두 쪽 모두.	문오는 **양** 무릎 안에 얼굴을 파묻고 아이처럼 엉엉 울었다.
연(延)	연인원(延人員), 연일수(延日數) 등의 준말.	민주당은 **연** 사흘째 의원총회 등을 열어 이 문제를 논의했으나 아직 분명한 방침을 정하지 못하고 있다.
전(全)	'모든' 또는 '전체'의 뜻을 나타내는 말.	**전** 20권으로 된 할아버지의 문집이 남아 있다.
주(主)	주요한, 일차적인.	내 조카의 **주** 무기는 울며 떼쓰기다.
전(前)	'이전 경력'의 뜻.	최규하 **전** 대통령에 이어 집권한 전두환 **전** 대통령도 유력 집안과 혼맥을 이어갔다.
전(前)	'이전' 또는 '앞', '전반기' 따위의 뜻.	직전 학기 또는 **전** 학기까지 이수한 전 과목의 평점 평균이 4.0(A급) 이상인 자는 학기당 3학점을 초과 신청할 수 있다.
현(現)	현재의 또는 지금의.	그의 아버지가 **현** 교장이시다.

여기에 제시한 단어들은 모두 관형사로서 자립성을 지닌 하나의 단어들이라고 할 수 있으므로, 단어를 단위로 띄어 쓴다는 <한글 맞춤법> 띄어쓰기의 대원칙에 따라 띄어 쓰고 있는 단어들이다. 대개의 경우, 이들 한자어가 1음절이라는 이유 때문에, 자립성이 없는 접두사로 파악하여 뒷말에 붙여 쓰는 오류를 범하기 쉬운데 다음이 그러한 예들이다.

(47) ㄱ. 2차 대전의 복식은 남성적 분위기가 가장 많이 표현된 시대. 장식성이 없어지고 ***양어깨가*** 각지고 넓어졌다.
　　 ㄴ. ***연나흘째*** 계속되는 비 때문에 배낭을 싸는 데 주저되었지만 더 이상 머뭇거릴 수 없는 절박함이 더 컸다.
　　 ㄷ. 이 때문에 속공을 ***주무기***로 하는 팀들이 손해를 많이 봤다는 설명이다.

ㄹ. 이근영 금감위원장은 현대상선 대북 지원금 문제와 SK에 대한
검찰 수사로 ***현정권의** 눈 밖에 나 있다.

이러한 문장들에서 사용된 '양(兩), 연(延), 주(主), 현(現)' 등의 단어들은
<표 8>에 제시한 대로 각각 자립성을 지닌 하나의 단어이므로 띄어쓰기를
해야만 올바른 표기가 된다.

다음은 1음절 한자어 가운데 의존 명사로 쓰임으로써 띄어쓰기가 이루어
져야 할 필요성이 있는 한자어의 의미와 그 용례를 제시한 것이다.

<표 9> 한자 기원 의존 명사의 의미 및 용례

한자어	의미	용례
간(間)	한 대상에서 다른 대상까지의 사이.	서울과 부산 **간** 야간열차.
	일부 명사 뒤에 쓰여 '관계'의 뜻을 나타냄.	부모와 자식 **간**에도 예의를 지켜야 한다.
	앞에 나열된 말 가운데 어느 쪽인지를 가리지 않는다는 뜻.	• 공부를 하든지 운동을 하든지 **간**에 열심히만 해라. • 맛난 김치가 가득한 김장은 누가 먹든지 간에 맛있게 먹어질 것이니 김장은 김장의 본분을 다한 것이니 행복할 것 같네.
내(內)	일정한 범위의 안.	바다에서 수영할 때에는 반드시 안전선 **내**에서 해야 한다.
외(外)	일정한 범위나 한계를 벗어남.	가족 **외**의 사람은 병실 출입을 제한합니다.
시(時)	어떤 일이나 현상이 일어날 때나 경우	수정 화장 **시** 피부의 번들거림을 잡지 않고 파우더나 트윈 케이크를 덧바르면 메이크업이 범벅이 되어 더욱 지저분해진다.
중(中)	여럿의 가운데	유엔 가맹 국가 **중** 20개국 대표가 워싱턴에 모였다.

한자어	의미	용례
	무엇을 하는 동안	이규는 '삐삐익' 잡음을 뿜어내고 있는 라디오를 조절하려고 안간힘을 쓰고 있는 **중**이었다.
	어떤 상태에 있는 동안	소속은 말단 소총 소대였고 한 달 동안의 작전이 끝나서 휴양소에서 특별 휴가 **중**이었다.
	어떤 시간의 한계를 넘지 않는 동안	오전 **중**으로 모찌기를 다 마치지 못하면, 점심 먹고 뒷골로 올라가서 마지기 논을 다 심을 수가 없다.

여기에 제시한 한자어들은 모두 한국어에 들어와 의존 명사로 쓰이고 있는 것들이다. 따라서 앞에서 제시한 <한글 맞춤법> 제42항에서 규정하고 있는 대로 이들 의존 명사들은 선행어와 분리하여 띄어 써야 하는 것들이다.

한편, 용례 ⑤, ⑥의 예를 통해 알 수 있듯이, 한국어의 1음절 한자어 가운데는 어기에 결합하여 파생어를 만드는 데 사용되는 접사가 있어, 띄어 쓰지 않고 반드시 어기에 붙여 써야 한다. ⑤의 '제5장'의 '제(第)'는 접두사로, ⑥의 '1시간여의' '여(餘)'는 접미사로 쓰여 각각 결합하는 어기에 붙여 쓰고 있다. 이 외에 비교적 생산성이 높은 한자어 접두사 목록을 제시하면 다음과 같다.

<표 10> 한자 기원 접두사의 의미 및 용례

한자어	의미	예
가(假)	가짜, 거짓, 임시적인	삼성탈레스가 방위 사업청을 상대로 군의 전술 정보 통신체계(TICN) 사업과 관련해 입찰 절차의 속행 금지 **가처분** 신청을 제기했다.
고(高)	높은, 훌륭한	신규 등록자 추이는 전년도 같은 기간보다 대학 졸업자는 72%, 대학원 이상은 41%나 급증해 **고학력자** 취업난의 심각성을 보여줬다.

한자어	의미	예
노(老)	늙은, 나이가 많은	그때 택시 한 대가 우리 앞으로 다가오더니 멈춰 섰고 마침 **노신사** 한 분이 내리셨다.
輕	가벼운, 간단한	태권무 음악으로는 스타크래프트에서 나오는 효과음을 이용한 베토벤 바이러스란 곡 앞에 빠른 템포의 **경음악**을 첨부해서 만들었다.
空	힘이나 돈이 들지 않은, 빈, 효과가 없는, 쓸모없이	• **공것**이라면 비상도 먹는다. • 지난해 이동통신 3사 CEO의 '경쟁 자제'라는 약속은 결국 **공염불**에 그쳤다.
大	큰, 위대한, 훌륭한, 범위가 넓은	러시아의 **대문호** 도스토예프스키를 '돈'이라는 키워드로 날카롭게 분석했던 저자의 남다른 눈썰미는 이번에도 여전하다.
沒	그것이 전혀 없음.	국회 본청에 들어가게 된 것에 대해 사죄해야 마땅할 사무총장이 언론노조에 대해 건조물 침입죄 운운하는 것은 **몰염치**의 극치라고 비난했다
本	바탕이 되는, 애초부터 바탕이 되는	한국도자기(대표 김영신)가 본차이나의 **본고장**인 영국 시장에 진출한다.
不	아님, 아니함, 어긋남	**불사조**처럼 되살아난 그들, 매혹적인 음악으로 팬들 앞에 서다.
非	아님	월드컵 본선 진출에 극적으로 성공한 프랑스 대표팀이 공격수 티에리 앙리(32·바르셀로나)의 **비양심적** 행동으로 논란에 휩싸였다.
第	그 숫자에 해당되는 차례의	이 책의 **제5장**에서는 표준 발음법에 대해 다룬다.
準	구실이나 자격이 그 명사에는 못 미치나 그에 비길 만한	**준회원**이 코레일 클럽에 가입하기 위해서는 예매에 사용할 신용 카드가 반드시 필요합니다.
超	어떤 범위를 넘어선 또는 정도가 심한	미국발 금융위기가 전 세계를 강타하는 와중에, 엔화는 유례없는 **초강세**를 유지하고 있다.

한자어	의미	예
總	전체를 아우르는 또는 전체를 합한	주민등록 인구에 그동안 제외됐던 거주 불명 등록자(옛 주민등록 말소자)도 포함돼 우리나라 **총인구**가 처음으로 5000만 명을 넘어설 전망이다.
親	혈연관계로 맺어진, 부계 혈족 관계인, 그것에 찬성하는, 그것을 돕는	• <팥쥐 엄마의 집>에서 가장 인상적인 대목은 친엄마가 나타나는 후반부입니다. • 파키스탄의 대중 운동이 **친미** 부패 정부를 위기에 빠트리게 된 것이라고 할 수 있습니다.

위의 표에서 제시한 바와 같이, 1음절 한자어 가운데는 결합되는 어기(語基)에 일정한 의미를 더하여 주는 접두사로 기능하는 것들이 상당수이다. 이러한 접두사들은 새로운 단어를 파생하는 데 비교적 생산적인 기능을 하는 것들로서 반드시 뒷말인 어기에 붙여 써야 하는 것들임은 물론이다.[12]

또한, 1음절 한자어들 가운데는 ⑥에서 사용된 '여(餘)'처럼, 애초부터 접미사의 기능을 담당하는 한자어가 있는가 하면, 앞에서 제시한 관형사나 의존 명사들 가운데 그 출현 환경이나 의미 기능에 따라 접미사로 쓰이는 한자어들이 있는데, 다음이 그러한 예들이다.

<표 11> 한자 기원 접미사의 의미 및 용례

한자어	의미	예
간(間)	기간을 나타내는 일부 명사 뒤에 붙어 '동안'의 뜻을 더해줌.	당초 10월 20일까지 열릴 예정이었던 이 전시회는 한 달**간**을 연장 11월 20일까지 전시된다.
당(當)	앞에, 마다의 뜻.	신원이 확인된 사망자 47명의 유족에게 1인**당** 위로금과 장례비로 6천만 원, 부상자 147

---

12) 접두사로 쓰이는 한자어의 목록에 대해서는 방향옥·강희숙(2009) 참조.

한자어	의미	예
		명에게 1인**당** 500만 원을 이번 주 안에 지급할 계획이다.
여(餘)	수량을 나타내는 말 뒤에 붙어 '그 수를 넘음'의 뜻을 더하는 접미사.	무수한 인간들이 전쟁의 포화 속에 죽어 갔으나 삼 년**여**를 끈 이 전쟁에는 어느 쪽에도 승리가 없다.
상(上)	일부 명사 뒤에 붙어 '~에 관하여, ~에 따라서 ~의 관계로'의 뜻을 나타냄.	특검법의 내용과 절차**상**의 문제점을 지적하되 당에서 직접 압박하는 모양새를 취하는 것은 바람직하지 않다는 신주류 측 입장의 차이에서 비롯된 것으로 보인다.
하(下)	그것과 관련된 조건이나 환경의 뜻을 더해 줌.	<황산벌>은 삼국시대 신라와 백제가 지금과 같은 사투리를 썼다는 가정**하**에 기존의 역사를 코믹하게 뒤집어 본 역사 코믹 영화이다.

위의 표에 제시한 한자어들 가운데, '간(間)'은 의존 명사로, '당(當)'은 관형사로 쓰이던 것이 그 의미와 분포를 달리하여 접미사로 쓰이는 것이고, 나머지는 애초부터 접미사로서 기능을 하는 것들이다. 이러한 접미사들 역시 접두사로 쓰이는 한자어와 마찬가지로 어기에 결합하여 일정한 의미를 더하여 주는 기능을 하는 것들로 반드시 어기에 붙여 써야 한다.

요컨대, 이와 같은 한자어의 띄어쓰기 문제를 해결하는 한 가지 중요한 전략은 각 형태소나 단어의 문법 범주나 의미 기능을 정확히 파악함으로써 그것이 자립성을 지닌 하나의 단어로 쓰이고 있는지, 아니면 접두사나 접미사와 같이 자립성이 없는 성분으로 쓰이고 있는지를 구별할 줄 아는 능력을 갖추는 것이라고 할 것이다. 한자어의 경우만 놓고 보더라도 한자어 하나하나의 의미 기능과 문법 범주를 정확히 아는 것이 매우 중요한 문제 해결 전략이라고 할 수 있는바, 사전이나 문법서 등을 통해서 이에 대한 지식을 갖추는 일에 특히 많은 관심을 기울여야 할 것이다.

오지만디아스

P.B. 셸리[13]

옛 땅에서 찾아온 나그네를 만나 얘기를 들어 보니,
사막에 세워 놓은 석상이 몸뚱어리는 없어지고
거대한 두 개의 다리만 남았다고 했다.
근처에는 산산조각 부서진 석상의 얼굴이
반쯤 모래 밑에 묻혔는데, 험상궂은 표정과
꽉 다문 입술, 차가운 위엄이 담긴 비웃음을 보니
그러한 감정을 조각가가 훌륭한 솜씨로 담아내어
생명이 없는 돌덩이에 새겨진 격렬한 감정은
그것을 조롱한 손이나 경배를 드렸을 마음을 이겨냈고,
대좌(臺座)에는 이런 글이 적혔노라고 했다.
"내 이름은 오지만디아스, **왕 중의 왕**[14]이니,
위대한 자여, 내 업적을 둘러보고 절망하라."
그것만이 남았다. 거대한 몰락의 폐허 주변에는
끝도 없이 황량하게 쓸쓸하고 헐벗은 모래밭이
멀리멀리 뻗어나가기만 했단다.

---

13) Percy Bysshe Shelly(1792-1822). 영국의 낭만파 시인이다. 이 작품은 원래 14행시, 곧 소네트(sonnet)로, 오지만디아스(Ozymandias)라는 막강한 군주의 영광이 몰락해 버리고 폐허만 남은 사막의 풍경을 노래하고 있는 작품이다.
14) '왕 중의 왕'의 '중(中)'은 '여럿의 가운데'라는 의미로 쓰이는 의존 명사이다.

한자어 접사의 띄어쓰기

띄어쓰기에 관한 한 아직도 가야 할 길이 멀다는 느낌이 없지 않은 것은 그만큼 우리말 띄어쓰기가 형태적 특징에 따라 복잡한 양상을 보이기 때문이라고 할 수 있습니다. 우리말에 들어와 본디부터 있던 우리의 고유어보다도 높은 비중을 차지하는 한자어의 띄어쓰기 또한 비교적 단순하지 않은 모습을 보이는데, 1음절로 이루어진 한자어 접사의 띄어쓰기가 그러한 전형적 사례에 속한다고 할 수 있을 것입니다. 우선 다음 예문을 보기로 하시지요.

(1) ㄱ. 강동구가 '자연을 꿈꾸는 도시 농부'를 주제로 16일 서울 성내동 강동구청 앞에서 **제3회** 강동 친환경 도시 농업 축제를 개최, 학생들이 농경문화 체험을 하고 있다.
    ㄴ. 이와 함께 많은 중소기업이 나눔에 동참할 수 있도록 자사 회원사 및 **준회원사가** 중소기업 사랑 나눔 재단에 기부하는 경우 해당 기업에게 무료 서비스를 지원할 계획이다.

(2) ㄱ. 특검법의 내용과 **절차상의** 문제점을 지적하되, 당에서 직접 압박하는 모양새를 취하는 것은 바람직하지 않다는 신주류 측 입장의 차이에서 비롯된 것으로 보인다.
    ㄴ. <황산벌>은 삼국시대 신라와 백제가 지금과 같은 사투리를 썼다는 **가정하에** 기존의 역사를 코믹하게 뒤집어 본 역사 코믹 영화이다.

밑줄 친 단어들에서 쓰인 한자어 '제(第)', '준(準)', '상(上)', '하(下)'는 언어학적 용어로 모두 접사(接詞)의 범주에 속하는 것으로서, 스스로는 자립성을 갖지 못하고, 반드시 뒤에 오는 말이나 앞에 오는 말 뒤에 붙여 쓰는 것들입니다. 이러한 성격의 접사는 보통 출현하는 위치에 따라 접두사와 접미사로 나누는데 (1)의 '제(第)'와 '준(準)'은 '접두사'로, (2)의 '상(上)'과 '하(下)'는 '접미사'로 쓰인 것입니다. 중요한 것은 만일 어떠한 언어 형식이 접사로 분류되는 것이라면 반드시 앞뒤에 오는 말에 붙여 써야 한다는 것입니다. 다음 문장의 띄어쓰기가 잘못된 것도 바로 접사를 띄어 썼기 때문이지요

(3) ㄱ. 기아자동차㈜는 최근 충남 천안시에 위치한 현대·기아차 천안정비연수원에서 *제 2회 전 세계 정비 상담원 경진대회를 성황리에 개최했다.
ㄴ. 교사는 완벽한 차림의 신사는 못되어도 *준 신사나 *준 숙녀 가 되어야 할 것이다.
ㄷ. 성적을 올리기 위해서라면 수단과 방법을 가리지 않는 고3 학생들, 그리고 그들이 성장한 *비 인간적인 경쟁사회의 자화상을 그려 초연 당시 대학로를 휩쓸었던 연극 <모범생들>이 돌아온다.

사실, 여기에 다 제시하지는 못하였지만, 한국어의 1음절 한자어 가운데 접사로 쓰이는 단어의 수가 적지 않습니다. 그러니 사전을 통해 이러한 단어들의 문법 범주를 확인한 후에 쓰는 것이 최선의 방법이라고 할 것입니다.

-강희숙(2014), 『우리말 편지』, 소통, pp. 131~132.

연 습 문 제

1 현행 〈한글 맞춤법〉 총칙에서 규정하고 있는 띄어쓰기의 원칙에 대해 설명하라.

2 다음은 이상(李箱)의 작품 〈오감도(烏瞰圖)〉 제1호이다. 주지하는 바와 같이, 이 작품은 띄어쓰기가 되어 있지 않은데, 이를 띄어쓰기 원칙에 맞게 다시 고쳐 써 보고, 띄어쓰기 여부가 작품을 이해하는 데 어떠한 역할을 할 수 있는지 자신의 생각을 말해보라.

13인의 兒孩가도로로질주하오.
(길은막다른 골목이적당하오)

제1의아해가무섭다고그리오.
제2의아해도무섭다고그리오.
제3의아해도무섭다고그리오.
제3의아해도무섭다고그리오.
제4의아해도무섭다고그리오.
제5아해도무섭다고그리오.
제6의아해도무섭다고그리오.
제7의아해도무섭다고그리오.
제8의아해도무섭다고그리오.
제9의아해도무섭다고그리오.
제10의아해도무섭다고그리오.

제11의아해도무섭다고그리오.
제12의아해도무섭다고그리오.
제13의아해도무섭다고그리오.

13인의아해는무서운아해와무서워하는아해와그렇게뿐이모였소
(다른사정은없는것이차라리나았소)

그중에1인의아해가무서운아해라도좋소.
그중에2인의아해가무서운아해라도좋소.
그중에2인의아해가무서워하는아해라도좋소.
그중에1인의아해가무서워하는아해라도좋소.

(길은뚫린골목이라도적당하오)
13인의아해가도로로질주하지아니하여도좋소.

3 다음 문장들 가운데 띄어쓰기가 틀린 부분을 바로잡고, 그와 같은 방식으로 띄어쓰기를 해야 하는 이유를 설명하라.

(1) 아우내 장터는 18살의 꽃 같은 나이에 조국의 독립을 외치다 순국한 유관순열사의 애국충절정신을 가슴 속 깊이 느낄 수 있는 곳으로 아이들의 산교육장으로 권할 만하다.

(2) 옛사람들은 인간은 태어나면서 부터 자신의 운명이 정해져 있다고
생각해 왔다.

(3) 너무 꾸미거나 어렵고 복잡하면 감동은 커녕 오히려 역효과를 내기
쉽습니다.

(4) 물론 이런 일과 노동은 중세기 이후 문학 뿐만 아니라 거의 모든 예
술 분야에서 널리 사용되어 온 주제이다.

(5) 좋은 사랑은 역시 서로를 아끼며 주고받는 교감이 있을 때 라는 표
현을 잘 나타낸 것 같더군요.

(6) 오랜 전통을 자랑하는 명문 웰튼 고등학교의 새학기가 시작된다.

(7) 정치개혁은 한 두 사람의 정치인이 하는 게 아니라 우리국민들이 만들어 내는 것입니다.

(8) 물은 높은데에서 낮은데로 흐른다.

(9) 네가 무엇인 데 그런 소릴 하니?

(10) 어머님이 떠나신지 닷새가 되었다.

(11) 저 사람이 내게 득이 되는 지 안 되는 지부터 생각하고 다가가는 건 아닌지 모르겠다.

(12) 민주당과 노후보가 설사 약속 지키지 않더라도 우리는 약속을 지켜야 한다는게 오늘 결의 내용이며 이에 반대한 사람은 없었다."고 밝혔다.

(13) 금강산에 가본 바 과연 절경 이더구나.

(14) 제2학기 성적처리시 유의사항 및 성적평가지침을 첨부파일로 보내
    드리오니 참고하시기 바랍니다.

(15) 지진피해는 진앙지인 자스와 바추를 비롯해 아라건(阿拉根) 등의 지
    역에서 심했고, 특히 학교 건물이 지진으로 무너지는 바람에 수업
    중이던 학생들이 대부분 희생됐다.

참고문헌

강희숙(2007), 『시로 읽는 국어 정서법』, 글누림.

강희숙(2014), 『우리말 편지』, 소통.

국립국어연구원(1997), 『가나다 전화 자료집』.

국립국어연구원(2001), 『국어연구원에 물어 보았어요 2001』.

김광해 외 4인(1999), 『국어지식탐구』, 박이정.

김창섭(1998), 접두사의 사전적 처리, 『새국어생활』 8-1, 국립국어연구원, pp. 5~22.

방향옥·강희숙(2009), 한국 한자어와 중국어의 접두파생어 대조 연구, 『새국어교육』 83호, 한국국어교육학회, pp. 485~513.

서정수(1996), 『국어문법』, 한양대학교 출판원.

시정곤(2002), 명사 연결체의 띄어쓰기 실상과 처리 방향, 『새국어생활』 12-1, 국립국어연구원, pp. 33~48.

이승구·이인제·최용기(2001), 『띄어쓰기 편람』, 대한교과서(주).

이익섭(2002), 띄어쓰기의 현황과 전망, 『새국어생활』 12-1, 국립국어연구원, pp. 5~16.

정희성(2002), 틀리기 쉬운 띄어쓰기, 『새국어생활』 12-1, 국립국어연구원, pp. 17~32.

조영희(1988), 『새 한글 맞춤법 띄어쓰기의 이론과 실제』, 신아출판사.

제3장 문장 부호

1. 문장 부호의 개념과 유형

모든 글에는 쉼표나 마침표, 따옴표 등의 문장 부호가 거의 필수적으로 사용되게 마련이다. 한 편의 글을 구성하는 중요한 요소라고 할 수 있는 문장 부호는 문장의 각 부분 사이에 표시하여 논리적 관계를 명시하거나 문장의 정확한 의미를 전달하기 위하여 표기법의 보조 수단으로 쓰이는 부호를 말한다.

글에서 문장 부호가 쓰이지 않는다든지, 잘못 쓰이면 필자가 의도하는 대로 문장의 의미를 정확하게 전달하기가 쉽지 않을 뿐만 아니라, 때에 따라서는 글의 품격을 손상하는 결과를 가져오기도 한다. 따라서 글을 구성하는 다른 요소들 못지않게 중요성을 지니는 문장 부호의 용법을 정확히 알고, 실제 글쓰기에서 그러한 용법을 지키려는 노력과 더불어 문장 부호를 효과적으로 사용함으로써 일종의 수사적 장치로 활용하는 것도 좋은 방법이라고 할 것이다.

한국어 문장에서 쓰인 문장 부호는 크게 두 가지로 구분된다. 그 하나는 한문 문장의 점찍기의 영향을 받은 것으로, 의미상으로 끊어지는 것을 나타내거나 읽을 때의 편의를 위하여 문장의 중간에 몇 종류의 점을 찍는 것이고, 다른 하나는 서구의 구두점(句讀點) 체계가 일본을 통하여 한국에 유입된 것이다(장소원 1983: 389).

박지홍(1979: 62)에 따르면, 중국 원나라 시기의 운서인 『운회거요』(韻會擧要)에 점찍기에 관한 부분이 있는데, 말이 끊어지는 곳에서는 글자의 곁에 구점(句點)을 찍고, 말은 끊어지지 않지만, 읊조릴 때의 편의를 위하여 문장의 중간을 나누는 두점(頭點)은 글자의 사이에 찍었다. 이와 같은 구두점 방식이 한국에 그대로 전해지게 되었는데, 최초로 점찍기가 나타나는 문헌은 『훈민정음』(1446)이다. 여기에서는 고리점(。)이 보이는데, 그 용법은 중국의 구점, 두점의 그것과 정확히 일치한다. 이 구두점은 현재의 마침표와 쉼표에 대응되는 것으로, 표시 방법만 차이를 보인다.

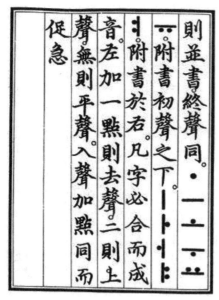

[그림 1] 『훈민정음』의 구두점

[그림 1]은 구두점이 사용된 모습을 보여주는 『훈민정음』(1446) '예의'의 마지막 부분이다. 여기에서 보듯이, 『훈민정음』에서는 구두점을 표시한 사례를 분명하게 보여 준다. 예컨대, "則並書終聲同"이라는 첫 문장에서 고리점(。)을 사용하여 '則並書' 다음의 가운데에 두점을, '終聲同' 다음의 오른쪽 끝쪽에 구점을 표시하고 있음을 쉽게 확인할 수 있는 것이다. 이와 같은 구두점의 용법은 그 이후의 다른 문헌에서도 동일하게 나타나며, 한글 문헌인 『용비어천가』(龍飛御天歌)에서도 마찬가지 모습을 보인다.

앞에서도 언급한 바와 같이, 서구의 구두법 체계가 한국에 처음 도입된 것은 일본을 통해서이다. 김병철(1978)에 따르면, 일본에서의 구두점은 문필가들에 의해 처음으로 서구에서 도입되었으며, 그 후 교과서 편찬자들의 도움을 얻어 널리 보급되었다. 한국의 경우도 1896년에 간행된『新訂尋常小學』교과서에 가장 먼저 구두점이 사용되었는데, 이 교과서는 1887년 일본 문부성 편집국에서 간행한 소학교 교과서인『尋常小學讀本』의 내용을 거의 그대로 번역하면서 그 구두점 역시 그대로 도입되었다. 일본을 통하여 간접적으로 도입되었던 서구의 구두점이 토착화됨에 따라, 20세기 초에 간행된 신소설과 번안소설, 번역소설 등에서는 쉼표, 물음표, 인용부호, 말줄임표 등 여러 가지 문장 부호들이 사용되기 시작하며, 그 이후 여러 문법서[1]에서도 이에 대한 언급이 다양하게 전개되어 왔다.

1933년에 이루어진 조선어학회의 <통일안>에서는 문장에서 쓰이는 중요한 부호 16종을 처음으로 규정하였다. 1940년 개정 때에 총 39종에 대하여 문장에서 쓰이는 명칭과 출판상의 명칭을 붙였고, 다른 43종의 부호를 덧붙였다. 이러한 문장 부호는 순수하게 논리적인 목적에서 사용되는 경우와 어조상(語調上)의 쉼을 위하여 사용할 때와는 차이가 있다. 시(詩)에서는 리듬을 위해 사용하기도 한다.

현행 <한글 맞춤법> 부록에 제시된 문장 부호의 체계와 명칭 및 그 용법은 1988년 <한글 맞춤법>의 부록으로 실려 있던 것을, 2014년 12월 5일 문장 부호 관련 규정의 개정을 주요 내용으로 하는 <한글 맞춤법 일부 개정안>(문화체육관광부 고시 제2014-0039호, 2015년 1월 1일 시행)의 고시를 통해 26년 만에 새롭게 개정한 것이다. 1988년 <한글 맞춤법> 부록에서는 모두 24종(가로쓰기 20종, 세로쓰기 4종)의 문장 부호의 용법을 66개 조항으로 구분하여 제시하였다. 그러나 원고지 중심의 전통적인 글쓰기 환경이 컴퓨터와

---

1) 예를 들어, 이상춘(1925), 최현배(1937) 등을 들 수 있다.

인터넷을 중심으로 급격하게 변화하면서 실제 언어생활에서 널리 쓰이고 있는 문장 부호와 그 용법을 반영한 새로운 규정이 필요하다는 주장이 계속해서 제기됨에 따라 국립국어원은 1996년 이후 꾸준히 개정을 위한 준비 작업을 진행하였고, 2014년 8월 29일에 열린 국어심의회에서 개정안이 통과되었다.

새롭게 개정된 문장 부호에서는 가로쓰기만을 대상으로 24종의 용법을 94개 조항으로 나누어 제시하되 현재의 다양한 용법을 최대한 반영하려 하였다. 따라서 이전 규정에 맞추어 쓰더라도 틀리지 않도록 하되, 현실적인 용법에 맞도록 허용 규정을 대폭 확대함으로써 개정으로 말미암은 혼란을 최소화하고, 규범의 현실성을 높이고자 하였다. 2014년 12월 5일 새롭게 개정 고시된 문장 부호 24종의 명칭을 제시하면 다음과 같다.

<표 1> 문장 부호의 유형 및 명칭

유형	이름	비고
.	마침표	종전대로 '온점'이라고도 할 수 있음.
?	물음표	
!	느낌표	
,	쉼표	종전대로 '반점'이라고도 할 수 있음
·	가운뎃점	
:	쌍점	
/	빗금	
" "	큰따옴표	
' '	작은따옴표	
( )	소괄호	
{ }	중괄호	
[ ]	대괄호	

유형	이름	비고
『 』	겹낫표	
「 」	홑낫표	
《 》	겹화살괄호	
〈 〉	홑화살괄호	
—	줄표	
-	붙임표	
~	물결표	
·	드러냄표	
＿	밑줄	
○ ×	숨김표	
□	빠짐표	
……	줄임표	가운데에 여섯 개의 점을 찍는 것이 원칙이나 아래쪽에 찍을 수도 있음. 점을 세 개만 찍는 것도 허용됨.

위의 표를 통하여 알 수 있는 바와 같이, 새롭게 개정 고시된 문장 부호는 모두 24종이다. 새 규정에서는 문장 부호를 문장의 구조를 드러내거나 글쓴이의 의도를 전달하기 위하여 사용하는 부호로 한정하여, 종전 규정에 포함되어 있던 수학이나 언어학 같은 전문 분야의 용법들을 제외하였음이 특징이다. 2절에서는 이러한 문장 부호들의 쓰임은 어떠한가를 그 유형별로 제시하기로 한다.

마침표를 먼저 찍다

이대흠

　. 세상살이의 시작이 막장이고 보니 난 어쩜 마침표를 먼저 찍은 문장 아닌지 .막장은, 마침표는 이전의 것을 보여 주는 구멍이다 .그 캄캄한 것을 오래 들여다보면 한 세상이 보인다 .이 캄캄한 공사장의 먼지, 이 무수한 마침표를 통해 본다 .오래된 짐승의 알처럼 둥근 마침표 .내 생의 처음이었던 어머니, 그 마침표 .그녀의 검은 눈동자 .한 세상의 아픔이 그득하여 그녀의 눈빛은 맑다 .파이프 메고 어두운 계단을 오르며 난간에만 빛이 웅성거림을 본다 .난간에 버려진 저 작은 쇳조각, 깨어진 돌멩이가 결국 하나의 사상임을 너무 늦게 알았다 .어두운 곳이라 난간이 길다 .난간을 걷는 나의 生 .언제든 죽을 수 있으므로 고개 숙이지 않으리 .무겁다 .무거운 것들이 적어 세상은 무거워졌다 .대부분 이 짐을 지지 않는다 .마침표를 찍자 .여기부터가 시작이다 .2)

---

2) 마침표(.)를 이제는 더 이상 나아갈 수 없는 막다른 갱도이자 새로운 세상을 향한 출발점으로 보고 있다. 문장 부호에 대한 시인의 인식이 매우 철저하면서도 새롭다는 것을 알 수 있게 해 준다.

1997, 슬픈산책, '본때'

김경미

오후 **네시 반**. 그저 옷 갈아입고 나선다
마음이 낡은 흑백사진을 이기지 못하니
천천히 걸어 **4·19탑** 근처 2층 레스토랑에 오른다
이름이 **'본때'**다
역사의 본때를 보여주었다는 것일까
요즘 그런 레스토랑 이름이 있으려고
혹은 불어거나 **스페인어쯤일지**……
아무려나 그랬으면 좋겠다
지금은 본때, 그 아픈 한국 단어를 되새기고 싶지 않다
삶을 모욕했거나 버르게 한 죄 그토록 많아
자주도 쓰라린 대가들 치러야 했는지
아직도 맛봐야 할 생의 본때들이 안 가본 나라의
요리처럼 많이도 남아 있을지
내 쪽엔 생에 보여줄 아무 뜨거운 본때도 없으니
저절로 두렵고 쓸쓸해라 창 아래 **'본때'** 길가 간판에
전깃불 들어온다 이제 일어나야 하리라
곧 연인들이 밀려들 시간이리라 일어나 혼자 앉았던
자리를 잠시 돌아본다 빈 옆자리는 늘 서운했던가
사랑도 결별도 한겨울 쇠손잡이에 쩍, 손 데는 일
순간적으로 오해하는 뜨거움이려니
그런들 오해에 기뻐하는 게 마음 스스로 짓는 울타리일지
이제는 바삐 돌아가 저녁을 지어야 할 시간

레스토랑 **'본때'**로의 산책은 언제나 가파르다3)

---

3) 여러 가지 문장 부호를 적극적으로 사용하고 있다는 점에서 흥미 있는 작품이다. 그러나 이
러한 적극성에도 불구하고 마침표는 전혀 사용되지 않고 있다는 점이 특징적이다.

2. 문장 부호의 기능

2.1. 마침표(온점)

마침표란 주로 서술·명령·청유 따위를 나타내는 문장의 끝에 씀으로써 문장을 종결해 주는 기능을 하는 부호를 말한다. <표 2>에서 보는 바와 같이, 마침표의 기능은 모두 네 가지로 구분할 수 있다.

<표 2> 마침표의 기능

구분	보기	비고
서술, 명령, 청유 등을 나타내는 문장의 끝	•젊은이는 나라의 기둥입니다. •제 손을 꼭 잡으세요. •집으로 돌아갑시다.	
아라비아 숫자만으로 연월일 표시	1919. 3. 1. (1919년 3월 1일)	
특정한 의미가 있는 날 표시	•3.1 운동 •8.15 광복	'3·1 운동', '8·15 광복' 허용.
표시 문자나 숫자 다음	1. 마침표 　ㄱ. 물음표	

위의 표에서 드러나듯이, 마침표는 첫째로 서술, 명령, 청유 등을 나타내는 문장의 끝에 사용함으로써, 문장이 끝났음을 말하여 주는 기능을 담당한다. 따라서 서술, 명령, 청유 등을 나타내는 문장을 쓸 때에는 반드시 마침표를 사용함으로써 문장이 종결됨을 보여 주어야 한다.

다만, 마침표의 사용에는 몇 가지 예외가 있다. 우선, 인용문 뒤나 용언의 명사형 또는 명사로 끝나는 문장의 끝에서는 마침표를 사용하는 것을 원칙으로 하되, 쓰지 않는 것을 허용하기도 한다. 다음이 그 예이다.

(1) ㄱ. 그는 "지금 바로 떠나자."라고 말하며 서둘러 짐을 챙겼다. (원칙)
　　ㄴ. 그는 "지금 바로 떠나자"라고 말하며 서둘러 짐을 챙겼다. (허용)

(2) ㄱ. 결과에 연연하지 않고 끝까지 최선을 다하기. (원칙)
　　ㄴ. 결과에 연연하지 않고 끝까지 최선을 다하기 (허용)

(3) ㄱ. 신입 사원 모집을 위한 기업 설명회 개최. (원칙)[4]
　　ㄴ. 신입 사원 모집을 위한 기업 설명회 개최 (허용)

　이러한 사례에서 알 수 있는 바와 같이, 문장의 끝에는 마침표를 쓰는 것을 원칙으로 하되, 쓰지 않아도 되는 경우가 있다. 사례 (1)은 직접 인용한 문장의 끝에 쓰는 마침표이고, (2)와 (3)은 각각 용언의 명사형과 명사로 끝나는 문장의 끝에 쓰는 마침표이다.
　한편, 표제어나 표어에는 마침표를 사용하지 않으며, 시에서는 일종의 시적 장치로서 문장 부호를 사용하지 않는 경우가 흔히 있다.

(4) ㄱ. 소년이 온다(표제어)
　　ㄴ. 자녀에게 물려줄 최고의 유산은 형제입니다(표어)

(5) 뒷산 귀밑쯤에 손바닥만한 밭뙈기를 얻어 거기다 푸성귀를 심어 놓고
　　서야 알았다 산이 얼마나 예민한 성격을 가졌는지를 얼마나 제 몸에
　　손대는 것을 싫어하는지를 내가 밭에 나타나 흙을 파 뒤집고 잡초를
　　뽑아내고 있으면 산은 생선 비린내를 따라온 도둑고양이처럼 가만히
　　웅크린 자세로 지켜보고 있다가 내가 손을 털고 돌아가기가 무섭게
　　재빨리 자기 식구들을 보내어 상처를 치료한다 지난 장마 때 비 때문
　　에 한 열흘 밭을 비웠더니 산은 그 틈을 타 내가 심어 놓은 상추와 쪽

---

[4] 다만, 명사로 끝나는 문장 뒤에 '마침표'를 쓰는 경우, 이 명사는 서술성을 지녀야 한다는 조건이 있다. 즉, 서술성이 없는 명사 뒤에서는 마침표를 쓰지 않음이 원칙인 것이다. 다음이 그 예이다.
ㄱ. 재건축 설명회의 성공적인 개최
ㄴ. 2014년 10월 27일에 개최한 재건축 설명회

파와 부추와 고추나무를 맥도 못 추게 자기 식구들로 덮어 버렸다 그
러다 큰비를 만나면 그 동안의 상처를 하소연하는 듯 온몸을 산발로
풀어 퍼질러 앉아 밤낮없이 주룩주룩 울음 울다가 그래도 안 되겠다
싶으면 -휘익 제 몸을 그어 뻘건 생피를 토해 내며 겁을 준다 용(龍)문
신이 꿈틀거리는 팔뚝을 내보이며 볼펜을 파는 사내처럼 팬티 끝이
보일락 말락 다리를 꼬고 앉아 술을 따르는 계집처럼 산이든 그 무엇
이든 마지막 궁지에 몰리면 제 몸을 그어서라도 자신을 지키는 용기
하나쯤은 가진 것이다 생존의 거룩한 목표 하나는 가진 것이다

-조은길, <산사태> 전문

(4)의 사례는 서술의 기능을 하는 문장이긴 하지만, 그 문장이 표제어나
표어로 사용되고 있기 때문에 마침표를 사용하지 않은 예이고, (5)는 시에
서 그러한 문장 부호가 사용되지 않고 있음을 보여 주는 예이다. 특히 이
시는 거의 산문에 가까운 형식의 시임에도 불구하고 단 한 개의 마침표도
사용되지 않는 모습을 보인다. 이와 같이, 시에서 마침표를 잘 사용하지 않
는 것은 각 문장들이 담고 있는 시상(詩想)이 마침표 때문에 단절되는 것을
방지하려는 데에서 연유한 것이라고 할 수 있다.

마침표의 기능 가운데 또 한 가지 중요한 것은 아라비아 숫자만으로 연
월일을 표시하는 데 사용한다는 것이다. 이 말의 의미는 마침표가 '연'과
'월' 및 '일'을 각각 대신하여 쓰는 것이라는 것이다. 이를 구체적으로 이해
하기 위해서는 다음과 같은 대응 관계를 생각해 볼 필요가 있다.

(6) 1919년   3월   1일
     ↓   ↓   ↓
    1919.   3.   1.

결과적으로, '연월일'을 대신하여 마침표를 사용하는 경우, 세 번째의
'일'을 대신하는 점까지를 찍어야 한다는 사실에 유의해야만 한다. 대부분
의 사람들이 '일'을 대신하는 점을 생략해 버리는 경우가 많은데, 이는 정

확하지 않은 문장 부호법이다.

유의해야 할 것은 '연월일'을 대신하는 마침표를 찍는 경우, '연'과 '월' 또는 '월'과 '일'만 보일 때도 마침표를 찍어야 하지만, 그 가운데 하나만 쓰고자 할 때에는 쓰지 않는다는 것이다. 다음을 보자.

(7) ㄱ. 1919년 3월 → 1919. 3.　　(○)
　　ㄴ. 3월 1일 → 3. 1.　　(○)
　　ㄷ. 개최 연도: 1919년 → 1919. (×)

마침표의 세 번째 기능은 특정한 의미가 있는 날을 표시한다는 것이다. '3.1 운동', '4.19 의거', '5.18 민주화 운동' 등등이 그 예이다. 기존의 문장 부호법에서는 특정한 의미가 있는 날을 표시하는 데 가운뎃점을 쓰는 것이 원칙이었으나, 새롭게 개정된 규정에서는 마침표를 원칙으로 하되, 가운뎃점도 쓸 수 있도록 함으로써 변화가 이루어졌다. 이러한 변화는 실제 언어생활에서 마침표가 널리 쓰이고 있고, 연월일을 표시할 때도 마침표를 쓰며, 컴퓨터 자판으로 입력하는 데에도 마침표가 편리하다는 점 등을 고려한 것이다. 결과적으로 예컨대 '4.19', '5.18'은 다음과 같이 쓸 수 있다고 보면 된다.

(8) ㄱ. 매년 4월 19일 서울시 강북구 수유 4동 산 9-1번지, **4.19** 국립묘지는 활력을 찾는다. (원칙)
　　ㄴ. **4 · 19** 혁명은 1960년 4월, 학생이 중심세력이 되어 일으킨 민주주의 혁명으로 4월 혁명, **4 · 19** 의거라고도 한다. (허용)

(9) ㄱ. 아이를 잃은 엄마가 길거리 한복판에 얼굴을 내놓고 서명을 받으며, 삭발까지 하고, 눈물을 하염없이 흘리는 것을 보면서 **5.18** 나의 아픔이 **4.16** 유가족과 다르지 않다는 것을 깨닫게 되었다.
　　ㄴ. **5 · 18** 기념재단은 **5 · 18** 민주화운동의 정신을 계승하고 발전시키려는 목적으로 세워진 비영리 재단법인이다.

마지막으로, 마침표는 장, 절, 항 등을 표시하는 문자나 숫자 다음에 쓴다. <표 2>에서 제시한 '1. 마침표'나 'ㄱ. 물음표' 등이 그 예이다. 이러한 경우에 사용하는 마침표는 문자나 숫자를 붙임표(-)나 마침표 등으로 연결하여 하위 장, 절, 항 등을 표시하는 경우에도 쓰는 것이 원칙이다. 다음 예 가운데 (10ㄱ, ㄴ)은 붙임표 뒤에 숫자를, (10ㄷ)은 숫자를 마침표로 연결하여 하위 장, 절, 항 등을 표시한 것이다.5)

> (10) ㄱ. 가-1. 인명
> ㄴ. 1-1. 머리말
> ㄷ. 1.1. 연구 목적

2.2. 물음표

물음표(?)는 주로 물음이나 의심을 나타내는 경우에 사용하는 문장 부호이다. 다음 <표 3>과 같이 물음표의 주 기능은 세 가지로 구분할 수 있다.

<표 3> 물음표의 용법

구분	보기	비고
의문문이나 의문을 나타내는 어구의 끝	• 이제 가면 언제 돌아오니? • 남북이 통일되면 얼마나 좋을까?	
특정한 어구 또는 그 내용에 대하여 의심이나 빈정거림, 비웃음 등을 표시할 때, 또는 적절한 말을 쓰기 어려울 때	• 그것 참 훌륭한(?) 태도야. • 우리 집 고양이가 가출(?)을 했어요.	소괄호 안에 씀.

---

5) 종전의 규정에서는 '서기→ 서.'의 예와 같이 마침표의 기능 가운데 하나로 준말을 나타내는 데 마침표를 쓴다는 규정이 포함되어 있었으나 새로운 규정에서는 이러한 기능을 제외하였다. 그렇다고 하더라도 이와 같은 용법이 사라진 것은 아니라는 것을 알아 둘 필요가 있다.

구분	보기	비고
모르거나 불확실한 내용임을 나타낼 때	• 최치원(857~?)은 통일 신라 말기에 이름을 떨쳤던 학자이자 문장가이다. • 조선 시대의 시인 강백(1690?~1777?)의 자는 자청이고, 호는 우곡이다.	

이러한 마침표의 용법은 대부분의 한국어 사용자들이 별다른 어려움을 느끼지 않는 요소라고 할 수 있다. 다만, 물음표의 용법 가운데 유의할 점이 있는데, 다음과 같은 두 가지 사항이 그것이다.

첫째, 물음표는 한 문장에서 몇 개의 선택적인 물음이 겹쳤을 때에는 맨 끝의 물음에만 쓰지만, 각각 독립된 물음인 경우에는 물음마다 쓴다.

(11) ㄱ. 너는 한국인이냐, 중국인이냐?
ㄴ. 너는 언제 왔니? 어디서 왔니? 무엇 하러?

위의 예에서 (11ㄱ)은 선택적인 물음이 겹친 경우여서 맨 끝의 물음에만 물음표를 사용하였다. 이와는 달리 (11ㄴ)은 각각 독립된 물음이어서 물음마다 물음표를 사용하였다.

둘째, 의문형 어미로 끝나는 문장이라도 의문의 정도가 약하거나 이른바 반어 의문문에는 물음표 대신 마침표를 쓸 수 있다.

(12) ㄱ. 이것이 과연 내가 찾던 행복일까.
ㄴ. 내가 널 두고 어디를 가겠느냐.

다음에 제시한 글들을 통해서도 이와 같은 물음표의 용법을 파악할 수 있다.

(13) ㄱ. 새들이 그곳에 있었다. 가슴을 두근거리게 할 만큼 수많은 새들이. 모두들 어디서 날아왔을까? 텃새들일까, 아니면 나그네새들일까?

-류시화, <삶이 나에게 가르쳐 준 것들>에서

ㄴ. <u>소속 사단은? 학벌은? 고향은? 군인에 나온 동기는? 공산주의를 어떻게 생각하시오?</u> 미국에 대한 감정은? 그럼…… 동무의 말은 하나도 이치에 정치 않소.

-오상원, <유예>에서

ㄷ. "난 모르겠다. 암만해도 난 모르겠다. 삼팔선, 그래 거기에다 하늘에 꾹 닿도록 <u>담을 쌓았단 말이냐, 어쨌단 말이냐.</u> 제 고장으로 제가 간다는데 그래 막을 놈이 도대체 누구란 <u>말이냐.</u>"

-이범선, <오발탄>에서

물음표의 용법을 보여 주는 위의 문장들 가운데 (13ㄱ)은 선택적인 물음이 겹친 경우여서 맨 끝의 물음에만 물음표를 쓰지만, (13ㄴ)에서는 각기 독립된 물음이기 때문에 모든 물음에 물음표를 쓰고 있다. 또한 (13ㄷ)의 밑줄 친 부분에서는 문장의 형식이 '-냐'라는 의문형 어미로 끝나는 의문문이긴 하지만, 그 의문의 정도가 강하지 않으므로, 물음표 대신 마침표로 문장을 종결하고 있는 예에 해당한다.

셋째, 마침표의 경우와 마찬가지로 제목이나 표어에는 물음표를 쓰지 않는 것을 원칙으로 한다. 다음이 그 예이다.

(14) ㄱ. 역사란 무엇인가
ㄴ. 아직도 담배를 피우십니까

위 문장 가운데 (14ㄱ)은 제목으로, (14ㄴ)은 표어로 쓰인 문장이다. 형식은 비록 의문문이라도 물음표를 쓰지 않았음이 특징이다. 다만, 다음에서 보듯 특별한 의도나 효과를 드러내고자 할 때는 예외적으로 물음표를 쓸 수도 있다.

(15) ㄱ. 사막의 동물들은 어떻게 살아갈까(원칙)/살아갈까?(허용)
　　　ㄴ. 음식 관광, 어떻게 요리하고 무엇으로 채워갈까(원칙)/채워갈까?
　　　　(허용)

　한편, 다음에 제시하는 시 텍스트는 물음표의 사용과 관련하여 매우 흥미 있는 사례를 보여 준다.

(16) ? 누가 네게 가르쳐 주었니
　　　? 이렇게 재빠르게 남의 몸에 낙인찍는 법을
　　　? 벙어리처럼 손가락으로 말하는 법을
　　　? 네 손가락 하나하나가 바늘이 되는 법을
　　　? 왜 네가 새긴 무늬들은 내 심장박동마저 방해하니
　　　? 도대체 너는 어디에서 배웠니
　　　? 무늬에서 뿌리가 자라게 하는 법을
　　　? 뿌리 끝마다 자잘한 닻을 내리는 법을
　　　? 너 나한테 이거 하나만 가르쳐 줄래
　　　? 손가락 끝에서 어떻게 보이지도 않는 잉크가 나오는 거니
　　　? 내 발자국을 덮던 그 숱한 그림자를 태워 만든 검은 잉크가
　　　? 어떻게 나오는 거냐구
　　　? 나는 왜 밤마다 신문지같이 하찮은 것에 가위눌리니
　　　? 너는 왜 어째서 내 몸에 보초를 세우니
　　　? 무늬 새겨진 몸은 왜 밖으로 나갈 수 없니
　　　? 너는 왜 나를 자꾸 상처로 가두니
　　　? 내 몸 속의 얇디얇은 실크숄이 상처를 덮고 싶어서
　　　? 파르르파르르 떠는 거, 너 아니
　　　? 레퀴엠보다 무거운 문신
　　　? 젖은 외투보다 무거운 문신
　　　? 그물보다 무거운 문신
　　　? 오늘 저녁 그 카페의 소음으로 만든 문신
　　　? 허공에 얽힌 우리 마음
　　　? 내가 그물 속의 노예처럼 울부짖는 소리 그렇게도 듣기 좋니
　　　? 그런데 어째서 날마다 이 문신은 깊어지기만 하니

?내 몸은 왜 이다지도 깊은 거니

－김혜순, <문신> 전문

우선 이 작품은 모든 행의 첫머리에 물음표를 제시함으로써 기존의 형식
혹은 규범으로부터의 이탈을 보여 주고 있다는 점에서 참신성을 드러내는
작품이라고 할 수 있다. 여기에서 무엇보다 중요한 것은 행의 첫머리에 제
시된 물음표가 어떠한 시적 기능을 발휘하는가 하는 것이다. 물음표는 이
시의 화자가 지니고 있는 정서, 곧 인간관계에 대한 회의 혹은 빈정거림 등
을 드러내는 데 매우 효과적으로 작용하고 있다고 할 것이다.

2.3. 느낌표(!)

느낌표(!)는 일반적으로 감탄이나 놀람, 부르짖음, 명령 등 강한 느낌을
나타내는 데 사용되는 문장 부호이다. <표 4>와 같이 느낌표는 그 기능을
크게 네 가지로 나누어 생각해 볼 수 있다.

<표 4> 느낌표의 기능

구분	예	비고
감탄문이나 감탄사의 끝	• 꽃이 정말 아름답구나! • 어머!	
특별히 강한 느낌을 나타내는 어구, 평서문, 명령문, 청유문의 경우	• 청춘! 이는 듣기만 하여도 가슴이 설레는 말이다. • 이야, 정말 재밌는 말이다! • 지금 즉시 대답해! • 부디 몸조심하도록!	
물음의 말로 놀람이나 항의의 뜻을 나타내는 경우	• 이게 누구야! • 내가 왜 나빠!	

구분	예	비고
감정을 넣어 대답하거나 다른 사람을 부를 때	• 춘향아! • 예, 도련님!	

위의 표에서 드러나는 바와 같은 느낌표의 기능을 좀 더 구체적으로 이해하기 위해, 우리에게 잘 알려진 문학 텍스트를 예로 들어 살펴보기로 하겠다.

> (17) **"길상아！"**①
> **"예에！"**②
> 대답과 함께 급히 뛰는 발소리가 들려 왔다. 뜰 아래서
> "나으리 마님, 부르셨습니까?"
> 앳된 소년의 목소리였다.
> **"방이 왜 이리 차냐！"**③
> "곧 불을 지피겠습니다."
> **"내가 지금, 방이 왜 이리 차냐고 묻지 않았느냐！"**④
> 푸른 정맥이 이마빼기에서 부풀어올랐다. 서희의 얼굴이 질린다.
> "예, 지금 곧, 불을 지피겠습니다."
> **"이놈！ 방이 왜 이리 차냐고 물었겠다！ 고얀 놈！**⑤
> "잘못했습니다, 나으리마님."
> 소년은 겁을 먹은 소리를 냈으나, 매양 당하기 때문인지 길들은 사냥개처럼 뒤쪽으로 달려가서 장작 한 아름을 안고 뛰어온다.
>
> ─박경리, <토지>에서

위의 예에서 ①과 ②는 감정을 넣어 다른 사람을 부르거나 대답하는 경우에 사용된 느낌표의 예이고, ③, ④는 놀람이나 항의의 뜻을 나타내는 경우에 사용된 예이다. ⑤는 앞의 두 가지 경우가 한꺼번에 나타난 예이다. 이러한 예들에서 살펴본 바와 같이, 하나의 느낌표가 실제 문장 안에서는 여러 가지 다양한 문법적 기능을 담당하고 있다.

느낌표의 용법 역시 몇 가지 유의해야 할 점이 있다.

첫째, 감탄의 정도가 약할 경우에는 느낌표 대신 쉼표나 마침표를 쓸 수
있다. 例. 단풍이 참 곱구나!/곱구나.

둘째, 감탄사나 감탄문이 아니더라도 강한 느낌이나 의지 등을 나타내고
자 할 때는 쉼표나 마침표 대신 느낌표를 쓸 수 있다.

例. 어머,/어머! 벌써 시간이 이렇게 됐네.

셋째, 특별한 의도나 효과를 드러내고자 하는 경우가 아니라면 제목이나
표어에는 느낌표를 쓰지 않는다.

例. 『새들도 세상을 뜨는구나』는 1983년 문학과지성사에서 간행된
황지우의 시집이다.

2.4. 쉼표(반점)

쉼표(,)는 주로 문장 안에서 짧은 휴지를 나타낼 때에 사용하는 문장 부
호이다. <표 5>에 제시한 것처럼, 쉼표의 기능은 상당히 다양한 편이다.

<표 5> 쉼표의 기능

구분	예문	비고
같은 자격의 어구를 열거할 때에	• 근면, 검소, 협동은 우리 겨레의 미덕이다. • 충청도의 계룡산, 전라도의 내장산, 강원도의 설악산은 모두 국립공원이다.	조사로 연결될 적에는 쓰지 않음.
짝을 지어 구별할 필요가 있을 때에	• 닭과 지네, 개와 고양이는 상극이다.	
이웃하는 수를 개략적으로 나타낼 때	• 5, 6세기 • 6, 7, 8개	

구분	예문	비고
열거의 순서를 나타내는 어구 다음	• 첫째, 몸이 튼튼해야 한다. • 마지막으로, 무엇보다 마음이 편해야 한다.	
문장의 연결 관계를 분명히 하고자 할 때	• 콩 심은 데 콩 나고, 팥 심은 데 팥 난다. • 떡국은 설날의 대표적인 음식인데, 이걸 먹어야 비로소 나이도 한 살 더 먹는다고 한다.	
같은 말이 되풀이되는 것을 피하기 위하여 일정한 부분을 줄일 때	• 여름에는 바다에서, 겨울에는 산에서 휴가를 즐겼다.	
부르는 말이나 대답하는 말 뒤	• 지연아, 이리 좀 오렴. • 네, 지금 갈게요.	
한 문장 안에서 앞말을 '곧', '다시 말해', '이를테면' 등과 같은 어구로 다시 설명할 때	• 책의 서문, 곧 머리말에는 책은 지은 목적이 드러나 있다. • 나에게도 작은 소망, 이를테면 나만의 정원을 가졌으면 하는 소망이 있어.,	앞말 다음에 씀.
조사 없이 쓰인 제시어나 주제어 뒤	• 돈, 돈이 인생의 전부이더냐? • 열정, 이것이야말로 젊은이의 가장 소중한 자산이다.	
한 문장에 같은 의미의 어구가 반복될 때	• 그의 애국심, 몸을 사리지 않고 국가를 위해 헌신한 정신을 우리는 본받아야 한다.	
도치된 문장	• 이리 오세요, 어머님. • 다시 보자, 한강수야.	
바로 다음 말과 직접적인 관계에 있지 않음을 나타낼 때	• 갑돌이는, 울면서 떠나는 갑순이를 배웅하였다. • 철원과, 대관령을 중심으로 한 강원도 산간 지대에 예년보다 일찍 첫눈이 내렸습니다.	

구분	예문	비고
문장 중간에 끼어든 어구의 앞뒤	• 나는, 솔직히 말하면, 그 말이 별로 탐탁지 않아. • 지연이는 미소를 띠고, 속으로는 잔뜩 화가 치밀었지만, 그들을 맞았다.	
특별한 효과를 위해 끊어 읽는 곳을 나타낼 때	• 내가, 정말 그 일을 오늘 안에 해낼 수 있을까? • 이 전투는 바로 우리가, 우리만이, 승리로 이끌 수 있다.	
짧게 더듬는 말을 표시할 때	• 선생님, 부, 부정행위라니요? 그건 새, 생각조차 하지 않았습니다.	

　이와 같이 다양한 쉼표의 기능을 좀 더 분명히 이해하기 위해서 문학 테스트 안에서 사용된 쉼표의 예들을 제시하면 다음과 같다.

　　(18) ㄱ. **혀가자미, 달강어, 홍어**가 밤의 여로에서 돌아오고 있었다. 날
　　　　　 은 새기 시작했다.

　　　　　　　　　　　　　　　　　　　－이윤기 역, <그리스인 조르바>에서

　　　　 ㄴ. 나는 우선 아직 때가 되지 않았는데, 내가 세상을 떠나야 한다
　　　　　　 는 것에 대해 **슬픔, 절망, 쓰라림, 분노, 공포, 후회** 등의 감
　　　　　　 정을 느낍니다.

　　　　　　　　　　　　　　　　　　－공경희 역, <모리와 함께한 화요일>에서

　　　　 ㄷ. 바다는, **크레파스보다 진한,** 푸르고 육중한 비늘을 무겁게 뒤
　　　　　　 채면서, 숨을 쉰다.

　　　　　　　　　　　　　　　　　　　　　　　　－최인훈, <광장>에서

　　　　 ㄹ. 욕은 **그 부당한,** 번지수가 틀린 도전에 대한 응전일지도 모른
　　　　　　 다. 아니, 도전보다 악질인 도발에 대한 응징인지도 모른다. 이
　　　　　　 에는 이, 눈에는 눈 식의 대응인지도 모른다.

　　　　　　　　　　　　　　　　　　　－김열규, <욕, 그 카타르시스의 미학>에서

ㅁ. 양딸기 맛이 **아니요,** 확실히 들딸기 맛이었다. 멍석딸기, 나무
딸기의 신선한 감각에 마음은 흐뭇이 찼다.

─이효석, <들>에서

ㅂ. **"여보,** 저어리 내려가서 빨려건 빨우. **온, 참,** 천하에⋯⋯."
"아아니, 저 웬 예펜네야? 보지두 뭇 허든 인데⋯⋯."

─박태원, <천변풍경>에서

ㅅ. **"생원,** 시침을 떼두 다 아네⋯⋯충줏집 말야."

─이효석, <메밀꽃 필 무렵>에서

ㅇ. **인도,** 까닭 없이 내 머리를 뜨겁게 하던 나라⋯⋯인도 여행 중
에 나는 운 좋게도 인도 대피리 연주의 일인자 하리 프라사드와
시타르연주의 세계적 거장 라비 샹카의 연주회를 이틀에 걸쳐
들을 수 있었다.

─류시화, <삶이 내게 가르쳐 준 것들>에서

ㅈ. **"어머,** 귀여운 우리 아기⋯⋯."
대성통곡을 하다가 정신을 잃고 그 자리에 쓰러질 것을 염려한
사람들의 예상을 뒤엎고 어머니의 입에서 흘러나온 첫 마디였다.

─오토다케 히로타다, <오체불만족>에서

ㅊ. 어쨌든 그들은 그가 유폐의 방문을 열고 바깥으로, **그곳이 어
디든,** 나가기를 바랐다.

─이승우, <나는 아주 오래 살 것이다>에서

ㅋ. 세계 어느 나라를 가든지 **시골로 갈수록,** 가난할수록 나그네를
온갖 정성을 다해 대접하면서도 결코 돈은 받지 않는다.

─한비야, <나 홀로 여행은 나 자신과의 여행>에서

ㅌ. 좀 걸쭉걸쭉한 젊은 **놈이면야,** 세상에 계집이 **너뿐이더냐,** 하
늘의 별 만큼이나 많은 게 여자더라 하고 씩씩하게 다음 조개로
달려간다든가, 그것을 계기로 무슨 분발심을 내는 게 **보통일
텐데,** 저 친구는 그렇지 못했거든요.

─최인훈, <구운몽>에서

ㅍ. 어제 S병원 전염병실에서 본 일이다. A라는 소녀. **7, 8세밖에**
안 된 귀여운 소녀가 죽어 나갔다.

─주요섭, <미운 간호부>에서

쉼표의 다양한 용법을 실제로 보여 주는 위의 예들 가운데, (18ㄱ)과 (18
ㄴ)은 같은 자격의 어구를 열거할 때에 사용하는 예이다. 이러한 쉼표의 사
용에서 유의해야 할 것은 몇 개의 어휘를 나열하든 간에 다른 어떤 연결소
를 필요로 하지 않는다는 점이다. 이 말은 어휘의 나열이 다음과 같이 이루
어져서는 안 된다는 말이다.

(19) *a, b, c 그리고 d······

오늘날 우리는 (19)와 같은 형식으로 어휘가 연결된 문장을 흔히 보게 되
는데, 이는 영어 문장에서 나타나는 형식이 한국어 사용자들에게도 영향을
미치고 있기 때문이다. 예컨대, 다음과 같은 문장이 그러한 예이다.

(20) 당신은 역사가, 작가, **그리고** 언론에 종사하는 사람들이 일반적인
사건이나 어떤 사실들을 각기 다른 방식으로 표상한다고 생각하는
가? 뉴스거리가 될 만한 어떤 사건을 생각해 보라. **그리고** 이 사건
을 표상할 수 있는 여러 방법들을 포트폴리오 방식으로 텔레비전·
라디오·신문뿐만 아니라 역사적 사건, 회고록, 논평, **그리고** 인터
뷰와 같은 것들로 생각해 보라.

위의 예문은 서양의 작문 이론을 번역해 놓은 번역서의 일부분이다. 이
글에서는 세 번의 '그리고'가 사용되고 있다. 이 가운데 두 번째의 '그리고'
는 문장과 문장을 연결해 주는 기능을 하는 접속부사로서 문장의 연결성을
기하는 데 필요한 문장성분이라고 할 수 있지만, 첫 번째와 세 번째의 '그
리고'는 두 번째와는 달리 그와 같은 기능을 필요로 하지 않는 요소이다.
따라서 생략하더라도 아무런 문제가 없다. 이와 같은 오류는 번역문에서 흔
히 발견되는 것인데, 그것은 영어 문장에서는 어떠한 요소를 나열하는 경우
에 반드시 마지막 어구 앞에 한국어의 '그리고'에 해당하는 'and'를 써 주

기 때문에, 그러한 문장 구조가 한국어 문장에도 적용되고 있는 데에서 기인한 것이라고 할 수 있다. 그러나 한국어의 문장 구조에서는 그와 같은 용법을 필요로 하지 않는다. 이러한 문제와 관련하여 한 가지 더 알아 두어야할 것은 다음 예와 같이, 일정한 어구들이 조사를 사용하여 연결될 적에는쉼표를 사용하지 않는다는 것이다.

(21) 매화와 난초와 국화와 대나무……

한편, 앞에서 언급한 바와 같이, 일반적으로 시에서는 문장 부호를 잘쓰지 않는 경향이 있다. 그러나 경우에 따라서는 문장 부호를 의도적으로사용함으로써 특별한 시적 효과를 꾀하기도 한다. 예컨대, 다음 시에서는쉼표(,)를 사용하여 일정한 호흡 단락을 구성함으로써 음악적 리듬을 보여주고 있다고 할 수 있다.

(22) 그 저녁 무수히
　　　작은 돌들이 얼마나 오랫동안
　　　금강석으로 몸을 바꾸기 위해 몰래
　　　숨 쉬고 있었는지 까마귀는 안다 밤나무 숲
　　　가장 높은 가지에 앉아 어둠 지배하고 있으니까
　　　새벽이면 소리 없이 푸른 천장 날아다니며
　　　졸리운 별들 쪼아 먹고 투명하게
　　　사라졌으니까 만약 구름 위 몸
　　　눕힌다면 살점 물어뜯으리

　　　나는 죽었다, 그들이 눈꺼풀에 큰못을, 박았으므로
　　　나는 죽었다, 그들이 목구멍에 모래를, 뿌렸으므로
　　　나는 죽었다, 그들이 귓바퀴의 뚜껑을, 덮었으므로

　　　그 언덕 위에는

믿지 못할 만큼의 많은 태양이
주렁주렁 맺혀 익어가는 커다란 나무가
빛나는 별들의 나라 거느리고 서있었었는데 그들도
가까이 가면 또한 태양이었는데 모두들 생명의 불 찾아
땅 깊숙이 뿌리 뻗어가며 그 힘으로 세계를 둥글게
움켜쥐는데 그 거대한 언덕 위 나도 묶인
사슬 벗어던지고 불꽃 피우는 한 그루
나무로 자라날 수 있다면!

나는 죽었다, 가슴에 불을 심고 나는, 죽었으니까
나는 죽었다, 가부좌 틀고 앉아 나는, 죽었으니까
나는 죽었다, 쓸개를 꺼내 씹는 나는, 죽었으니까

저기 흐르는 강은
나의 목마름이고 여기 누워 있는
들판은 나의 잠이다 지나간 날들은 어디에
있는지 다가올 세월은 어떤 옷을 마련했을까 잠
못 드는 밤은 검은 장미로 묶어 두고 별을 본다 내가 본
모든 것들은 곧 사라졌고 그림자만 남아 바람에 흔들
렸지만 견디기 힘든 밤 추억의 옷을 입고 다시
조금씩 머리맡으로 되돌아와 부풀어 오르는
무덤 속 춤추는 악마들과 함께

나는 죽었다, 죽었다고 그들이 생각한, 그곳에서
나는 죽었다, 죽었다고 그들이 노래한, 그곳에서
나는 죽었다, 죽었다고 그들이 춤추던, 그곳에서

　　　　　　　　　　　－하재봉, <그들과 함께 언덕을 오르면서>에서

이 작품은 서체가 서로 다른 시연의 반복을 통해서도 독특한 시적 효과를 꾀하고 있지만, 쉼표를 문장 부호로 사용한 연들을 통해서 비장하면서도 단호한 시적 화자의 목소리를 강조하는 효과를 꾀하고 있다. 물론, 그러한 화자의 목소리는 반복적으로 사용된 동일한, 또는 비슷한 구조의 문장을 통해서 시의 운율을 형성하기도 한다.

2.5. 가운뎃점

가운뎃점(·)은 열거할 어구들을 일정한 기준으로 묶어서 나타내는 데 주로 쓰이지만, 그 밖에도 짝을 이루는 어구들 사이에 쓴다든지 하는 기능을 하기도 한다. 이를 좀 더 구체적으로 살펴보면 <표 6>과 같다.

<표 6> 가운뎃점의 기능

구분	예문
열거할 어구들을 일정한 기준으로 묶어서 나타낼 때	• 지수·지연, 미령·준호가 서로 짝이 되어 윷놀이를 하였다. • 시의 종류는 내용에 따라 서정시·서사시·극시, 형식에 따라 자유시·정형시·산문시로 나눌 수 있다.
짝을 이루는 어구들 사이	• 우리는 그 일의 참·거짓을 따를 겨를도 없었다. • 김 과장은 회의 자료를 수정·보완하여 제출하였다. • 하천 수질의 조사·분석
공통 성분을 줄여서 하나의 어구로 묶을 때	• 금·은·동메달 • 통권 제54·55·56

여기에서 보듯이 가운뎃점의 기능은 모두 세 가지이다. 이러한 기능 가운데 세 번째 기능, 즉 공통 성분을 줄여서 하나의 어구로 묶을 때는 유의

해야 할 점이 있다.

우선은 가운뎃점 대신 쉼표를 쓸 수 있다는 것이다. 따라서 예컨대 '금·
은·동메달'은 '금, 은, 동메달'로 쓸 수 있다. 또한, 공통 성분이 없는 단어
를 가운뎃점을 사용하여 묶어서는 안 된다. 다음이 그 예이다.

> (23) ㄱ. 이는 지난 19일 청와대에서 열린 전국 *__시·도지사__ 간담회 당
> 시 남경필 지사의 건의에 따른 것이다.
> ㄴ. 결국 수도권과 *__특·광역시__를 제외한 농어촌·지방 지역구가 4
> 석 줄어드는 셈이다.

마지막으로, 공통 성분을 줄여서 하나의 어구로 묶인 말들 가운데는 단
어로 굳어진 것들이 있다는 점에 유의해야 한다. '검인정(검정+인정), 국내외
(국내+국외), 논밭일(논일+밭일), 농어민(농민+어민), 민형사(민사+형사), 선후배
(선배+후배), 중고생(중학생+고등학생), 직간접(직접+간접)' 등이 그러한 예이다.
따라서 다음 사례에서 보는 바와 같이, 단어로 굳어진 형태에 가운뎃점을
쓰는 것은 잘못된 표기이다.

> (24) ㄱ. *__국내·외__ 경기 침체가 장기화되고 있어 고용 불안의 골이 깊
> 어지고 있다.
> ㄴ. 충남도교육청이 지역 *__농·어민__을 텃밭 정원 명예교사로 위촉
> 했다.

2.6. 쌍점(:)

흔히들 외래어를 사용하여 '콜론'이라고 부르는 '쌍점(:)'은 다음과 같은
네 가지 기능을 담당하고 있다.

<표 7> 쌍점의 기능

구분	예문	비고
표제 다음에 해당 항목을 들거나 설명을 붙일 때	• 문방사우: 종이, 붓, 먹, 벼루 • 일시: 2016년 10월 9일 10시 • 마침표: 문장이 끝남을 나타낸다.	쌍점의 앞은 붙여 쓰고 뒤는 띄어 씀.
희곡 등에서 대화 내용을 제시할 때 말하는 이와 말한 내용 사이에	• 봉희: 오빠, 많이 놀랐지? • 종현: 그래. 너 잃어버릴까 봐 무척 놀랐어.	〃
시(時)와 분(分), 장(章)과 절(節) 따위를 구별할 때	• 오전 10:20(오전 10시 20분) • 요한 3:16(요한복음 3장 16절)	앞뒤를 띄어 쓰지 않음.
의존 명사 '대'가 쓰일 자리에	• 65:60(65 대 60) • 청군:백군(청군 대 백군)	〃

위와 같이 쓰이는 '쌍점'의 기능과 관련하여 주의해야 할 점이 있다면, 그 기능에 따라 띄어쓰기를 달리해야 한다는 것이다. 즉, '쌍점'은 앞말에 붙여 쓰고 뒷말과 띄어 쓰는 것이 원칙이지만, '시·분·장·절' 등을 구별할 때나 의존 명사 '대'가 쓰일 자리에 사용하는 경우에는 앞말과 뒷말에 붙여 써야 한다.

2.7. 빗금(/)

흔히들 외래어를 빌려 '슬래시'라고 하는 '빗금'의 기능은 다음과 같은 세 가지이다.

<표 8> 빗금의 기능

구분	예문	비고
대비되는 두 개 이상의 어구를 묶어 나타낼 때	• 먹이다/먹히다 • 남반구/북반구 • (　)이/가 우리나라의 보물 제1호이다.	대비하지 않을 때는 쉼표로 대신함.
기준 단위당 수량을 표시할 때	• 100미터/초 • 1,000원/개	
시의 행이 바뀌는 부분임을 나타낼 때	• 산에는 꽃 피네 / 꽃이 피네 /	

위와 같은 기능을 하는 빗금의 용법과 관련하여 몇 가지 유의할 사항이 있다.

첫째, 시의 행이 바뀌는 부분임을 나타낼 때는 빗금을 한 개만 쓰면 되지만, 연이 바뀜을 나타낼 때는 두 번 겹쳐 쓴다. 다음이 그 예이다.

(25) 산에는 꽃 피네 / 꽃이 피네 / 갈 봄 여름 없이 / 꽃이 피네 //
　　　 산에 / 산에 / 피는 / 꽃은 저만치 혼자서 피어 있네

둘째, 대비되는 두 개 이상의 어구를 묶어 나타낼 때와 기준 단위당 수량을 표시할 때는 빗금의 앞뒤를 붙여 쓴다. 그러나 시의 행이 바뀌는 부분임을 나타낼 때는 띄어 쓰는 것을 원칙으로 하되 붙여 쓰는 것을 허용한다.

2.8. 큰따옴표(" ")

일반적으로 '인용 부호'라고 부르는 큰따옴표는 글 가운데서 직접 대화를 표시할 때나 남의 말을 인용하는 경우에 주로 사용한다. 이를 하나의 표

로 정리하면 다음과 같다.

<표 9> 큰따옴표의 기능

구분	예문
글 가운데서 직접 대화를 표시할 때	"어딜 그렇게 돌아다니다 와?" "저기…… 강이 좋아서."
말이나 글을 직접 인용할 때	니체는 이 책을 쓰고 "인간이 지금까지 받은 선물 중 가장 위대한 선물을 선사했다."라고 말했다.

이러한 표의 내용을 통해 알 수 있는 바와 같이, 큰따옴표(" ")는 소설이나 수필 등의 글에서 등장인물들이 주고받는 대화를 표시하는 경우나, 말이나 글에서 남이 한 말을 직접 인용하는 경우에 쓴다. 한두 가지 예를 더 제시하면 다음과 같다.

(26) ㄱ. 비닐봉지를 방바닥에다 어색하게 내려놓으며 나는, 어디가 아프냐고 문병 온 격식을 갖추었고, 그 물음을 던지면서 그의 걷어 올린 팔뚝에서 잉크가 밴 듯한 시퍼런 멍과 긁힌 자국을 보았다.
"그 팔뚝의 상처는 뭔가요?"
"별거 아냐."
"어젯밤에 다친 상처 같은데, 나도 어젠 몸을 못 가누게 취해 버린 바람에……."
"난 멀쩡했어."
마치 내가 그의 만취를 책망하기라도 한 듯 방어적인 반응을 즉각 보내왔다.
　　　　　　　　　　　　　　　　　　-이승우, <구평목 씨의 바퀴벌레>에서

ㄴ. 금강산 관광 안내를 3년째 맡고 있다는 김아무개 씨는 **"서해교전 사태가 발생한 날 설봉호에 타고 있었는데, 동요하는 관광객이 거의 없었다. 금강산 현지에서도 다들 관광에만**

열중했을 뿐, 위축감이나 긴장감을 느낀 사람은 없었다.”고 말했다. 한국전쟁 참전 군인이라고만 밝힌 한 노인은 **“처음 이 곳에 도착했을 때 보초를 서고 있는 북한 군인들을 보고는 ‘이놈들 때문에 내가 지난 세월 그렇게 고생했구나.’라는 생각에 분노가 치밀어 올랐으나 나중에는 그래도 오기는 잘했다는 판단을 했다.”**고 말했다. 그는 **“금강산의 빼어난 경치에도 감동했지만, 무엇보다 북한주민들이 사는 이런저런 모습을 멀리서나마 보니까 동포애 같은 것이 솟구쳤다.”**고 덧붙였다.

-『한겨레 21』에서

위의 예 가운데 (ㄱ)은 큰따옴표가 소설 속 인물의 대화를 나타내는 반면, (ㄴ)은 잡지의 취재 대상 인물이 한 말을 직접 인용하는 역할을 하고 있다. 다만, 인용하는 말 가운데 다시 인용하는 말이 있거나, 마음속으로 한 말을 적을 때에는 큰따옴표가 아닌 작은따옴표를 써야 하는데, (ㄴ)의 내용 가운데 밑줄 친 부분은 마음속으로 한 말에 해당하므로 작은따옴표가 사용되었음을 알 수 있다.

인용하는 말 가운데 다시 인용하는 말이 있다는 것은, 예컨대 다음과 같은 글에서 발견할 수가 있다.

(27) “그런 것을 데리고 갔더니 참말 알지 못하는 마누라님이 앉아 계셔요. 그 마누라가 이걸 호떡이라 군밤이라 감이라 먹을 것을 사다주면서 **‘나하고 우리 집에 가 살자. 이쁜 옷도 해 주고 맛난 밥도 먹고 좋지. 나하고 가자, 가자.’** 하시니까 이것은 먹기에 미쳐서 대답도 아니 하고 앉았어요”

-전영택, <화수분>에서

윗글의 내용은 소설 <화수분>의 인물들 가운데 한 사람인 ‘어멈’의 말을 인용한 대목이다. 이 내용 가운데 밑줄 친 부분은 ‘어멈’이 자신의 아이를 양녀로 데려간 '마누라'의 말을 다시 인용하고 있는 대목이 들어 있는 바, 큰따옴표가 아닌 작은따옴표를 사용하고 있음을 알 수 있다.

한편, 인용한 말이나 글이 문장 형식이 아니더라도 큰따옴표를 쓰는 것이 원칙이다. 다음이 그 예이다.

> (28) ㄱ. 푯말에는 "출입 금지 구역"이라고 쓰여 있었다.
> ㄴ. 5월 학습계획안을 받았는데 "소풍날"이라고 적혀 있었다.

2.9. 작은따옴표(' ')

큰따옴표의 기능을 다루면서 언급한 바와 같이, 작은따옴표는 인용하는 말 가운데 다시 인용하는 말이 있거나, 마음속으로 한 말을 적을 때 쓰는 것이 일반적이다. 이 외에도 작은따옴표는 문장 내용 중에서 주의가 미쳐야 할 곳이나 중요한 부분을 특별히 드러내 보일 때 사용하는 드러냄표[6] 대신 쓰기도 한다. 이러한 세 가지 기능 가운데 작은따옴표를 드러냄표 대신 사용하는 사례를 제시하면 다음과 같다.

> (29) 이 글의 시작은 물론 <워낭소리>가 되어야 할 것이다. 거의 아무도 예측하지 못했던 흥행 돌풍이 일어났을 때, 몇 십 년간 늘 그 자리를 지키고 있던 '독립영화'라는 이름, 혹은 담론이 마치 어느 날 갑자기 땅에서 솟아난 진귀한 물건처럼 다루어지기 시작했다. 역사도 뿌리도 삭제된, 그러나 어느 순간 실체가 되어버린 단어. 각종 언론 매체들은 최소 비용으로 최대 효과를 이루어 낼 수 있는 독립영화야말로 한국 영화 침체기의 진정한 구원자가 될 것이라고 보도했다. 상업영화가 제대로 해내지 못하는 상품으로서의 기능을 떠맡아 줄 구원자 말이다. 그러니까 그때, 유행처럼 번졌던 '독립영화' 담론은

---

6) 2.12. 참조.

엄밀히 말해 독립영화가 아니라 독립영화라는 환상이었다. 그 환상은 최근 얼마간 자본을 확대 재생산하는 데 실패해 온 주류 문화, 특히 상업영화의 구멍을 메워주었다.

<워낭소리>가 인공적인 사운드를 통해 시골 풍경과 워낭소리를 재구성하고 농촌 판타지, 혹은 영화적 환영을 완성해냈을 때, 관객에게 중요한 건 그것이 진짜 현실인지에 대한 의문이 아니라, 그것이 얼마나 그들이 믿고 싶어 하는 현실에 근접하는지의 여부였다. 독립영화라는 환상과 <워낭소리>의 환상은 아마도 그렇게 서로에게 겹쳐지고 의존하며 확장되었을 것이다. 주류 문화와 현실의 구멍을 드러내는 방식으로, 혹은 그 구멍 자체로 존재해온 그간 독립영화의 역사는 한동안 그 환상 앞에 무력했다. 이 환상은 말할 것도 없이 '독립'이나 '문화'가 아닌 '상품'에의 친밀성을 바탕으로 작동한다. <워낭소리>의 성공 이후, 영화진흥위원회(위원장 강한섭·이하 영진위)를 필두로 한 각종 단체들이 독립영화를 화두로 삼을 때마다 '독립'이라는 말을 비상업, 다양성 따위의 단어로 바꿔야 한다며 벌인 논쟁은 우습기는 해도 충분히 예상 가능한 일이었다. 정치색을 제거한 저예산 영화에 대한 일련의 논의들은 '문화적 다양성'이라는 말로 포장되곤 했지만, 그것이 자본의 다양성이라는 사실은 분명했고 대체로 틈새시장 공략 같은 모양새로 전개되었다.

─남다은, <누가 독립영화를 식민화하나>, 『르몽드 디플로마티크』 한국판 제16호(2010. 1. 6.)에서

윗글에서 '독립영화', '오빠', '독립', '문화', '상품', '문화적 다양성' 등은 글쓴이가 글의 화제(話題) 또는 글의 전개 과정에서 중요한 의미를 담고 있다고 여기는 요소를 '작은따옴표'를 사용하여 강조하고 있는 부분이다. 여기에서 보듯이, '작은따옴표'는 일정한 글이나 문장의 핵심적인 요소를 드러내는 기능을 하고 있다.

2.10. 소괄호(( ))

소괄호의 쓰임은 비교적 다양한 편이다. 소괄호는 일반적으로 다음과 같은 기능을 지니고 있는 것으로 파악할 수 있다.

<표 10> 소괄호의 기능

기능	예문
주석이나 보충적인 내용을 덧붙일 때	• 니체(독일의 철학자)는 이렇게 말했다. • 2019. 3. 7.(월)
우리말 표기와 원어 표기를 아울러 보일 때	• 기호(嗜好), 취향(趣向) • 커피(coffee), 로브스터(lobster)
생략할 수 있는 요소임을 나타낼 때	• 광개토(대)왕은 고구려의 전성기를 이끌었던 인물이다. • 대학에서 동료 교수를 부를 때는 이름 뒤에 '선생(님)'이라는 말을 덧붙인다.
희곡 등 대화를 적은 글에서 동작이나 분위기, 상태를 드러낼 때	• 현우: (가쁜 숨을 내쉬며) 왜 이렇게 빨리 뛰어? • "관찰한 것을 쓰는 것이 습관이 되었죠. 그러다 보니 상상력이 생겼나 봐요." (웃음)
내용이 들어갈 자리임을 나타낼 때	• 우리나라의 수도는 ( )이다. • 다음 빈칸에 알맞은 조사를 쓰시오. 민수가 할아버지( ) 꽃을 달아드렸다.
항목의 순서나 종류를 나타내는 숫자나 문장 등에	• 사람의 인격은 (1) 용모, (2) 언어, (3) 행동, (4) 덕성 등으로 표현된다. • (가) 동해, (나) 서해, (다) 남해

이와 같은 소괄호의 용법 가운데 특기할 만한 것은 연월일 다음에 소괄호를 활용하여 요일을 보충하여 표시할 때 띄어쓰기를 하지 않는다는 것이다. 따라서 만일 다음과 같이 표기하면 잘못된 표기이다.

(30) ㄱ. *2019년 5월 9일 (월)
　　 ㄴ. *2019. 5. 9. (월)

위의 예에서 보듯이 요일을 보충하여 표시할 때 '2019년 5월 9일(월)'이
나 '2019. 5. 9.(월)'의 경우와 같이 '일' 뒤의 요일을 띄어 쓰지 않아야 올
바른 용법이다.

2.11. 중괄호({ })

중괄호의 기능은 다음과 같은 두 가지이다.

<표 11> 중괄호의 기능

기능	예문
같은 범주에 속하는 여러 요소를 세로로 묶어서 보일 때	주격조사 $\left\{ \begin{array}{c} 이 \\ 가 \end{array} \right\}$
열거된 항목 중 어느 하나가 자유롭게 선택될 수 있음을 보일 때	• 아이들이 모두 학교{에, 로, 까지} 갔어요

위와 같은 기능 가운데 둘째 기능, 즉 열거된 항목 중 어느 하나가 자유
롭게 선택될 수 있음을 보일 때 중괄호 안에 열거된 항목은 쉼표로 구분할
수도 있고, 경우에 따라서는 빗금으로 구분할 수도 있다. 따라서 위의 예문
"아이들이 모두 학교{에, 로, 까지} 갔어요."는 다음과 같이 쓸 수도 있다.

(31) 아이들이 모두 학교{에/로/까지} 갔어요.

2.12. 대괄호([ ])

기존 문장 부호법에서는 대괄호의 모양을 '〔 〕'로 사용해 왔으나 개정
된 문장 부호법에서는 사용 빈도를 고려하여 '〔 〕' 대신 '[ ]'로 사용하기
로 하였다. 물론 디자인이나 편집 등에서는 '〔 〕'를 쓸 수도 있다. 대괄
호([ ])의 기능은 다음과 같은 세 가지이다.

<표 12> 대괄호의 기능

기능	예문
괄호 안에 또 괄호를 쓸 필요가 있을 때	• 이번 회의에는 두 명[윤하경(실장), 김성룡(과장)]만 빼고 모두 참석했습니다.
고유어에 대응하는 한자어를 함께 보일 때	• 나이[年歲] • 낱말[單語] • 손발[手足]
원문에 대한 이해를 돕기 위해 설명이나 논평 등을 덧붙일 때	• 그것[한글]은 이처럼 정보화 시대에 알맞은 과학적인 문자이다. • 신경준의 『여암전서』에 "삼각산은 산이 모두 돌 봉우리인데, 그 으뜸 봉우리를 구름 위에 솟아 있다고 백운(白雲)이라 하며 [이하 생략]" • 그런 일은 결코 있을 수 없다.[원문에는 '업다'임.]

이와 같은 괄호의 기능들 가운데 한 가지 유의해야 할 점은 단어의 원음을
밝히는 경우, 소괄호를 사용해야 하는 경우와 대괄호를 사용해야 하는 경우 두
가지로 구분되어 있다는 것이다. 가령, '무정(無情)'의 예처럼, 묶음표 안의 말과
바깥 말의 음이 같을 때에는 소괄호를 사용하지만, '나이[年歲]'의 예처럼 묶음
표 안의 말과 바깥 말의 음이 서로 다를 때에는 대괄호를 사용해야 한다. 다음
글에서 볼 수 있는 괄호의 사용에서도 이러한 사실을 확인할 수 있다.

(32) ㄱ. 가을부터 나는 **대구어(大口魚)** 장사를 하였다. 삼 원을 주고 대
구 열 마리를 사서 등에 지고 산골로 다니면서 **콩[대두 : 大豆]**
과 바꾸었다.

-최서해, <탈출기>에서

ㄴ. 삼월 이십이일 오전 열 시! **학다리[학교 : 鶴橋]** 정거장은 일백
호의 가족 사백 명의 **이민(移民)**과 그들이 전송하는 이백오륙십
명의(정거장 생긴 이후 처음 되는) 굉장하게 많은 손님들을
가져 보았다.

-박화성, <고향 없는 사람들>에서

위의 예를 보면, '대구어(大口魚)'와 '이민(移民)'은 묶음표 안의 말과 바깥
말의 음이 서로 동일하므로, 소괄호(( ))를 사용하고 있지만, '콩[대두 : 大豆]'
과 '학다리[학교 : 鶴橋]'는 서로 다르므로 대괄호([ ])를 쓰고 있음을 알 수
있다. 한편, (32ㄴ)의 '(정거장 생긴 이후 처음 되는)'은 소괄호 안에 설명을
넣고 있는 예에 해당한다.

2.13. 겹낫표(『 』)와 겹화살괄호(≪ ≫)

문장 안에서 책의 제목이나 신문 이름 등을 나타낼 때는 그 앞뒤에 겹낫
표나 겹화살괄호를 쓰는 것이 원칙이다. 따라서 다음과 같은 표기가 가능하
다고 할 수 있다.

(33) ㄱ. 『훈민정음』은 1997년에 유네스코 세계 기록 유산으로 지정되었다.
ㄴ. 윤동주의 유고 시집인 ≪하늘과 바람과 별과 시≫에는 31편의
시가 실려 있다.

(34) ㄱ. 우리나라 최초의 민간 신문은 1896년에 창간된 『독립신문』이다.
ㄴ. ≪한성순보≫는 우리나라 최초의 근대 신문이다.

위의 예들 가운데 (33)은 책 이름을, (34)는 신문 이름을 겹낫표나 겹화살괄호 가운데 하나로 표기할 수 있음을 보여 주는 것이다. 단, 다음에서 보듯이 겹낫표나 겹화살괄호 대신 큰따옴표를 쓰는 것도 허용하고 있다.

(35) ㄱ. "훈민정음"은 1997년에 유네스코 세계 기록 유산으로 지정되었다.
ㄴ. "한성순보"는 우리나라 최초의 근대 신문이다.

2.14. 홑낫표(「 」)와 홑화살괄호(< >)

홑낫표나 홑화살괄호는 소제목, 그림이나 노래와 같은 예술 작품의 제목, 상호, 법률, 규정 등을 나타낼 때 쓴다. 따라서 가령 다음과 같은 방식으로 표기할 수 있음이 특징이다.

(36) ㄱ. 이 곡은 베르디가 작곡한 「축배의 노래」이다.
ㄴ. 이 곡은 베르디가 작곡한 <축배의 노래>이다.
(37) ㄱ. 「국어 기본법 시행령」은 「국어 기본법」에서 위임된 사항과 그 시행에 필요한 사항을 규정함을 목적으로 한다.
ㄴ. <국어 기본법 시행령>은 <국어 기본법>에서 위임된 사항과 그 시행에 필요한 사항을 규정함을 목적으로 한다.

(36)은 예술작품의 제목을, (37)은 법률을 홑낫표나 홑화살괄호를 사용하여 표기한 것이다. 이 경우, 작은따옴표(' ')로 표기하는 것도 가능한바, 다음과 같이 표기할 수도 있다.

(38) ㄱ. 이 곡은 베르디가 작곡한 '축배의 노래'이다.
ㄴ. '국어 기본법 시행령'은 '국어 기본법'에서 위임된 사항과 그 시행에 필요한 사항을 규정함을 목적으로 한다.

2.15. 줄표(—)

줄표의 기능은 비교적 단순해서 제목 다음에 표시하는 부제의 앞뒤에 쓰는 것이 원칙이다. 예를 들면 다음과 같다.

(39) ㄱ. 이번 토론회의 제목은 '역사 바로잡기 — 근대의 설정 —'이다.
ㄴ. '환경 보호 — 숲 가꾸기 —'라는 제목으로 글짓기를 했다.

다만, 다음에서 보듯이 뒤에 오는 줄표는 생략할 수 있음이 특징이다.

(40) ㄱ. 이번 토론회의 제목은 '역사 바로잡기 — 근대의 설정'이다.
ㄴ. '환경 보호 — 숲 가꾸기'라는 제목으로 글짓기를 했다.

줄표의 띄어쓰기는 앞뒤를 띄어 쓰는 것을 원칙으로 하되, 붙여 쓰는 것을 허용한다. 따라서 '환경 보호 — 숲 가꾸기 —'는 '환경 보호—숲 가꾸기 —'로 쓸 수 있다.

2.16. 붙임표(-)

붙임표의 기능은 다음과 같은 두 가지이다.

<표 13> 붙임표의 기능

기능	예문	비고
차례대로 이어지는 내용을 하나로 묶어 열거할 때	• 멀리뛰기는 도움닫기-도약-공중 자세-착지의 순서로 이루어진다.	붙임표 대신 쉼표를 쓸 수 있음.
두 개 이상의 어구가 밀접한 관련이 있음을 나타내고자 할 때	• 드디어 서울-북경의 항로가 열렸다.	붙임표 대신 쉼표나 가운뎃점을 쓸 수 있음.

이와 같은 붙임표의 기능과 관련하여 참고할 것은 종전 규정에는 '돌-다리'와 같이 합성어임을 나타내거나 '-스럽다, -습니다'와 같이 접사나 어미임을 나타낼 때 붙임표를 쓴다는 것이 포함되어 있었으나, 개정안에서는 제외하였다는 것이다. 이는 붙임표의 이러한 용법이 문장 부호의 용법이 아니라 언어학 분야의 특수한 용법이기 때문이다. 따라서 언어학에서는 여전히 붙임표의 특수한 용법이 그대로 유지될 수 있음을 알아 두어야 한다.

2.17. 물결표(~)

물결표의 주된 기능은 기간이나 거리 또는 범위를 나타내는 것이다. 다음이 그 예이다.

(41) ㄱ. 5월 15일~5월 25일(기간)
　　　ㄴ. 서울~천안 정도는 출퇴근이 가능하다.(거리)
　　　ㄷ. 이번 시험의 범위는 3~100쪽입니다.(범위)

이와 같은 물결표의 기능과 관련하여 주의할 것은 물결표 대신 붙임표를 쓸 수 있다는 것이다. 따라서 (41)의 문장은 다음과 같이 표기할 수 있다.

(42) ㄱ. 5월 15일-5월 25일(기간)
　　　ㄴ. 서울-천안 정도는 출퇴근이 가능하다.(거리)
　　　ㄷ. 이번 시험의 범위는 3-100쪽입니다.(범위)

2.18. 드러냄표(˙)와 밑줄(___)

드러냄표나 밑줄의 주된 기능은 문장 내용 가운데 주의가 미쳐야 할 곳이나 중요한 부분을 특별히 드러내 보이는 것이다. 예를 들면 다음과 같다.

(43) ㄱ. 한글의 본디 이름은 훈민정음이다.
ㄴ. 다음 보기에서 명사가 <u>아닌</u> 것은?

주의할 것은 드러냄표나 밑줄 대신 작은따옴표를 쓸 수 있다는 것이다. 따라서 (43)의 문장은 다음과 같이 쓸 수 있다.

(44) ㄱ. 한글의 본디 이름은 '훈민정음'이다.
ㄴ. 다음 보기에서 명사가 '아닌' 것은?

2.19. 숨김표(○, X)

숨김표는 다음과 같은 두 가지로 쓰인다.

<표 14> 숨김표의 기능

기능	예문	비고
금기어나 공공연히 쓰기 어려운 비속어임을 나타낼 때	• 배운 사람 입에서 어찌 ○○○란 말이 나올 수 있느냐? • 그 말을 듣는 순간 ×××란 말이 목구멍까지 치밀었다.	글자의 수효만큼 씀.
비밀을 유지해야 하거나 밝힐 수 없는 사항임을 나타낼 때	• 1차 시험 합격자는 김○영, 이○준, 박○순 등 모두 3명이다. • 그 모임의 참석자는 김×× 씨, 정×× 씨 등 5명이었다.	붙임표 대신 쉼표나 가운뎃점을 쓸 수 있음.

이와 같은 기능이 있는 '숨김표(××, ○○)'는 알면서도 고의로 드러내지 않음을 나타내는데, 숨김표는 숨겨진 글자의 수효만큼 쓴다. 따라서 독자는 숨김표의 숫자를 바탕으로 숨겨진 어휘를 추론할 수 있다. 예컨대, 다음과 같은 글에서 그러한 사례를 확인할 수 있다.

(45) ㄱ. 군은 ××단에 몸을 던져 ×선에 섰다는 말을 일전 황군에게서
　　　 듣기는 하였으나 그렇다 하여도 나는 그것을 시인할 수 없다.
　　　 가족을 못 살리는 힘으로 어찌 사회를 건지랴.

　　　　　　　　　　　　　　　　　　　　　 -최서해, <탈출기>에서

　　 ㄴ. ××× 여사는 어머니처럼 혼자 사시는 분이라 그런지 그분의 글
　　　 에는 한결 감동되는 바가 있었다.

　　　　　　　　　　　　　　　　　　　　 -김정한, <모래톱이야기>에서

　　 ㄷ. 그녀가 새우젓 옹배기를 이고 선출이가 있는 차주백이네 주막
　　　 앞에 지날 때면 술잔이나 걸친 성모와 수송이 으레 '쌀 보리
　　　 주구 새우젓 사유……' 하던 소릴 흉내내며 선찮은 발음으로
　　　 '딸 보× 주구 **사위** × 사유…… 하며 낄낄대곤 하지만 그녀
　　　 또한 과부만 안다는 설움으로 십 년은 지샌 터라 뒤도 안 돌
　　　 아보고 '간간허구 새곰헌 새우젓 들여놔유……' 소리로 응대
　　　 하면서 내닫곤 했다.

　　　　　　　　　　　　　　　　　　　　　　 -이문구, <암소>에서

2.20. 빠짐표(□)

숨김표의 경우와 마찬가지로 빠짐표 또한 다음과 같은 두 가지 용법이
있다.

<표 15> 빠짐표의 기능

기능	예문	비고
옛 비문이나 문헌 등에서 글자가 분명하지 않을 때	• 大師爲法主□□賴之大□薦	글자의 수효만큼 씀.
글자가 들어가야 할 자리를 나타낼 때	• 훈민정음의 초성 중에서 아음(牙音)은 □□□의 석 자다.	〃

2.21. 줄임표(……)

줄임표의 기능은 비교적 다양해서 다음과 같은 네 가지로 쓰인다.

<표 16> 줄임표의 기능

기능	예문	비고
할 말을 줄였을 때	• "어디 나하고 한번……." 하고 민수가 나섰다.	줄임표 뒤에 마침표 등 문장 부호 사용.
말이 없음을 나타낼 때	• "빨리 말해!" "……."	줄임표 뒤에 마침표 사용.
문장이나 글의 일부를 생략할 때	• '고유'라는 말은 문자 그대로 본디부터 있었다는 뜻은 아닙니다. …… 같은 역사적 환경에서 공동의 집단생활을 영위해 오는 동안 공동으로 발견된, 사물에 대한 공동의 사고방식을 우리는 한국의 고유 사상이라 부를 수 있다는 것입니다.	줄임표의 앞뒤에 쉼표나 마침표는 쓰지 않음.
머뭇거림을 보일 때	• "우리는 모두…… 그러니까…… 예외 없이 눈물만…… 흘렸다."	〃

위와 같은 기능을 지니는 줄임표를 쓸 때에는 줄 가운데에 6개의 점을 쓰며, 줄임표로 문장이 끝났을 때에는 마침표나 물음표 또는 느낌표를 쓰는 것이 원칙이다. 그러나 점의 위치나 개수나 또는 마침표 등의 문장 부호를 쓰는 것에 다음과 같이 여러 가지 허용 규정이 있다.

첫째, 줄 가운데에 6개의 점을 쓰는 대신 아래쪽에 쓸 수도 있다. 이는 컴퓨터 등에서의 입력을 간편하게 하기 위한 것이다. 따라서 "어디 나하고 한번……."은 "어디 나하고 한번......."이라고 쓸 수 있으며, 이때에 줄임표 뒤에 마침표를 쓰게 되면 결과적으로 7개의 점을 찍는 것이 원칙이다.

둘째, 6개의 점 대신 3개만 쓸 수도 있다. 따라서 가운데에 3개의 점을 찍거나 아래쪽에 3개를 찍되, 마침표 등의 부호가 필요한 경우에는 그러한 문장 부호를 찍는 것이 원칙이다. 다음이 그 예이다.

(39) ㄱ. 내가 죽음을 생각했을 때 음악에 대한 열정이 나를 붙들었다. 문득 신이 내게 명령하신 일을 다 끝내기 전에는 이 세상을 떠날 수 없다는 생각이 들었다. 앞으로 내 손을 통해 태어나야 할 <u>음악들…</u> 그것을 생각하며 나는 지금 비참한 삶을 견뎌 내고 있다.

　　　　　　　　　　　　　　　　　－『좋은생각』, 2002년 8월호에서

　　 ㄴ. "소년원에 있는 아이들을 만나면 가슴이 미어져. 내 아픔은 정말 아무 것도 아니었구나 그런 생각이 들어. 나보다 더 있는 사람에겐 고개 빳빳이 들고 따져도 나보다 부족한 사람들에겐 노력하며 산다고 생각했는데, 과연 <u>그랬는지…</u> 반성이 되는 거야."

　　　　　　　　　　　　　　　　　－『한겨레21』, 제415호(2002. 7. 4.)에서

위의 예를 통하여 알 수 있는 것처럼, 줄임표는 6개가 아닌 3개만을 쓰는 것이 허용되고 있다. 또한, 다음의 시에서도 줄임표로 일정하게 세 개의 점만을 사용하고 있음을 보여 준다.

(40) 저어…오늘이…예약일이라…네…동위원소 검살 받아야단고… 아니, 아뇨 담당의가 오전만 진료키 때문에…아… 그럼요 보강 자론 제출했고…네…검사 끝나는 대로 달려와 하던 일을 마자 해야지요 그럼요. 죄송합니다 같은 말을 네 군데서 반복한 후 붉은 날인을 득하고 달린다 삐리릭— 안 보이던 교도관이 호각을 분다 일육오팔번, 짝홀제 모르세요? 아 네네… 계도기간이죠 병원이 …급… 죄송합니다 네… 네. 그렇고 말고요

　　　　　　　　　　　　　　－김추인, <수인번호 －이미지의 고집>에서

이 시는 병원에서 진료를 기다리고 있는 환자가 누군가와 통화를 하고 있는 장면을 그려놓은 시인데, '말줄임표'를 사용하여 대화상의 머뭇거림을

나타내거나 해야 할 말을 줄이고 있음을 보여 준다. 이 경우 점은 3개만 쓰였으며, 마침표는 쓰지 않아도 되는 문장이라고 할 수 있다.

다음 진술들 가운데 버트란트 러셀卿의 '확정적 기술'을 포함하고 있는 것은

황지우

돈만 넣으면 눈에 불을 켜고 작동하는
낫 놓고 ㄱ도 모른다.

내가 꽃에게 다가가 '꽃'이라고 불러도 꽃이 되지 않았다. 플라스틱 造花
였다.

암버마제비는 교미 후 수컷의 목을 잘라 죽여 먹어 버린다.

지난 2월 31일 우리나라를 방문한 중앙 아프리카 라콜라코 공화국 대통
령 아카라카치 아카라카쵸쵸씨는 곱슬머리이거나 곱슬머리가 아니다. 一年
前 그는 육군 상사였다.

四季節 全天候 金星 韓國型 冷藏庫 안의 거대한 빙산이여,
환한 얼음 속, 新生代의 魚族이 뜬눈으로 잠들어 있다.

모든 사건은 원인을 갖는다.

"유신체제 철폐하라!
박정희는 물러가라!
언론인은 반성하라!
구속학생 석방하라!
노동3권 보장하라!"
校門은 닫혀 있었다.

하늘에 계신 우리 아버지…… 뜻이 하늘에서 이루어진 것 같이 땅에서도
이루어지이다.

아부지이—이년이, 어짤라고 날 버리고 가느냐, 이년아, 널 잃고 내가 눈
뜬들 무슨 소양이 있겠느냐, 못 간다 못 가아—허이 조타아.

고로 피고에게 징역 8년과 자격 정지 8년을 선고한다.

형사 기동대 차량이 경적을 울리며 쏜살같이 질주하는 오늘 오전 11시
30분 용산 美8軍 본부 앞에서 사람들은 우두커니 서서 신호등이 바뀌기만
을 기다리고 있었다.
ㄱ놓고 낫도 몰라!7)

7) 다양한 문장 부호들을 사용함으로써 보다 생동감 있는 시적 분위기를 담고 있는 작품이다.

연습문제

1 다음 글은 소설의 일부분을 띄어쓰기와 문장 부호를 표시하지 않은 채 제시한
것이다. 문장의 의미가 통하도록 띄어쓰기와 문장 부호를 표시하여 다시 고쳐
써 보라.

집사립문앞에이르자동길이는흠칫그자리에멈추어섰다 마루에벌렁
드러누워있는사람이있었던것이다
어머니도아니었다 남자였다 동길이는조심조심사립안으로걸어들어
갔다 어머니는부엌문앞에서무엇을북북치대고있었다 인기척에후딱
뒤를돌아본어머니는마루에누워있는사람을눈으로가리켰다 어머니
의두눈에는슬픈빛이서려있었다
동길이는어찌된영문인지알수가없었다 그러나마루에누워있는사람
이누구라는것을알아챘다
아부지
동길이는얼른누워있는아버지곁으로가까이갔다 아버지는자고있었
다 그러나동길이는아버지를향해꾸벅절을했다
아까그기차를타고오신모양이지 헤참 그런줄알았으면얼른집에올걸
꼬빡2년만에돌아온아버지 동길이는조심스럽게아버지의얼굴을들
여다보았다 시꺼멓게탄얼굴에움푹꺼져들어간두눈자위 그리고코밑
이랑턱에는수염이지저분했다 목덜미로식은땀이흐르고있었고 입언
저리에는파리떼가바글바글붙어있었다 그러나아버지는그런줄도모
르고푸푸코를불면서자고만있다 동길이는파리란놈들을쫓았다
어머니가조심스러운눈길로동길이를힐끗돌아본다 집에와서갈아입
었는지아버지의입성은깨끗했다 징용에나가기전 목공소에다닐때입
던누런작업복하의에삼베상의 그런데
에
이게웬일일까 동길이는두눈이휘둥그레지고 입이딱벌어졌다 그러
나어머니는동길이의놀라는모습을돌아보지않고후유한숨을쉴따름
이었다
동길이는떨리는손으로한쪽소맷부리를들추어보았다 없다 분명히없

다 동길이는어머니를향해소리쳤다

어무이 아부지팔하나없다

……

팔하나없어 팔

……

잉

……

말없이돌아보는어머니의두눈에는눈물이흥건히괴어있었다 동길이
는아버지가슬그머니무서워지는것이었다 어머니곁으로가서부엌문
에붙어서서도곧장아버지의한쪽소맷자락을힐끗힐끗건너다보았다
어머니는또한번한숨을쉬면서함지박을들고부엌으로들어갔다 밀가
루수제비를뜨는것이었다 어머니의손끝에서떨어져서부글부글끓어
오르는물속으로들어가는수제비를보자 동길이배에서꼬르륵소리가
났다 꿀꺽침을삼켰다 아버지의팔뚝생각같은것은이미없었다

수제비를떠서두그릇상에받쳐들고어머니가부엌을나오자 동길이는
앞질러마루로올라갔다 아버지는아직쿨쿨자고있었다 아버지의한쪽
소맷자락이눈에띄자 동길이는다시흠칫했다

보이소예 그만일어나이소 점심가져왔구마

어머니가흔들어깨우는바람에아버지는

으윽

한 개밖에없는팔을내뻗어기지개를켜며부스스일어났다 동길이는저
도모르게뒤로한걸음물러섰다 그리고얼른아버지를향해절을하기는
했으나 겁을집어먹은듯이눈이둥그레졌다 아버지는동길이를보더니
으으…… 핵교잘댕기나 어무이말잘듣고

그리고 아아욱 커다랗게하품이었다 점심상을가운데놓고아버지와동
길이가마주앉았다 그곁에어머니는뚝배기를마룻바닥에놓고앉았다
물씬물씬김이오르는수제비…… 동길이는목젖이튀어나오는것같았
다. 후딱숟가락을들었다. 그리고그뜨끈뜨끈한놈을푹한숟가락떠올
리기가무섭게입을짝벌렸다.

아버지도숟가락을들었다. 왼쪽손이었다. 없어진팔이하필오른쪽이
었던것이다. 어머니는그것을보자이마에슬픈주름을지으며얼른외면

했다. 그러나 동길이는 수제비를 퍼올리기에 바빠서 아버지의 남은 손이
왼손인지 오른손인지 그런덴 도무지 관심이 없는 듯했다.
돼지새끼처럼 한참을 그렇게 퍼먹고 나서야 좀 숨이 돌리는 듯 동길이는 힐
끗 아버지를 거들떠보았다. 아버지의 숟가락질은 도무지 서툴기만 했다.
아부지, 팔이 하나 없어져서 참 클일 났제. 저런! 오른쪽 팔이 없어졌구
나. 우짜다가 저랬는 고이?
그리고 동길이는 남은 국물을 훌훌 마저 들이마셨다. 콧등에는 맺힌 땀방
울이 또르르 굴러내린다. 아아 이제 좀 살겠다는 것이다.

2 다음 두 편의 시는 문장 부호 사용과 관련하여 대조적인 작품들이다. 두 작품
을 비교해 보고 문장 부호를 사용하지 않은 작품과 문장 부호를 적극적으로
사용한 작품의 시적 효과가 어떠한지 기술하라.

(1) 나는 이제 너에게도 슬픔을 주겠다
　　사랑보다 소중한 슬픔을 주겠다
　　겨울밤 거리에서 귤 몇 개 놓고
　　살아온 추위와 떨고 있는 할머니에게
　　귤값을 깎으면서 기뻐하던 너를 위하여
　　나는 슬픔의 평등한 얼굴을 보여 주겠다
　　내가 어둠 속에서 너를 부를 때
　　단 한번도 평등하게 웃어 주질 않은
　　가마니에 덮인 동사자가 다시 얼어죽을 때
　　가마니 한 장조차 덮어 주지 않은
　　무관심한 너의 사랑을 위해

흘릴 줄 모르는 너의 눈물을 위해
나는 이제 너에게도 기다림을 주겠다
이 세상에 내리던 함박눈을 멈추겠다
보리밭에 내리던 봄눈들을 데리고
추워 떠는 사람들의 슬픔에게 다녀와서
눈 그친 눈길을 너와 함께 걷겠다
슬픔의 힘에 대한 이야길 하며
기다림의 슬픔까지 걸어가겠다

— 정호승, <슬픔이 기쁨에게> 전문

(2) 비가, 하루 종일 내린다, 비가, 사람들의 발목을 자르고, 비가, 사람들의 무릎을 자르고, 비가,

사람들은 모두 어디로 가고, 키 큰 나무들만 머리통만 빠꼼히 내밀고,

비가, 키 큰 나무들의 머리통을 출렁출렁 씹어 삼키는 비가, 고층 빌딩의 허리를 자르고, 비가,

고층 빌딩도, 높은 산도, 출렁출렁 씹히고 씹히는 나날들,

비가, 별을 삼키고, 비가, 태양을 삼키고, 비가, 무지개여 안녕—

— 여정, <비가> 전문

③ '5.18'과 '5. 18.'의 의미에 어떤 차이가 있는지, 앞에서 제시한 문장 부호의 쓰임과 기능을 토대로 설명하라.

④ 따옴표에는 큰따옴표(" ")와 작은따옴표(' ')가 있다. 이 두 가지 유형의 따옴표의 기능이 어떻게 차이가 있는지를 실제 문헌 자료에서 사용된 예들을 토대로 제시하라.

참고문헌

국어정보학회(1996),『간행문 양식과 문장 부호 실태조사 및 표준화 방안 연구』, 문화체육부 연구보고서.

김병철(1978), 韓國句讀點起源考,『韓國學報』9, 일지사, pp. 4106~4124

김영선(2009), 문장 부호의 기능과 유형화 연구,『동남어문논집』27, 동남어문학회, pp. 5~25.

박지홍(1979), 한문본 훈민정음의 번역에 대하여,『한글』164, 한글학회, pp. 629~654.

양명희(2002), 현행 문장 부호의 사용 실태,『새국어생활』12-4, 국립국어연구원, pp. 45~68.

이복규(1996), 우리의 옛 문장 부호와 교정 부호,『고문서연구』9·10, 한국고문서학회, pp. 457~482.

이승후(2001), 국어 문장 부호에 관하여」,『새국어교육』62, 한국국어교육학회, pp. 157~167.

이익섭(1996), 국어 문장 부호의 기능,『관악어문연구』21, 서울대 국문과, pp. 19~40.

장소원(1983), 국어 구두점 문법 연구 서설,『관악어문연구』8, 서울대 국문과, pp. 387~403

제4장 표준어 규정

1. 표준어의 개념과 기능

표준어란 방언의 차이에서 오는 의사소통의 불편을 덜기 위해 한 국가 안에서 전 국민이 공통으로 쓰도록 정해 놓은 말로, 표준으로 정해진 어휘, 발음, 문법 등을 포괄하는 개념이다. 예컨대, '(병을) 고친다'(낫운다×)가 어휘 차원의 표준어라면, '읽는대[잉는다]'(일른다×)는 발음 차원의 표준어이다. 또, 함경방언의 '먹어 못 밨슴매'에 대해 표준어 '먹어 보지 못했어요'에서의 '못'의 어순은 표준어 문법에 속하는 사항이다.

표준어는 해당 국가 안에서는 어디서나 공통으로 의사소통이 가능하도록 다듬은 것이므로 자연히 공통어(common language)로서의 성격을 지니게 된다. 그러나 표준어는 공통어인 동시에 규범성을 지니는 말이라는 점에서 공통어와는 구별되는 개념이다. 즉, 올바른 말이 아니더라도 현실적으로 통용이 가능한 것이 공통어라면, 표준어는 반드시 올바른 말이어야 한다는 규범성을 띠는 것이다.

일반적으로, 방언 간의 차이가 두드러져 표준화의 필요성이 가장 절실한 부분은 어휘이므로 표준어에 대한 규정은 어휘에 집중된다. 이때 '대가리·주둥이·소갈머리'와 같은 비속어(卑俗語)도 적절한 상황에서는 누구나 쓸 수 있는 말이므로 표준어에 포함된다. 점잖고 고상한 말만 표준어는 아니기 때문이다. 반면에, 특수집단에서만 통용되는 은어는 표준어에 들지 않는다.

표준어로는 대체로 하나의 개별 언어를 구성하는 여러 방언 중에서 가장 영향력이 크고 보급이 쉬운 방언, 지역적으로는 수도의 방언이 선택되는 일이 많다. 한국에서는 서울에서 쓰는 말이, 영국에서는 런던에서 쓰는 말이, 프랑스에서는 파리에서 쓰는 말이 표준어가 되는 것도 바로 그러한 이유 때문이다. 그러나 표준어는 인공적으로 다듬어지게 되므로 서울말이 그대로 한국어 표준어가 되는 것은 아니다. 서울에서는 보기 힘든 물건에 대한 명칭이 서울말에 없고 다른 방언에 있을 때, 그 방언의 단어가 표준어로 인정될 수도 있는 것이다.

이익섭(1983: 44~45)에 따르면, 표준어에는 다음과 같은 네 가지 기능이 있다.

> (1) ㄱ. 통일의 기능(unifying function): 한 개인 또는 소수집단을 보다 큰 집단과 이어줌으로써 의사소통을 원활하게 해 준다.
> ㄴ. 독립의 기능(separating function): 하나의 통일된 언어를 사용함으로써 일정한 국가와 민족을 다른 국가 또는 민족과 구별해 준다.
> ㄷ. 위신 기능(prestige function): 표준어란 사회적으로 우위에 있는 사람들이 쓰는 말이므로, 표준어를 구사함으로써 그러한 사람들과의 일치를 성취하였다는 자부를 느끼게 해 준다.
> ㄹ. 준거의 기능(frame of reference function): 표준어를 어느 정도 정확히 구사하느냐에 따라 그 사람이 표준어의 규범에 얼마나 잘 순응하였는가를 재는 척도가 될 수 있다.

표준어의 이러한 기능들 가운데 세 번째 위신 기능을 제외하고는 모두 순기능을 지닌다고 할 수 있는 것들이다. 특히, 통일의 기능은 다민족 국가일수록 국가 내의 다양한 민족의 통합을 위해 표준어 정책을 강력히 추진할 수 있다는 점에서 필요한 기능이며, 준거의 기능은 방언들 가운데 어떤 형태가 표준형인지 또는 표준어에 가까운지를 판단하는 데 도움을 줄 수 있다는 점에서 중요성을 지닌다.

표준어의 기능들 가운데 위신 기능은 역기능적인 측면이 있을 수 있다는 점에서 언어 정책의 수립 과정에서 세심한 배려가 필요하다. 표준어를 사용하는 계층은 비표준 방언을 사용하는 계층에 비해 정치·경제·문화적으로 지도층이거나 상류층인 경우가 많아 심리적으로 우월감을 가질 수도 있지만, 언어학적인 의미로 어떤 언어나 방언도 다른 어떤 언어나 방언보다 우월하거나 열등할 수 없다는 사실에 비추어 본다면, 표준어의 위신 기능은 자칫 다른 비표준 방언 문화를 위축시킬 수도 있기 때문이다. 따라서 한 국가의 언어 정책을 수립하고 실천하는 과정에서는 표준어의 보급과 함께, 지리적·사회적 요인에 따라 이루어지는 방언의 분화와 그 문화 현상에 대해서도 폭넓게 이해시키려는 태도가 필요하다.

수문 양반 왕자지

이대흠

예순 넘어 한글 배운 수문댁
몇 날 지나자 도로 표지판쯤은 제법 읽었는데

자응 자응 했던 것을
장흥 장흥 읽게 되고
과냥 과냥 했던 것을
광양 광양 하게 되고
광주 광주 서울 서울
다 읽게 됐는데

새로 읽게 된 말이랑 이제껏 썼던 말이랑
통 달라서
말 따로 생각 따로 머릿속이 짜글짜글 했는데

자식 놈 전화 받을 때도
옴마 옴마 그래부렀냐? 하다가도
부렀다와 버렸다 사이에서
가새와 가위 사이에서
혀와 쎄가 엉켜서 말이 굳곤 하였는데

어느 날 변소 벽에 써진 말
수문 양반 왕자지
그 말 하나는 옳게 들어왔는데

그 낙서를 본 수문댁

입이 눈꼬리로 오르며
그람 그람 우리 수문 양반
왕자거튼 사람이었제
왕자거튼 사람이었제1)

---

1) 표준어와 비표준어, 곧 방언과의 거리가 어떤 것인가를 잘 말하여 주는 작품이다. '자응'과
   '장흥', '괴냥'과 '광양', '부렀다'와 '버렸다', '가새'와 '가위', '쎄'와 '혀' 사이에서 발음과
   어휘적 차원의 거리를 확인함과 동시에 두 가지 유형의 어휘가 지니는 미학적 기능의 차이
   를 엿볼 수 있도록 해 준다.

2. <표준어 규정>의 변천

1930년대, 오늘날 한글학회의 전신인 조선어학회는 민족의 자긍심과 실용적인 교육, 당시의 전반적 사회·문화적 배경에서 절실하게 요구되었던 한글 사전을 편찬하기 위해서 두 가지 중요한 작업에 착수하게 된다. 첫 번째는 1장에서 논의한 <통일안>(1933)을 공포한 것이고, 두 번째는 그로부터 3년 후인 1936년에 <사정한 조선어 표준말 모음>을 완성함으로써 최초의 한국어 표준어 규정을 마련한 것이다.[2]

그러나 엄밀한 의미에서 규범적인 표준어가 처음으로 출현한 것은 1933년부터이다. 맞춤법의 적용 대상은 당연히 표준어라고 할 수 있으므로, <통일안>의 전체적인 강령을 대변하는 제1장 총론에서 "(1) 한글 마춤법(綴字法)은 표준말을 그 소리대로 적되, 어법에 맞도록 함으로써 원칙을 삼는다. (2) 표준말은 대체로 현재 중류 사회에서 쓰는 서울말로 한다."라는 표준어 사정의 기본 원칙이 이미 수립되어 있었던 것이다(최전승 2001: 238). 또한, <통일안>의 '부록 1'에는 표준어의 일부가 8개 항목으로 분류되어 처음으로 선을 보이기도 했다. 따라서 1936년에 완성된 <사정한 조선어 표준말 모음>은 <한글 마춤법 통일안>에 제시된 표준어 사정 원칙을 토대로 총 9,412개의 단어(동의어 5,363, 유의어 3,915, 약어 134, 한자어 100)를 사정한 결과인 셈이다.

사정한 표준어의 발표는 제490회 한글날인 1936년 10월 28일에 이루어졌다. 조선어학회가 주최가 되어 완성한 표준어 사정 과정과 그 역사적 의의에 대해서는 당시의 언론 기관들에서 앞다투어 보도하였는데, 조선일보

---

[2] 그러나 한국어의 표준어가 明文으로 규정된 것은 일제 치하인 1912년 4월, 조선총독부가 제정한 <普通學教用 諺文綴字法>에서 "京城語를 標準語로 함."이라고 규정한 것으로부터라고 할 수 있다. 그러나 이는 일제에 의해서 이루어진 것이고, 진정한 의미에서의 본격적인 한국어 표준어 사정의 첫 성과는 조선어학회의 주도하에 이루어졌다고 할 것이다.

사설의 내용의 일부를 예로 들어 살펴보면 다음과 같다.

> ### 한글 標準語 發表
> #### 語文 統一運動의 一步 前進
>
> 今 十月 二十八日은 한글 頒布 第四百九十回의 記念日에 當하는데, 이
> 날에 朝鮮語學會에서는 <한글 맞춤法 統一案> 發表 以後 第二段의
> 프로그람으로, 再昨年부터 査定에 着手하여, 去年 一月의 溫陽溫泉의
> 第一讀會, 同 八月의 牛耳洞의 第二讀會 今年 七月의 仁川의 第三讀會
> 를 거처 査定된 標準語를 發表하게 되었다. 第一發表된 標準語 自體
> 에 대한 論議는 此欄에서 早急히 論及할 수 없는 것으로, 今後 專門
> 家 諸位 및 社會一般의 愼重한 批判이 있을지도 모르나, 如何ㅎ든 이
> 로써 標準語 統一의 大業을 完了한 것은 한글 統一運動을 위하여 實
> 로 慶賀할 일이라고 않을 수 없는 同時에 標準語가 한글 頒布 記念
> 日에 發表된 것도 또한 意義 깊은 일이라 할 것이다(下略).
>
> — 朝鮮日報(第五千五百四十八號)

위 기사에 따르면, 조선어학회가 조선 어문 통일 운동 가운데 하나로 수
행한 표준어 사정은 한글 운동의 획기적 성과로 인식되고 있다. 이러한 표
준어 사정의 과정을 살펴보면 1935년 1월에 제1 독회를, 8월에 제2 독회를
개최함으로써 사정안의 초안을 마련하였고, 이듬해인 1936년 7월 30일부터
8월 1일까지 3일 동안 개최한 제3 독회를 통하여 최종안이 마련되었다.[3]
이와 같은 과정을 통해 마련된 <사정한 조선어 표준말 모음>은 그 후

---

[3] 이윤재(1936)에 따르면, <사정한 조선어 표준말 모음>의 내용은 크게 세 부분, 곧 '같은
말'[同義語], '비슷한 말'[類義語], '준말'[略語] 부분으로 이루어져 있다. '같은 말'의 경우
에는 하나의 사물에 대해 이렇게도 쓰고 저렇게도 쓰는 말 가운데 하나만 뽑아 표준어로
정하고, 나머지는 사투리로 처리하여 다 버린다는 것이며, '비슷한 말'의 경우에는 얼른 보
아서는 그 의미가 동의어처럼 보이지만, 엄밀한 의미에서는 서로 상이한 의미를 지니게 되
므로 모두 표준어의 자격을 부여하였다.

이루어진 사전의 편찬과 실제 언어생활에서 표준어의 역할을 해 왔다. 그러나 세월이 흐르는 동안 말이 바뀌고 발음도 달라져 사전의 표제어 사이에도 서로 다른 것이 많아짐으로써 표준어 개정의 필요성이 제기되었고, 이러한 필요성에 따라 이루어진 두 번째 표준어 규정이 현행 <표준어 규정>(1988)이다.

1970년 4월, 정부에서는 '국어 심의회'(國語審議會)를 열고, '국어 조사 연구 위원회'를 별도로 구성하여 한글 맞춤법과 표준어 개정 작업을 추진하기에 이르렀다. '국어 조사 연구 위원회'는 '표준말심사위원회'를 두고, 문제성이 있는 16,500여 어휘를 사정하고, 그 후 국어 심의회의 심의를 거쳐 '표준말 재사정 시안'(1979)을 마련하였다. 이 시안을 다시 학술원에서 손질한 것이 '표준어 개정안'(1983)이며, 이에 대한 국어 연구소의 심의를 거친 것이 '표준어 규정안'(1987)이다. 이 '표준어 규정안'에 대한 국어 심의회의 의결을 거친 것이 현행 <표준어 규정>인데, 이는 1988년 1월 19일에 문교부 고시 제88-2호로 공표되어, 1989년 3월 1일부터 시행되었다.

<표준어 규정>에서 이루어진 개정의 실제적인 대상은 다음과 같은 네 가지 요소로 정리할 수 있다.

> (2) ㄱ. 그동안 자연스러운 언어 변화에 의해 1933년에 표준어로 규정하였던 형태가 고형(古形)이 된 것.
> ㄴ. 그때 미처 사정의 대상이 되지 않아 표준어로서의 자격을 인정받을 기회가 없었던 것.
> ㄷ. 각 사전에서 달리 처리하여 정리가 필요한 것.
> ㄹ. 방언, 신조어 등이 세력을 얻어 표준어 자리를 굳혀 가고 있는 것.

이와 같은 요소들을 개정 대상으로 하고 있는 현행 <표준어 규정>은 크게 두 부분, 곧 '제1부 표준어 사정 원칙'과 '제2부 표준 발음법'으로 이루어져 있다. 이를 좀 더 구체적으로 이해하기 위하여 그 구성을 하나의 <표

1>로 제시하면 다음과 같다.

\<표 1\> 현행 \<표준어 규정\>의 구성

제1부 표준어 사정 원칙

· 제1장 총칙
· 제2장 발음 변화에 따른 표준어 규정
    제1절 자음: 제3항, 제4항, 제5항, 제6항, 제7항
    제2절 모음: 제8항, 제9항, 제10항, 제11항, 제12항, 제13항
    제3절 준말: 제14항, 제15항, 제16항
    제4절 단수 표준어: 제17항
    제5절 복수 표준어: 제18항, 제19항
· 제3장 어휘 선택의 변화에 따른 표준어 규정
    제1절 고어: 제20항
    제2절 한자어: 제21항, 제22항
    제3절 방언: 제23항, 제24항
    제4절 단수 표준어: 제25항
    제5절 복수 표준어: 제26항

제2부 표준 발음법

· 제1장 총칙: 제1항
· 제2장 자음과 모음: 제2~5항
· 제3장 소리의 길이: 제6~7항
· 제4장 받침의 발음: 제8~9항
· 제5장 소리의 동화: 제10~16항, 제17~22항
· 제6장 된소리되기: 제23항~25항, 제26항~28항
· 제7장 소리의 첨가: 제29항, 제30항

위의 표에 따르면, 현행 <표준어 규정>의 제1부 '표준어 사정 원칙'은 모두 세 개의 장으로 이루어져 있다. 제1장은 '총칙'으로 총괄적인 표준어 사정 원칙을 밝히고 있는 부분이며, 제2장은 발음의 변화에 따른 표준어 규정으로, 언어의 변화 가운데 발음의 변화가 현저하여 종래의 표준어를 따를 수 없어서 개정한 표준어를 규정한 것이다. 그리고 제3장은 단어의 일생과 관련된 문제, 즉 시간의 흐름에 따라 새로운 단어가 생성되어 사용되고, 이전에 쓰이던 단어가 쓰이지 않게 되는 현실을 수용하여 표준어로 삼도록 한 규정이다.

한편, 제2부 '표준 발음법'은 종래에 없던 규정을 새로이 마련한 것으로, 혼동을 보이는 한국어의 발음 생활에 대한 규범을 제시하기 위하여 제정한 것이다. 이 '표준 발음법'은 제1부의 '표준어 사정 원칙'만큼 그 중요성이 큼은 물론, 논의해야 할 문제 또한 적지 않으므로, 본 장에서는 '표준어 사정 원칙'만을 다루고, 제2부 '표준 발음법'에 대해서는 장을 달리하여 제5장에서 다루기로 한다.

바다와 나비

김기림

아무도 그에게 수심(水深)을 일러 준 일이 없기에
흰나비는 도무지 바다가 무섭지 않다.

청(靑) **무우밭**[4]인가 해서 내려갔다가는
어린 날개가 물결에 절어서
공주(公主)처럼 지쳐서 돌아온다.

삼월(三月)달 바닷가 꽃이 피지 않아서 서글픈
나비 허리에 새파란 초생달이 시리다.

---

4) '김기림' 시대의 나비가 바다를 '푸른 무우밭'으로 보았다면, 우리 시대의 나비는 '푸른 무
밭'으로 보았으리라.

시래기국 한 사발

서정우

장독대 위 곳곳마다 널려 있는 **무**5) **이파리들**
차운 날 세상 온통 얼어붙어
생명 있는 것 모두 제 몸 감싸도
시린 잎새 그대로 누워 있다.

사방에서 죄어드는 추위, 여린 줄기로 받아들여
비 내리면 비 맞고
눈 내리면 뒤집어썼다가
햇빛 나면 언뜻언뜻 얼굴 내미는 이파리들
그 위로 바람 떼거지로 몰려와 험하게 놀아 대면
허리 들썩거려 벗삼아 놀아 주는
장독대 위 **무 이파리들**

그래 그렇게 겨울 넘기기에
어느 늦은 저녁 문득 생각이 나서 다가선 여인
툭툭 털어 뜯어낸 이파리
따뜻한 물에 삶아 불려지면
참 맛있는 시래기국이 되는 것이다

청 **무청** 이파리 다만 한 색으로만 살았어도
부딪쳐오는 것 모두 받아들였기에
마지막 가는 길 뱃속 가득 시원하게 만드는
한 겨울 시래기국 한 사발.
저 마음 통 틀어 전수해 주었기에
내 평범한 식사가 이렇게도 편안했던 것이다

---

5) '무우 → 무'의 변화를 보여 주는 또 다른 예이다.

3. 표준어 사정 원칙

3.1. 제1장 총칙

<표준어 규정> '제1장 총칙'은 두 개의 항으로 이루어져 있는데, 제1항
에서는 표준어의 조건을, 제2항에서는 외래어의 사정에 대해 제시하고 있
다. 우선 규정을 보이면 다음과 같다.

> **제1항** 표준어는 교양 있는 사람들이 두루 쓰는 현대 서울말로 정
> 함을 원칙으로 한다.
> **제2항** 외래어는 따로 사정한다.

제1항에서 제시되고 있는 표준어의 조건은 1933년의 <통일안>에서 제
시된 것과 세 가지 점에서 차이가 있다. 앞에서 제시한 것처럼, <통일안>
에서는 "표준말은 대체로 현재 중류 사회에서 쓰는 서울말로 한다."라고 그
조건이 규정되어 있다. 따라서 두 규정 사이에는 몇 가지 변화가 수반되어
있음을 알 수 있다.

우선, <통일안>에서는 '표준말'이라는 용어를 쓰고 있는 데 대하여 현행
<표준어 규정>에서는 '표준어'라는 용어를 쓰고 있다. 이와 같이, '표준말'
을 '표준어'로 바꾼 것은 '비표준어'와의 대비에서 '표준말/비표준말'이 말
결에 맞지 않기 때문이다.

그다음으로, <통일안>에서는 표준어의 조건이 되는 계층 요인을 '중류
사회'라고 한 것과는 달리, <표준어 규정>에서는 '교양 있는 사람들'로 개
정하였다. 이와 같은 개정은 '중류 사회'의 기준이 모호하다는 점과, 이렇게
정해 놓음으로써 앞으로는 표준어를 못하면 교양 없는 사람이 된다는 점을

강조하기 위해서이다. 즉, 표준어는 국민 누구나 공통으로 쓸 수 있도록 마련한 공용어(公用語)이므로, 공적(公的) 활동을 하는 이들이 표준어를 익혀 올바르게 사용하는 것은 너무나 당연한 필수적 교양으로 여긴 것이다.

마지막으로, <통일안>에서는 시대의 구획을 '현재'라고 한 것과는 달리, <표준어 규정>에서는 '현대'라고 바꿔 쓰고 있다. 이와 같은 변화는 역사의 흐름에서의 구획을 인식해서이다. '현재'란 '과거'의 현재, '현재'의 현재', '미래'의 현재, 즉 영원한 현재로서 일정한 역사 속에서 한 시대의 구획을 위한 개념으로는 적절치 않기 때문이다.

한편, 제2항에 제시하고 있는 외래어의 사정은 표준어 사정의 중요한 대상이긴 하지만, 이 사정에서는 일단 보류되었다. 물밀 듯 쏟아져 들어오는 외래어는 그때그때 사정하여 한국어의 일원으로 수용할 것인가의 여부를 결정해 주어야 함에도 불구하고 현행 <표준어 규정>에서 외래어의 사정을 보류한 것은, 외래어를 사정 대상에 포함하는 데에는 시간 제약이 따른다는 점과, 외래어는 그 성격이 고유어와는 다르기 때문이라는 것이 그 이유이다 (이희승·안병희 1994: 185). 다만, 외래어의 사정과 관련하여 참고로 해야 할 것은 문교부 고시 제85-11호(1986. 1. 7.)로 공표된 <외래어 표기법>인데, 이에 대해서는 제6장에서 다룰 것이다.

3.2. 제2장 발음 변화에 따른 표준어 규정

제2장 '발음 변화에 따른 표준어 규정'은 제1절 '자음', 제2절 '모음', 제3절 '준말', 제4절 '단수 표준어', 제5절 '복수 표준어' 등 모두 다섯 가지로 나누어 표준어를 규정하고 있는 부분이다. 본 절에서는 각 절별로 전체적인 내용의 개요를 제시한 다음, 필자가 판단하기에 그 중요성과 의의가 큰 것으로 보이는 규정에만 논의를 한정하기로 한다.

3.2.1. 제1절 자음

제1절의 '자음'에서는 모두 세 가지 경우에 대해 규정해 놓고 있다. '끄나풀, 칸' 등의 예에서처럼 거센소리로 나는 형태를 표준어로 삼은 경우와, '가을갈이, 거시기' 등처럼 거센소리로 나지 않는 형태를 표준어로 삼은 경우, 어원(語原)이 분명함에도 불구하고 어원에서 멀어진 형태가 굳어져 널리 쓰이면 그것을 표준어로 삼고, 어원 의식이 남아 있어 그 형태가 쓰이고 있는 것들은 그들대로 인정하여 표준어로 삼기로 한 경우가 그것이다.

3.2.1.1. 어원에서 멀어진 형태

1) 용례

① 감자밥은 흰쌀을 감자와 섞어 지을 수 있지만 *__강남콩,__ 보리, 밀 등 잡곡을 섞어 지으면 더 구수하고 독특한 별미가 난다.
② 이엉을 얹고 나면 바람에 날리지 않도록 새끼 줄로 매는데 이것을 __고샅__ 맨다고 한다. __고샅__ 매기를 할 때 안으로 들어가는 __고샅__을 속고샅이라고 하고, 밖으로 드러나는 __고샅__을 __겉고샅__이라고 한다.
③ 어린 날의 동네 __고샅길__이며 뒷산과 고개를 넘어 이웃 마을까지 동냥밥을 빌러 다니던 일들이 생각났다.
④ 첨단지구에 있는 모든 아파트 매매, 전세, 월세, *__삭월세__가 특히 전문이며 인터넷을 통해 전국의 토지 및 기타 부동산을 취급합니다.

2) 규정

> **제5항** 어원에서 멀어진 형태로 굳어져서 널리 쓰이는 것은, 그것
> 을 표준어로 삼는다.(ㄱ을 표준어로 삼고, ㄴ을 버림.)
>
> | ㄱ | ㄴ | 비고 |
> |---|---|---|
> | 강낭-콩 | 강남-콩 | |
> | 고샅 | 고샅 | 겉~, 속~ |
> | 사글-세 | 삭월-세 | '월세'는 표준어임. |
> | 울력-성당 | 위력-성당 | 떼를 지어서 으르고 협박하는 일 |

3) 해설

위 규정은 어원(語源)이 분명한데도 불구하고 어원에 대한 언중(言衆)의 의
식이 약해짐으로써 어원에서 멀어진 형태가 굳어져 널리 쓰이게 되면 그것
을 표준어로 삼고, 아무리 어원에 충실한 형태이더라도 현실적으로 쓰이지
않는 것은 표준어로 삼지 않는다는 것을 다룬 항이다. 여기에 제시한 사항
들을 좀 더 구체적으로 살펴보면 다음과 같다.

첫째, '강낭콩'은 그 어원이 중국 강남 지방에서 들여온 콩이라는 의미의
'강남콩(江南~)'이지만, 이미 어원을 인식하지 않고 '강낭콩'으로 쓰이고 있
는 것을 감안하여, '강낭콩'으로 쓰기로 한 것이다. 따라서 용례 ①의 '*강
남콩'은 '강낭콩'으로 바꿔 써야 한다.

둘째, 종래에 '지붕을 이을 때에 쓰는 새끼'와 '시골 마을의 좁은 골목길.
또는 골목 사이'를 다 함께 '고샅'으로 써 왔으나, 전자의 의미를 지닌 단어
로는 어원에서 멀어진 '고샃'을 쓰기로 함으로써 두 단어를 분화하여 사용
하기로 하였다. 위의 예문들 가운데 ②의 '고샃'은 '지붕을 이을 때에 쓰는
새끼'를 의미하고, ③의 '고샅'은 '시골 마을의 좁은 골목길. 또는 골목 사
이'를 의미하므로, 이들을 그 의미 기능에 따라 잘 구별해서 써야 한다.

[그림 1] 초가지붕을 매는 데 쓰이는 새끼줄 '고샅'의 모습

셋째, '사글세'의 경우, '월세(月貰)'와 동일한 의미를 지니는 것으로 보고, 함께 사용해 오던 '삭월세(朔月貰)'를 단순한 한자취음(漢字取音)으로 판단하여 '사글세'만을 표준어로 삼았다. 따라서 ④의 '*삭월세'는 '사글세'로 바로잡아야 한다.

넷째, '울력성당'의 경우 역시 그 어원을 '위력성당'(威力成黨)으로 볼 수 있으나, 언중들에게 그러한 인식이 거의 남아 있지 않다는 이유로 '울력성당'으로 쓰기로 하였다.

3.2.1.2. 의미의 구별을 하지 않는 형태의 표기

1) 용례

> ① 아이를 낳으면 남자에게도 출산 휴가를 주어 *돐 때까지 부모가 키우게 하고, 그다음은 나라가 책임지고 키워 출산율을 1.5 이상으로 유지해야 한다.

> ② *<u>**세째,**</u> 디지털 콘텐츠의 소유권 논쟁(소리바다 사태, 불온통신 관련법 위헌 판결) 등이다.
> ③ *<u>**네째,**</u> 절세형 상품을 주목하라.
> ④ 이 자리를 *<u>**빌어**</u> 이 행사를 위하여 협조하고, 노력하여 주신 분 들께 감사드리고 싶습니다.

2) 규정

> **제6항** 다음 단어들은 의미를 구별함이 없이, 한 가지 형태만을 표준어로 삼는다.(ㄱ을 표준어로 삼고, ㄴ을 버림.)
>
> | ㄱ | ㄴ | 비고 |
> |---|---|---|
> | 돌 | 돐 | 생일, 주기 |
> | 둘-째 | 두-째 | '제2, 두 개째'의 뜻 |
> | 셋-째 | 세-째 | '제3, 세 개째'의 뜻 |
> | 넷-째 | 네-째 | '제4, 네 개째'의 뜻 |
> | 빌리다 | 빌다 | 1. 빌려 주다, 빌려 오다 |
> | | | 2. '용서를 빌다'는 '빌다' |

3) 해설

　한국어 단어 가운데는 의미상 차이가 그다지 크지 않음에도 불구하고, 두 개의 상이한 형태를 취함으로써 용법의 차이가 있는 것으로 규정해 온 것들이 적지 않다. 문제는 일반인들에게는 그러한 구별이 쉽지 않아 혼란을 초래하는 경우가 많다는 것이다. 제6항은 더 이상 그와 같은 구별을 하지 않고 하나로 통합하여 쓰기로 하였음을 제시한 것이다.

　첫째, '돌'은 생일, '돐'은 '한글 반포 500돐'처럼 주기의 의미로 세분해 썼던 것을, 그러한 구분이 다소 인위적인 데다 불필요하게 세분하였다고 판단하여 '돌' 하나로 통합하였다. 용례 ①의 '*돐'을 '돌'로 바로잡아야 하는 이유도 바로 이것 때문이다.

둘째, '두째, 세째, 네째'는 '첫째'와 함께 차례를, '둘째, 셋째, 넷째'는 '하나째'와 함께 "사과를 벌써 셋째 먹는다."에서처럼 수량을 나타내는 것으로 구분해 왔다. 그러나 언어 현실에서 이와 같은 구분 역시 인위적인 것으로 판단하여 '둘째, 셋째, 넷째'로 통합하였다. 따라서 용례 ②, ③의 '*세째'와 '*네째'는 각각 '셋째', '넷째'로 써야 올바른 표현이다. 다만, '두째, 둘째'는 그 수가 10 이상일 때에는 예컨대 '열두째, 열둘째'의 경우처럼 여전히 구분이 필요하며, 용법상의 차이도 보인다는 것에 유의해야 한다. 우선 다음 예문을 보기로 하자.

(3) ㄱ. 이 줄 **열두째**에 앉은 애가 내 친구 영신이야.
ㄴ. 그 쪽의 **열두째** 줄을 읽어 보아라.

(4) 이 시험 답안지는 **열둘째**이다.

위의 예들 가운데 (3)은 '열두째', (4)는 '열둘째'의 용례이다. 이러한 용례에서 쓰인 '열두째, 열둘째'는 그 품사와 의미가 각각 다른 것이 특징이다. 우선 (3)의 '열두째'는 '수사'(3ㄱ)와 '관형사'(3ㄴ)로 쓰여, "순서가 열두 번째가 되는 차례 또는 그런 차례의."라는 의미로 쓰인 것이 특징이다. 이와는 달리 (4)의 '열둘째'는 명사로 쓰인 것이며, 그 의미는 "맨 앞에서부터 세어 모두 열두 개째가 됨을 이르는 말."이다. '두째, 둘째'의 이와 같은 구별은 '스물두째, 스물둘째' 등에서도 그대로 적용된다.

셋째, 종래에는 '빌다'에 '乞, 祈'의 의미 외에, '借'의 뜻이 있다고 보아, '貸'의 의미가 있는 '빌리다'와 구별하여 사용해 왔다. 그러나 이러한 구별은 결코 쉽지 않은 일이어서 언중들에게 심한 혼란을 겪게 하였다. 이러한 이유로 현행 <표준어 규정>에서는 '빌다'가 지니고 있던 '借'의 의미를 제거하고, '빌리다'가 이를 대신하도록 하였다. 결국, 종전에는 '빌다'와 '빌리다'를 구별하여 사용해 오던 것을 통합하여 '빌리다'에 '借, 貸'의 뜻이 다 들어 있는 것으로 처리한 것이다. 따라서 위의 용례 ④에서 밑줄 친 '*빌어'는 '빌려'로 고쳐 써야만 올바른 표현이다. 그럼에도 불구하고 많은 한국어 사용자들이 아직까지 그러한 인식을 잘하지 못하여 잘못된 용례를 흔히 사용하고 있다. 다음이 바로 그러한 예이다.

(5) ㄱ. 구조주의의 용어를 ***빌어** 표현한다면 리얼리즘은 문학 작품에서 기호보다는 오히려 그것을 매체로 하여 표현되는 메시지를 한결 더 중시하는 것이다.

ㄴ. 정말로 귀를 막고 눈마저 질끈 감은 약한(?) 모습으로나마 폭죽도 터뜨리며 남의 생일을 ***빌어** 한껏 잔치 기분을 냈습니다.

ㄷ. 주술(呪術)이란 초자연적 존재의 힘을 ***빌어** 길흉을 점치고 화복을 가져오려는 술(術)로서 초자연적 존재에 대한 찬미는 물론 때로는 위협, 회유, 투쟁 등의 내용을 보이기도 하는데 원시 종합 예술 형태에 많이 나타나는 요소이다.

ㄹ. 향찰(鄕札)이란 한자의 음과 훈을 ***빌어** 국어 문장을 표기하던 신라 시대 국어 표기법으로 대체로 의미부(실질 형태소)는 '훈'을, 형식부(형식 형태소)는 '음'을 ***빌어** 표기했다.

3.2.1.3. 접두사 '수-'(수컷을 이르는 말)의 표기

1) 용례

① 곁에 있던 *__숫놈__은 천성적으로 겁이 많으면서도 카메라를 정면으로 쏘아봤고 암컷을 부축해 끝내 함께 숲속으로 달아났다.

② 길거리를 가다 보면 암소갈비 집들은 있는데 왜 *__숫소갈비__는 없을까요?

③ 혹서기를 지낸 *__숫돼지__는 가을에 수태율이 저하되는 경향이 있으므로 가을에는 *__숫돼지__의 결함 여부를 확인하여 볼 필요가

있는데, 특히 더위에 약한 랜드레이스나 햄프셔는 주의하여 관찰할 필요가 있다.

④ *<u>**수염소**</u>가 그리스의 상징이었음에 관하여, 뉴톤 경은 이미 다니엘 시대 200년 전부터 그리스인들은 염소족(the goat people)이라고 불리었다고 말했는데, 그 까닭은 그들의 왕 카라누스(Caranus)가 신탁(神託)에 의하여 염소를 마케도니아 새 영토의 안내자로 삼으라는 지시를 받았기 때문이라 한다.

2) 규정

제7항 수컷을 이르는 접두사는 '수-'로 통일한다.(ㄱ을 표준어로 삼고, ㄴ을 버림.)

ㄱ	ㄴ	비고
수-꿩	수-퀑, 숫-꿩	'장끼'도 표준어임.
수-놈	숫-놈	
수-사돈	숫-사돈	
수-소	숫-소	'황소'도 표준어임.
수-은행나무	숫-은행나무	

[다만 1] 다음 단어에서는 접두사 다음에서 나는 거센소리를 인정한다. 접두사 '암-'이 결합되는 경우에도 이에 준한다.(ㄱ을 표준어로 삼고, ㄴ을 버림.)

ㄱ	ㄴ	비고
수-캉아지	숫-강아지	
수-캐	숫-개	
수-컷	숫-것	
수-키와	숫-기와	
수-탉	숫-닭	
수-탕나귀	숫-당나귀	
수-톨쩌귀	숫-돌쩌귀	
수-퇘지	숫-돼지	

> 수-평아리   숫-병아리
>
> [다만 2] 다음 단어의 접두사는 '숫-'으로 한다.(ㄱ을 표준어로 삼
>   고, ㄴ을 버림.)
>
> | ㄱ | ㄴ | 비고 |
> |---|---|---|
> | 숫-양 | 수-양 | |
> | 숫-염소 | 수-염소 | |
> | 숫-쥐 | 수-쥐 | |

3) 해설

  오늘날 접두사로 쓰이는 '암-', '수-'는 역사적으로 'ㅎ 종성 체언', 곧 'ㅎ'을 말음으로 하는 명사 '암ㅎ', '수ㅎ'이었다. 따라서 '암캐, 수캐', '암탉, 수탉' 등에 남아 있는 'ㅎ'은 일종의 언어 화석, 곧 역사적인 흔적이라고 할 수 있다. 그러나 오늘날 '암ㅎ'과 '수ㅎ'은 '암수'라는 합성어에서만 명사로 쓰이고 있으며, 그 이외에는 접두사로만 쓰이고 있다. 이와 같은 언어 변화 결과, 받침 'ㅎ'의 실현이 복잡해졌다. 특히, '암'의 경우보다는 '수'의 경우가 훨씬 더 그러한데, 그리하여 <제7항>과 같은 규정이 필요하게 되었다.

  <제7항>에 따르면, 접두사 '수-'의 표기 방식은 크게 세 가지로 구분된다.

  첫째, 가장 보편적인 경우로서, 접두사 '수-'의 기본형은 '수'이다. 따라서 [다만 1]과 [다만 2]에 제시된 예들을 제외하고는 <제7항>에 제시된 '꿩, 놈, 사돈, 소, 은행나무' 등의 어기(語基)는 물론, '거미, 개미, 할미새, 나비, 술' 등의 모든 형태들이 언제나 '수'와 결합되게 된다. 따라서 용례 ①의 ''숫놈'과 ②의 ''숫소갈비'는 각각 '수놈'과 '수소갈비'로 써야 올바른 표준어이다.

둘째, 어기의 첫 음이 'ㄱ, ㄷ, ㅂ' 같은 평폐쇄음인 경우로, '수ㅎ', 곧 역사적인 흔적으로서 어간말음 'ㅎ'를 보유하고 있는 형태를 그대로 사용하는 경우이다. 이 경우에 어간말음 'ㅎ'는 다음 음절 첫소리와 거센소리를 이루게 된다. 따라서 ③의 '*숫돼지'는 '수퇘지'로 써야 올바른 표현이 된다.

문제는 화석 'ㅎ'가 어기의 첫 음이 평폐쇄음인 경우에 모두 유지되는 것이 아니라, 예컨대 '개미'나 '거미', '벌' 등의 경우에는 그러한 성격의 언어 화석이 나타나지 않는다는 것이다. 따라서 언어적 화석 'ㅎ'의 존재를 인정해야 하는 형태로서는 [다만 1]에 제시된 어휘들에 한해서만 인정된다.

셋째, 특수한 경우로서, [다만 2]에 제시된 바와 같이, 어기가 '양, 염소, 쥐'인 경우에는 '숫-'의 형태를 취한다. 이 경우에 '숫-'을 취하는 것은 발음상 사이시옷과 비슷한 소리가 있다고 판단하였기 때문이다. ④의 예에서 나타나는 '*수염소'를 '숫염소'로 표기해야 하는 것은 바로 이러한 이유 때문이다.

이상에서 살펴본 바와 같이, 접두사 '수-'는 어기(語基)의 음운론적 또는 형태론적 조건에 따라 그 이형태로 '숳-', '숫-'을 가지고 있다. 이러한 사실을 좀 더 분명히 이해하기 위해서는 다음 글을 참고할 필요가 있다.

글을 읽다가 '수탉'과 같은 표기를 보고 의아한 생각을 해 보았을 것이다. 왜 '수닭'이나 '숫닭'이 아니고 난데없이 '탉'이 되었느냐 하는 의문이 생길 것이다. 이런 경우는 '수탉'만이 아니고 '수캉아지·수캐·수컷·수탕나귀·수퇘지·수평아리' 등도 마찬가지다. 또 '암'을 붙여도 '암탉·암캉아지·암캐·암컷·암탕나귀·암퇘지·암평아리'로 된다.

왜 이렇게 '암'이나 '수' 밑에서는 보통소리가 거센소리로 변하는 것일까? 쉽게 설명하자면 옛말의 찌꺼기가 묻어 있어서 그렇다. 우리의 옛말에는 이른바 'ㅎ종성체언'이라는 것이 있어서 거센소리가 될 수 있는 소리와 이어질 때는 꼬리에 [ㅎ]이 드러나서 아래 말을 변화시킨다. '살고기'가 '살코기'로 되는 것도 같은 이유에서이다. 'ㅎ종성체언'의 대표적인 두 말인 '암'과 '수'가 현대어에 와서는 적잖은 골칫거리가 되고 있다.

수정을 위해 서로의 피부를 밀착한 한 쌍의 '부부'에게 제3의 숫놈이 암놈에 눈이 어두워 염치불구 달려든 것으로 풀이된다.

개구리 세 마리가 어울린 사진과 함께 게재된 '이성 잃은 개구리'라는 제목의 중앙일보 기사 중의 일부이다. 여기서는 '수놈'을 '숫놈'으로 표기하고 있다.

현재 국어 표준어 규정에는 수컷을 이르는 접두사는 '수-'로 통일한다고 되어 있다. 그래서 '수꿩·수나사·수놈·수사돈·수소·수은행나무'로 써야 한다. '숫꿩·숫나사·숫놈·숫사돈·숫소·숫은행나무'는 표준어가 아니다. 당연히 위에 인용한 신문 기사의 '숫놈'은 틀린 표기이다.

접두사 '수-' 다음에 이어지는 거센소리는 소리대로 적는다. '수캉아지·수캐·수컷·수펌·수키와·수탉·수탕나귀·수톨쩌귀·수퇘지·수평아리'가 바른 표기이다. 따라서 '숫강아지·숫개·숫것·숫범……' 따위는 틀린 표기이다. 이것은 앞에서 설명한 대로, 옛말의 잔재가 아직 남아 있기 때문이다.

여기에 약간의 예외가 있다. '벌'의 경우에는 '수펄·암펄'을 표준어로 하지 않고 '수벌·암벌'을 표준어로 삼는다. 또 하나의 예외는 부분적으로 '숫-'을 쓰는 경우이다. '숫양·숫염소·숫쥐'가 그것이다. 이때는 '수양·수염소·수쥐'가 오히려 틀린 표기가 된다. 표준어 규정에 예를 들어 놓지는 않았지만 '숫쥐'를 표준어로 한다면 같은 소리로 시작하는 말인 '조개·조롱이'의 경우에도 '수조개·수조롱이'가 아니라 '숫조개·숫조롱이'로 해야 일관성이 있을 것이다.

그러나 같은 소리로 시작하는 말이면서도 '병아리'는 '수평아리·암평아리'로 하면서 '벌'은 '수벌·암벌'로 하는 것을 보면 함부로 유추해서 쓸 수도 없게 되어 있다.

　이렇게 일관성도 없고 예외도 많은 규정을 통일하여 수컷을 나타내는 접두사는 모두 '숫-'으로 하고 그 뒤에 따르는 거센소리도 인정하지 않는다는 새로운 규정이 마련되었으나 아직 시행되지는 않고 있다.

<출처: http://hanbitdongin.hihome.com/newfile266.htm>

황혼

오장환

직업 소개에는 실업자들이 일터와 같이 출근하였다. 아모 일도 안 하면 일할 때보다는 야위어진다. 검푸른 황혼은 언덕 알로 깔리어 오고 가로수와 절망과 같은 나의 기-인 그림자는 군집의 대하에 짓밟히었다.

바보와 같이 거물어지는 하늘을 보며 나는 나의 키보다 얕은 가로수에 기대어 섰다. 병든 나에게도 고향은 있다. 근육이 풀릴 때 향수는 실마리처럼 풀려 나온다. 나는 젊음의 자랑과 희망을, 나의 무거운 절망의 그림자와 함께, 뭇 사람의 웃음과 발길에 채우고 밟히며 스미어오는 황혼에 맡겨버린다.

제집을 향하는 많은 군중들은 시끄러이 떠들며, 부산히 어둠 속으로 흐터저버리고 나는 공복의 가는 눈을 떠, 희미한 노등(路燈)을 본다. 띄엄띄엄 서 있는 포도(鋪道) 우에 잎새 없는 가로수도 나와 같이 공허하고나.

고향이여! 황혼의 저자에서 나는 아리따운 너의 기억을 찾어 나의 마음을 전서구(傳書鳩)와 같이 날려 보낸다. 정든 *고샅.⁶⁾ 썩은 울타리. 늙은 아베의 하-얀 상투에는 몇 나절의 때 묻은 회상이 맺어 있는가. 우거진 송림 속으로 곱-게 보이는 고향이여! 병든 학(鶴)이었다. 너는 날마다 야위어가는.

어디를 가도 사람보다 일 잘하는 기계는 나날이 늘어나가고, 나는 병든 사나이. 야윈 손을 들어 오랫동안 타태(墮怠)와, 무기력을 극진히 어루만졌다. 어두워지는 황혼 속에서, 아무도 보는 이 없는, 보이지 않는 황혼 속에서, 나는 힘없는 분노와 절망을 묻어버린다.

---

6) *'고샅'은 "시골 마을의 좁은 골목길. 또는 골목 사이."를 뜻하는 '고샅'으로 적어야 올바르다.

악연

그 도시하고는 무슨 악연인가
가기만 하면 괜히 간 것이 된다

고양이가 아니라 폭군
네로 같은 사내가 있고 한술 더 떠서
다음과 같은 일도 없지 않다
망월동 시인 추모한 날
동구청 뒷골목 마지막 막걸리집
뻔한 인사들 모여 앉았는데
이번엔 또 어느 딴 광역시에서 왔다는
해반주그레한 숙녀께서 적극적으로
옆 사람들 마음 뒤흔들더니
웬걸, 상대적으로 젊은 귀 큰 녀석 나타나자
두말 없이 울타리 뛰어넘는다
한번 남의 수중에 떨어진 암말은
끝내 젊은 **수탕나귀**[7] 울음소리 따라가고
구석에 버려져 뒤숭숭한 마음
서로들 달래던 일이여

그 고약한 **당나귀** 녀석보다
상대적으로 젊지 못함의 화두여

---

7) 수탕나귀: '숳- + 당나귀'로 분석, '숳-'의 'ㅎ'은 언어적 화석임. '암탕나귀'의 '암ㅎ'도 마
   찬가지이다.

3.2.2. 제2절 모음

3.2.2.1. 모음 조화의 붕괴(양성 모음의 음성 모음화) 반영

1) 용례

> ① 아무것도 모르는 응아의 어린 딸은 무덤가를 *깡총거리며 뛰
>   어다니고, 늙은 어머니는 잡초를 걷어내고 있었다.
> ② 비실비실 배삼룡, *막동이 구봉서.
> ③ 없긴 왜 없어? *오똑이가 방학 과제물이었잖아.
> ④ 맘대루 해. *부주 까짓거 식장비 제하믄 남는 것두 없겠더구만.
> ⑤ 우리 *사둔댁 체면이 땅바닥에 곤두박질치게 생겼는디 어떻게
>   상관이 없어요, 내가?

2) 규정

> **제8항** 양성 모음이 음성 모음으로 바뀌어 굳어진 다음 단어는 음
> 성 모음 형태를 표준어로 삼는다.(ㄱ을 표준어로 삼고, ㄴ을 버
> 림.)

ㄱ	ㄴ	비고
깡충-깡충	깡총-깡총	큰말은 '껑충껑충'임.
-둥이	-동이	← 童-이. 귀-, 막-, 선-, 쌍-, 검-, 바람-, 흰-
발가-숭이	발가-송이	센말은 '빨가숭이', 큰말은 '벌거숭이, 뻘거숭이'임.
보퉁이	보통이	
봉죽	봉족	← 奉足, ~꾼, ~들다
뻗정-다리	뻗장-다리	
아서, 아서라	앗아, 앗아라	하지 말라고 금지하는 말.
오뚝-이	오똑-이	부사도 '오뚝-이'임.
주추	주초	← 柱礎. 주춧-돌

다만, 어원 의식이 강하게 작용하는 다음 단어에서는 양성 모음
형태를 그대로 표준어로 삼는다.(ㄱ을 표준어로 삼고, ㄴ을 버림.)

ㄱ	ㄴ	비고
부조(扶助)	부주	~금, 부좃-술
사돈(査頓)	사둔	밭~, 안~
삼촌(三寸)	삼춘	시~, 외~, 처~

3) 해설

1장(3.3.3. 참조.)에서 언급한 바와 같이, 한국어의 모음 조화 규칙은 후세
로 오면서 상당히 많이 약화되었고, 오늘날에는 더욱 약해지고 있는 실정이
다. 이 규칙의 약화는 대체로 한쪽 양성 모음이 음성 모음으로 바뀌면서 나
타난다. 제8항에서 다루고 있는 모음의 변화는 바로 이러한 음성 모음화를
반영하는 것들이다. 여기에서 반영하고 있는 음성 모음화 현상을 구체적으
로 제시하면 다음과 같다.

첫째, 종래의 '*깡총깡총'은 언어 현실, 곧 음성 모음화에 따라 '깡충깡
충'으로 한다. 따라서 용례 ①의 '*깡총거리며' 또한 '깡충거리며'로 써야
한다.

둘째, '*-동이, *발가송이, *보통이'도 음성 모음화를 인정하여 '-둥이, 발
가숭이, 보퉁이'로 써야 한다. 그러므로 ②의 '*막동이'는 '막둥이'로 적어
야 한다. 그 밖에 '쌍둥이, 순둥이, 귀둥이, 금자둥이, 은자둥이'[8] 등도 마찬
가지다.

셋째, '봉죽(奉足), 주초(柱礎)'는 한자어로서의 형태를 인식하지 않고, 쓸 때
'봉죽, 주추'와 같이 음성 모음 형태를 인정하였다.

---

8) '금자둥이, 은자둥이'란 '금이나 은과 같이 귀하다는 의미'로, 어린아이를 일컫는 말이다.
어원은 '金子童'과 '銀子童'.

넷째, '뻗정다리'9)는 어원상으로는 '뻗장다리'가 맞지만, 이것 역시 '뻗정다리'로 발음하는 언어 현실을 그대로 수용한 것이다.

다섯째, 종래의 금지사(禁止辭) '앗아, 앗아라'는 '빼앗다'는 원뜻과는 멀어져 단지 '하지 말라'는 뜻이므로 발음대로 쓰기로 하고, 다시 언어 현실에 따라 음성 모음 형태를 취하여 '아서, 아서라'로 한 것이다.

여섯째, '오뚝이' 역시 음성 모음화를 반영한 형태인 '오뚝이'를 표준형으로 취하기로 하였다. 따라서 ③의 '*오똑이'는 '오뚝이'로 적어야 한다. 아울러 '오뚝이'는 명사형은 물론이거니와, 부사형 역시 '오뚝이'로 쓰인다.

일곱째, '부주, 사둔, 삼춘' 등의 한자어는 음성 모음화 형태가 널리 쓰이고 있기는 하지만, 화자들이 어원을 의식하는 경향이 크므로 음성 모음화를 인정하지 않았다. ④, ⑤의 '*부주'와 '*사둔'을 각각 '부조', '사돈'으로 적어야 하는 이유는 바로 이와 같은 사실 때문이다.10)

3.2.2.2. 'ㅣ' 모음 역행 동화 반영

1) 용례

> ① 하기야 자식들도 **애비** 말을 안 듣는데……
> ② **풋나기** 건달 김두한의 재능을 한눈에 알아본 것도 쌍칼이다.
> ③ **아지랭이** 같은 사랑아, 눈물 같은 내 사랑아.
> ④ 화성도, 각 건물 설계도, 과학기재와 부속건물그림, 목수, **미쟁이**, 석수 화공 등 이름 명단, 자재 외 비용 등 기록.
> ⑤ 진짜 **멋장이**나 귀족층은 맞춤 명품, 명품 브랜드라도 로고가 안 박혀서 어디 것인지 모르는 아주 고급스러운 상품들을 사용합니다.

---

9) 꾸부렸다 폈다 하지 못하고 늘 뻗치기만 하는 다리. 또는 그런 다리를 가진 사람.
10) '査頓'은 한국에서만 쓰이는 단순한 한자 취음어(漢字取音語)이므로 '사둔' 형태를 취하자는 의견도 있었으나, 한자 표기 의식이 아직은 강하게 남아 있으므로, 그대로 '사돈'으로 하기로 하였다.

2) 규정

> **제9항** '│' 역행 동화 현상에 의한 발음은 원칙적으로 표준 발음
> 으로 인정하지 아니하되, 다만 다음 단어들은 그러한 동화가 적
> 용된 형태를 표준어로 삼는다.(ㄱ을 표준어로 삼고, ㄴ을 버림.)
>
> | ㄱ | ㄴ | 비고 |
> |---|---|---|
> | -내기 | -나기 | 서울-, 시골-, 신출-, 풋- |
> | 냄비 | 남비 | |
> | 동댕이-치다 | 동당이-치다 | |
>
> **[붙임 1]** 다음 단어는 '│' 역행 동화가 일어나지 아니한 형태를
> 표준어로 삼는다.(ㄱ을 표준어로 삼고, ㄴ을 버림.)
>
> | ㄱ | ㄴ | 비고 |
> |---|---|---|
> | 아지랑이 | 아지랭이 | |
>
> **[붙임 2]** 기술자에게는 '-장이', 그 외에는 '-쟁이'가 붙는 형태를
> 표준어로 삼는다.(ㄱ을 표준어로 삼고, ㄴ을 버림.)
>
> | ㄱ | ㄴ | 비고 |
> |---|---|---|
> | 미장이 | 미쟁이 | |
> | 유기장이 | 유기쟁이 | |
> | 멋쟁이 | 멋장이 | |
> | 소금쟁이 | 소금장이 | |
> | 담쟁이-덩굴 | 담장이-덩굴 | |
> | 골목쟁이 | 골목장이 | |
> | 발목쟁이 | 발목장이 | |

3) 해설

주지하는 바와 같이, '│' 모음 역행 동화, 곧 움라우트(umlaut)란 한국어
의 모음 가운데 'ㅏ, ㅓ, ㅗ, ㅜ, ㅡ' 등 후설 모음이 다음 음절에 오는 전설
모음 '│'나 활음 'j'의 영향을 받아 각각 전설 모음 'ㅐ, ㅔ, ㅚ, ㅟ, │'로

역행 동화하는 현상이다. 이러한 움라우트 현상은 일상적인 말투(casual speech style)에서는 한국어의 하위 방언들에서 매우 일반화되어 있는 현상이지만, 신중한 말투(careful speech style)에서는 피할 수 있는 발음이므로, 그 동화형(同化形)을 표준어로 삼기 어려운 실정이다. 따라서 'ㅣ' 모음 역행 동화 현상을 표준어로 인정하는 범위를 극소화하여, 위의 <제9항>에 제시된 '-내기'11), '냄비', '동댕이치다' 등과 같은 예들을 제외하고는 거의 인정하지 않게 된 것이다. 위의 용례들 가운데 ①의 '*애비'를 표준어로 인정하지

[그림 2] 갓 만드는 匠人(장인),
'갓장이'의 모습

않는 것은 바로 그러한 이유 때문이다. 그러나 ②의 '*풋나기'는 움라우트를 수행한 형태를 표준어로 인정하므로, '풋내기'로 적어야 한다.

한 가지 유의해야 하는 것은 '아지랑이'의 경우이다. 지금까지는 움라우트를 수행한 형태인 '아지랭이'가 사전이나 교과서에 반영될 정도로 '아지랭이'가 표준어로 행세해 왔으나, 현실 언어가 '아지랑이'이므로 36년에 정한 대로 '아지랑이'로 되돌린 것이다.

한편, '-장이'는 논란이 많았던 항목인데, 하나의 타협안으로서 '匠人'이란 뜻이 살아 있는 말은 '-장이'로, 그 외는 '-쟁이'로 하기로 하였다. 따라서 '미장[泥匠], 유기장(鍮器匠)'은 각각 '미장이, 유기장이'로 써야 한다. ④의 '*미쟁이'는 '미장이'로, ⑤의 '*멋장이'는 '멋쟁이'로 적어야 하는 이유는 바로 이것 때문이다. 이와 같은 이유로, '갓을 만드는 것을 업으로 하는 사람'은

---

11) '-나기'의 경우, 서울에서 났다는 뜻의 '서울나기'는 그대로 쓰임 직하나, '신출나기, 풋나기'는 어색하므로 일률적으로 '-내기'로 쓰기로 한 것이다.

'갓장이', '갓을 쓴 사람'은 '멋쟁이'의 경우에 준하여 '갓쟁이'[12]로 분화된다는 사실도 알아 두어야 한다.

3.2.2.3. 이중 모음의 단모음화 반영

1) 용례

> ① 당신을 부르는 내 목소리 키 큰 ***미류나무** 사이로 잎잎이 춤춥니다.
> ② ***왼달**같이 둥근 배미에다 한 포기 두 포기 꽂아 보세.
> ③ 그날은 ***왼종일** 재수가 없었다.
> ④ 기득권을 대변하는 사람들은 ***으례** '시장 논리의 맹신도'들이다.
> ⑤ 체스터튼은 남달리 ***허위대**가 크고 뚱보였는데, 버스 안에서 그가 자리를 양보하면 그 자리에 세 사람(일설에는 다섯 사람)의 부인이 앉을 수 있었다고 할 만큼 믿기 어려운 에피소드가 전해지고 있다.

2) 규정

> **제10항** 다음 단어는 모음이 단순화한 형태를 표준어로 삼는다.(ㄱ을 표준어로 삼고, ㄴ을 버림.)
>
> | ㄱ | ㄴ | 비고 |
> |---|---|---|
> | 괴팍-하다 | 괴퍅-하다/괴팍-하다 | |
> | -구먼 | -구면 | |
> | 미루-나무 | 미류-나무 | ← 美柳~ |
> | 미륵 | 미력 | ← 彌勒 ~보살, ~불, 돌~ |
> | 여느 | 여늬 | |

---

12) '갓쟁이'의 의미를 좀 더 정확히 말하자면, "갓을 쓴 사람을 낮잡아 이르는 말"이라는 뜻을 지니고 있다. 따라서 '-쟁이'는 일정한 사람을 낮잡아 부르는 경우에 쓰이기도 한다. '갓쟁이' 외에 '양복쟁이, 점쟁이, 침쟁이, 풍각쟁이, 환쟁이' 등의 어휘가 그러한 예에 속한다.

온-달	왼-달	만 한 달
으레	으레	
케케-묵다	케케-묵다	
허우대	허위대	
허우적-허우적	허위적-허위적	허우적-거리다

3) 해설

한국어 모음들이 역사적으로 경험한 음성 변화 가운데는 원래는 이중 모음이 었던 모음이 단모음화한 경우가 있다. <제10항>의 예들은 바로 그와 같은 단모 음화를 수행한 형태들이 표준어로 채택된 예들이다. 이를 좀 더 자세히 들여다보면, 우선, '*괴팍하다'는 '괴팍하다'로13), '*-구 면'은 '-구먼'14)으로 각각 단모음화하였 음을 알 수 있다. 또한, '미루나무'는 그 어원이 '미류(美柳)~'인데15), 두 번째 음절 '류'가 단모음화하여 '루'로 변화한 결과

[그림 3] '미루나무' 모습

---

13) '괴팍하다'는 같은 계열의 단어인 '강팍하다, 팍하다, 팍성' 등이 개정에서 빠졌다는 사실에 비추어 본다면, 다소 특이한 존재이다. 물론, 후자들은 '괴팍하다'만큼 자주 쓰이지 않는 단어이므로 현실적으로 별 문제는 일으키지 않는다고 할 수 있지만, 얼마간의 불균형을 안고 있는 것이다.

14) '-구먼'은 형용사의 어간이나 선어말 어미 '-았/었-', '-겠-' 등에 붙어 반말이나 혼잣말로 새삼스런 감탄을 나타내는 종결어미이다.

15) 미루나무는 북아메리카 원산으로, 한국 각처의 하천가, 논밭 둑, 마을 부근에 심는 낙엽 교목으로 흔히 '포플러'라고도 한다. '미류(美柳)나무'라는 어원은 '미국에서 들어온 버들'이라는 뜻을 지니고 있다.

'미루~'가 표준어로 채택되었다. 따라서 ①의 '*미류나무'는 '미루나무'로 적어야 한다.

한편, '온공일, 온달, 온마리, 온음, 온종일, 온통' 등의 어휘에 결합되는 접두사 '온-'은 약간은 독특한 존재라고 할 수 있다. '온-'은 '오온>온'의 변화16)를 수행한 형태로서 어원상으로 단모음이었는데 현대 한국어로 오는 중간 단계에서 'ㅣ'가 첨가되어 이중 모음으로 변화하였다가 다시 단모음화한 것으로 보이기 때문이다. 결론적으로, 용례 ②, ③의 '*왼달', '*왼종일'은 '온달', '온종일'로 적어야 올바른 표준어이다.

'으레' 역시 원래 '의례(依例)'에서 비롯된 것으로, '의례>으레>으레'의 과정을 통하여 단모음화하였다. 따라서 ④의 '*으례'는 '으레'로 적어야 한다.

나머지 예들 역시 모두 이중 모음이 단모음화한 예들이다. '허위대' 또한 단모음화의 결과인 '허우대'로 쓰이고 있음을 감안한다면, ⑤의 '*허위대'가 왜 잘못된 것인지를 쉽게 짐작할 수 있을 것이다.

3.2.2.4. 그 밖의 모음의 발음 변화 반영

1) 용례

> ① 앞자리의 영감은 자가용 뒷자리에서 조간신문을 보면서 08:00경에 회의에 늦겠다고 서울의 도로를 **나무래곤** 했던 것을 모두 잊은 경비아저씨가 틀림없다.
> ② 그것은 우리의 **바램**이었어.
> ③ 국감장에서 김 의원은 **미싯가루** 등 각종 식품에서 몇 마리의 세균이 나왔다는 등 구체적인 데이터를 들이대며 공급계약 체결 시 상품검사를 철저히 할 것을 당부하였다.

---

16) '오온'은 중세 한국어 단계에서 '온전하다'의 의미를 지닌 관형사 '오올다'의 관형사형으로 출현하고 있다. 즉, '오올- + -ㄴ'을 어원으로 하고 있다.

④ 아삭아삭 **＊양상치** 고소한 맛!

⑤ 고저장단 없이 **＊지리하게** 이어지는 경찰의 수사 과정을 보여주며 관객에게도 잠복근무에 동참하라는 식이다.

⑥ 신라인들은 운문은 향찰로, 문예문은 한문으로, 실용문(문서, 비문 명기, 현판 등)은 **＊트기글**(>이두문)로 적어서 읽었다.

2) 규정

제11항 다음 단어에서는 모음의 발음 변화를 인정하여, 발음이 바뀌어 굳어진 형태를 표준어로 삼는다.(ㄱ을 표준어로 삼고, ㄴ을 버림.)

ㄱ	ㄴ	비고
-구려	-구료	
깍쟁이	깍정이	1. 서울~, 알~, 찰~ 2. 도토리, 상수리 등의 받침은 '깍정이'임.
나무라다	나무래다	
미수	미시	미숫-가루
바라다	바래다	'바램[所望]'은 비표준어임.
상추	상치	~쌈
시러베-아들	실업의-아들	
주책	주착	← 主着. ~망나니, ~없다
지루-하다	지리-하다	← 支離
튀기	트기	
허드레	허드래	허드렛-물, 허드렛-일
호루라기	호루루기	

3) 해설

제11항은 앞에서 살펴본 제8항~제10항의 모음 변화처럼 어느 한 가지

현상으로 묶기 어려운 모음 변화에 의한 것들을 모은 항이다. 여기에 제시된 모음 변화들 가운데 몇 가지만을 추려 좀 더 상세히 살펴보기로 한다.

첫째, '나무라-[叱], 바라-[希]'는 흔히 '나무래-, 바래-'로 발음되기도 하지만, 그와 같은 형태들은 표준어가 아닌 방언으로 해석하여 '나무라다, 바라다'를 표준어로 삼았다. 위의 용례들 가운데 ①의 '*나무래곤'을 '나무라곤'으로, ②의 '*바램'을 '바람'으로 고쳐 써야 하는 것도 바로 이러한 이유 때문이다. 다만, '바라-'와 '바래-'에 대해서는 더 알아 두어야 할 것이 있는데, 후자의 경우, 다음과 같은 의미를 지닌 동사로 쓰인다는 것이다.

(6) ㄱ. 볕이나 습기를 받아 빛이 변하다. 오래되어 변색하다.
　　例. 빨아도 **바래지** 않는 옷감.
　　ㄴ. 가는 사람을 중도까지 따라가거나 바라보면서 보내다.
　　例. 손님을 **바래** 드렸다.

이와 같은 예를 통하여 알 수 있듯이, '바라-'와 '바래-'는 각기 다른 의미 기능이 있다는 사실을 기억하고, 이 둘을 잘 구별하여 사용해야 할 것이다.

둘째, '미수'와 '상추'는 이전 시기에는 '미시'와 '상치'[17]로 각각 쓰였으나, 여기에서 나타나는 둘째 음절의 모음 'ㅣ'를 'ㅅ, ㅊ'와 같은 치찰음 아래에서의 전설모음화로 해석하여 일종의 부정회귀(false regression)[18] 또는 과도수정(hyper-correction)을 한 결과가 '미수'와 '상추'라고 할 수 있다. 다시 말해, 언어적 유추에 의해 형성된 형태인 '미수'와 '상추'가 표준어의 신분을 얻게 된 것이다. 따라서 ③의 '*미싯가루'와 ④의 '*양상치'는 '미숫가루'와

---

17) 예컨대, '상추'의 어원은 '生菜'로서 '숭치>상치>상추'의 변화를 겪었다고 보는 것이 일반적인 견해이다. 이에 대해서는 김민수 편(1997: 558) 참조.
18) 부정회귀(不正回歸)란 옳지 않다고 생각되는 어형을 올바르다고 생각되고 있는 것으로 되돌리기 위하여, 즉 회귀시키려고 오히려 올바른 어형까지 잘못 고쳐 버리는 현상으로, 언어적 유추 현상 가운데 하나이다.

'양상추'로 표기해야 맞다.

셋째, 한자어 어원의 한국어 어휘들 가운데는 일정한 음성 변화에 의하여 원래의 한자음에서 멀어진 것들이 적지 않다. '주책(←주착, 主着)'이나 '지루하다(←지리하다, 支離)'의 경우가 바로 그러한 예이다. 이러한 형태들은 한자어 어원을 버리고 변화한 형태를 표준어로 채택하고 있으므로, ⑤의 '*지리하게'는 '지루하게'로 바로잡아야 한다.

넷째, '튀기'는 '혈통이 다른 종족 사이에서 생겨난 새끼나 아이'를 말하는데, 일종의 단모음화에 의해 흔히 '*트기'로 발음되고 있다. 그러나 아직 원형을 유지하고 있다고 보아 '튀기'를 표준어로 삼고 있다. 따라서 ⑥의 '*트기'는 '튀기'로 적어야 한다.

다섯째, '시러베아들(←실업의아들)[19], 허드레(←허드래), 호루라기(←호루루기)' 등의 형태 또한 어원에서 멀어진 현실 발음 형태를 표준어로 받아들인 것이다.

3.2.2.5. '윗-'의 변이 현상 반영

1) 용례

> ① 정확한 원인은 아직 명확하게 밝혀져 있지 않으나 외상(교통사고, 부딪히는 것, 얻어맞는 것 등), 아래 *웃니가 서로 잘 맞물리지 않는 경우(교합 부조화), 나쁜 습관(평소에 아래 *웃니를 서로 물고 있는 습관, 이갈이, 자세 불량 등), 심리적 원인(불안, 긴장, 우울) 등 복합 요인에 의한 것으로 알려져 있습니다.
> ② 사장과 임원들도 파란색 실로 소속과 이름이 박혀 있는 흰색 *웃도리와 바지를 입는다.
> ③ 백사장 *윗쪽 각양각색으로 모여 있는 바위들이 해맞이의 설렘

---

19) 실없는 사람을 낮게 이르는 말로 '시러베자식'이라고도 한다.

> 을 더해준다.
> ④ 우리는 가장 *윗층으로 올라갔는데, 그곳에는 마침 학생들은
> 하나도 없었어요.
> ⑤ 이 축제 기간 중 아랫사람들은 *윗어른들에게 너그러움을 구한다.
> ⑥ *옷옷을 아무렇게나 걸쳐 입은 남성은 그렇다 치고, 정작 우리
> 들의 시선을 붙들어 매는 건 여성의 손이다.

2) 규정

제12항 '웃-' 및 '윗-'은 명사 '위'에 맞추어 '윗-'으로 통일한다.
(ㄱ을 표준어로 삼고, ㄴ을 버림.)

ㄱ	ㄴ	비고
윗-넓이	웃-넓이	
윗-눈썹	웃-눈썹	
윗-니	웃-니	
윗-당줄	웃-당줄	
윗-덧줄	웃-덧줄	
윗-도리	웃-도리	
윗-동아리	웃-동아리	준말은 '윗동'임.
윗-막이	웃-막이	
윗-머리	웃-머리	
윗-목	웃-목	
윗-몸	웃-몸	~ 운동.
윗-바람	웃-바람	
윗-배	웃-배	
윗-벌	웃-벌	
윗-변	웃-변	수학 용어.
윗-사랑	웃-사랑	
윗-세장	웃-세장	
윗-수염	웃-수염	

윗 - 입술	웃 - 입술
윗 - 잇몸	웃 - 잇몸
윗 - 자리	웃 - 자리
윗 - 중방	웃 - 중방

다만 1. 된소리나 거센소리 앞에서는 '위-'로 한다.(ㄱ을 표준어로 삼고, ㄴ을 버림.)

ㄱ	ㄴ	비고
위 - 짝	웃 - 짝	
위 - 쪽	웃 - 쪽	
위 - 채	웃 - 채	
위 - 층	웃 - 층	~구름[上層雲].
위 - 치마	웃 - 치마	
위 - 턱	웃 - 턱	
위 - 팔	웃 - 팔	

다만 2. '아래, 위'의 대립이 없는 단어는 '웃-'으로 발음되는 형태를 표준어로 삼는다.(ㄱ을 표준어로 삼고, ㄴ을 버림.)

ㄱ	ㄴ	비고
웃 - 국	윗 - 국	
웃 - 기	윗 - 기	
웃 - 돈	윗 - 돈	
웃 - 비	윗 - 비	~ 걷다.
웃 - 어른	윗 - 어른	
웃 - 옷	윗 - 옷	

3) 해설

위 규정에 따르면, '윗-'은 그 뒤에 연결되는 어기의 음운론적, 형태론적 조건에 따라 '위-', '웃-'을 이형태로 갖는다. 이를 좀 더 구체적으로 살펴보면 다음과 같다.

첫째, 가장 일반적으로는 '윗-'을 사용하는데, 이는 명사 '위'(上)에 사이시옷이 결합한 형태로 대개의 경우, '위—아래'의 대립이 있는 어휘들과 결합하게 된다. 예문 ①의 '*웃니'와 ②의 '*웃도리'를 각각 '윗니'와 '윗도리'로 써야 하는 것도 바로 이러한 이유 때문이다.

둘째, '다만 1'에서 제시하고 있는 바와 같이, 된소리나 거센소리 앞에서는 '윗-'이 아닌 '위-'를 쓴다. 이는 제1장에서 언급한 사이시옷 표기 원칙과 관련이 있는 것으로, 된소리나 거센소리 앞에서는 사이시옷을 표기하지 않는다는 원칙에 따른 것이다. 따라서 용례 ③, ④의 '*윗쪽'과 '*윗층'은 각각 '위쪽'과 '위층'으로 써야 한다.

셋째, '다만 2'에서 제시하고 있는 바와 같이, 아래위의 대립이 없는 단어는 '웃-'을 쓴다. 이와 같이 '웃-'을 쓰는 이유는 아래위의 대립이 없기 때문이기도 하지만, 발음이 거의 '웃-'으로 굳어버린 경우가 많기 때문이기도 하다. 그러므로 용례 ⑤, ⑥의 '*윗어른'과 '*윗옷'은 각각 '웃어른'과 '웃옷'[20]을 표준어로 삼아야 한다.

---

20) 여기에서 사용된 '웃옷'은 '맨 겉에 입는 옷'이라는 뜻으로 쓰인 것이다. 그러나 '아래옷'과 대립을 이루는 의미의 '윗옷'이 쓰일 수도 있는데, 다음이 그러한 예이다.
例. 그녀는 여행을 떠나기 위해 **윗옷** 두 벌과 **아래옷** 세 벌을 준비하였다.
결과적으로, '웃옷'과 '윗옷'은 상이한 의미를 지니는 별개의 어휘라고 할 수 있으므로, 문맥에 따라 구별해서 써야 한다.

아지랭이

윤곤강

머언 들에서
부르는 소리
들리는 곳.

못 견디게 고운 *아지랭이21) 속으로
달려도
달려가도
소리의 임자는 없고.

또 다시
나를 부르는 소리.
머얼리서
더 머얼리서
들릴 듯 들리는 듯……

---

21) 아지랭이 → 아지랑이

이 겨울에

김남주

한파가 한차례 밀어닥칠 것이라는
이 겨울에
나는 서고 싶다 한 그루의 나무로
우람하여 듬직한 느티나무로는 아니고
키가 커서 남보다
한참은 올려다봐야 할 **미루나무**[22]로도 아니고
삭풍에 눈보라가 쳐서 살이 터지고
뼈까지 하얗게 드러나 키 작은 나무쯤으로
그 나무 키는 작지만
단단하게 자란 도토리나무
밤나무골 사람들이 세워둔 파수병으로 서서
그 나무 몸집은 작지만
다부지게 생긴 상수리나무
감나무골 사람들이 내보낸 척후병으로 서서
그 나무 몸집은 작지만
다부지게 생긴 상수리나무
감나무골 사람들이 내보낸 척후병으로 서서
싸리나무 옻나무 너도밤나무와 함께
마을 어귀 한구석이라도 지키고 싶다.
밤에는 하늘가에
그믐달 같은 낫 하나 시퍼렇게 걸어놓고
한파와 맞서고 싶다.

---

22) 어원상으로는 '미류나무'로 표기해야 하지만, '미루나무'로 발음되는 관습을 따라 '미루나
무'가 표준어로 쓰이고 있다.

3.2.3. 제3절 준말

3.2.3.1. 준말 단수 표준어

1) 용례

① 해태제과는 고향만두 후속편으로 최근 속이 담백하고 푸짐한 김치를 주원료로 한 ***또아리형** 가정식 고급 수제 만두 '고향김치손만두'를 출시, 마케팅을 강화하고 있다.

② ***무우** 생즙은 여러 소화 효소로 인해 소화 촉진과 강장에 효과적이고, 해독 작용과 거담의 작용도 있으므로 애연가는 종종 ***무우** 생즙을 마시는 것이 좋다.

③ 리틀 부부는 스튜어트라는 ***새앙쥐**를 데려온다.

④ 그러나 이 ***소리개**에 대한 기억은 단지 기억일 뿐 결코 추억이 아니다. 날카로운 이빨과 견고한 발굽을 앞세운 채 연약한 병아리를 향해 달려드는 ***소리개**의 모습이 어찌 추억이란 아름다운 이름으로 우리의 머릿속을 채울 수 있을 것인가.

⑤ 전국에서 모여든 ***장사아치**들이 한몫 벌어 보겠다고 벌여 놓은 난장엔 국산, 외제를 가리지 않고 없는 것이 없다.

2) 규정

제14항 준말이 널리 쓰이고 본말이 잘 쓰이지 않는 경우에는, 준말만을 표준어로 삼는다.(ㄱ을 표준어로 삼고, ㄴ을 버림.)

ㄱ	ㄴ	비고
귀찮다	귀치 않다	
김	기음	~ 매다.
똬리	또아리	
무	무우	~강즙, ~말랭이, ~생채, 가랑~, 갓~, 왜~, 총각~.
미다	무이다	1. 털이 빠져 살이 드러나다.

		2. 찢어지다.
뱀	배암	
뱀 - 장어	배암 - 장어	
빔	비음	설~, 생일~.
샘	새암	~바르다, ~바리.
생 - 쥐	새앙 - 쥐	
솔개	소리개	
온 - 갖	온 - 가지	
장사 - 치	장사 - 아치	

3) 해설

제14항~제16항은 본말과 준말의 관계를 맺고 있는 한국어 어휘들 가운데 어느 한 가지를 표준어로 삼거나, 아니면 둘 다를 표준어로 삼는 문제와 관련되는 규정이다.

먼저, 제14항은 준말이 본말보다 널리 쓰이는 경우에 준말만을 표준어로 삼을 것을 규정하고 있다. 여기에서 다루어진 내용 가운데 몇 가지를 골라 구체적으로 살펴보면 다음과 같다.

[그림 4] 여인들이 짐을 머리에 일 때 쓰는 '똬리'

첫째, '또아리'(짐을 일 때 머리에 받치는 고리 모양의 물건 또는 둥글게 빙빙 틀어 놓은 것을 말함.)의 경우, 준말 형태인 '똬리'가 훨씬 더 널리 쓰이고 있으므로, '똬리'를 표준어로 삼았다. 따라서 용례 ①의 '*또아리형'은 '똬리형'으로 바로잡아야 한다.

둘째, '무우' 역시 '또아리'와 마찬가지로 준말 형태인 '무'가 더 널리 쓰이고 있다. '비고란'에 제시된 '무강즙, 무말랭이, 무생채, 가랑무, 갓무,

왜무, 총각무' 등의 어휘도 마찬가지이다. 물론, 용례 ②의 '*무우생즙' 또한 '무생즙'으로 바로잡아야 한다.

셋째, '새앙쥐, 소리개, 장사아치' 등 또한 본말보다는 준말이 더 자주 쓰이는 어휘들이다. 용례 ③~⑤의 예들에서 확인할 수 있듯이, 아직도 많은 글에서 표준어의 신분이 아닌 비표준어들이 자주 발견되고 있는데, 이들은 각각 '생쥐, 솔개, 장사치' 등의 준말 어휘로 바로잡아야 한다.

3.2.3.2. 본말 단수 표준어

1) 용례

> ① **'내왕꾼'**이란 절에서 여러 가지 심부름을 하는 속인(俗人)을 말한다.
> ② 1960년대 '대본소 체제'의 등장과 검열의 강화는 만화에 '불량' 이미지라는 **낙인을 찍는** 계기가 됐다.
> ③ 정치인들이 끈 떨어진 **뒤웅박**이 돼서 갈 데 없이 고개를 숙이고 자식 보기도 부끄럽고, 친구 보기도 부끄럽고, 정치 선후배 보기도 부끄러운 얼굴로, 소위 갈 데 없는 신세가 되고 말았습니다.
> ④ 그 이름이 지닌 대로 조촐한 꽃처럼 연연하면서도 **맵자한** 앳된 맵시를 지닌 것은 이 정자의 아름다움을 여성미에 새긴 설계자의 의도가 너무 잘 살았기 때문이 아닌가 한다.
> ⑤ 형제는 한 기운이 두 몸에 나눴으니, 귀중하고 사랑함이 부모의 다음이라. 간격 없이 **한통치고** 네 것 내 것 계교 마소.

2) 규정

> **제15항** 준말이 쓰이고 있더라도, 본말이 널리 쓰이고 있으면 본말을 표준어로 삼는다.(ㄱ을 표준어로 삼고, ㄴ을 버림.)

ㄱ	ㄴ	비고
경황-없다	경-없다	
궁상-떨다	궁-떨다	
귀이-개	귀-개	
낌새	낌	
낙인-찍다	낙-하다/낙-치다	
내왕-꾼	냉-꾼	
돗-자리	돗	
뒤웅-박	뒹-박	
뒷물-대야	뒷-대야	
마구-잡이	막-잡이	
맵자-하다	맵자다	모양이 제격에 어울리다.
모이	모	
벽-돌	벽	
부스럼	부럼	정월 보름에 쓰는 '부럼'은 표준어임.
살얼음-판	살-판	
수두룩-하다	수둑-하다	
암-죽	암	
어음	엄	
일구다	일다	
죽-살이	죽-살	
퇴박-맞다	퇴-맞다	
한통-치다	통-치다	

[붙임] 다음과 같이 명사에 조사가 붙은 경우에도 이 원칙을 적용
한다.(ㄱ을 표준어로 삼고, ㄴ을 버림.)

ㄱ	ㄴ
아래-로	알-로

3) 해설

제15항에 제시된 예들은 준말이 있긴 하지만, 준말보다는 본말이 더 널리 쓰이고 있어서 본말만을 표준어로 인정한 예들이다. 용례로 제시된 '① 내왕꾼, ② 낙인찍다, ③ 뒤웅박, ④ 맵자한, ⑤ 한통치고'23) 등은 잘못 사용된 예들이 아니라, 본말 형태들이 제대로 사용된 예들이다. 이러한 어휘들은 오늘날 젊은 세대들에게는 비교적 낯선 어휘들로 인식됨은 물론, 그 의미조차도 제대로 파악하지 못한 경우가 많은 것들이다. 개별 어휘들의 의미를 제대로 파악하여 되살려 쓰는 한편, 어휘력을 확충하려는 노력이 절실히 요청된다고 할 것이다.

3.2.3.3. 준말과 본말 복수 표준어

1) 용례

①´ 길거리에 떨어진 소똥을 **망태기**에 담아서 자신의 밭에 비료로 쓴다거나, 이웃집에 놀러 간 사이에도 급한 볼일은 꼭 자신의 집 변소에서 해결한다는 등의 이야기가 적지 않게 전해지고 있었다.

①´ 꿩알을 깨지지 않게 나뭇잎에 조심조심 싸서 **망태** 중간쯤에 자리 잡게 하고 하나라도 깨질까 두려워 사뿐사뿐 종종걸음으로 집에 돌아오셨다.

② 현재 잠시 서울에 **머무르고** 있는 유오성과 박진희는 연결 신 촬영을 위해 4일 소백산으로 떠날 예정이다.

②´ 맹금자와 최규식, 그들을 둘러싼 가족의 알콩달콩한 자존심 싸움은 사소한 에피소드 수준에 **머물고** 있고 맹은자의 사랑 이야기 또한 또렷하게 부각되지 못하고 있다.

③ 베 짜는 저 아가씬 언제 보나 **석새삼베,** 그나마 너무 짧아 정

---

23) 한통치다 : 나누지 않고 하나로 합친다는 의미.

강이도 채 못 가리누나.

③′ 삼합사로 실을 뽑아 **석새베**를 짜게 할까, 외올실을 뽑아내어 보름새를 짤까.

④ 시어머니와 두 명의 시동생과 **시누이,** 나의 딸 민주와 말입니다.

④′ 지난 41년 할머니가 시집올 당시 시댁에는 시부모와 장남인 남편 밑으로 모두 5남매의 시동생과 **시뉘**들이 어렵게 살고 있었다.

④″ 서울에 있는 **손위시누**가 출산을 했는데 지방의 시어머님 대신 집에서 쉬고 있는 아가씨가 산후 조리해 주러 올라왔다.

⑤ 특히 한창 **외우고** 공부할 내용이 많은 중·고등학교 때는 책만 보면 그 안의 내용이 쉽게 **외워지는** 아이가 있는가 하면 아예 **외울** 엄두조차 내지 못하는 아이들도 있다.

⑤′ 아동 문고판이 아니라 여러 권으로 나뉜 장편 소설이었는데, 소시적 감명이 꽤나 컸던지 책표지의 저자 이름까지 **외어버렸다.**

2) 규정

제16항 준말과 본말이 다 같이 널리 쓰이면서 준말의 효용이 뚜렷이 인정되는 것은, 두 가지를 다 표준어로 삼는다.(ㄱ은 본말이며, ㄴ은 준말임.)

ㄱ	ㄴ	비고
거짓-부리	거짓-불	작은말은 '가짓부리, 가짓불'임.
노을	놀	
막대기	막대	
망태기	망태	
머무르다	머물다	모음 어미가 연결될
서두르다	서둘다	때에는 준말의 활용형을
서투르다	서툴다	인정하지 않음.
석새-삼베	석새-베	
시-누이	시-뉘/시-누	

오-누이	오-뉘/오-누	
외우다	외다	외우며, 외워 : 외며, 외어.
이기죽-거리다	이죽-거리다	
찌꺼기	찌끼	'찌걱지'는 비표준어임.

3) 해설

제16항은 앞의 제14항, 제15항과는 달리, 본말과 준말 두 형태가 다 널리 쓰이는 형태들이어서 둘 다를 함께 표준어로 삼은 것들이다. 따라서 위의 용례에 제시되어 있듯이, '망태기, 머무르고, 석새삼베24), 시누이, 외우-' 등의 본말과, 이에 대한 준말 '망태, 머물고, 석새베, 시뉘(시누), 외-' 등 본말과 준말 둘 다를 살려서 쓸 수 있는 것이다.

위의 규정 가운데 '비고란'에 제시된 사항 중에서 특기할 만한 사실 한두 가지를 구체적으로 설명하면 다음과 같다.

첫째, '머무르다, 서두르다, 서투르다' 등의 경우, 이러한 본말 형태와 함께 '머물다, 서둘다, 서툴다' 등의 준말이 함께 쓰이고 있긴 하지만, 준말 어간은 자음 어미와의 연결에서만 쓰이고, 모음 어미와의 연결에서는 본말 형태만이 쓰인다. 이와 같은 활용형의 제한은 '가지다'의 준말 '갖다'의 모음 어미 활용형 ''갖아, *갖아라, *갖았다, *갖으오, *갖은' 등의 형태가 성립하지 않는다는 사실에 유추한 것이다.25) 이러한 사실에도 불구하고, 우리가 사용하는 활용형들 가운데는 모음 어미 앞에 준말 어간을 쓰는 경우를 흔히 발견할 수 있는데, 다음 예들을 통하여 그러한 사실을 확인할 수가 있다.

24) '석새삼베'란 아주 성글게 짠 베를 말한다. 아홉새베까지 있는 베 중에서 올이 가장 굵고 거친 베이다. '새'는 옷감의 짜인 날을 세는 단위임.
25) <한글맞춤법> 제36항 참조.

(7) ㄱ. 미국의 경우 현재 1680만 가구에 **머물고** 있는 초고속인터넷 보급률이 올 한해 38% 증가해 연말쯤에는 2300만 가구를 돌파할 것으로 예상됐다.

ㄴ. 옥포대첩의 전야 이순신(李舜臣) 함대가 ***머물었다는** 송미포(松未浦)가 이곳으로 진해의 해군통제부 박물관장 조성도가 1990년에 인증하였다.

(8) ㄱ. 그런데 지금 정부의 태도를 보면 가격도 그렇거니와 무엇보다 시기에서 어딘가 **서둘고** 있는 듯한 인상을 받는다.

ㄴ. 이곳의 애국 유지인 변상섭, 황태익, 김수동, 김영종, 구수서, 변상술, 변우범 등은 변상태, 권영대, 권태용과 긴밀한 비밀 연락을 취하면서 의거의 준비를 ***서둘었다.**

(9) ㄱ. 이벤트 도우미 유미리는 사회 초년병으로 의욕은 앞서지만 **서툴고** 실수투성이다. 남의 이야기를 듣기도 전에 자기 이야기만 쏟아내는 푼수 같은 모습을 하고 있다.

ㄴ. 당시 일본말이 ***서툴었던** 박지성은 미우라와 많은 대화를 나누지는 못했지만 스타플레이어의 생활을 지켜보며 그라운드 안팎에서 많은 걸 느낄 수 있었다.

위의 예들 가운데 (ㄱ)의 예들은 모두 준말 어간이 자음 어미 앞에서 올바르게 사용되고 있는 예들이지만, (ㄴ)의 예들은 모음 어미 앞에서 준말 어간이 쓰이고 있다는 사실 때문에 올바르지 못한 형태들이다. 따라서 (ㄴ)의 예들은 다음과 같이 바꿔 써야 하는 것이다.

(10) *머물었다는 → 머물렀다는
　　*서둘었다 → 서둘렀다
　　*서툴었던 → 서툴렀던

제16항과 관련하여 또 한 가지 알아 두어야 할 사항은 '외우다'와 '외다'의 관계이다. 종래에는 '외다'만이 표준어였던 것이 현행 <표준어 규정>에

서부터 '외우다'를 표준어의 범주에 포함한 것이다. 결과적으로, '비고란'에 제시한 대로, '외우며, 외워'와 함께, '외며, 외어'가 활용형으로 함께 쓰이게 되었다.

3월에 삼씨를 뿌려

홍양호[26]

3월에 삼씨를 뿌려 7월에 삼을 쪄서
닷새 동안 실 잇고 이어 열흘 동안 씻고 씻어

가는 손에 북을 들고 가는 베 짜냈더니
잠자리 날개 같아 한 줌 안에 담뿍 들 듯

아깝게도 저 모시, 남쪽 장사치에 다 주고
베값이라 미리 받은 돈은 관청 빚에 다 털렸는데

베 짜는 저 아가씬 언제 보나 **석새삼베**[27]
그나마 너무 짧아 정강이도 채 못 가리누나

---

26) 홍양호(洪良浩): 조선 후기의 문신(1724~1802). 문집인 『이계집』을 비롯하여 『육서경위
   (六書經緯)』, 『군서발배(群書發排)』, 『격물해(格物解)』, 『칠정변(七情辨)』, 『해동명장전』, 『고
   려대사기(高麗大事記)』, 『흥왕조승(興王肇乘)』, 『삭방습유(朔方拾遺)』, 『북새기략(北塞記略)』
   등의 많은 저술을 남겼다.
27) '석새삼베'란 240올의 날실로 짠 굵은 베를 말한다. 준말은 '석새' 혹은 '석새베'.

거짓부리

똑 똑 똑
문 좀 열어주세요
하룻밤 자고 갑시다.
밤은 깊고 날은 추운데
거 누굴까?

문 열어주고 보니
검둥이의 꼬리가
거짓부리[28] 한걸.

꼬기요 꼬기요
달걀 낳았다.
간난아 어서 집어 가거라

 간난이 뛰어가 보니
 달걀은 무슨 달걀
 고놈의 암탉이
 대낮에 새빨간
 거짓부리 한걸.

---

28) '거짓불'의 본말. 작은말은 '가짓부리'임.

3.3. 제3장 어휘 선택의 변화에 따른 표준어 규정

3.3.1. 고어(古語)의 처리

1) 용례

① 이들은 치약 짜는 것부터 밥 짓기와 *<u>**설겆이**</u>, 부부 관계까지 사사건건 대립한다.
② 변절과 배신으로 점철된 오욕의 역사에 눈치 빠른 자 하나 더 빠져 죽었을 뿐인데 무엇을 *<u>**애닯다**</u> 하겠습니까?
③ 오곡리(梧谷里), *<u>**머귀나무**</u>가 많았다고 함.
④ 앵두는 앵두, 매화는 매화, 복숭아는 복숭아, *<u>**오얏**</u>은 *<u>**오얏**</u>입니다. 앵두가 매화가 될 수 없고, *<u>**오얏**</u>이 복숭아나 앵두나 매화가 될 수가 없습니다.

2) 규정

제20항 사어(死語)가 되어 쓰이지 않게 된 단어는 고어로 처리하고, 현재 널리 사용되는 단어를 표준어로 삼는다.(ㄱ을 표준어로 삼고, ㄴ을 버림.)

ㄱ	ㄴ	비고
난봉	봉	
낭떠러지	낭	
설거지-하다	설겆다	
애달프다	애닯다	
오동-나무	머귀-나무	
자두	오얏	

3) 해설

<표준어 규정> 제3장은 어휘적으로 형태를 달리하는 단어들을 사정 대상으로 삼은 것이다. 이는 모두 5개의 절로 이루어져 있다. 제1절에서는 '고어'를, 제2절에서는 '한자어'를, 제3절에서는 '방언'을, 제4절에서는 '단수 표준어'를, 제5절에서는 '복수 표준어'의 문제를 각각 다루고 있다.

우선, 제1절에서는 사어(死語)가 되어 쓰이지 않게 된 단어는 고어로 처리하고, 대신 현재 널리 쓰이는 신어(新語)를 표준어로 삼는다는 규정을 제시하고 있다. 제20항에 제시된 예들 가운데 '봉'이나 '낭'은 오늘날 거의 사용되지 않고 있는 단어들이기 때문에 별반 문제가 없지만, 나머지 예들에 대해서는 약간의 설명이 요구된다. 여기에서는 <표준어 규정> 해설에 제시된 사항들을 참조하여 간략하게 몇 가지 사항을 제시하기로 하겠다.

첫째, '설겆다'를 버린 것은 '설겆어라, 설겆으니, 설겆더니'와 같은 활용형이 쓰이지 않음으로써 어간 '설겆-'을 추출해 낼 길이 없기 때문이다. 그리하여 명사 '설거지'를 '설겆-'에서 파생된 것으로 보지 않고, 원래부터의 명사로 처리하고, '설거지하다'는 이 명사에 '-하다'가 결합된 것으로 해석하였다. 따라서 용례 ①의 '*설겆이'는 '설거지'로 써야 한다.

둘째, '*애닯다'는 예컨대, "어버이 살아신 제 섬기기란 다하여라. 지나간 후면 애닯다 어이하리. 평생에 고쳐 못할 일 이뿐인가 하노라."와 같이 시가에 등장하고 있긴 하지만, 이 용언 역시 '애닯으니, 애닯아서, 애닯은(/애달운)' 등의 활용형이 실현되는 일이 없어 고어로 처리하고, '애달파서, 애달픈' 등의 활용형을 지닌 '애달프다'를 표준어로 삼았다.

셋째, '오동나무'의 고어형인 '머귀나무'는 더 이상 표준어로 삼지 않는다. 다만, '머귀나무'가 '오동나무'가 아닌 '운향과에 딸린 갈잎 큰키나무'의 뜻으로 쓰일 때에는 표준어이다.

넷째, '오얏'은 '李 오얏 리' 등에 남아 있으나, 역시 고어의 화석화일 뿐,

현대 한국어의 일원으로 쓰이지 않아 고어로 처리하였다.

3.3.2. 한자어의 처리

1) 용례

> ① 아흔일곱, 아흔여덟, 아흔아홉. 닮은꼴의 칸막이들이 순식간에 조그마한 *방돌로 변하는 것이 아닌가.
> ② 현금, 여행자 수표, 신용카드 등으로 결제 가능하며, 신용카드로 결제하면 *잔전이 남지 않아 유리하다.
> ③ 얘기의 요점은 부산에 출장 갔다가 *백말을 타 보았는데, 그게 사람 죽이더라는 것이었다.
> ④ 도시락 가방이나 옷에 김치 국물이 묻으면 여간해서 잘 지워지지 않습니다. 이럴 때에는 *둥근파를 이용해서 빼는 방법이 있습니다.
> ⑤ *알타리무는 다른 작물에 비해 재배기간이 짧아 영농비가 적게 들며, *알타리무를 이용한 총각김치는 맛이 좋고 비타민과 무기질 공급원 및 보건적 효능으로도 좋기 때문에 국민 보건채소로도 인기가 있다.

2) 규정

> **제21항** 고유어 계열의 단어가 널리 쓰이고 그에 대응되는 한자어 계열의 단어가 용도를 잃게 된 것은, 고유어 계열의 단어만을 표준어로 삼는다.(ㄱ을 표준어로 삼고, ㄴ을 버림.)
>
> | ㄱ | ㄴ | 비고 |
> |---|---|---|
> | 가루-약 | 말-약 | |
> | 구들-장 | 방-돌 | |
> | 길품-삯 | 보행-삯 | |
> | 까막-눈 | 맹-눈 | |
> | 꼭지-미역 | 총각-미역 | |

나뭇-갓	시장-	
늦-다리	노닥다리	
두껍-닫이	두껍-창	
떡-암죽	병-암죽	
마른-갈이	건-갈이	
마른-빨래	건-빨래	
메-찰떡	반-찰떡	
박달-나	배달-나무	
밥-소라	식-소라	큰 놋그릇
사래-논	사래-답	묘지기나 마름이 부쳐 먹는 땅.
사래-밭	사래-전	
삯-말	삯-마	
성냥	화곽	
솟을-무늬	솟을-문	
외-지다	벽-지다	
움-파	동-파	
잎-담배	잎-초	
잔-돈	잔-전	
조-당수	조-당죽	
죽데기	피-죽	'죽더기'도 비표준어임.
지겟-다리	목-발	지게 동발의 양쪽 다리.
짐-꾼	부지-군(負持-)	
푼-돈	분전/푼전	
흰-말	백-말/부루-말	'백마'는 표준어임.
흰-죽	백-죽	

제22항 고유어 계열의 단어가 생명력을 잃고 그에 대응되는 한자어 계열의 단어가 널리 쓰이면, 한자어 계열의 단어를 표준어로 삼는다.(ㄱ을 표준어로 삼고, ㄴ을 버림.)

ㄱ	ㄴ	비고
개다리-소반	개다리-밥상	

겸-상	맞-상
고봉-밥	높은-밥
단-벌	홑-벌
민망-스럽다/면구-스럽다	민주-스럽다
방-고래	구들-고래
부항-단지	뜸-단지
수-삼	무-삼
양-파	둥근-파
어질-병	어질-머리
윤-달	군-달
장력-세다	장성-세다
제석	젯-돗
총각-무	알-무/알타리-무
칫-솔	잇-솔

3) 해설

[그림 5] '총각무'로 담근 '총각김치'

위의 규정들은 한자어와 고유어가 동일한 의미를 지니는 단어로 대응될 때, 고유어 계열이 좀 더 자연스러운 한국어로 느껴지는 경우에는 고유어를(제21항), 그 반대의 경우에는 한자어를 표준어로 택한다는 것을 보여 주는 것이다(제22항). 따라서 앞에서 제시한 용례들 가운데 ①~③의 '*방돌, *잔전, *백말'과 같은 단어들은 '구들장, 잔돈, 흰말'과 같은 고유어 계열의 어휘를, ④, ⑤의 '*둥근파, *알타리무'는 한자어 계열인 '양파, 총각무'29)로 각각 바꿔 써야만 올바른 표준어이다.

---

29) '총각(總角)무'란 김치의 주재료인 무잎 줄기가 치렁치렁하게 길어서 옛 총각들의 길게 땋

3.3.3. 방언의 처리

1) 용례

---

① 이 수려한 때가 묻지 않은 조랑말이나 길들이고 사나운 파도 속을 헤집어서 해삼, **멍게**, 전복 이런 것이나 따다 먹는 그런 섬사람들을 대체 왜 이런 것(이념)을 심어 가지고 할퀴는지 모를 일이다.

① **우렁쉥이** 생산량을 증대시키지 못하는 어민의 입장에서는 **우렁쉥이** 생산량을 증가시킬 수 있고, 계약생산으로 **우렁쉥이** 양식 어민의 안정된 수입을 보장할 수 있게 될 것이다.

② **'애순'**은 방언이었으나, 널리 쓰이게 되어 표준어로 인정하였다.

② 땅두릅은 독활나무의 **어린순**으로 두릅보다 질기지만 향미가 더 강해 두릅에 못지않은 인기가 있다.

③ ***생안손**은 손톱, 발톱의 모서리가 피부 속으로 파고 들어가 생기는 경우도 많으므로 이때에는 손톱, 발톱을 짧게 깎아 미리 예방하도록 해야 합니다.

③ **생인손**을 앓을 때 감자 가루와 소금을 같은 비율로 섞어 물에 적신 다음 하루 한 번씩 **생인손**에 붙여 두면 곪지 않고 낫는다.

④ ***코보** 아줌마네 천장 위에는 꼬리와 수염이 없는 이상한 생쥐들이 살고 있습니다.

④ 바위는 코가 아주 컸어요. 아이들은 바위를 **코주부**라고 놀렸지요.

은 탐스러운 머리 모양과 닮았음을 빗대어 생긴 말이라 전해진다.

2) 규정

> **제23항** 방언이던 단어가 표준어보다 더 널리 쓰이게 된 것은, 그
> 것을 표준어로 삼는다. 이 경우, 원래의 표준어는 그대로 표준
> 어로 남겨 두는 것을 원칙으로 한다.(ㄱ을 표준어로 삼고, ㄴ도
> 표준어로 남겨 둠.)
>
> | ㄱ | ㄴ | 비고 |
> |---|---|---|
> | 멍게 | 우렁쉥이 | |
> | 물-방개 | 선두리 | |
> | 애-순 | 어린-순 | |
>
> **제24항** 방언이던 단어가 널리 쓰이게 됨에 따라 표준어이던 단어
> 가 안 쓰이게 된 것은, 방언이던 단어를 표준어로 삼는다.(ㄱ을
> 표준어로 삼고, ㄴ을 버림.)
>
> | ㄱ | ㄴ | 비고 |
> |---|---|---|
> | 귀밑-머리 | 귓-머리 | |
> | 까-뭉개다 | 까-무느다 | |
> | 막상 | 마기 | |
> | 빈대-떡 | 빈자-떡 | |
> | 생인-손 | 생안-손 | 준말은 '생-손'임. |
> | 역-겹다 | 역-스럽다 | |
> | 코-주부 | 코-보 | |

3) 해설

제23항과 제24항은 표준어와 비표준어, 곧 방언이 서로 대응되는 경우,
방언 중에서 세력을 얻어 표준어보다 더 널리 쓰이게 될 때에 표준어와 함
께 방언까지를 표준어로 추인(追認)해 주거나, 표준어 대신 방언을 아예 새로
운 표준어로 인정하는 것과 관련되는 규정이다.

제23항은 표준어와 함께 방언을 복수 표준어로 인정하는 경우이다. 앞의
예들 가운데 ①, ①'의 '멍게'와 '우렁쉥이', ②, ②'의 '애순'과 '어린순'의

경우, 방언이었던 '멍게'와 '애순'이 각각 표준어의
신분을 얻음으로써 '우렁쉥이', '어린순'과 함께 표
준어로 쓰이게 된 것이다. 이때 애초의 표준어도
표준어로 남겨 두는 것은 학술 용어 등에 쓰이는
점을 감안한 것이다.

[그림 6] '코주부'의
어원이 된 만화

　한편, 제24항은 제23항과 마찬가지로 방언을 표
준어로 승격시킨 규정이나, 여기에서는 애초의 표
준어를 아예 버린 것이 다르다. 가령, '*빈자떡'은
이제 '빈대떡'에 완전히 밀려 쓰이지 않게 되었다
고 판단하여, 방언이던 '빈대떡'만 표준어로 남긴 것이다. 또, '*역스럽다'를
버리고 '역겹다'만을 살린 것도 그러하고 나머지도 마찬가지다. '코주부'는
1960년대에 인기를 차지하였던 김성환 화백의 만화 <코주부 삼국지>에서
비롯된 것으로, 그 인기에 힘입어 '*코보'를 밀어내고 표준어 자리를 차지
하게 되었다. 또한, 생인손(←생안손)은 '손가락 끝에 종기가 나서 곪는 병.'
이란 뜻의 '*생안손'보다 '생인손'이 더 보편적으로 쓰이게 된 것을 현실화
한 것이다. 손가락의 모양이 새앙처럼 생긴 '새앙손이'(제25항)와는 구별해
서 써야 한다.

이불을 꿰매면서

박노해

이불 홑청을 꿰매면서
속옷 빨래를 하면서
나는 부끄러움의 가슴을 친다

똑같이 공장에서 돌아와 자정이 넘도록
설겆이에 방청소에 고추장단지 뚜껑까지
마무리하는 아내에게
나는 그저 밥 달라 물 달라 옷 달라 시켰었다

동료들과 노조 일을 하고부터
거만하고 전제적인 기업주의 짓거리가
대접받는 남편의 이름으로
아내에게 자행되고 있음을 아프게 직시한다

명령하는 남자, 순종하는 여자라고
세상이 가르쳐 준 대로
아내를 야금야금 갉아먹으면서
나는 성실한 모범근로자였었다

노조를 만들면서
저들의 칭찬과 모범표창이
고양이 꼬리에 매단 방울소리임을,
근로자를 가족처럼 사랑하는 보살핌이
허울 좋은 솜사탕임을 똑똑히 깨달았다
편리한 이론과 절대적 권위와 상식으로 포장된

몸서리쳐지는 이윤추구처럼
나 역시 아내를 착취하고
가정의 독재자가 되었었다

투쟁이 깊어 갈수록 실천 속에서
나는 저들의 찌꺼기를 배설해 낸다
노동자는 이윤 낳는 기계가 아닌 것처럼
아내는 나의 몸종이 아니고
평등하게 사랑하는 친구이며 부부라는 것을
우리의 모든 관계는 신뢰와 존중과
민주주의적이어야 한다는 것을
잔업 끝내고 돌아올 아내를 기다리며
이불홑청을 꿰매면서
아픈 각성의 바늘을 찌른다30)

---

30) 아프게 직시해야 할 또 하나의 일이 '*설겆이'라고 하면 어떨까. '설거지'로 바꿔 쓰는 것
이 어떠할까라고…….

오동

박화목

나의 창 바깥에 서 있는 <u>오동(梧桐)</u>[31]은
세월 흘러간 오랜 벗.

밤마다 별이 비칠 때 커튼을 거두면
오동잎은 사상(思想)처럼 시시로 창가에 부닥치
는 것이었다.

한때는 수박처럼 싱싱한 기상(氣象)이 깃들여
토족(土族)의 손바닥 같은 이파리들이 퍼덕이
었는데,
아하, 이 어인 일이뇨?

하루아침 유달리 설레는 동작(動作)과
점점 변색해 가는 피부는······

오늘 밤,
눈 같은 달빛이 쏟아지면
나의 상념은 곤충처럼 슬퍼지고,
오동 가지 끝에 걸린 비애의 표상(表象)에서
나의 영혼이 한껏 두려운 한밤을 지낼까 보오.

---

31) 옛말은 '머귀나무'. 오늘날엔 '오동나무'만 표준어로 채택되었다.

연|습|문|제

1 다음 문장들에서 표준어가 아닌 것을 골라 올바른 표현으로 고쳐 써라.

(1) 구조주의의 용어를 빌어 표현한다면 리얼리즘은 문학 작품에서 기
    호보다는 오히려 그것을 매체로 하여 표현되는 메시지를 한결 더 중
    시하는 것이다.

(2) 네째, 절세형 상품을 주목하라.

(3) 첨단지구에 있는 모든 아파트 매매, 전세, 월세, 삭월세가 특히 전문
    이며 인터넷을 통해 전국의 토지 및 기타 부동산을 취급합니다.

(4) 곁에 있던 숫놈은 천성적으로 겁이 많으면서도 카메라를 정면으로
    쏘아봤고 암컷을 부축해 끝내 함께 숲 속으로 달아났다.

(5) 변절과 배신으로 점철된 오욕의 역사에 눈치 빠른 자 하나 더 빠져
    죽었을 뿐인데 무엇을 애닯다 하겠습니까.

(6) 해태제과는 고향만두 후속 편으로 최근 속이 담백하고 푸짐한 김치를 주원료로 한 또아리형 가정식 고급 수제 만두 '고향김치손만두'를 출시, 마케팅을 강화하고 있다.

(7) 당시 일본말이 서툴었던 박지성은 미우라와 많은 대화를 나누지는 못했지만 스타플레이어의 생활을 지켜보며 그라운드 안팎에서 많은 걸 느낄 수 있었다.

(8) 도시락 가방이나 옷에 김치 국물이 묻으면 여간해서 잘 지워지지 않습니다. 이럴 때에는 둥근파를 이용해서 빼는 방법이 있습니다.

(9) 코보 아줌마네 천장 위에는 꼬리와 수염이 없는 이상한 생쥐들이 살고 있습니다.

(10) 설겆이에 방 청소에 고추장 단지 뚜껑까지 마무리하는 아내에게 나는 그저 밥 달라 물 달라 옷 달라 시켰었다

2 '양복장이'와 '양복쟁이'의 의미가 어떻게 차이가 있는가를 제시하고, 그러한 차이를 가져오는 언어 요소는 무엇인지 설명하라.

3 다음 문장들에서 괄호 안에 들어갈 수 있는 올바른 표준어를 고르라.

(1) (미류나무, 미루나무) 꼭대기에 조각구름이 걸려 있네.

(2) (수평아리, 숫병아리)는 한 마리도 남지 않았어.

(3) (깡총깡총, 깡충깡충) 뛰면서 어디를 가느냐?

(4) (남비, 냄비)에 물을 가득 붓고 펄펄 끓이세요.

(5) (윗니, 웃니)가 살짝 보이도록 미소를 지어 봅시다.

(6) (웃어른, 윗어른)께 인사를 잘 해야 합니다.

(7) 바람 (쐬러, 쏘이러) 갔다 올게요.

(8) 웅덩이에 물이 (고였어, 괴었어).

(9) (알타리무, 총각무)로 김치를 담갔어요

(10) 저런 (멍게, 우렁쉥이) 같은 녀석.

(11) (푸른콩, 청대콩)을 넣어 밥을 지었어.

(12) (고깃간, 푸줏간)에 가서 고기 좀 사오너라.

(13) (보조개, 볼우물)가 깊이 팬 그녀의 모습.

(14) (우레, 천둥)소리가 날 때마다 숨곤 했지요.

(15) (물봉숭아, 물봉선화) 빛깔

참고문헌

이윤재(1936), <사정한 조선어 표준말 모음>의 내용, 『한글』 제4권 11호, 한글학회, pp. 264~267.

이응백(1988), 표준어 규정 해설, 『국어생활』 제13호, 국어연구소, pp. 35~112.

이익섭(1983), 한국어 표준어의 제문제, 『국어 어문의 제문제』, 일지사, pp. 7~46.

_____ (1988), 국어 표준어의 형성과 변천, 『국어생활』 제13호, 국어연구소, pp. 17~23.

최전승(2001), 1930년대 표준어의 선정과 수용 과정에 대한 몇 가지 고찰, 『국어문학』 36집, pp. 235~311.

허웅(1988), 맞춤법·표준말과 국어 생활, 『국어생활』 제13호, 국어연구소, pp. 4~7.

제5장 표준 발음법

1. 표준 발음법의 형성과 구성

1.1. 표준 발음법의 형성

조선어학회에서 제정한 <사정한 조선어 표준말 모음>(1936년)에서는 발음에 대한 규칙이 정하여지지 않았다. 그리하여 지금까지 이루어진 한국어 사전들에서는 한국어의 말소리 가운데 특히 장음이나 경음을 각기 달리 표기함으로써 학교 교육에서의 발음 지도에 어려움을 겪거나, 아나운서와 같은 전문적인 방송인의 말에서도 잘못된 발음이 흔히 나타났던 것이 사실이다.

발음은 지역에 따라 또는 사회 계층에 따라 차이가 있음은 물론, 동일 언어 공동체 내에서도 각 개인의 발음 습관에 따라 조금씩 차이가 있을 수 있다. 현대의 교양 있는 서울 사람들도, 예컨대 '외상, 고기, 밟고'를 [외상, 고기, 밥:꼬]로 발음하거나, 또는 [웨상, 괴기, 발:꼬]로 발음하며, '가만히'의 경우만 하더라도 [가마니, 가만히, 가마:니, 가만:히]처럼 여러 가지로 발음한다. 따라서 개별 음소인 모음이나 자음을 어떻게 발음하며, 어떤 경우에 모음을 긴소리로 발음하고, 음의 연접에 따른 변이 현상 등에 관한 규칙성은 무엇인가 하는 표준 발음에 대한 규정이 제시되어야 할 필요성이 대두되어 왔다.

표준 발음이란 표준어의 발음을 말한다. 동일 언어 공동체 안에서 지역적, 사회적 차이를 초월하여 널리 공통되는 발음은 표준적인 발음이라 할 수 있다. 그런데 표준어가 국민의 언어 현상을 통일하려는 목적에서 제정되는 것이므로, 표준 발음은 언중(言衆), 곧 국민의 언어 행위와 관련하여 가장 이상적인 것으로 규범화된 발음이라고 정의할 수 있다. 이러한 성격의 표준 발음에 대해 규정하고 있는 것이 현행 <표준어 규정>의 제2부에 제시된 '표준 발음법'이다.

<표준어 규정>을 구성하는 요소로 '표준 발음법'이 제정된 것은 북한의 경우 <조선말 규범집>(1966)에서부터 '문화어 발음법'이라는 이름으로 표준 발음법을 제시해 왔다는 사실에 비추어 보면 뒤늦은 감이 없지 않다. 그러나 '표준 발음법'의 제정은 표준어라는 개념이 어휘 차원뿐만 아니라, 음운 차원에서의 바른 발음도 요구하는 개념이란 인식하에 한국어의 표준 발음 확립에 관심을 가지기 시작했다는 점에 그 의미를 부여할 수 있다.

1.2. 표준 발음법의 구성

4장의 <표준어 규정>에서 이미 제시한 바가 있지만, 논의의 편의를 위하여 '표준 발음법'의 구성을 여기에 다시 제시하기로 한다.

<표 1> '표준 발음법'의 구성

- **제1장** 총칙: 제1항
- **제2장** 자음과 모음: 제2~5항
- **제3장** 소리의 길이: 제6~7항
- **제4장** 받침의 발음: 제8~9항
- **제5장** 소리의 동화: 제10~16항, 제17~22항

- **제6장** 된소리되기: 제23항~25항, 제26항~28항
- **제7장** 소리의 첨가: 제29항, 제30항

위의 표를 통해 알 수 있는 바와 같이, '표준 발음법'은 모두 7장 30항으로 이루어져 있다. 각 장의 내용을 좀 더 자세히 살펴보면 다음과 같다.

먼저, 제1장 총칙에서는 '표준 발음법'의 대원칙을 밝히고 있으며, 제2장에서는 한국어의 표준 모음과 자음 체계를 제시하고 있다. 제3장에서는 소리의 길이, 곧 긴소리와 짧은소리에 대한 표준 발음을 규정하고 있으며, 제4장에서는 받침의 발음, 다시 말해 음절 말 위치에서 실현되는 자음의 발음에 대해 규정하고 있다. 다음으로, 제5장에서는 구개음화나 비음화, 설측음화 등의 한국어 자음동화에 대해 규정하고 있으며, 제6장에서는 일정한 음운론적 환경에서 평폐쇄음이 된소리로 실현되는 현상에 대해 규정하고 있다. 마지막으로, 제7장은 합성어 및 파생어에서 나타나는 'ㄴ'이나 'ㄹ' 첨가 또는 '사이시옷' 현상에 대해 규정하고 있다.

닭벼슬이 소똥구녕에게

김진경

이눔아
옛말에 이르기를
소똥구녕이 되느니 닭벼슬이 되라 혔다
옛말이 하낫두 틀린 거 읎어
니 친구 경환이 봐라
갸가 미국소 똥구녕 빨다가 망한 거여
니가 갸를 도와준다등만
니까지 아예 미국소 똥구녕이 돼뻔진 거냐
애라이 요 호로자식 같으니
조상님 생각도 좀 혀라
니 할애비도 할애비지만
증조부 고조부께서
이장을 시켜주든지 어쩌든지 허라구 생야단이시다
아, 주위에 있는 무덤 속 귀신들이
그 무덤에서 웬 소똥냄새가 심허냐구 지랄헌다는겨
야, 이눔아
설치구 다니지 말어
해방 때 사람덜이 뭐라구 한 중 아냐
미국눔 믿지 말구
쏘련에 속지 말라구 혔어
그 말이 꼭 맞드라
니눔은 이 할애비가 농투사니여서 못마땅허졌지만
그래두 이 할애비는 닭벼슬이었어 이눔아
내 땅에 내 땀 흘려 내 거두어 먹구 살았단 말여
그런디 넌 뭐냐

뭐 한자리 혔다구 흰소린 모양인디
한자리 헌 눔치구 도둑놈 아닌 눔 있냐
솔직히 말혀봐
니눔은 큰 도둑놈 아녀
도둑놈이기만 허믄 다행이지
조선땅에서 한자리 헌 눔치구
일본소든 미국소든 소똥구녕 아닌 눔 있었냐
냉수 먹구 속 차려라 이눔아
어느 년 구멍을 쑤셔서
그런 자식을 퍼질러 놨느냐구
주위에 있는 무덤 속 귀신들이 난리가 아녀
조신혀라
소똥구녕이 되느니 닭벼슬이 되라는 옛말
하낫두 틀린 거 읎어 이눔아[32]

32) 어휘상으로는 물론 발음상으로도 표준어와 큰 차이가 있는 작품이다. 방언적 색채가 강한
어휘와 발음이 발휘할 수 있는 시적 기능과 함께, 이러한 요소가 표준어의 그것과는 어떻
게 대응되는가에 대해 생각하도록 해 준다.

2. 표준 발음법의 원칙

표준 발음법의 원칙에 대해서는 '표준 발음법' 총칙 제1항에서 다음과 같이 제시되고 있다.

> **제1장 총칙**
> **제1항** 표준 발음법은 표준어의 실제 발음을 따르되, 국어의 전통성과 합리성을 고려하여 정함을 원칙으로 한다.

위의 '총칙'에 따르면, 표준 발음법의 대원칙은 '표준어의 실제 발음을 따른다'는 근본 원칙과 '국어의 전통성과 합리성을 고려하여 정한다'는 조건으로 이루어져 있다.

표준어의 실제 발음에 따라 '표준 발음법'을 정한다는 것은 표준어의 규정과 직접적인 관련이 있다. '표준어 사정 원칙' 제1장 제1항에서는 "표준어는 교양 있는 사람들이 두루 쓰는 현대 서울말로 정함을 원칙으로 한다."라고 규정하고 있다. 따라서 '표준 발음법'은 교양 있는 사람들이 두루 쓰는 현대 서울말의 발음을 표준어의 실제 발음으로 여기고서 일단 이를 따르도록 원칙을 정한 것이다. 예컨대, '값[價]'에 대하여 '값, 값만, 값이, 값을, 값에'는 서울말에서 [갑, 감만, 갑씨, 갑쓸, 갑쎄] 로 발음되는데, 이러한 실제 발음에 따라 표준 발음을 정한다는 것이다(제14항 참조). 또 하나의 예를 보이면, 겹받침 'ㄺ'의 발음은 체언의 경우 '닭이[달기], 닭을[달글]' 등처럼, 모음 앞에서 본음대로 'ㄺ'을 모두 발음하지만, '닭도[닥또], 닭과[닥꽈]' 등과 같이 자음 앞에서는 'ㄹ'를 탈락시키면서 'ㄱ'만을 발음하는데, 용언의 경우에는 환경에 따라 'ㄺ' 중에서 발음되는 자음을 달리한다. '늙다'를 예로 들면 다음과 같다.

(1) ㄱ. 늙은[늘근]   늙으면[늘그면]   늙어[늘거]
　　ㄴ. 늙고[늘꼬]   늙거나[늘꺼나]   늙게[늘께]
　　ㄷ. 늙소[늑쏘]   늙더니[늑떠니]   늙지[늑찌]

　즉, (1ㄱ)처럼 모음으로 시작된 어미와 결합되는 경우에는 본음대로 'ㄲ'
을 모두 발음하고, (1ㄴ)처럼 'ㄱ'로 시작된 어미와 결합되는 경우에는 'ㄹ'
만을 발음하며, (1ㄷ)처럼 'ㅅ, ㄷ, ㅈ'로 시작된 어미와 결합되는 경우에는
'ㄱ'만을 발음하는 것이 현대 서울말의 실제 발음이다. 이 실제 발음을 그
대로 표준 발음으로 정하는 것이다(제11항 참조).

　그런데 현대 서울말에서조차 실제 발음에서는 여러 형태로 발음하는 경
우가 있어서, 그러한 경우에는 한국어의 전통성과 합리성을 고려하여 표준
발음을 정한다는 조건을 이어서 제시하였다. 예컨대, 서울의 어떤 젊은이나
어린이는 소리의 길이를 구별하지 않고서 '밤[夜]'과 '밤[栗]'을 모두 짧게
발음하기도 하는데, 대부분의 장년층 이상에서는 소리의 길이를 인식하면
서 구별하여 발음한다. 역사적으로 보면, 소리의 높이나 길이를 구별해 온
전통을 가지고 있다. 그리하여 '표준 발음법'에 소리의 길이에 대한 규정을
포함하게 하였다(제6항 참조).

　'표준 발음법'의 제정에는 한국어의 전통성을 고려하여 정한다는 조건
이외에 다시 합리성을 고려하여 정한다는 조건이 붙어 있다. 이것은 <한글
맞춤법> 규정에서 어법에 맞춘다는 것과 맞먹는 조건이다. 말하자면, 한국
어의 규칙 내지는 법칙에 따라서 표준 발음을 합리적으로 정한다는 뜻이다.
예컨대 긴소리를 가진 단음절(單音節) 용언 어간은, 일부 예외를 제외하면 모
음으로 시작된 어미와 결합되는 경우에 짧게 발음한다. 이는 지극히 규칙적
이기 때문에, 이와 같이 짧게 발음하는 어법을 규정화하여 표준 발음법을
정하는 것이다. 이에 따라 '알고[알ː고], 알아[아라]'와 같이 '곱대[곱ː따],
고와[고와]'가 표준 발음이 되는 것이다. 이러한 규정에 벗어나는 경우가

있다면 '다만'으로 규정하였는데, 이는 실제 발음을 따르면서 어법상의 합리성을 고려한 것이다(제7항 참조).

물론, 표준어의 실제 발음을 따르되 합리성을 고려하여 표준 발음법을 정하는 데 어려움이 따르는 경우도 있다. 예컨대, '맛있다'는 실제 발음에서는 [마싣따]가 자주 쓰이긴 하지만, 두 단어 사이에서 받침 'ㅅ'을 [ㄷ]로 발음하는 [마딛따]가 오히려 합리성을 지닌 발음이다. 이러한 경우에는 전통성과 합리성을 고려하여 [마딛따]를 원칙적으로 표준 발음으로 정하되, [마싣따]도 표준 발음으로 허용하기로 하였다(제15항 참조).

3. 표준 발음법의 세부 규정

3.1. 제2장 자음과 모음

3.1.1. 자음(제2항)

1) 규정

> **제2항** 표준어의 자음은 다음 19개로 한다.
> ㄱ ㄲ ㄴ ㄷ ㄸ ㄹ ㅁ ㅂ ㅃ ㅅ ㅆ ㅇ ㅈ
> ㅉ ㅊ ㅋ ㅌ ㅍ ㅎ

2) 해설

표준어의 자음은 모두 19개이다. 이 19개의 자음을 제2항과 같이 배열한 것은 일반적인 한글 자모의 순서에다 한국어 사전에서의 자모 순서를 고려한 것이다(<한글 맞춤법>제4항 붙임2 참조).

19개의 표준 자음을 조음 위치와 조음 방법에 따라 분류하면 다음과 같다.

<표 2> 표준어의 자음 체계

조음 방법	조음 위치	입술소리	허끝소리	구개음	연구개음	목청소리
장애음	예사소리	ㅂ	ㄷ, ㅅ	ㅈ	ㄱ	ㅎ
	거센소리	ㅍ	ㅌ	ㅊ	ㅋ	
	된소리	ㅃ	ㄸ, ㅆ	ㅉ	ㄲ	
공명음	비 음	ㅁ	ㄴ		ㅇ	
	유 음		ㄹ			

이들 자음을 나타내는 자모로 표기된 경우, 그 발음은 자모에 해당하는 자음으로 각기 발음해야 한다. 따라서 '쌀'을 발음할 때 [살]로 발음해서는 안 된다. 표기와 달리 발음하는 경우에는 이 '표준 발음법'에 제시된 규정에 따라 발음하여야 한다. 예컨대 '곱돌'을 발음할 때에는 [곱돌]로 발음하지 않고 '표준 발음법' 제23항의 '된소리되기' 규정에 따라 [곱똘]로 발음하고, '밭이'는 제17항의 "받침 'ㄷ, ㅌ(ㄾ)'이 조사나 접미사의 모음 'ㅣ'와 결합하는 경우에는 [ㅈ, ㅊ]로 바꾸어서 뒤 음절 첫소리로 옮겨 발음한다." 라는 규정에 따라 [바치]로 발음한다.

3.1.2. 모음(제3항~제5항)

1) 규정

> **제3항** 표준어의 모음은 다음 21개로 한다.
> ㅏ ㅐ ㅑ ㅒ ㅓ ㅔ ㅕ ㅖ ㅗ ㅘ ㅙ ㅚ ㅛ ㅜ
> ㅝ ㅞ ㅟ ㅠ ㅡ ㅢ ㅣ

제4항 'ㅏ ㅐ ㅓ ㅔ ㅗ ㅚ ㅜ ㅟ ㅡ ㅣ'는 단모음(單母音)으로 발음한다.

[붙임] 'ㅚ, ㅟ'는 이중 모음으로 발음할 수 있다.

제5항 'ㅑ ㅒ ㅕ ㅖ ㅘ ㅙ ㅛ ㅝ ㅞ ㅠ ㅢ'는 이중 모음으로 발음한다.

다만 1. 용언의 활용형에 나타나는 '져, 쪄, 쳐'는 [저, 쩌, 처]로 발음한다.

가지어→가져[가저]   찌어→쪄[쩌]   다치어→다쳐[다처]

다만 2. '예, 례' 이외의 'ㅖ'는 [ㅔ]로도 발음한다.

계집[계ː집/게ː집]   계시다[계ː시다/게ː시다]
시계[시계/시게](時計)   연계[연계/연게](連繫)
메별[메별/메별](袂別)   개폐[개폐/개페](開閉)
혜택[혜ː택/헤ː택](惠澤)   지혜[지혜/지헤](智慧)

다만 3. 자음을 첫소리로 가지고 있는 음절의 'ㅢ'는 [ㅣ]로 발음한다.

늴리리   닁큼   무늬   띄어쓰기   씌어
틔어   희어   희떱다   희망   유희

다만 4. 단어의 첫 음절 이외의 '의'는 [ㅣ]로, 조사 '의'는 [ㅔ]로 발음함도 허용한다.

주의[주의/주이]   협의[혀븨/혀비]
우리의[우리의/우리에]   강의의[강ː의의/강ː이에]

2) 해설

제3항~제5항은 표준 모음의 수효와 음가에 대해 기술하고 있는 부분이다. 제3항에서는 표준어의 모음을 21개로 규정하고 있는데, 이는 단모음과 이중 모음 전부를 합한 숫자이다. 모음의 배열순서 역시 자음의 경우와 마찬가지로 일반적인 한글 자모의 순서와 한국어 사전에서의 자모 순서를 함께 고려한 것이다.

단모음은 하나의 모음 요소로 이루어져 있어서 시작 부분과 끝 부분이 동일한 음가로 발음되는 것을 말하는데, 표준어의 단모음에 대해서는 제4항에서 규정하고 있다. 이에 따르면, 표준어에는 모두 10개의 단모음이 있는 것으로 제시되어 있는데, 이들 모음의 체계는 다음과 같다.

<표 3> 표준어의 단모음 체계

위치입술 높이	전설모음		후설모음	
	평 순	원 순	평 순	원 순
고 모 음	ㅣ	ㅟ	ㅡ	ㅜ
중 모 음	ㅔ	ㅚ	ㅓ	ㅗ
저 모 음	ㅐ		ㅏ	

이와 같은 표준어의 단모음 체계에 따르면, 전설모음으로는 'ㅣ, ㅔ, ㅐ, ㅚ, ㅟ'의 5개가, 후설모음으로는 'ㅡ, ㅓ, ㅏ, ㅗ, ㅜ' 의 5개가 있음을 알 수 있다. 이러한 모음 체계를 통하여 각각의 모음을 발음하는 방식을 알 수 있다. 예컨대 [ㅏ]는 후설 평순 모음이면서 저모음으로 발음된다. 즉, 입을 자연스럽게 벌리면서 입술을 둥글게 하지 않고 발음하면 [ㅏ]란 모음이 발음된다. 후설 평순 모음이면서 고모음인 [ㅡ]는 입술을 오므리지 않고 평평하게 하고서 혀의 뒤쪽을 높여 발음하는 모음이다. 후설 평순 모음이면서 중모음인 [ㅓ]는 긴소리일 경우에 혀를 좀 높여 [ㅡ]의 위치에 가까운 모음으로 발음함이 원칙이다. 말하자면, 긴소리로서의 [ㅓ]는 [ㅡ]와 짧은 [ㅓ]와의 중간 모음인 올린 'ㅓ'로 하는 것이 교양 있는 서울말의 발음이다. '걸다, 더럽다, 덥다, 멀다, 번지다, 썰다, 얻다, 얼다, 적다, 절다, 젊다, 헐다' 등의 첫째 음절이 긴소리인데, 이때 올린 'ㅓ'로 발음한다. '거리(距離), 거머리, 널, 덜, 번민, 벌[蜂], 설, 섬[島], 얼, 전화, 헌법, 헝겊' 등의 경우에도 마찬가지다.

  그런데 제4항의 [붙임]에서 10개의 단모음 가운데 'ㅚ, ㅟ'를 이중 모음으로도 발음할 수 있다고 하고 있어, 표준어의 단모음 수효가 경우에 따라 8개가 될 수도 있음을 시사하고 있다. 이와 같이, 10개의 모음을 기본으로 하면서 8개의 모음도 허용한 것은 전설의 원순모음 'ㅚ, ㅟ'의 발음이 각각 두 가지로 날 수 있기 때문이다. 즉, 'ㅚ'는 단모음 [ö]와 이중 모음 [we]로, 'ㅟ'는 단모음 [ü]와 이중 모음 [wi]로 발음되는 것이 실제 언어 현실인 것이다.

  이승재(1993: 25)에 따르면, 10모음과 8모음의 차이는 세대 간의 차이에서 가장 뚜렷하게 나타난다. 서울에 사는 교양 있는 사람이라도 70세 이상의 화자들은 단모음 [ö], [ü]를 곧잘 발음하는 데 반해, 40세 이하의 연령층에서는 이들을 단모음으로 발음하지 못하는 경우가 많다는 것이다.

  한편, 제5항은 표준어의 이중 모음 11개에 대해 기술한 것이다. 이중 모음이란 단모음의 앞이나 뒤에 반모음 [j], [w]가 기생하여 복합적으로 발음되는 모음을 가리키는데, 단모음, 즉 핵모음 앞에 반모음이 온 것은 상승적 이중 모음, 반모음이 뒤에 온 것은 하강적 이중 모음이라고 한다(이승재 1993: 31). 표준어의 이중 모음은 반모음 [j], [w]가 결합하는 방식에 따라 다음과 같이 분류할 수 있다.

<표 4> 표준어의 이중 모음 체계

유 형	j계		w계	
결합 방식	상승	하강	상승	하강
例.	ㅑ, ㅒ, ㅕ, ㅖ, ㅛ, ㅠ	ㅢ	ㅘ, ㅙ, ㅝ, ㅞ	없음

  이와 같은 이중 모음 체계를 통해 알 수 있듯이, 표준어의 이중 모음은 j계와 w계 두 가지로 나뉜다. j계로는 'ㅑ, ㅒ, ㅕ, ㅖ, ㅛ, ㅠ, ㅢ' 7개가, w계로는 'ㅘ, ㅙ, ㅝ, ㅞ' 4개가 있다. 만일, 제4항에서 제시한 단모음 가운데

'ㅚ, ㅟ'가 단모음이 아닌 이중 모음의 음가를 지닌다면, w계 이중 모음으로 'ㅟ' 1개가 더 느는 셈이어서 많게는 12개의 이중 모음이 있다고 할 수 있을 것이다. 이와 같은 이중 모음의 발음에 대해서는 몇 가지 특기할 만한 사실이 있는데, 이러한 사실은 제5항의 '다만 1~다만 4'에 제시되어 있다.

첫째로, '다만 1'과 관련되는 것으로, '져, 쪄, 쳐'와 같은 용언의 활용형들에서의 이중 모음 'ㅕ'는 이중 모음이 아닌 단모음 'ㅓ'로 발음된다는 사실이다. 그러한 예를 몇 가지 더 제시하면 다음과 같다.

(2) 지+어 → 져[저]   찌+어 → 쪄[쩌]
    치+어 → 쳐[처]   다지+어 → 다져[다저]
    살찌+어 → 살쪄[살쩌]   바치+어 → 바쳐[바처]
    돋치+어 → 돋쳐[돋처]   굳히+어 → 굳혀[구처]
    잊히+어 → 잊혀[이처]

위의 예들을 통해서 알 수 있는 것처럼, 결국 이중 모음 'ㅕ'는 'ㅈ, ㅉ, ㅊ' 등의 구개음 다음에서 이중 모음 그대로 실현되지 못한다고 할 수 있는데, 이와 같은 제약은 여기에 한정되지 않고 j계 이중 모음 전반에 걸쳐 일어난다는 사실을 알아 둘 필요가 있다. 다음 (3)과 같은 외래어의 표기에 '쟈, 져, 죠, 쥬, 챠, 쳐, 쵸, 츄'와 같은 표기가 등장하지 않는 것도 바로 이러한 이유에서이다.

(3) jardin 자르뎅   George 조지   charming 차밍   chocolate 초콜릿
    vision 비전   juice 주스   venture 벤처   chewing 추잉

이와 같이, 구개자음과 j계 이중 모음의 결합에 제약이 존재하는 이유는 한국어의 경우, '챠:차, 져:저, 죠:조, 쥬:주' 등이 음운론적 대립을 이루지 못하기 때문이다.

이중 모음의 발음과 관련되는 두 번째 중요한 사실은 '다만 2'에 제시된 바와 같이, 이중 모음 'ㅖ'는 '예, 례' 이외의 경우에는 단모음 [ㅔ]로도 발음할 수 있다는 것이다. 물론, 'ㅖ'는 본음대로 [ㅖ]로 발음하는 것이 원칙이긴 하지만, '예, 례'를 제외하면 [ㅔ]로도 발음하기 때문에 이 실제의 발음까지 고려하여 [ㅔ]로 발음하는 것을 허용하고 있다(<한글 맞춤법>제8항 참조.).

'다만 3'과 '다만 4'는 j계 이중 모음 'ㅢ'의 발음에 관한 세부 규정으로, 표준어의 이중 모음의 발음을 이해하는 데 또 한 가지 중요한 언어적 사실을 제시하고 있다. 앞에서 살펴본 <표 4>에 따르면, 표준어 이중 모음 체계의 중요한 특징 가운데 하나는 반모음 j나 w가 핵모음33) 다음에 결합되는 하강적 이중 모음으로는 오직 'ㅢ' 하나가 있을 뿐이라는 것이다. 그런데 이 'ㅢ'조차도 이중 모음의 음가를 제대로 갖는 경우는 매우 드물어서 단모음 'ㅣ'나 'ㅔ'로 발음되는 경우가 종종 있다. 이와 같은 언어 현실을 고려하고 있는 것이 '다만 3'과 '다만 4'의 규정이다.

'다만 3'에 따르면, 음절 두음이 자음인 음절의 'ㅢ'는 [ㅣ]로 발음해야 한다. 이러한 규정은 자음을 첫소리로 가지지 않은 'ㅢ'는 제 음가대로 발음해야 하지만, '늴리리, 닁큼,34) 무늬, 띄어쓰기' 등 자음이 음절의 첫소리로 나타나는 경우는 제 음가대로 정확하게 발음하기가 어렵기 때문에 [ㅣ]로 발음하도록 해 놓고 있는 것이다.

또한, '다만 4'에서는 'ㅢ'가 제2음절 이하에 출현하는 경우나 관형격 조사 '의'로 쓰이는 경우에도 제 음가대로 발음하기가 어려우므로 [ㅣ]로 발음하거나, 관형격 조사의 경우는 [ㅔ]로 발음하는 것을 허용하고 있다. 이와 같은 언어적 사실과 관련하여 한 가지 유의해야 할 점은 'ㅢ'가 관형격

---

33) 핵모음이란 하나의 음절을 구성하는 데 없어서는 안 될 필수적인 요소인 모음을 말한다.
34) '냉큼'보다 큰 말로, '앞뒤를 생각할 여유 없이 얼른'의 의미를 지님.

조사로 쓰였을 때 [ㅔ]로 발음하는 것은 허용되는 일이지만, 표기에서는 이를 허용하지 않는다는 사실이다. 그럼에도 불구하고, 많은 한국어 사용자들이 'ㅢ'를 'ㅔ'로 표기하는 경우가 흔히 발견되고 있는데, 다음이 그러한 예들이다.

(4) ㄱ. *__사람들에__ 인연은 억지로 만들어지는 게 아니라고 생각합니다. 아주 자연스럽게, 자연스럽게 이루어지는 것이죠.
   ㄴ. 안녕하십니까? *__대학기술이전센터에__ 오정민입니다.
   ㄷ. 그녀 때문에 *__죽음에__ 문턱에서 다시 살고 싶어 간절히 소망하던 난 지금도 살고 있고 하지만 그 사람은 떠나더군요.

사월의 노래

곽재구

사월이면
등꽃이 피는 것을 기다리며
첼로 음악을 듣는다

바람은
마음의 골짜기
골짜기를 들쑤시고

구름은 **하늘의**
큰 꽃잎 하나로
마음의 불을 가만히 덮어주네

노래하는 새여
너의 노래가 끝난 뒤에
내 **사랑의**35) 노래를
다시 한번 불러다오

새로 돋은 나뭇잎보다
반짝이는 연둣빛 햇살처럼
찬란하고 서러운 그 노래를 불러다오

---

35) '마음의, 하늘의, 너의, 사랑의'에 쓰인 '의'는 모두 관형격 조사로, 원칙적으로는 이중 모음 [의/ij]로 발음해야 하지만, 발음의 어려움을 감안하여 [에/e]로도 발음하는 것을 허용하고 있다.

3.2. 제3장 소리의 길이

3.2.1. 모음의 장단

1) 규정

> **제6항** 모음의 장단을 구별하여 발음하되, 단어의 첫 음절에서만 긴소리가 나타나는 것을 원칙으로 한다.
> (1) 눈보라[눈:보라]   말씨[말:씨]   밤나무[밤:나무]
>   많대[만:타]   멀리[멀:리]   벌리다[벌:리다]
> (2) 첫눈[천눈]   참말[참말]   쌍동밤[쌍동밤]
>   수많이[수:마니]   눈멀다[눈멀다]   떠벌리다[떠벌리다]
> 다만, 합성어의 경우에는 둘째 음절 이하에서도 분명한 긴소리를 인정한다.
>   반신반의[반:신 바:니]   재삼재사[재:삼 재:사]
>
> **[붙임]** 용언의 단음절 어간에 어미 '-아/어'가 결합되어 한 음절로 축약되는 경우에도 긴소리로 발음한다.
>   보아 → 봐[봐:]   기어 → 겨[겨:]   되어 → 돼[돼:]
>   두어 → 둬[둬:]   하여 → 해[해:]
> 다만, '오아 → 와, 지어 → 져, 찌어 → 쪄, 치어 → 쳐' 등은 긴소리로 발음하지 않는다.

2) 해설

표준어에서는 모음의 길이, 곧 음장(音長)이 음운론적 기능을 발휘한다. 이 말은 다음의 예에서 보는 것처럼, 표준어에는 음장에 의해 의미가 구별되는 단어의 쌍인 최소 대립어들이 존재한다는 것을 의미한다.

(5)   <u>장모음</u>   <u>단모음</u>
ㄱ. 일을 한다.[事]   일을 센다.[一]
    배나 크다.[倍]   배가 아프다.[腹]

<u>밤</u>을 굽는다.[栗]　　<u>밤</u>이 어둡다.[夜]
<u>벌</u>이 난다.[蜂]　　　<u>벌</u>을 준다.[罰]
<u>눈</u>이 온다.[雪]　　　<u>눈</u>이 아프다.[眼]
ㄴ. <u>밤</u>을 <u>굽다</u>.[炙]　　등이 <u>굽다</u>.[屈]
　　빛깔이 <u>곱다</u>.[麗]　　손가락이 <u>곱다</u>.[曲]

위의 예들을 보면, (5ㄱ)은 체언에서, (5ㄴ)은 용언에서 소리의 길이에 따
른 의미 대립이 존재하고 있음을 알 수 있다. '표준 발음법' 제6항은 표준
발음에서 이와 같은 소리의 길이를 고려해야 함을 규정한 것으로, 긴소리와
짧은소리 두 가지를 인정하되, 합성어의 경우를 제외하고는 긴소리는 단어
의 제1음절에서만 유지되고, 그 이하의 음절에서는 모두 짧게 발음됨을 원
칙으로 한 것이다.

긴소리가 단어의 제1음절에서만 유지된다는 것은 기저(基底)의 긴소리가
비어두 위치에서는 소거된다는 사실을 말하여 주는 것이다. 이러한 사실을
제6항에 제시된 예를 통하여 다시 한번 확인하기로 하자.

(6) ㄱ. 눈보라[눈ː보라]　　말씨[말ː씨]　　밤나무[밤ː나무]
　　　많다[만ː타]　　　멀리[멀ː리]　　벌리다[벌ː리다]
ㄴ. 첫눈[천눈]　　　　참말[참말]　　쌍둥밤[쌍둥밤]
　　수많이[수ː마니]　눈멀다[눈멀다]　떠벌리다[떠벌리다]

위의 예에서, (6ㄱ)은 '눈[雪], 말[言], 밤[栗], 많-[多], 멀-[遠], 벌리-[裂]'
등의 어휘가 지니고 있는 기저의 긴소리가 어두 위치에서는 그대로 실현됨
을 보여 준다. 그러나 (6ㄴ)은 기저에 긴소리가 있는 어휘가 비어두 위치에
서 단모음화하여 짧은소리로 발음됨을 보여 주는 것이다. 이러한 사실을 입
증하여 주는 또 다른 예들을 몇 가지 더 제시하면 다음과 같다.

(7) ㄱ. 눈꽃, 눈뭉치, 눈사람, 눈싸움
　　　말동무, 말소리, 말싸움, 말씨, 말씨름, 말장난
　　　밤꽃, 밤나무, 밤밥, 밤송이, 밤알, 밤콩
　　ㄴ. 밤눈, 진눈깨비, 싸락눈, 함박눈
　　　거짓말, 서울말, 시골말, 중국말
　　　군밤, 찐밤, 쪽밤, 꿀밤
　　　샛별, 저녁별, 별똥별

　(7ㄱ)은 (6ㄱ)과 마찬가지로 어두 위치에 긴소리를 지닌 어휘가 출현하여 장음을 그대로 유지하지만, (7ㄴ)에서는 (6ㄴ)과 마찬가지로 비어두 위치에서 기저의 장음이 소거되어 단모음화하였음을 보여 주는 예이다. 따라서 우리는 표준어의 경우, 단어의 첫 음절에서만 긴소리를 인정함을 다시 한번 확인할 수 있게 된다.

　그러나 제6항의 '다만'에서는 '반신반의, 재삼재사'를 예로 들어, 경우에 따라 비어두 위치에서라도 분명히 긴소리로 발음되는 것만은 그 긴소리를 인정한다고 되어 있어, 기저의 장음이 단모음화하는 데 예외가 있음을 제시하고 있다. 이와 같은 예외는 (6), (7)의 예들과 동일한 성격의 합성어이긴 하지만, 합성어를 구성하는 성분들 사이에 어느 정도의 휴지를 두어서 발음할 수 있는 첩어의 성격을 지니는 단어에 한한다. '반신반의, 재삼재사' 외에도 다음과 같은 단어들에서 그와 같은 예외가 발견된다.[36)]

　(8) 반관반민(半官半民) → [반:관 반:민]
　　　선남선녀(善男善女) → [선:남 선:녀]
　　　전신전화(電信電話) → [전:신 전:화]

---

36) 이러한 첩어 형식의 합성어와는 달리, 동일 음절이 반복되어 두 음절이 되어 있는 경우에는 둘째 음절을 긴소리로 발음하지 않는다.
　例.　반반(半半)[반:반]　　간간(間間)이[간:간-]　　영영(永永)[영:영]
　　　서서(徐徐)이[서:서-]　　시시비비(是是非非)[시:시비비]

한편, 위에 제시된 [붙임]에 따르면 기저에 장음을 갖고 있지 않은 용언의 단음절 어간이 부동사형 어미 '-아/어'와 결합하여 한 음절로 축약되는 경우에도 긴소리로 발음해야 한다. 예컨대, '보-'[見]의 경우, 기저의 모음은 단모음이지만 어미 '-아'가 연결되고 난 후, 한 음절로 축약되면 '봐[봐:]'와 같이 긴소리로 발음되는 것이다.

단음절의 용언 어간과 어미 '-아/어'의 결합에서 발견되는 이와 같은 장음화 현상을 전문적인 용어로는 보상적 장음화(compensatory lengthening)라고 한다. 보상적 장음화란 기저의 성절적 분절음, 곧 모음이 탈락하거나 비성절음인 반모음으로 실현되면, 그에 대한 보상으로 인접하는 성절음이 장음화되는 현상을 말한다(F. Katamba 1989: 171-172). 이병근(1979)에 따르면, 한국어의 경우에는 이와 같은 보상적 장음화가 모음 탈락의 경우에는 수행되지 않지만, 반모음화 다음에는 수행된다고 보았는데, 이와 같은 사실을 입증하여 주는 것이 다음의 예들이다.

(9) ㄱ. 꼬아 → 꽈[꽈:]   쏘아 → 쏴[쏴:]   놓아 → 놔[놔:]
    ㄴ. 주어 → 줘[줘:]   꾸어 → 꿔[꿔:]   쑤어 → 쒀[쒀:]
    ㄷ. 뇌어 → 봬[봬:]   쇠어 → 쇄[쇄:]   죄어 → 좨[좨:]
    ㄹ. 이어 → 여[여:]   띠어 → 뗘[뗘:]   시어 → 셔[셔:]

위의 예들을 보면, 보상적 장음화는 단음절 어간 모음 'ㅗ, ㅜ, ㅚ, ㅣ' 다음에 활용어미 '-아/어'가 연결되면, 어간의 모음이 'w' 또는 'j'로 바뀌고, 이와 같은 자질 변경에 대한 보상으로 어미의 모음이 장모음으로 실현되는 현상이라고 할 수 있다.[37] 이러한 유형의 보상적 장음화는 용언 활용의 경우가 아니더라도 용언 어간과 피·사동 접미사가 축약된 형태의 경우에도

---

[37] 그러나 이와 같은 보상적 장모음화가 반드시 반모음화를 전제하지는 않는 것으로 보인다. 예컨대, '하-'[爲]의 경우는 '하 + -여→해[해:]'의 예에서 보는 것처럼, 반모음화를 수반하지 않고도 장모음화가 가능한 것이다. 이는 물론 예외적인 특수한 사례라고 할 수 있다.

가능하다. 다음이 그 예이다.

    (10) 싸이다→쌔다[쌔:다]   누이다→뉘다[뉘:다]   펴이다→폐다[폐:다]
         트이다→틔다[티:다]   쏘이다→쐬다[쐬:다]

    그러나 (9), (10)과 같은 유형의 보상적 장음화가 언제나 가능한 것은 아니다. 즉, 다음 (11)과 같은 경우에는 그러한 장음화가 실현되지 않는 것이다.

    (11) ㄱ. 오+아 → 와[와]
         ㄴ. 지+어 → 져[저]   찌+어 → 쪄[쩌]   치+어 → 쳐[처]
         ㄷ. 가+아 → 가[가]   서+어 → 서[서]   켜+어 → 켜[켜]

    보상적 장음화의 예외에 해당하는 (11)의 예들 가운데, (11ㄱ)은 어간이 '오-'(來)라는 형태인 경우이고, (11ㄴ)은 음절의 두음이 'ㅈ, ㅉ, ㅊ'와 같은 구개음인 경우이며, (11ㄷ)은 어간의 모음과 어미의 모음이 동일한 경우에 나타나는 동일 모음 삭제의 경우에 해당한다. 이와 같은 형태론적, 음운론적 조건들이 어떻게 해서 장음화에 제약을 가하는지에 대해서는 현재까지 명쾌한 한국어학적 설명이 어려운 상황이므로, 우선은 이들을 단순한 예외로 처리하는 것이 바람직하다고 할 수 있을 것이다.

3.2.2. 용언 어간의 단모음화

1) 규정

> **제7항** 긴소리를 가진 음절이라도, 다음과 같은 경우에는 짧게 발음한다.
> **1. 단음절인 용언 어간에 모음으로 시작된 어미가 결합되는 경우**
>   감다[감:따]―감으니[가므니] 밟다[밥:따]―밟으면[발브면]

신대[신:따]—신어[시너]   알대[알:다]—알애[아라]
다만, 다음과 같은 경우에는 예외적이다.
끌대[끌:다]—끌어[끄:러]   떫대[떨:따]—떫은[떨:븐]
벌대[벌:다]—벌어[버:러]   썰대[썰:다]—썰어[써:러]
없대[업:따]—없으니[업:쓰니]

2. 용언 어간에 피동, 사동의 접미사가 결합되는 경우
감대[감:따]—감기대[감기다]   꼬대[꼬:다]—꼬이대[꼬이다]
밟대[밥:따]-밟히대[발피다]
다만, 다음과 같은 경우에는 예외적이다.
끌리대[끌:리다]   벌리대[벌:리다]   없애대[업:쌔다]
[붙임] 다음과 같은 합성어에서는 본디의 길이에 관계없이 짧게
발음한다.
밀-물   썰-물   쏜살-같이   작은-아버지

2) 해설

제6항에서 우리는 기저의 긴소리가 대개의 경우 단어의 첫 음절에서는
그대로 유지된다는 사실을 확인한 바 있다. 그러나 그와 같은 음장의 유지
가 용언의 활용이나 파생 같은 단어 형성 과정에서 제약을 받게 되는 경우
가 있는데, 제7항은 바로 그러한 경우를 크게 두 가지로 나누어 설명하고
있다.

첫째, 단음절인 용언 어간이 모음으로 시작된 어미와 결합되는 경우에
그 용언 어간은 짧은소리로 발음된다. 다음이 그러한 예들이다.

(12) 안대[안:따] → 안애[아나]   넘대[넘:따] → 넘으면[너므면]
     살대[살:다] → 살애[사라]   밉대[밉:따] → 미워[미워]
     닮대[담:따] → 닮애[달마]   묻대[묻:따] → 물어[무러]
     밟대[밥:따] → 밟애[발바]   붓대[붇:따] → 부어[부어]

(13) 괴다[괴:다] → 괴어[괴어]　　쥐다[쥐:다] → 쥐어[쥐어]
　　꾀다[꾀:다] → 꾀어[꾀어]　　뉘다[뉘:다] → 뉘어[뉘어]
　　쏘다[쏘:다] → 쏘아[쏘아]　　쉬다[쉬:다] → 쉬어[쉬어]
　　호다[호:다] → 호아[호아][縫]　　쑤다[쑤:다] → 쑤어[쑤어]

위의 예들 가운데 (12)는 폐음절 어간의 경우이고, (13)은 어간이 모음으로 끝나는 개음절 어간의 경우이다. 이러한 예들은 어간의 음절 구조와는 무관하게 모음으로 시작하는 어미와 결합하게 되면 기저의 장음이 소거됨으로써 짧은소리로 발음됨을 보여 주고 있다.

용언의 활용에서 나타나는 단모음화는 다음과 같이 다음절 어간에서는 수행되지 않는다. 따라서 용언의 활용에서 나타나는 단모음화는 단음절 어간에만 한정되어 있음을 알 수 있다.

(14) 더럽다[더:럽따]　　　　더러운[더:러운](더럽히다[더:러피다])
　　걸치다[걸:치다]　　　　걸쳐[걸:처](걸다[걸:다])
　　졸리다[졸:리다]　　　　졸려[졸:려](졸다[졸:다])

(12), (13)의 예에서와 같은 단음절 용언 어간의 단모음화는 규칙성이 매우 높은 편이다. 그러나 다음과 같은 예외들이 또한 존재한다는 점이 특이하다고 할 수 있다.[38]

(15) 작은[자:근]　→ 작아[자:가]　　적은[저:근]　→ 적어[저:거]
　　먼[먼:]　→ 멀어[머:러]　　얼은[어:든]　→ 얼어[어:러]
　　웃은[우:슨]　→ 웃어[우:서]　　엷은[열:븐]　→ 엷어[열:버]
　　끈[끈:]　→ 끌어[끄:러]　　썬[썬:]　→ 썰어[써:러]
　　번[번:]　→ 벌어[버:러]

둘째, 단음절 용언 어간의 활용에서 나타나는 단모음화 현상은 또한 그

---

38) 이러한 어휘들에 한정되어 나타나는 단모음화의 예외에 대해서는 이병근(1979: 66-68) 참조

러한 어간들이 피동 또는 사동 접사와 결합하는 파생의 과정에서도 발견되
는데, 다음이 그 예이다.39)

> (16) ㄱ. 쏘다[쏘:다] → 쏘이다[쏘이다]
>   죄다[죄:다] → 죄이다[죄이다]
>   떼다[떼:다] → 떼이다[떼이다]
>   ㄴ. 안다[안:따] → 안기다[안기다]
>   옮다[옴:따] → 옮기다[옴기다]
>   알다[알:다] → 알리다[알리다]
>   울다[울:다] → 울리다[울리다]
>   밟다[밥:따] → 밟히다[발피다]

위의 예에서 (16ㄱ)은 피·사동 접사의 음절 두음이 모음인 경우이고, (16
ㄴ)은 음절 두음이 자음인 예이다. 이와 같은 접사의 음운론적 요건과는 상관
없이 단모음화가 수행되는 것을 보면, (16)의 예들에서 발견되는 단모음화 현
상은 역시 음운론적 요인이 아니라, '용언 어기+피·사동접사'라는 형태론
적 요인에 의한 것임을 알 수 있다. 그러나 여기에도 예외가 존재한다. (15)
의 예에서 단음절 용언 어간의 단모음화에 제약을 보였던 어간들은 피동·사
동형의 경우에도 역시 제약을 보이는 것이다. 다음 예들이 그러한 예들이다.

> (17) 끌리다[끌:리다]   벌리다[벌:리다]   웃기다[욷:끼다]
>   썰리다[썰:리다]   없애다[업:쌔다]

한편, 제7항의 [붙임]에 따르면, 활용형에서는 긴소리임에도 불구하고,
합성어에서는 짧은소리로 발음해야 하는 예들이 있다. 즉, '밀물, 썰물, 쏜
살같이, 작은아버지'의 '밀, 썰, 쏜, 작은'은 활용형으로서는 긴소리로 발음
하지만, 이들 합성어에서는 짧게 발음해야 하는 것이다.40)

---

39) 용언 어기에 피·사동접미사가 연결되는 경우에 실현되는 단모음화에 대해서도 이병근
(1979: 73-75)를 참조

첫눈

이정하

아무도 없는 뒤를 자꾸만 쳐다보는 것은
혹시나 네가 거기 서 있을 것 같은
느낌이 들어서이다.
그러나 너는 아무 데도 없었다.

낙엽이 질 때쯤 나는 너를 잊고 있었다.
색 바랜 사진처럼 까맣게 너를 잊고
있었다.
하지만 **첫눈**이 내리는 지금, 소복소복
내리는 눈처럼
너의 생각이 싸아 하니 떠오르는 것은
어쩐 일일까.
그토록 못 잊어 하다가
거짓말처럼 너를 잊고 있었는데
첫눈이 내린 지금,

자꾸만 휑하니 비어 오는 내 마음에
함박눈41)이 쌓이듯 네가 쌓이고 있었다.

---

40) 물론, 여기에도 예외가 있어 '먼동, 헌데' 등의 '먼, 헌'은 활용형에서와 마찬가지로 긴소리
　　로 발음된다.
41) '눈'은 원래 기저에 장음을 가지고 있어서 긴소리로 발음해야 하지만, '첫눈, 함박눈'처럼
　　'눈'이 비어두 위치에 놓일 때에는 장음이 소거되어 짧은소리로 발음해야 한다.

눈을 감고 한강을 건너다

차창룡

어둠은 늘 그렇게 한강쯤에서 밀려온다.
불빛은 늘 그렇게 어둠과 함께 밀려와
강물에 나무로 쏟아진다.
쏟아진 나무들이 숲을 이루면서
사람들의 눈을 **감겨준다.**
언젠가는 **감을** 눈을 미리 **감으면**
이토록 편안한 것을.
한사코 눈 **감지**42) 않는 티코여 소나타여 그랜저여,
25번이여, 85번이여, 145-1번이여,
아직 숲이 되지 못한 수많은 나무들이여,
어디엔가는 아무도 없는 숲이 있고,
어디엔가는 아무나 있는 숲이 있어
그대들을 편안히 눈 **감기겠지만,**
숲이 그대들을 눈 **감기기** 전에 미리
눈을 **감아볼** 일이다.
눈을 **감으면** 세상은 빛의 속도로 숲으로 가고,
빛은 숲에 이르기 전에 거꾸로 처박힌다.
보라. 나무가 되는 빛들,
빛들이 숲을 이루는 모습.
세상이 눈을 **감으면** 한강은
뿌리 없는 나무들의 숲,
사람들이 눈을 **감으면** 세상은
참으로 아름다운 장례 행렬,
멀리 멀리 우주를 몇 바퀴라도 돌 것 같다.
그리하여 참으로 맹랑하게 종교적으로 부르짖어 보노니
눈을 **감을** 수 있다는 것만으로도 우리는 이미
구원받았다.

---

42) 밑줄 친 '감지'[감:찌]를 제외하면 굵은 글씨로 표시된 활용형들이 모두 짧은소리로 발음된다.

3.3. 제4장 받침의 발음

3.3.1. 음절 말 위치의 자음 중화

1) 규정

> **제8항** 받침소리로는 'ㄱ, ㄴ, ㄷ, ㄹ, ㅁ, ㅂ, ㅇ'의 7개 자음만 발음한다.
> **제9항** 받침 'ㄲ, ㅋ', 'ㅅ, ㅆ, ㅈ, ㅊ, ㅌ', 'ㅍ'은 어말 또는 자음 앞에서 각각 대표음 [ㄱ, ㄷ, ㅂ]으로 발음한다.
>
> | | | | |
> |---|---|---|---|
> | 닦다[닥따] | 키읔[키윽] | 키읔과[키윽꽈] | 옷[옫] |
> | 웃다[욷:따] | 있다[읻따] | 젖[젇] | 빚다[빋따] |
> | 꽃[꼳] | 쫓다[쫃따] | 솥[솓] | 뱉다[밷:따] |
> | 앞[압] | 덮다[덥따] | | |

2) 해설

앞에서 살펴본 표준어의 자음 체계에 따르면, 표준어의 자음은 모두 19개이다. 그런데 이 자음들은 단어 끝이나 자음 앞, 곧 음절 말 위치에서는 본래의 음가를 지니지 못하고, 'ㄱ, ㄴ, ㄷ, ㄹ, ㅁ, ㅂ, ㅇ'의 7개 자음만으로 실현된다. 이와 같은 현상은 음절 말 위치에서 나타나는 자음 중화 (neutralization)의 결과이다. 제8항에서는 바로 이러한 자음 중화 현상에 대해 규정하고 있으며, 제9항에서는 자음 중화의 구체적인 양상을 제시하고 있다.

제9항에서 제시하고 있는 자음 중화의 구체적인 양상과 함께 그 예를 몇 가지 더 제시하면 다음과 같다.

    (18) ㄱ, ㄲ, ㅋ → [ㄱ]
         ㄷ, ㅅ, ㅆ, ㅈ, ㅊ, ㅌ → [ㄷ]
         ㅂ, ㅍ → [ㅂ]

(19) 박[박]   밖[박]   부엌[부억]   꺾대[꺽따]   닦대[닥따]

낫[낟]   낯[낟]   낯[낟]   낫대[낟:따]   낮대[낟따]

있었대[이썯따]   낱[낟:]   밭[받]   받대[받따]

맡대[맏따]   뱉대[밷:따]   집[집]   짚[집]

집대[집따]   곱대[곱:따]   짚대[집따]

위의 자음 중화 모습을 살펴보면, 음절 말 위치에서 'ㄱ, ㄲ, ㅋ'은 [ㄱ]으로, 'ㄷ, ㅅ, ㅆ, ㅈ, ㅊ, ㅌ'은 [ㄷ]로, 'ㅂ, ㅍ'은 [ㅂ]로 각각 소리가 난다. 이때의 [ㄱ, ㄷ, ㅂ]를 대표음이라 하는데, 음절 말 위치의 자음 중화를 대표음 소리되기 규칙이라고 하는 것은 바로 이러한 이유 때문이다. 물론, 음절 말 위치에서 실현되는 7개의 자음 가운데 [ㄱ, ㄷ, ㅂ]를 제외한 나머지 자음 [ㄴ, ㄹ, ㅁ, ㅇ]은 'ㄴ, ㄹ, ㅁ, ㅇ'가 아무런 변화 없이 그대로 실현된 것이다. 이렇게 하여 제8항에서 규정한 음절 말 위치에서의 7개의 자음이 실현되는 것이다.

3.3.2. 자음군 단순화

1) 규정

> **제10항** 겹받침 'ㄳ, ㄵ, ㄼ, ㄽ, ㄾ, ㅄ'은 어말 또는 자음 앞에서 각각 [ㄱ, ㄴ, ㄹ, ㅂ]으로 발음한다.
>
> 넋[넉]   넋과[넉꽈]   앉대[안따]   여덟[여덜]
>
> 넓대[널따]   외곬[외골]   핥대[할따]   값[갑]
>
> 없대[업:따]
>
> 다만, '밟-'은 자음 앞에서 [밥]으로 발음하고, '넓-'은 다음과 같은 경우에 [넙]으로 발음한다.
>
> (1) 밟대[밥:따]   밟소[밥:쏘]   밟지[밥:찌]
>
>   밟는[밥:는→밤:는]   밟게[밥:께]   밟고[밥:꼬]
>
> (2) 넓-죽하대[넙쭈카다]   넓-둥글대[넙뚱글다]

제11항 겹받침 'ㄺ, ㄻ, ㄿ'은 어말 또는 자음 앞에서 각각 [ㄱ, ㅁ, ㅂ]으로 발음한다.

닭[닥]　　　흙과[흑꽈]　　맑다[막따]　　늙지[늑찌]

삶[삼ː]　　　젊다[점ː따]　　읊고[읍꼬]　　읊대[읍따]

다만, 용언의 어간 말음 'ㄺ'은 'ㄱ' 앞에서 [ㄹ]로 발음한다.

맑게[말께]　　맑고[물꼬]　　얽거나[얼거나]

2) 해설

한국어 명사나 용언 어간들 가운데는 그 말음으로 두 개의 자음이 연속하는 경우가 있는데, 어간말음의 자음 연쇄를 일컬어 자음군(consonant cluster)이라 한다. 표준어의 경우, 어간말 자음군은 모두 11개이다. 우선 그 목록과 예를 하나의 표로 제시하면 다음과 같다.

<표 5> 표준어의 어간말 자음군 목록 및 예

분류	자음군	예
'ㄱ'계	ㄳ	넋, 몫
'ㄴ'계	ㄵ	앉-, 얹-
	ㄶ	않-, 끊-
'ㄹ'계	ㄺ	닭, 흙, 삵, 칡, 갉-, 굵-, 맑-, 밝-, 읽-,
	ㄻ	삶, 닮-, 옮-, 삶-, 젊-
	ㄼ	넓-, 밟-, 섧-, 얇-, 엷-
	ㄽ	곬, 외곬
	ㄾ	핥-, 훑-,
	ㄿ	읊-
	ㅀ	끓-, 닳-, 싫-, 잃-
'ㅂ'계	ㅄ	값, 없-

이와 같은 유형으로 나타나는 어간말 자음군들이 음절 말 위치, 곧 어말이나 자음으로 시작하는 조사 혹은 어미 앞에서 자음군 그대로가 실현되는 것이 아니라, 두 개의 자음 가운데 어느 한 가지만 실현되는데, 이러한 현상을 일컬어 자음군 단순화라고 한다. 자음군 단순화 현상에 대해 규정하고 있는 것이 제10항과 제11항이다.

제10항은 두 개의 자음으로 된 자음군 가운데 'ㄳ, ㄵ, ㄼ, ㄽ, ㄾ, ㅄ'의 자음군 단순화에 대해 규정한 것이다. 즉, 어말과 자음으로 시작되는 조사나 어미 앞에서 'ㄳ'은 [ㄱ]로, 'ㄵ'은 [ㄴ]로 발음되고, 'ㄼ, ㄽ, ㄾ'은 [ㄹ]로 발음되며, 'ㅄ'은 [ㅂ]로 발음됨을 규정한 것이다. 이러한 유형의 자음군들은 주로 두 번째 자음이 탈락함으로써 단순화하는 경우인데, 그 예를 몇 가지 더 제시하면 다음과 같다.

(20) 몫[목]   몫도[목또]   몫까지[목까지]
     얹다[언따]   얹지[언찌]   얹고[언꼬]
     얇다[얄:따]   얇지[얄:찌]   얇고[얄:꼬]
     곬[골]   곬도[골도]   곬만[골만]
     훑다[훌따]   훑지[훌찌]   훑고[훌꼬]

이러한 표준어의 자음군들 가운데 'ㄶ'과 'ㅀ'의 음운론적 행위는 여타의 자음군들과 차이가 있으므로, 여기에서 잠깐 언급할 필요가 있다. 다음 활용형들을 보기로 하자.

(21) 않-: 않고[안코]   않소[안쏘]   않는[안는]
     앓-: 앓고[알코]   앓소[알쏘]   앓는[알른]

위의 예에서 알 수 있는 것처럼, 'ㄶ, ㅀ' 자음군은 후행 자음이 장애음일 때에는 유기음화를 일으키고, 'ㅅ'가 올 때에는 경음화를 실현한다. 그리고 'ㄴ'

가 연결될 때에는 자음군 단순화에 의해 두 번째 자음 'ㅎ'가 탈락하게 된다.[43] 결과적으로 'ㄴㅎ, ㄹㅎ'의 자음군 단순화는 'ㄴ' 앞에서만 가능하다고 할 것이다.

그런데 제10항의 '다만'에서 규정하고 있는 것처럼, 어간 말음으로 'ㄼ'을 가지고 있는 형태들 가운데 '밟-'은 여타의 형태들과 다른 방식으로 자음군 단순화를 꾀하게 된다. 다음이 그 예이다.

(22) 밟-: 밟다[밥:따]   밟지[밥:찌]   밟게[밥:께]

앞의 논의에서 확인했던 것처럼, 자음군 'ㄼ'은 일반적으로 '얇다[얄:따], 얇지[얄:찌], 얇고[얄:꼬]'와 같이 [ㄹ]로 발음한다. 그러나 (22)에서 제시하고 있는 바와 같이, '밟다'만은 예외적으로 [ㅂ]로 발음된다. 따라서 '밟는'도 [밤:는]으로 발음하는 것이 표준 발음이 되고, [발:른]은 표준 발음법에 어긋난 발음이 되는 것이다.

또한, '넓다'의 경우에도 [ㄹ]로 발음하여야 하나, 파생어나 합성어의 경우에 '넙'으로 표기된 것은 [넙]으로 발음한다. '넓적하다[넙쩌카다], 넓죽하다[넙쭈카다], 넓둥글다[넙뚱글다]' 등이 그러한 예들이다.[44]

다음으로, 제11항은 자음군 가운데 'ㄺ, ㄻ, ㄿ'의 발음에 대해 규정한 것이다. 이들 자음군은 제10항에서 규정하고 있는 자음군들과는 달리, 자음군의 두 번째 자음이 실현되는 특징이 있다.

(23) 칡[칙]   칡도[칙또]   칡까지[칙까지]
     앎[암:]   앎도[암:도]   앎과[암:과]

---

43) '앓는'[알른]의 경우처럼 자음군 'ㄹㅎ' 다음에 'ㄴ'로 시작하는 어미가 연결되면, 두 번째 자음 'ㅎ'의 탈락에 의한 자음군 단순화 이후에 첫 번째 자음 'ㄹ'로 인하여 어미의 두음 'ㄴ'가 유음화를 겪게 된다.

44) [ㄹ]로 발음되는 경우에는 아예 '널따랗다, 널찍하다, 짤따랗다, 짤막하다, 얄따랗다, 얄찍하다, 얄팍하다' 등과 같이 표기하도록 <한글 맞춤법> 제21항에서 규정하고 있다.

닭다[담:따]   닭지[담:찌]   닭고[담:꼬]
읊다[읍따]   읊지[읍찌]   읊고[읍꼬]

위의 예에서 확인할 수 있는 것처럼, 자음군 'ㄺ, ㄻ, ㄿ'은 자음군의 첫 번째 자음인 'ㄹ'를 탈락시키고 각각 'ㄱ, ㅁ, ㅂ'로 발음해야 한다. 그런데 제11항의 '다만' 규정에 따르면, 'ㄺ'은 위에 예시한 체언의 경우와는 달리, 용언의 경우에는 뒤에 오는 자음의 종류에 따라 두 가지로 발음된다. 즉, 'ㄷ, ㅈ, ㅅ' 앞에서는 [ㄱ]로 발음하지만, 'ㄱ' 앞에서는 이와 동일한 'ㄱ'를 탈락시켜 [ㄹ]로 발음하는 것이다. 다음이 그 예이다.

(24) 맑다[막따]   맑지[막찌]   맑습니다[막씀니다]
      늙다[늑따]   늙지[늑찌]   늙습니다[늑씀니다]

(25) 맑게[말께]   맑고[말꼬]   맑거나[말꺼나]
      늙게[늘께]   늙고[늘꼬]   늙거나[늘꺼나]

또한, 다음 파생어들에서의 'ㄺ'은 'ㄱ' 앞이 아니므로 (24)의 경우처럼, 역시 [ㄱ]로 발음한다.[45]

(26) 갉작갉작하다, 갉작거리다, 굵다랗다, 굵직하다, 긁적거리다, 늙수그레하다, 늙정이, 얽죽얽죽하다

제10항과 함께 제11항에서 보인 자음군 단순화에 대한 규정은 결국 다른 자음 앞에서 두 개의 자음군 가운데 어떤 자음을 실현하는가에 대한 것이다. 이러한 현상은 현대 한국어에서는 세 개의 자음을 이어서 모두 발음할 수가 없고 두 개까지만 발음할 수 있는 구조상의 제약에 따른 것이다. 자음

---

45) [ㄹ]로 발음되는 경우에는 <한글 맞춤법> 제21항에서 아예 '말끔하다, 말쑥하다, 말짱하다' 등과 같이 'ㄹ'만을 받침으로 적도록 규정하였다.

군 단순화는 세대에 따라, 또는 방언에 따라 상당한 차이를 보이므로, 이상에서 논의한 '표준 발음법'에 특히 유의해야 할 것이다.

대나무

함민복

나는 테러리스트올시다
광합성 작용을 위해
잎새를 **넓적하게**[46] 포진하는 치밀함도
바위 절벽에 뿌리내리는 소나무의 비정함도
피침형 잎새로 베어 날리는
나는 테러리스트

마디마디 사이에 공기를 볼모로 잡아놓고
그 공기를 구출하러 오는 공기를
잡아먹으며 하늘을 점거해 나아가는
나는 테러리스트

나의 건축술을 비웃지 말게
나는 나로서만 나를 짓지 않는다네
자유롭고 싶은 공기의 욕망과
나를 죽여버리고 싶은 공기의 살의와
포로로 잡힌 공기의 치욕으로
빚어진 아,
공기, 그 만져지지 않는
허무가 나의 중심 뼈대
나는 결코 나로서만 나를 짓지 않는다네

---

46) 자음군 '래'은 일반적으로 [ㄹ]로 단순화하여 발음한다. '넓다'의 경우에도 [ㄹ]로 발음하
여야 하나, 파생어나 합성어에서 '넓'으로 표기된 것은 [넙]으로 실현되므로, '넓적하게'는
[넙쩌카게]로 발음한다.

그래야 비곗살을 버릴 수 있는 법

나는 테러리스트
내 나이를 묻지 말게
뒤돌아 나이테를 헤아리는 그런 감상은
바람처럼 서걱서걱 베어먹은 지 오래
행여 내 죽어 창과 활이 되지 못하고
변절처럼 노래하는 악기가 되어도
한 가슴 후벼파고 나는 피리가 될지니
그래, 이 독한 마음으로
한평생 머리 굽히지 않고 살다가
황갈색 꽃을 머리에 이고
한 족속 일제히 자폭하고야 말 나는 테러리스트

3.4. 제5장 소리의 동화

3.4.1. 구개음화

1) 규정

> **제17항** 받침 'ㄷ, ㅌ(ㄾ)'이 조사나 접미사의 모음 'ㅣ'와 결합되는
> 경우에는, [ㅈ, ㅊ]으로 바꾸어서 뒤 음절 첫소리로 옮겨 발음한다.
>
> 곧이듣다[고지듣따]   굳이[구지]   미닫이[미다지]
> 땀받이[땀바지]   밭이[바치]   벼훑이[벼홀치]
>
> **[붙임]** 'ㄷ' 뒤에 접미사 '히'가 결합되어 '티'를 이루는 것은 [치]
> 로 발음한다.
>
> 굳히다[구치다]   닫히다[다치다]   묻히다[무치다]

2) 해설

어간 말음이 'ㄷ, ㅌ(ㄾ)'인 체언이나 용언은 조사나 접미사의 모음 'ㅣ'와
만나면 'ㄷ, ㅌ'가 [ㅈ, ㅊ]로 발음되는데, 이를 일컬어 구개음화라 한다. 예
컨대, '밭은[바튼], 밭을[바틀], 밭에[바테]' 등의 예에서처럼 다른 모음 앞
에서는 본음 그대로 실현되는 'ㅌ'가, 모음 'ㅣ' 앞에서는 '밭이[바치], 밭이
다[바치다], 밭입니다[바침니다]'와 같이 받침 'ㅌ'를 구개음 [ㅊ]로 발음하
는 것이다. 제17항에 제시된 예들 외에 구개음화를 수행하고 있는 예들을
몇 가지 더 제시하면 다음과 같다.

(27) 끝이[끄치], 밑이[미치], 솥이[소치], 팥이[파치]

(28) ㄱ. 낱낱이[난나치], 맏이[마지], 해돋이[해도지]
　　　ㄴ. 훑이다[홀치다]

또한 [붙임]에 따르면, 'ㅣ' 이외에 접미사 '-히-'가 결합될 때에도 어간의 말음 'ㄷ'와 결합하여 [치]로 구개음화하여 발음한다. '걷히다[거치다], 받히다[바치다]' 등이 그 예이다.

'ㄷ, ㅌ'의 구개음화는 어간 말음 다음에 조사나 접미사가 결합하는 경우에만 일어날 수가 있고, 합성어에서는 받침 'ㄷ, ㅌ' 다음에 '이'로 시작되는 단어가 결합되더라도 구개음화가 일어날 수 없다. 다음이 그러한 예들이다.

(29) 밭이랑[반니랑], 홑이불[혼니불]

또한 구개음화는 다음 예들과 같이 어기(語基) 내부에서는 일어나지 않는다.

(30) ㄱ. 마디, 어디, 잔디, 느티나무, 띠
     ㄴ. 디디다, 견디다, 버티다

위의 예들 가운데 (30ㄱ)은 명사, (30ㄴ)은 동사의 예이다. 이러한 예들 역시 'ㅣ' 모음 앞에 'ㄷ, ㅌ, ㄸ'와 같은 구개음화가 가능한 음소를 가지고 있으나, 이 음소들은 어기 내부에 위치해 있다는 점 때문에 구개음화가 수행되지 않는다. 이와 같은 언어적 사실은 현대 한국어 단계에서의 구개음화가 형태소 경계에서만 가능하며, 어기 내부, 곧 형태소 내부에서는 불가능하다는 사실을 말하여 주는 것이다.47)

---

47) 이러한 사실은 흔히 통시적인 언어 사실로도 설명이 가능하다. 즉, '마디, 어디, 잔디, 견디다, 느티나무, 버티다, 띠' 등은 어원론적으로 '마듸, 어듸, 잔듸, 견듸다, 느틔나무, 버틔다, 쯱'였다가 19세기에 이르러서야 단모음화하여 각각 '디, 티, 띠'가 됨으로써 18세기 초에 있었던 구개음화의 대상에서 벗어났던 것이다.

3.4.2. 비음화

1) 규정

제18항 받침 'ㄱ(ㄲ, ㅋ, ㄳ, ㄺ), ㄷ(ㅅ, ㅆ, ㅈ, ㅊ, ㅌ, ㅎ), ㅂ(ㅍ, ㄼ, ㄿ, ㅄ)'은 'ㄴ, ㅁ' 앞에서 [ㅇ, ㄴ, ㅁ]으로 발음한다.

먹는[멍는]	국물[궁물]	깎는[깡는]
키읔만[키응만]	몫몫이[몽목씨]	긁는[긍는]
흙만[흥만]	닫는[단는]	짓는[진ː는]
옷맵시[온맵시]	있는[인는]	맞는[만는]
젖멍울[전멍울]	쫓는[쫀는]	꽃망울[꼰망울]
붙는[분는]	놓는[논는]	잡는[잠는]
밥물[밤물]	앞마당[암마당]	밟는[밤ː는]
읊는[음는]	없는[엄ː는]	값매다[감매다]

[붙임] 두 단어를 이어서 한 마디로 발음하는 경우에도 이와 같다.

책 넣는다[챙넌는다]	흙 말리다[흥말리다]
옷 맞추다[온마추다]	밥 먹는다[밤멍는다]
값 매기다[감매기다]	

2) 해설

비음화(nasalization)란 후행하는 비음에 의해 선행 음절 말의 장애음이 동일 조음 위치의 비음으로 바뀌는 현상을 말한다. 곧 비음 'ㄴ, ㅁ'에 의하여 선행하는 음절 말의 장애음 'ㄱ, ㄷ, ㅂ'가 동일 조음 위치의 비음 'ㅇ, ㄴ, ㅁ'로 바뀌는 현상을 일컬어 비음화라고 하는 것이다. 이와 같은 비음화의 결과, 한국어 음운 표시에서 '장애음-비음'의 연쇄는 발견될 수 없고, '비음-비음'의 연쇄만이 가능하게 된다.

비음화는 한국어의 다른 음운 규칙과 관련이 있다. 즉 비음화는 기저의 형태음소 그 자체에 적용되는 것이 아니라, 일단 음절 말 위치에서 수행되는 자음 중화 혹은 자음군 단순화 규칙이 적용되고 난 후에 비음화가 적용되는 것이다. 예컨대, '깎는[깡는]'과 '긁는[긍는]'의 도출 과정을 제시하면 다음과 같다.

(31) 기저형   //깎는//   //긁는//
     자음중화   깍는   긁는
     자음군 단순화   _____   극는
     비음화   깡는   긍는
     표면형   [깡는]   [긍는]

이러한 과정에 따라 실현되는 비음화는 위의 예에서와 같은 형태소 경계는 물론 단어 경계도 넘어 적용되는 매우 생산적이고도 규칙적인 모습을 보여 주는 음운 현상이다. [붙임]에 제시된 대로 후행 자음으로 비음 'ㄴ, ㅁ'만 있으면, 단어와 단어 사이에서도 비음화를 수행하게 되는 것이다. 그러한 예들을 몇 가지 더 제시하면 다음과 같다.

(32) 국 마시다[궁마시다]   옷 마르다[온마르다]   입 놀리다[임놀리다]
     밥 먹어[밤머거]   꽉 물다[꽝 물다]

위의 예들은 단어 경계를 사이에 두고 비음이 후행하는 경우에도 비음화가 가능함을 보여준다. 물론, 이 경우 일상적인 연속 발화에서는 비음화가 실현되지만 발화 속도를 늦추거나 또박또박 말할 경우에는 비음화가 적용되지 않을 수도 있다(김경아 2000: 257).

3.4.3. 유음화

1) 규정

> **제20항** 'ㄴ'은 'ㄹ'의 앞이나 뒤에서 [ㄹ]로 발음한다.
> (1) 난로[날:로]　　　　신라[실라]　　　　천리[철리]
> 　　광한루[광:할루]　　대관령[대:괄령]
> (2) 칼날[칼랄]　　　　물난리[물랄리]
> 　　줄넘기[줄럼끼]　　할는지[할른지]
> **[붙임]** 첫소리 'ㄴ'이 'ㅀ', 'ㄾ' 뒤에 연결되는 경우에도 이에 준
> 한다.
> 　　닳는[달른]　　　　뚫는[뚤른]　　　　핥네[할레]
> **다만,** 다음과 같은 단어들은 'ㄹ'을 [ㄴ]으로 발음한다.
> 　　의견란[의:견난]　　임진란[임:진난]　　생산량[생산냥]
> 　　결단력[결딴녁]　　공권력[공꿘녁]　　동원령[동:원녕]
> 　　상견례[상견녜]　　횡단로[횡단노]　　이원론[이원논]
> 　　입원료[이붠뇨]　　구근류[구근뉴]

2) 해설

　　한국어 음운 표시에서는 /ㄴㄹ/나 /ㄹㄴ/ 같은 연쇄를 허용하지 않는다. 즉, 음운 표시가 /ㄴㄹ/ 혹은 /ㄹㄴ/로 이루어져 있을 때에는 전자의 경우에는 역행 동화에 따라, 후자의 경우에는 순행 동화에 따라 [ㄹㄹ]로 실현되는데, 이와 같은 동화 현상을 유음화(labialization)라고 한다. 제20항은 한국어 유음화 현상과 관련된 규정으로, 'ㄴ'가 'ㄹ' 앞이나 뒤에서 [ㄹ]로 동화되어 발음되는 경우를 규정한 것이다. (1)은 한자어의 경우이고, (2)는 합성어 또는 파생어의 경우와 '-(으)르는지'의 경우이다. 이러한 경우 이외에 다음과 같은 경우에도 'ㄴ'를 [ㄹ]로 발음한다. 물론 이때는 한 마디로 발음한다.

(33) ㄱ. 갈 놈[갈롬]   바람 잦을 날[바람자즐랄]   오늘 내일[오늘래일]
     ㄴ. 올 나이트(all night)[올라이트]   발표할 뉴스[발표할류스]
     ㄷ. 할 일[할릴]

위의 예들은 한국어 유음화가 단어와 단어 사이, 즉 단어 경계에서도 가능하다는 것을 보여 주고 있다. 즉, (33ㄱ)에서는 고유어와 고유어, 고유어와 한자어 사이에서, (33ㄴ)에서는 외래어 단어 경계에서의 유음화를 보여 준다. 또한, (33ㄷ)은 후술할 'ㄴ' 첨가 이후에 유음화가 실현됨을 보여 준다.[48]

한편, 제20항의 [붙임]에서 제시하고 있는 바와 같이, 한국어 유음화는 'ㄹ'계 자음군 가운데 다른 자음 앞에서 단순화되어 [ㄹ]가 실현되는 용언의 말음 'ㅀ, ㄾ' 다음에 'ㄴ'로 시작되는 어미가 결합하는 경우에도 적용된다. '앓는[알른], 앓나[알라], 앓네[알레]' 등이 그 예이다. 'ㄹ'계 자음군이 수행하는 이와 같은 유음화는 <한글 맞춤법> 제18항에서 제시한 'ㄹ' 탈락 현상과는 대조가 된다는 점에서 구별을 해야 한다.

제20항의 '다만'에 따르면, 한자어의 경우, 'ㄴ'와 'ㄹ'가 결합하면서도 [ㄹㄹ]로 발음되지 않고 [ㄴㄴ]로 발음됨으로써 유음화에 예외가 있음을 알 수 있다. 이와 같은 예외는 /ㄴㄹ/의 연쇄, 곧 역행적 유음화에만 적용되며, 주로 자립성을 지니는 2음절의 한자어에 음절 두음으로 'ㄹ'를 지니는 1음절의 한자어가 결합하는 경우에 나타나는 것으로 보인다. 여기에 제시된 단어들 외에 또 다른 예들을 몇 가지 더 제시하면 다음과 같다.

(34) 음운론[으문논]   시인론[시인논]   범신론[범신논]
     임진란[임진난]   생산력[생산녁]   결단력[결딴녁]

---

48) 이와 같은 구성들에서는 발화 스타일이나 속도에 따라 유음화가 어느 정도 수의성을 보인다는 특징이 있다.

이와 같은 유음화의 예외에 대해서는 개별적으로 사전에 그 발음을 표시하여야 한다.

3.4.4. 조음 위치 동화

1) 규정

> **제21항** 위에서 지적한 이외의 자음 동화는 인정하지 않는다.
> 감기[감ː기](×[강ː기])　　　　옷감[옫깜](×[옥깜])
> 있고[읻꼬](×[익꼬])　　　　　꽃길[꼳낄](×[꼭낄])
> 젖먹이[전머기](×[점머기])　　문법[문뻡](×[뭄뻡])
> 꽃밭[꼳빧](×[꼽빧])

2) 해설

앞에서 언급한 자음 동화 현상은 주로 조음 방법과 관련되는 필수적 음운 현상들로서, '표준 발음법'에서 허용하고 있는 현상들이라는 공통점이 있다. 그러나 한국어 자음 동화 현상 가운데는 수의적 성격을 띠며 표준 발음으로도 인정되지 않는 현상이 있다. 이것이 바로 제21항에서 규정하고 있는 조음 위치 동화이다.

한국어에서 발견되는 조음 위치 동화는 크게 두 가지로 나누어 볼 수 있다. 그 하나는 연구개음화이고 다른 하나는 순음화이다. 제21항에 제시된 예들을 그 유형에 따라 분류하면 다음과 같다.

> (35) ㄱ. 연구개음화: 순음_연구개음　→ 연구개음_연구개음
> 　　　　　　　　　치경음_연구개음 → 연구개음_연구개음
> 　　　　　　　　　例. 감기[강ː기], 옷감[옥깜], 있고[익꼬] 등.
> 　　　ㄴ. 순음화: 치경음_순음 → 순음_순음
> 　　　　　　　　　例. 젖먹이[점머기], 문법[뭄뻡], 꽃밭[꼽빧] 등.

이와 같은 음운 변화는 조음상의 편이(easy of articulation)라는 음운론적 동기에 의해 수행된 자연스러운 음운 현상임에도 불구하고, 표준 발음으로는 인정되지 않는다. 따라서 수의적 성격의 조음 위치 동화가 한국어에 존재하기는 하되 다만 표준 발음으로는 인정되지 않고 있다는 사실을 알아 두어야 할 것이다.

3.4.5. 모음 충돌(hiatus) 회피

1) 규정

> **제22항** 다음과 같은 용언의 어미는 [어]로 발음함을 원칙으로 하되, [여]로 발음함도 허용한다.
> 피어[피어/피여]   되어[되어/되여]
> **[붙임]** '이오, 아니오'도 이에 준하여 [이요], [아니요]로 발음함을 허용한다.

2) 해설

모음 충돌(hiatus) 회피 현상이란 '모음_모음'의 연쇄, 곧 선행 음절의 말음과 후행 음절의 두음이 모두 모음인 경우에 이를 회피하려는 데에서 기인한 일련의 음운론적 행위를 말한다. 한국어의 경우, 모음 충돌 회피는 다음과 같은 세 가지 방법으로 수행되는 것이 일반적이다.

(36) ㄱ. 모음 탈락: 타+아 → [타], 쓰+어 → [써], 따르+아 → [따라]
　　　 ㄴ. 반모음화: 보+아 → [보아]~[봐], 피+어 → [피어]~[펴]
　　　 ㄷ. 반모음 삽입: 되+어 → [되어]~[되여],
　　　　　　　　　　　　 피+어 → [피어]~[피여]

(36)에서 제시한 바와 같이, 한국어에서 '모음_모음'의 연쇄, 즉 모음 충

돌을 회피하기 위한 음운론적 행위로는 모음 탈락, 반모음화, 반모음 삽입 등의 방법이 있다. 그런데 이러한 방법들에는 약간의 차이가 있는데, 모음 탈락 현상이 필수적으로 일어나는 현상이라고 한다면, 반모음화나 반모음 삽입 현상은 수의적 성격을 띤다는 것이 그것이다.

제22항은 (36ㄷ)과 같은 성격의 반모음 삽입 현상과 관련되는 규정으로, 가령, '되+어→되어'는 [되어]로 발음함이 원칙이지만, 경우에 따라 모음 충돌 회피를 위한 반모음 삽입에 의해 [되여]가 쓰이기도 하므로, 이를 현실적으로 허용한다는 규정이다. [붙임]에 제시된 바와 같이, '이오, 아니오'의 경우에도 마찬가지여서 '이오, 아니오'로 발음하는 것이 원칙이지만, [이요, 아니요]로 발음하는 것도 허용된다.

그러나 한 가지 유의해야 할 점은 제22항의 규정은 어디까지나 발음에 관한 허용 규정일 뿐, 표기를 할 때는 반모음을 삽입해서는 안 된다는 것이다. 그럼에도 불구하고 오늘날 많은 한국어 사용자들이 반모음이 삽입된 형태를 쓰고 있는데 다음과 같은 예들이 그러한 예이다.

(37) ㄱ. 조선민주주의인민공화국은 흑연 감속로와 연관 시설들에 대한 동결 기간에 국제원자력기구가 동결 상태를 감시하도록 허용하며 기구에 이를 위한 협조를 제공하기로 ***되여** 있다는 조미 기본합의문 제1조 3항, 즉 94년 북미 제네바 기본합의문 제1조 3항을 거론했다.
　　 ㄴ. 수령 3, 4백 년을 훌쩍 넘긴 네댓 그루 영산홍이 ***피여** 내는 아름드리 꽃들이 소시적 당신처럼 요염하게 ***피여나** 내 눈은 더할 나위 없이 황홀했었지요.
　　 ㄷ. 노 통장도 보디 가드 ***대령이요.**
　　 ㄹ. 문 실장이 민주당에 사퇴서를 냈다는데 국회의원이 사표를 내는 곳은 국회이지 정당이 ***아니요.**

강강술래

김준태

<u>추석날 천릿길</u> 고향에 내려가
너무 늙어 앞도 잘 보지 못하는
할머니의 손톱과 발톱을 깎아드린다
어느덧 산국화 냄새 나는 팔순 할머니
팔십 평생 행여 풀여치 하나 밟을세라
안절부절 허리 굽혀 살아오신 할머니
<u>추석날 천릿길</u> 고향에 내려가
할머니의 손톱과 발톱을 깎아주면서
언제나 변함없는 대밭을 바라본다
돌아가신 할아버님이 그렇게 소중히 가꾸신 대밭
대밭이 죽으면 집안과 나라가 망한다고
가는 해마다 거름 주고 오는 해마다 거름 주며
죽순 하나 뽑지 못하게 하시던 할아버님
할아버님의 흰 옷자락을 그리워하며
그 시절 도깨비들이 춤추던 대밭을 바라본다
너무 늙어 앞도 잘 보지 못하는
할머니의 손톱과 발톱을 깎아주면서
강강술래 나는 논이 되고 싶었다
강강술래 나는 **밭이**49) 되고 싶었다

---

49) '추석날'[추성날]은 비음 동화를, '천릿길'[철리낄]은 유음화 및 사이시옷 삽입에 의한 경음화를, '대밭이'[대바치], '밭이'[바치]는 구개음화를 각각 보여 준다.

아니오

신동엽

<u>아니오</u>[50]
미워한 적 없어요,
산마루 투명한 햇빛 쏟아지는데
치마 어둔 생각했을 리야.

<u>아니오</u>
괴뤄한 적 없어요,
稜線 위 바람 같은 음악 흘러가는데
뉘라, 색동눈물 밖으로 쏟았을 리야.

<u>아니오</u>
사랑한 적 없어요,
세계의 지붕 혼자 바람 마시며
차마, 옷 입은 都市계집 사랑했을 리야.

---

50) '아니오'의 발음은 원칙적으로는 [아니오]이지만 모음 충돌을 회피하기 위하여 반모음이
삽입된 형태인 [아니요]도 허용 발음으로 인정된다.

3.5. 제6장 된소리되기

3.5.1. 음절 말 자음의 불파음화로 인한 된소리화

1) 규정

> **제23항** 받침 'ㄱ(ㄲ, ㅋ, ㄳ, ㄺ), ㄷ(ㅅ, ㅆ, ㅈ, ㅊ, ㅌ), ㅂ(ㅍ, ㄼ, ㄿ, ㅄ)' 뒤에 연결되는 'ㄱ, ㄷ, ㅂ, ㅅ, ㅈ'은 된소리로 발음한다.
>
> 국밥[국빱]　　　　　　깎다[깍따]　　　　　　넋받이[넉빠지]
>
> 삯돈[삭똔]　　　　　　닭장[닥짱]　　　　　　칡범[칙뻠]
>
> 뻗대다[뻗때다]　　　　옷고름[옫꼬름]　　　　있던[읻떤]
>
> 꽂고[꼳꼬]　　　　　　꽃다발[꼳따발]　　　　낯설다[낟썰다]
>
> 밭갈이[받까리]　　　　솥전[솓쩐]　　　　　　곱돌[곱똘]
>
> 덮개[덥깨]　　　　　　옆집[엽찝]　　　　　　넓죽하다[넙쭈카다]
>
> 읊조리다[읍쪼리다]　　값지다[갑찌다]

2) 해설

　한국어는 기저의 평음이 일정한 음운론적 또는 형태론적 환경에서 된소리로 실현되는 경우가 있다. 첫 번째 경우는 제23항에서 규정하고 있는 것으로, 선행 음절 말 자음의 불파음화로 인하여 후행 장애음이 자동으로 경음화되는 경우이다.

　앞에서 논의된 제9항에서 우리는 한국어 장애음들이 음절 말 위치에서 대표음 [ㄱ, ㄷ, ㅂ]로 실현된다는 사실을 제시한 바 있다. 그런데 대표음 [ㄱ, ㄷ, ㅂ]는 한국어의 경음화와 관련하여 음성적으로 매우 중요한 특징이 있다. 이들은 모두 불파음[51]으로 실현되며, 따라서 이들은 필연적으로

---

51) 일반적으로 'ㄱ, ㄷ, ㅂ'와 같은 폐쇄음들은 세 가지 단계를 거쳐 조음된다. 첫 번째는 '폐쇄 단계'로 조음 위치가 열려 있다가 막히는 단계이고, 두 번째 단계는 '지속 단계'로 폐쇄가 유지되면서 폐쇄된 공간 속의 공기 압력이 높아지는 단계이며, 세 번째는 '파열 단계'로 폐쇄가 열리면서 공기가 폭발음을 내며 방출되는 단계이다. 불파음(不破音, unreleased)이란

성문의 폐쇄를 수반하게 되는 것이다.

김정우(1994: 90-1)에 따르면, 불파음 뒤의 경음화는 선행자음의 불파음화와 동시에 일어나는 성문 폐쇄에 의해 증가된 인두강 내부의 압축 기류로 인하여 형성되는 것이라고 할 수 있다. 따라서 제23항에 제시된 예들은 모두 불파음 뒤에서 자동으로 실현되는 경음화를 수행한 예들에 해당한다고 할 것이다. 여기에서 말하는 자동적인 경음화란 한 단어 안에서나 체언의 곡용 및 용언의 활용에서나 위의 환경에서는 예외 없이 된소리로 발음하게 됨을 의미한다. 그리고 이러한 불파음 뒤의 경음화는 '넋받이, 삯돈, 닭장, 칡범' 등의 예에서 확인할 수 있는 것처럼, 어간 말 위치에 자음군을 가진 자음들의 경우에도 실현되고 있는바, 불파음 뒤의 경음화를 거쳐 자음군 단순화가 수행된 것으로 볼 수 있을 것이다.

3.5.2. 용언 어간말음 'ㄴ, ㅁ' 뒤의 된소리화

1) 규정

> 제24항 어간 받침 'ㄴ(ㄵ), ㅁ(ㄻ)' 뒤에 결합되는 어미의 첫소리
> 'ㄱ, ㄷ, ㅅ, ㅈ'은 된소리로 발음한다.
> 　신고[신ː꼬]　껴안다[껴안따]　앉고[안꼬]　　얹다[언따]
> 　삼고[삼ː꼬]　더듬지[더듬찌]　닮고[담ː꼬]　젊지[점ː찌]
> 다만, 피동, 사동의 접미사 '-기-'는 된소리로 발음하지 않는다.
> 　안기다　　　감기다　　　굶기다　　　옮기다

2) 해설

한국어 경음화의 두 번째 경우는 용언의 어간 말음 'ㄴ(ㄵ), ㅁ(ㄻ)' 뒤

이 세 번째 단계가 실현되지 않는 음을 말하는데, 음절 말 위치에서 실현되는 대표음들은 모두 불파음이라는 공통적 특징을 지닌다.

에서 어미의 두음 'ㄱ, ㄷ, ㅅ, ㅈ'가 경음화되는 경우이다. 이는 앞의 제23항에서 살펴본 경음화가 자동으로 실현되는 것과는 달리, 비자동적인 경음화의 양상을 보인다는 점에서 차이가 있다.

음절 말 위치에서 실현되는 7개의 자음 'ㄱ, ㄴ, ㄷ, ㄹ, ㅁ, ㅂ, ㅇ'은 모두 다 불파음으로 실현된다는 점에서 공통점이 있다. 그런데 이들 자음 가운데 장애음인 'ㄱ, ㄷ, ㅂ'는 불파음화가 청각적으로 분명한 성격을 띨 뿐만 아니라, 후두의 긴장을 반드시 수반하게 되므로 음성적으로 투명한 경음화를 유발하게 된다. 그러나 'ㄴ, ㄹ, ㅁ, ㅇ' 같은 공명음들의 불파음화는 청각적으로도 분명하지 않을 뿐 아니라, 조음상으로도 후행하는 자음들을 경음화시킬 수 있는 음성적 동기를 제공하는지의 여부가 분명하지 않으므로, 장애음의 경우와 동일한 자동적인 경음화가 실현된다고 볼 수 없다.[52] 이와 같은 요인 때문에 제24항에서 제시하고 있는 용언의 어간 말음 'ㄴ(ㄵ), ㅁ(ㄻ)' 뒤의 경음화도 비자동적 성격을 띠는 것이다.

용언의 어간 말음 'ㄴ(ㄵ), ㅁ(ㄻ)' 뒤의 경음화가 비자동적 성격을 띤다는 것은, 다음과 같이 체언의 경우에는 경음화가 실현되지 않는다는 사실로도 입증이 가능하다.

(38) 신[靴]:   신도[신도]   신과[신과]
     앤[內]:   안도[안:도]   안과[안:과]
     바람[風]:   바람도[바람도] 바람과[바람과]
     삶[生]:   삶도[삼:도]   삶과[삼:과]
     앎[知]:   앎도[앎:도]   앎과[암:과]

또한, '다만'에서 제시하고 있는 것처럼, 말음이 'ㄴ, ㅁ'인 용언 어간의 피·사동형은 경음화가 실현되지 않으므로, 다음과 같이 된소리가 아닌 평

---

52) 김경아(2000: 223~241) 참조.

음으로 발음해야 한다.

(39) 안기다[안기다], 남기다[남기다], 굶기다[굼기다]

그러나 피·사동형들과는 달리, 용언의 명사형의 경우에는 된소리로 발음된다. 즉, 다음과 같이 된소리화가 가능한바, 이는 매우 특징적인 사실이라고 할 수 있다.

(40) 안기[안끼], 남기[남:끼], 굶기[굼:끼]

3.5.3. 어간말음 'ㄼ, ㄾ' 뒤의 된소리화

1) 규정

> **제25항** 어간 받침 'ㄼ, ㄾ' 뒤에 결합되는 어미의 첫소리 'ㄱ, ㄷ, ㅅ, ㅈ'은 된소리로 발음한다.
>
> 넓게[널께]   핥다[할따]   훑소[훌쏘]   떫지[떨찌]

2) 해설

한국어 경음화의 세 번째 경우는 다른 자음 앞에서 단순화되어 [ㄹ]로 발음되는 용언의 어간말 자음군 'ㄼ, ㄾ'가 어미의 첫소리 'ㄱ, ㄷ, ㅅ, ㅈ'를 경음화하는 것이다. 이러한 환경에서 실현되는 경음화는 다음과 같은 사실들과 대조된다는 점에서 특징적이다.

첫째, 이러한 경음화는 체언의 어간 말음 다음에는 적용되지 않고 용언의 경우에만 적용된다. 즉, 체언의 경우에는 다음과 같이 된소리화가 실현되지 않는 것이다.

(41) 여덟[八]: 여덟도[여덜도], 여덟과[여덜과], 여덟보다[여덜보다]

둘째, 이러한 경음화는 자음군이 단순화되어 [ㄹ]로 실현되는 경우에만 적용되며, 기저의 어간 말음 'ㄹ' 뒤에서는 적용되지 않는다.

(42) 알-[知]: 알고[알:고], 알더니[알:더니], 알지[알:지]
　　　 살-[生]: 살고[살:고], 살더니[살:더니], 살지[살:지]

위의 예를 통하여 알 수 있는 것처럼, 홑받침 'ㄹ' 다음에서는 된소리화 가 실현되지 않는다.

3.5.4. 한자어 종성 'ㄹ' 뒤의 된소리화

1) 규정

> **제26항** 한자어에서, 'ㄹ' 받침 뒤에 결합되는 'ㄷ, ㅅ, ㅈ'은 된소 리로 발음한다.
>
> 　갈등[갈뜽]　　　발동[발똥]　　절도[절또]　　말살[말쌀]
> 　불소(弗素)[불쏘]　일시[일씨]　　갈증[갈쯩]　　물질[물찔]
> 　발전[발쩐]　　　몰상식[몰쌍식]　　불세출[불쎄출]
> 다만, 같은 한자가 겹쳐진 단어의 경우에는 된소리로 발음하지 않는다.
> 　허허실실(虛虛實實)[허허실실]　절절-하다(切切-)[절절하다]

2) 해설

제25항에서 용언의 어간말음 'ㄼ, ㄽ'에 후행하는 어미의 경음화를 다루면서, 우리는 어간 말음 'ㄹ' 다음에서는 그러한 경음화가 실현되지 않는다는 사실을 지적하였다. 그러나 한자어의 경우에는 선행 음절의 말음 'ㄹ' 다음의 'ㄷ, ㅅ, ㅈ'가 된소리로 발음되는 경우를 볼 수가 있는데, 제26항에

서는 바로 이와 같은 경음화 현상에 대해 규정하고 있다. 한자어에서 나타나는 이러한 경음화는 모든 한자어에서 자동으로 실현되는 것이 아니라는 제약이 있다. 즉, 다음과 같은 한자어들에서는 경음화가 실현되지 않는 것이다.

> (43) 결과, 결국, 물건, 설계, 열기, 절경, 절기, 출고, 팔경, 발발,
>   불복, 할부, 활보 등.

한자어 경음화의 실현과 제약은 'ㄹ' 다음에 오는 음절 두음의 음운론적 자질과 관련이 있는 것으로 보인다. 즉, 'ㄹ' 뒤에 후행하는 자음이 [+설정성] 자질을 지닌 'ㄷ, ㅅ, ㅈ'일 경우에는 경음화가 실현되지만, (43)의 예에서처럼 'ㄱ, ㅂ' 등의 [-설정성]일 경우에는 그러한 경음화가 제약을 받고 있는 것이다(김경아 2000: 232).

3.5.5. 관형사형 어미 '-(으)ㄹ' 뒤의 된소리화

1) 규정

> **제27항** 관형사형 '-(으)ㄹ' 뒤에 연결되는 'ㄱ, ㄷ, ㅂ, ㅅ, ㅈ'은 된소리로 발음한다.
>
> 할 것을[할꺼슬]   갈 데가[갈떼가]   할 바를[할빠를]
> 할 수는[할쑤는]   할 적에[할쩌게]   갈 곳[갈꼳]
> 할 도리[할또리]   만날 사람[만날싸람]
> 다만, 끊어서 말할 적에는 예사소리로 발음한다.
>
> **[붙임]** '-(으)ㄹ'로 시작되는 어미의 경우에도 이에 준한다.
> 할걸[할껄]   할밖에[할빠께]   할세라[할쎄라]
> 할수록[할쑤록]   할지라도[할찌라도]   할지언정[할찌언정]
> 할진대[할찐대]

2) 해설

한국어의 경음화 유형에서 또 한 가지 중요한 언어적 사실은 용언의 관형사형 어미 '-ㄹ, -을' 다음에서는 후행하는 어미의 두음 'ㄱ, ㄷ, ㅂ, ㅅ, ㅈ'가 된소리로 발음된다는 것이다. 제27항은 바로 이와 같은 경음화 현상에 대한 규정이다.

앞의 예 (42)에서 확인하였듯이, 용언의 어간 말음 'ㄹ' 다음에서는 경음화가 실현되지 않음에도 불구하고, 관형사형 어미 '-(으)ㄹ' 다음에서는 경음화가 가능하다는 사실은 한국어의 음운론적 기술에서 매우 중요하게 다루어 왔던 문제이다. 특히, 다음 (44)에서 보듯이, 관형사형 어미 '-(으)ㄴ, -는, -던' 등 'ㄴ' 받침을 가진 어미 뒤에서는 된소리로 발음하지 않는다는 점에 비추어 보더라도 관형사형 어미 '-(으)ㄹ' 다음의 경음화는 흥미 있는 언어적 사실이라고 할 수 있는 것이다.

(44) 간 사람[간사:람]   가는 사람[가는사:람]   가던 사람[가던사:람]

관형사형 어미 '-(으)ㄹ' 뒤의 경음화는 '-(으)ㄹ' 다음에 오는 것이 명사가 아니라 보조 용언일 경우에도 실현된다. 다음이 그러한 예이다.

(45) 할 듯하다[할뜨타다] 할 법하다[할뻐파다]   할 성싶다[할썽십따]

또한, [붙임]에서 제시한 바와 같이, 관형사형 어미와 같은 '-(으)ㄹ'로 시작하는 다양한 활용 어미들 역시 'ㄹ' 뒤에 오는 자음 'ㄱ, ㄷ, ㅂ, ㅅ, ㅈ'를 된소리로 각각 발음한다. 예컨대 '-(으)ㄹ거나, -(으)ㄹ세, -(으)ㄹ수록, -(으)ㄹ지, -(으)ㄹ진대' 등이 그 예들이다. '-(으)ㄹ까, -(으)ㄹ꼬, -(으)ㄹ쏘냐'는 아예 된소리로 표기한다.

활용 어미의 발음 및 표기와 관련하여 한 가지 유의해야 할 점이 있다면,

'-(으)ㄹ까, -(으)ㄹ꼬, -(으)ㄹ쏘냐'를 제외하고는 된소리로 표기하지 않는다는 것이다. 그럼에도 불구하고, 여타의 활용 어미에 대해서도 된소리로 잘못 표기하는 경우가 흔히 발견되는데, 다음 예들이 그러한 경우이다.

> (46) ㄱ. 부모나 형제나 자녀라 ***할찌라도** 내 죄를 대신하여 죽어줄 사람은 없습니다.
> ㄴ. 창간호 기증을 받았는데 장서인을 어찌해야 ***할찌.**
> ㄷ. 손님을 초대했을 때 혹시나 ***볼쎄라** 욕실을 꼭꼭 걸어 잠가야 했던 슬픈 기억들……
> ㄹ. 네가 온전하고자 ***할찐대** 가서 네 소유를 팔아 가난한 자들을 주라, 그리하면 하늘에서 보화가 네게 있으리라.

위의 예들은 평음으로 적어야 할 '-ㄹ지라도, -ㄹ지, -ㄹ세라, -진대' 등을 된소리로 잘못 적고 있는 사례들이다. 이와 같은 오류는 관형사형 어미 '-ㄹ' 다음에 연결되는 의존 명사의 표기에서도 자주 발견되고 있다.

> (47) ㄱ. 올 가을엔 집 ***장만할 꺼야.**
> ㄴ. 다 ***이해할 꺼야.** 걱정하지 마.
> ㄷ. 그래도 답변해 ***주실 꺼죠?**

위의 예문들은 관형사형 어미 '-ㄹ' 다음에 의존 명사 '거'[53)가 연결되는 구조를 지닌 것들이다. 위에서 논의한 바와 같이 (46)과 (47)의 예들은 모두 발음상으로는 경음화가 실현되어야 하는 형태임에 틀림이 없지만, 된소리가 아닌 평음으로 표기해야 한다.

---

53) 의존 명사 '것'의 준말.

3.5.6. 사이시옷 뒤의 된소리화

1) 규정

> **제28항** 표기상으로는 사이시옷이 없더라도, 관형격 기능을 지니는 사이시옷이 있어야 할(휴지가 성립되는) 합성어의 경우에는, 뒤 단어의 첫소리 'ㄱ, ㄷ, ㅂ, ㅅ, ㅈ'을 된소리로 발음한다.
>
> | | | |
> |---|---|---|
> | 문-고리[문꼬리] | 눈-동자[눈똥자] | 신-바람[신빠람] |
> | 산-새[산쌔] | 손-재주[손째주] | 길-가[길까] |
> | 물-동이[물똥이] | 발-바닥[발빠닥] | 굴-속[굴ː쏙] |
> | 술-잔[술짠] | 바람-결[바람껼] | 그믐-달[그믐딸] |
> | 아침-밥[아침빱] | 잠-자리[잠짜리] | 강-가[강까] |
> | 초승-달[초승딸] | 등-불[등뿔] | 창-살[창쌀] |
> | 강-줄기[강쭐기] | | |

2) 해설

<한글 맞춤법> 제30항에서는 사이시옷을 앞말이 모음으로 끝나는 개음절의 경우에만 표기한다고 규정하고 있다. 이와 같은 규정에 따라 사이시옷이 삽입되어야 하는 경우라고 하더라도, 앞말이 자음으로 끝나는 폐음절의 경우에는 표기를 하지 않는다. 그러나 표기의 여부와는 상관없이, 기능상 사이시옷이 삽입되는 합성어의 경우, 뒷말의 첫소리는 당연히 된소리로 발음되는 것이 특징이다. 제28항에서는 바로 이와 같은 된소리의 발음에 대해 규정하고 있다.

그런데 제28항에서 사이시옷이 관형격의 기능을 지니는 경우에 한해 된소리로 발음해야 한다고 보는 것은 오늘날 사이시옷이 단순히 관형격의 기능만을 가지고 있는 것은 아니라는 점에서 수정이 필요하다. 사실, 15세기 한국어에서는 사이시옷이 기본적으로는 관형격의 기능을 나타냈던 것이나, 현대 한국어로 내려오면서 많은 변화를 겪음으로써 사이시옷의 기능이 그

와 같이 단순하게 파악되지 않고 있다. 예컨대, 다음과 같은 예들은 관형격의 기능이 있을 수 없음에도 사이시옷의 삽입에 의한 경음화가 가능한 것이다.

> (48) 돌집[돌:찝][54]   비빔밥[비빔빱]   안방[안빵]
>   안집[안찝]   봄비[봄삐]   잠자리[잠짜리]

위의 예들을 통하여 짐작할 수 있는 것처럼, 사이시옷의 기능은 단순히 관형격 하나만으로 규정할 수 없다. 선행어와 후행어가 속격 혹은 수식 관계에 있는 것이 아니라, 때로는 선행어가 후행어의 도구가 되는 경우(例. 돌집), 수단이 되는 경우(例. 비빔밥), 시간·장소 등의 처소가 되는 경우(例. 안방, 안집), 용도가 되는 경우(例. 잠자리) 등 선행어와 후행어가 다양한 의미 관계를 지니고 있기 때문이다.

다만, 동일한 합성어 내부에서도 경음화가 일어나지 않는 형태들도 많이 있다는 사실에 비추어 경음화가 적용되는 형태는 사전에 발음을 명기해 주어야 한다. 다음이 그 예들이다.

> (49) 쌀밥[쌀밥]   콩밥[콩밥]   김밥[김:밥][55]
>   밤밥[밤:밥]   장조림[장:조림]   콩조림[콩조림]

---

54) 돌로 지은 집.
55) 다만, '김밥'의 경우는 현실적으로 [김:빱]으로 발음하는 경우도 적지 않아 두 가지 발음을 다 인정하고 있음이 특징이다.

봄비

변영로

나직하고, 그윽하게 부르는 소리 있어,
나아가 보니, 아, 나아가 보니—
졸음 잔뜩 실은 듯한 **젖빛**56) 구름만이
무척이나 가쁜 듯이, 한없이 게으르게
푸른 하늘 위를 거닌다.
아, 잃은 것 없이 서운한 나의 마음!

나직하고, 그윽하게 부르는 소리 있어
나아가 보니, 아, 나아가 보니—
아려-ㅁ풋이 나는, 지난날의 회상(回想)같이
떨리는, 뵈지 않는 꽃의 **입김**만이
그의 향기로운 자랑 안에 자지러지노나!
아, 찔림 없이 아픈 나의 가슴!

나직하고, 그윽하게 부르는 소리 있어
나아가 보니, 아, 나아가 보니—
이제는 젖빛 구름도 꽃의 입김도 자취 **없고**
다만 비둘기 발목만 붉히는 은(銀)실 같은 **봄비**만이
노래도 없이 근심같이 내리노나!
아, 안 올 사람 기다리는 나의 마음!

---

56) '젖빛[젇삗]'과 '입김[입낌]' 및 '없고[업:꼬]'는 음절 말 자음의 불파음화로 인한 경음화의
예이고, '봄비[봄삐]'는 사이시옷 삽입으로 인한 경음화를 보여 주는 예이다. 또한, '올 사
람[올싸람]'은 관형사형 어미 '-ㄹ' 다음의 경음화를 보여 준다.

3.6. 제7장 소리의 첨가

3.6.1. 'ㄴ' 첨가

1) 규정

제29항 합성어 및 파생어에서, 앞 단어나 접두사의 끝이 자음이고 뒤 단어나 접미사의 첫 음절이 '이, 야, 여, 요, 유'인 경우에는, 'ㄴ'소리를 첨가하여 [니, 냐, 녀, 뇨, 뉴]로 발음한다.

솜-이불[솜니불]	홑-이불[혼니불]	막-일[망닐]
삯-일[상닐]	맨-입[맨닙]	꽃-잎[꼰닙]
내복-약[내ː봉냑]	한-여름[한녀름]	남존-여비[남존녀비]
신-여성[신녀성]	색-연필[생년필]	직행-열차[지캥녈차]
늑막-염[능망념]	콩-엿[콩녇]	담-요[담ː뇨]
눈-요기[눈뇨기]	영업-용[영엄뇽]	식용-유[시굥뉴]
국민-윤리[궁민뉼리]		밤-윷[밤ː뉻]

다만, 다음과 같은 말들은 'ㄴ' 소리를 첨가하여 발음하되, 표기대로 발음할 수 있다.

이죽-이죽[이중니죽/이주기죽]	야금-야금[야금냐금/야그먀금]
검열[검ː녈/거ː멸]	욜랑-욜랑[욜랑뇰랑/욜랑욜랑]
금융[금늉/그뮹]	

[붙임1] 'ㄹ' 받침 뒤에 첨가되는 'ㄴ' 소리는 [ㄹ]로 발음한다.

들-일[들ː릴]	솔-잎[솔립]	설-익다[설릭따]
물-약[물략]	불-여우[불려우]	서울-역[서울력]
물-엿[물렫]	휘발-유[휘발류]	유들-유들[유들류들]

[붙임2] 두 단어를 이어서 한 마디로 발음하는 경우에는 이에 준한다.

한 일[한닐]	옷 입다[온닙따]	서른 여섯[서른녀섣]
3 연대[삼년대]	먹은 엿[머근녇]	할 일[할릴]
잘 입다[잘립따]	스물 여섯[스물려섣]	1 연대[일련대]

먹을 엿[머글렫]

다만, 다음과 같은 단어에서는 'ㄴ(ㄹ)' 소리를 첨가하여 발음하
지 않는다.
6·25[유기오]   3·1절[사밀쩔]   송별연[송:벼련]
등용-문[등용문]

2) 해설

합성어 및 접두 파생어들 가운데는 앞 단어나 접두사가 자음으로 끝나고
뒤 단어가 모음 'ㅣ'나 'j계' 이중 모음, 곧 '야, 여, 요, 유'로 시작되는 경우
에 'ㄴ'가 첨가되는 경우가 있다. 제29항에서는 바로 이와 같은 'ㄴ' 첨가
현상에 대해 규정하고 있다.

'ㄴ' 첨가 현상은 규칙적인 것은 아니어서, 모든 경우에 'ㄴ' 첨가가 나타
나는 것은 아니지만,57) 하나의 단어 내부에서는 물론, 구 성분을 이루는 경
우에도 가능한 것으로 보인다. 물론 'ㄴ' 첨가가 이루어지려면 단어 내부이
건 구 구성의 내부이건 휴지가 개재되어서는 안 된다는 조건이 있다. [붙임
2]는 구 성분을 이루고 있는 경우에 실현되는 'ㄴ' 첨가를 보여 주는 예들
인데, 여기에 제시된 '두 단어를 이어서 한 마디로 발음하는 경우'라는 조
건은 바로 휴지가 개입되어서는 안 된다는 조건을 말하고 있는 것이다.

'ㄴ' 첨가의 결과는 두 가지 음운 변동을 수반한다. 그 하나는 비음화이
고 다른 하나는 유음화이다. 'ㄴ'가 첨가되고 나면 뒤 단어의 음절 두음이
비음으로 시작되는 결과, 역행적 성격의 비음화가 유발됨은 물론, 선행어의
말음이 'ㄹ'인 경우에는 'ㄹㄴ'의 연쇄를 야기함으로써 유음화가 실현되는

---

57) '절약[저략], 월요일[워료일], 목요일[모교일], 금요일[그묘일]' 등과 함께, '6·25[유기오],
3·1절[사밀쩔], 송별연[송:벼련], 등용-문[등용문]' 등의 예들을 보더라도 'ㄴ' 첨가가 자
동적인 현상이 아님을 알 수 있다.

것이다. '홑-이불[혼니불], 막-일[망닐], 삯일[상닐], 꽃-잎[꼰닙]'의 예들은
비음화의 예이고,[58] [붙임 1]에 제시된 '들-일[들:릴], 솔-잎[솔립], 설-익다
[설릭따], 물-약[물략]' 등의 예들은 'ㄴ' 첨가 결과로 야기된 유음화의 예
이다.

   문제는 이와 같은 'ㄴ' 첨가의 음운론적 동기가 무엇인가 하는 것이다.
고광모(1991)에 따르면, 'ㄴ' 첨가 현상은 근대 한국어 시기에 일어났던 음
성 변화인 'ㄴ' 탈락 현상과 직접적인 관련이 있는 것으로 보인다. 이와 같
은 가정이 가능한 것은 'ㄴ' 삽입을 보이는 형태 가운데는 기원적으로 어두
위치에 'ㄴ'를 가지고 있었던 것들이 상당수 발견되기 때문이다. 예컨대, 다
음과 같은 예들이 그러한 경우이다.

   (50) ㄱ. 니블>이불: 貴혼 니블로 布施하며(釋譜 13:23)
        ㄴ. 닢>잎: 이본 남기 새 닢 나니이다(龍歌 84장)
        ㄷ. 녀름>여름: ㅂ롬비 시절에 마초호야 녀르미 드외야(釋譜 9:34)
        ㄹ. 녀성>여성: 싱이 답왈 쥬푀 비록 정심을 표호나 도로혀 녀셩
            감초기의논 어려오니(落泉 2:4)

   위의 예들을 통하여 알 수 있는 것처럼, 현대 한국어에서 'ㄴ' 삽입을 보
이는 형태들은 대부분 어원적으로 'ㄴ'를 어두음으로 가지고 있었던 것들
이다. 주지하는바, 중세 한국어 단계에서 어두 위치에 'ㄴ'를 가지고 있었던
어휘들[59]은 근대 한국어 단계에서 수행된 'ㄴ'의 구개음화에 이어 구개자
음 'ɲ'의 탈락을 경험하게 된다. 이러한 'ㄴ' 탈락의 결과 자음 뒤와 기타의
환경 사이에는 'ㄴ~ø'의 교체가 발생하게 되었고, 그러한 교체가 역사적인

---

58) 물론 선행어의 말음이 비음인 경우에는 '솜이불, 맨입, 한여름, 남존여비'의 경우처럼, 비
   음화의 적용은 공허한 것이다.
59) 'ㄴ'의 구개음화에 이은 탈락은 'ㄴ'을 후행하는 모음이 'ㅣ' 모음이거나 'j'계 이중 모음
   인 경우에 한정된다.

변화의 방향과는 거리가 먼 'ㄴ' 첨가로 재해석된 것이다. 또한 그와 같은 재해석의 결과 'ㄴ~ø'의 교체가 본래 'ㄴ'를 갖지 않던 형태들에까지 확대됨으로써 오늘날 볼 수 있는 'ㄴ' 첨가 현상이 출현한 것으로 보인다.[60]

위의 규정에 제시된 바에 따르면, 'ㄴ' 첨가는 수의적 성격을 띠는 경우도 있다. 따라서 '검열'을 비롯하여 '이죽-이죽, 야금-야금, 욜랑-욜랑' 등의 경우에는 '[검:녈/거:멸], [이중니죽/이주기죽], [야금냐금/야그먀금], [욜랑뇰랑/욜랑욜랑]'처럼, 'ㄴ'를 첨가하여 발음하는 형태와 'ㄴ' 첨가 없이 발음하는 형태 둘 다 표준 발음으로 인정하고 있다. 그러나 '이기죽이기죽[이기죽이기죽]'은 'ㄴ' 첨가 없이 발음하고, '야옹야옹[야옹냐옹]'은 'ㄴ'를 첨가하여 발음한다. 따라서 'ㄴ'가 첨가된 경우에는 사전에서 그 발음을 표시하여야 한다.

3.6.2. 사이시옷 첨가

1) 규정

> **제30항** 사이시옷이 붙은 단어는 다음과 같이 발음한다.
> 1. 'ㄱ, ㄷ, ㅂ, ㅅ, ㅈ'으로 시작하는 단어 앞에 사이시옷이 올 때는 이들 자음만을 된소리로 발음하는 것을 원칙으로 하되, 사이시옷을 [ㄷ]으로 발음하는 것도 허용한다.
>
> | | |
> |---|---|
> | 냇가[내ː까/낻ː까] | 샛길[새ː낄/샏ː낄] |
> | 빨랫돌[빨래똘/빨랟똘] | 콧등[코뜽/콛뜽] |
> | 깃발[기빨/긷빨] | 대팻밥[대ː패빱/대ː팯빱] |
> | 햇살[해쌀/핻쌀] | 뱃속[배쏙/밷쏙] |
> | 뱃전[배쩐/밷쩐] | 고갯짓[고개찓/고갣찓] |
>
> 2. 사이시옷 뒤에 'ㄴ, ㅁ'이 결합되는 경우에는 [ㄴ]으로 발음한다.

---

60) 이에 대한 자세한 설명은 고광모(1991)를 참조.

> 콧날[콘날 → 콘날]　　　아랫니[아랟니 → 아랜니]
> 뒷마루[뒫:마루 → 뒨:마루]　　뱃머리[밷머리 → 밴머리]
> 3. 사이시옷 뒤에 '이' 소리가 결합되는 경우에는 [ㄴㄴ]으로 발
>   음한다.
> 　베갯잇[베갣닏 → 베갠닏]　　깻잎[깯닙 → 깬닙]
> 　나뭇잎[나묻닙 → 나문닙]
> 　도리깻열[도리깯녈 → 도리깬녈]
> 　뒷윷[뒫:늍 → 뒨:늍]

2) 해설

앞에서 살펴본 '표준 발음법' 제28항에서는 표기상으로는 나타나지 않지만 사이시옷의 삽입 결과 야기된 경음화 현상에 대한 규정이 제시되었다고 한다면, '표준 발음법' 제30항에서는 사이시옷의 표기 결과 야기된 발음의 변화에 대한 규정이 모두 제시되었다. '표준 발음법' 제30항의 1은 사이시옷이 삽입된 결과 된소리화가 야기된 경우의 발음에 대한 규정이다. 여기에 제시된 예들을 통하여 알 수 있는 것처럼, 된소리화가 실현된 경우의 발음은 두 가지이다. 예컨대, '냇가'는 [내:까] 또는 [낻까]로 발음되는 것이다. 이러한 두 가지 발음이 도출될 수 있었던 것은 다음과 같은 과정을 통해서이다.

(51)　　　　　　　　　　　// 내 + 가//
　사이시옷 삽입　　　　　　냇가
　불파음화(자음 중화)　　　낻가
　경음화　　　　　　　　　[낻까]
　조음 위치 동화　　　　　[낵까]
　중복 자음 탈락　　　　　[내까]

위와 같은 도출 과정을 통해서 볼 때, '냇가'의 경우 실제 음성 층위에서 실현될 수 있는 발음의 유형으로는 [낻까~낵까~내까] 등 세 가지가 가능

함을 알 수 있다. 이 경우 [낻까]는 비교적 신중한 말투에서, [낵까~내까]
는 일상적인 빠른 말투에서 실현되는 발음이라고 할 수 있다. 따라서 원칙
적으로는 [낻까]를 표준 발음으로 정하는 것이 합리적이지만, 실제 발음을
고려하여 [내까]와 [낻까] 두 가지를 표준 발음으로 허용하였다. 다만, [낵
까]는 앞의 '표준 발음법' 제22장의 규정에서 제시한 바와 같이, 조음 위치
동화에 의한 발음이므로 표준 발음으로 허용하지 않는다.

'표준 발음법' 제30항의 2는 'ㄴ, ㅁ' 같은 비음 앞에 사이시옷이 삽입된
경우, 'ㅅ→ㄷ→ㄴ'의 과정에 따라 사이시옷을 [ㄴ]로 발음함을 규정하고
있는 것이다. 예컨대, '콧날'[콘날]의 도출 과정을 제시하면 다음과 같다.

(52)   // 코 + 날//
　　　사이시옷 삽입   콧날
　　　불파음화   콛날
　　　비음화   콘날
　　　음성형   [콘날]

마지막으로, '표준 발음법' 제30항의 3은 사이시옷 삽입의 결과 야기된
'ㄴ' 첨가와 비음화가 실현되는 것에 대해 규정한 것이다. 가령, '깻잎[깬
닙]'의 도출 과정은 다음과 같다.

(53)   // 깨 + 잎//
　　　사이시옷 삽입   깻잎
　　　불파음화   깯입
　　　'ㄴ' 삽입   깯닙
　　　비음화   깬닙
　　　음성   [깬닙]

이상에서 살펴본 바와 같이, 사이시옷의 삽입은 그 음운론적 환경에 따

라 크게 세 가지 유형의 음성 변화를 가져오는 것으로 볼 수 있다. 그러므로 각각의 경우에 따라 '표준 발음법'이 어떻게 규정되고 있는가를 잘 알아 두어야 할 것이다.

나뭇잎을 가만히 들여다보면

이형기

나뭇잎[61]을 가만히 들여다보면
한 세기 전의 해적선이 바다를 누빈다.
나뭇잎만큼 많은 돛을 달고
그 어떤 격랑도 지울 수 없는
벌레 먹은 항적(抗跡)

나뭇잎을 다시 들여다보면
나무가 뿌리째
그 밑바닥에 침몰해 있다.
파들파들 떨리는 단말마의
손짓
잎사귀들이

---

61) 나뭇잎 → [나문닙]으로 발음.

1 '표준 발음법'에 따라 한국어의 말소리를 발음하는 방법을 익히기 위해서는 한국어의 자음이나 모음의 체계를 잘 이해해야 한다. 다음은 한국어 자음과 모음을 조음 위치와 방법, 또는 혀의 위치와 모양에 따라 구분하기 위한 체계도이다. 빈칸에 들어갈 자음 또는 모음을 채워 넣어라.

(1) 현대 한국어의 표준 자음 체계

조음 방법	조음위치	입술소리	혀끝소리	구개음	연구개음	목청소리
장애음	예사소리					
	거센소리					
	된소리					
공명음	비 음					
	유 음					

(2) 현대 한국어의 표준 단모음 체계(10모음)

위치 높이　　입술	전설모음		후설모음	
	평　순	원　순	평　순	원　순
고 모 음				
중 모 음				
저 모 음				

2 현대 한국어의 표준 단모음 체계는 10모음으로 볼 수 있지만, 경우에 따라서는 8모음으로도 볼 수 있다. 이와 같은 차이가 생겨나게 된 이유는 무엇인지 음성학적 사실을 바탕으로 설명하라.

3 '표준 발음법' 제8항에서는 "받침소리로는 'ㄱ, ㄴ, ㄷ, ㄹ, ㅁ, ㅂ, ㅇ'의 7개 자음만 발음한다."라고 규정하고 있다. 이와 같은 규정과 관련되는 한국어의 음운론적 특징에 대해 설명하라.

4 다음에 제시한 단어의 발음들 가운데 잘못된 발음을 골라 바로잡아라.

(1) ① 되어→돼[돼:]　　　　　② 두어→둬[둬:]
　　③ 하여→해[해:]　　　　　④ 치어→쳐[쳐:]

(2) ① 감기다[감:기다]　　　② 끌리다[끌:리다]
　　③ 벌리다[벌:리다]　　　④ 없애다[업:쌔다]

(3) ① 핥다[할따]　　　　　　② 값[갑]
　　③ 없다[업:따]　　　　　④ 밟고[발:꼬]

(4) ① 넓-죽하다[넙쭈카다]   ② 여덟[여덜]
     ③ 넓다[넙따]   ④ 밟다[밥:따]

(5) ① 상견례[상견례]   ② 횡단로[횡단노]
     ③ 이원론[이원논]   ④ 입원료[이붠뇨]

(6) ① 넓게[널께]   ② 핥다[할따]
     ③ 훑소[훌쏘]   ④ 떫지[떱:찌]

(7) ① 쌀밥[쌀밥]   ② 콩밥[콩빱]
     ③ 김밥[김:빱]   ④ 밤밥[밤:밥]

(8) ① 들-일[들:릴]   ② 솔-잎[솔:립]
     ③ 설-익다[설:익따]   ④ 물-약[물략]

(9) ① 6·25[유기오]   ② 3·1절[사밀쩔]
     ③ 송별연[송:벼련]   ④ 등용-문[등뇽문]

(10) ① 베갯잇 [베갠닏]   ② 깻잎[깬닙]
     ③ 나뭇잎[나문입]   ④ 도리깻열[도리깬녈]

5 다음 시를 '표준 발음법'에 따라 발음되는 대로 옮겨 적어라.

희고 고운 실빗살
청포잎에 보실거릴 땐 오시구려
마누라 몰래 한바탕
비받이 양푼갓에 한바탕 벌여 놓고
도도리장단 좋아 헛맹세랑 우라질 것
보릿대춤이나 춥시다요
시름 지친 잔주름살 환히 펴고요 형님
있는 놈만 논답디까
사람은 매한가지
도동동당동
오라질 것 놉시다요
지지리도 못생긴 가난뱅이 끼리끼리.

            -김지하, ⟨형님⟩ 全文

참고문헌

고광모(1991), ㄴ첨가와 사이시옷에 관하여, 『언어연구』 3, 서울대학교 언어연구소. pp.
　　　　 1~22.

김경아(2000), 『국어의 음운표시와 음운과정』, 한국어학회.

김정우(1994), 「음운 현상과 비음운론적 정보에 관한 연구」, 박사학위논문(서울대)

송철의(1993), 자음의 발음, 『새국어생활』 3-1호, 국립국어연구원, pp. 3~22.

안병희(1982), 『15세기 국어의 활용 어간에 대한 형태론적 연구』, 탑출판사.

이병근(1979), 『음운현상에 있어서의 제약』, 탑출판사.

이승재(1993), 모음의 발음, 『새국어생활』 3-1호, 국립국어연구원, pp. 23~38.

이은정(1988), 『한글 맞춤법, 표준어 해설』, 대제각.

지민제(1993), 소리의 길이, 『새국어생활』 3-1호, 국립국어연구원, pp. 39~57.

Katamba, F(1989), *An Introduction to Phonology*, Longan.

제6장 외래어 표기법

1. 외래어의 개념과 특성

한국어 어휘는 그 기원에 따라 네 가지, 곧 고유어, 한자어, 외래어, 혼종어로 구분할 수 있다. 이 가운데 외래어란 외국의 문화나 문물과의 접촉의 결과로 들어오게 된 외국어가 일반화됨으로써 한국어의 일부로 사용되는 어휘를 가리킨다. 물론, 모든 외국어가 외래어가 되는 것은 아니다. 외국어들 가운데 한국어에 성공적으로 정착하게 된 것만을 외래어라고 하는 것이다. 대개의 경우, 외래어는 해당 언어의 실제적 필요성에 의해 유입된 것으로, 자국어의 어휘를 풍부하게 해 준다는 이점이 있다고 할 수 있다.

외래어는 유입된 시기가 어느 정도 되었느냐에 따라 다음과 같이 세 가지 유형으로 분류할 수 있다.

> (1) ㄱ. 발음이나 뜻이 다 외국어의 모습 그대로인 외국어.
> 例. 컴퓨터, 인터넷, 웹, 네트워크, 베이식, 클리닉, 클렌징, 샴푸, 린스 등.
> ㄴ. 발음이나 형태 등이 한국어처럼 변화한 모습이 있는 단계의 말인 차용어.
> 例. 라디오, 모델, 아나운서, 넥타이, 와이셔츠, 바나나, 피자 등.
> ㄷ. 외국어라는 특징을 잃어버리고 한국어 사회에서 고유어와 다름없는 것으로 인식되어 쓰이는 말.

例. '성냥, 담배, 남포, 고무, 구두' 등의 일부 외래어.

위의 세 가지 유형의 외래어가 보여 주듯이, 외래어는 그 유형에 따라 한
국어화의 정도에 차이가 있게 마련이다. 즉, '담배, 남포, 고무, 구두' 등과
같이 외래어라는 의식조차도 없을 정도로 한국어화 정도가 심한 것이 있는
가 하면, '아나운서, 넥타이, 바나나' 등처럼 외국에서 들어온 것이라는 의
식이 남아 있는 것, '컴퓨터, 네트워크, 베이식' 등처럼 발음이나 뜻이 외국
어의 모습 그대로 남아 있는 것 등이 그것이다.

한국어 외래어의 유입 경로 또한 몇 가지로 나누어 생각해 볼 수 있다.
가장 일반적이면서 보편적인 방법은 외국으로부터 직접 받아들이는 방식이
라고 할 수 있으며, 그다음으로는 일본을 통해 들어온 것,1) 마지막으로는
외국어를 재료로 해서 스스로 만들어 내는 방식 등이 있다.

한국어 외래어들 가운데 일본을 통해 들어온 외래어가 많은 것은 한때
서양 문물의 통로가 주로 일본이었던 데 그 원인이 있다. 다음 어휘들이 바
로 그러한 예들인데, 주로 영어에서 유래된 이러한 외래어들이 원어와는 상
당히 다른 모습으로 차용되었거나, 영어를 재료로 일본에서 만들어진 어휘
들이 상당히 많다는 사실을 확인할 수가 있다.

(2) 잠바 ← jumper
    *마후라 ← muffler
    돈가스 ← pork cutlet
    *애프터서비스 ← after sale service

---

1) 외래어를 수용하는 방식은 받아들이는 통로가 직접적이냐 간접적이냐에 따라 직접 차용과
   간접 차용으로 나뉜다. 원어로부터 직접 받아들이는 경우를 직접 차용, 다른 언어를 한번
   거쳐서 받아들이는 경우를 간접 차용이라고 하는데, 한국어의 경우 개화기 이전에는 주로
   중국을 통해서, 개화기 이후 해방 이전까지는 일본을 통해서 차용이 이루어졌다. 그러나 해
   방 이후에도 상당수의 외래어가 일본을 통해서 간접 차용된 예가 많은데, 그것은 두 나라
   사이의 문화접촉이 그만큼 활발하기 때문이라고 할 수 있다.

　　*비치파라솔 ← beach umbrella
　　블라인드 ← window shade
　　커닝 ← cheating
　　*데커레이션 케이크 ← fancy cake
　　마니아 ← maniac
　　믹서 ← blender
　　*네임 밸류 ← well-known name
　　샐러리맨 ← salaried worker
　　탤런트 ← TV personality
　　비닐하우스 ← plastic greenhouse

　일본에서 들어온 외래어들 외에, 한국인들 스스로가 외국어를 재료로 해서 만들어 낸 외래어들도 적지 않다. 다음 예들이 바로 그러한 것들이다.

　　(3) 더치페이 ← Let's go Dutch/Let's share
　　러닝셔츠 ← undershirt
　　*마이카(my car) ← a private car
　　밀크커피 ← coffee and milk
　　바바리코트 ← trench coat
　　사이드브레이크 ← emergency brake
　　오토바이 ← motor cycle
　　홈드레스 ← house dress
　　백미러 ← rear view mirror
　　핸드폰 ← cellular phone

　그렇다면 이러한 외래어들은 어떠한 언어학적 특성을 지니고 있을까? 외래어는 다음과 같은 세 가지 특성이 있다고 할 수 있다.

　첫째, 외래어는 원래의 원어에서 지녔던 특징을 잃어버리고 새 언어의 체계와 구조에 맞게 음운이나 형태가 동화되는 경향이 있다. 외래어가 음운론적 측면에서 한국어에 동화된다는 사실은 외국어 본래의 발음이 그대로 유지되지 못하고, 한국어에 들어오면서 한국어의 음운적 특징을 띠게 된다는 것이다. 예컨대, 다음 예에서처럼 영어의 유성자음들이 한국어에 들어와서 흔히 된소리로 인식되는 것도 한국어 장애음 체계에는 유성음이 없기 때문에 나타나는 현상이다.

> (4) bus → 버스
> banana → *빠나나
> gum → 껌
> jazz → *째즈

또한, 영어에서는 분명히 구별되는 /p/, /f/가 한국어에서는 구별되지 않기 때문에, 일반인들이 두 소리를 비슷하게 받아들임으로써 대부분 [p]로 인식하게 되는 것도 바로 그러한 이유에서이다. 그 밖에 장단이나 강세, 성조와 같은 운율적 자질도 한국어에 들어오게 되면, 원래 외국어의 모습을 잃어버리는 일도 흔히 있는 일이다. 그러나 이러한 경향이 반드시 성립하는 것은 아니어서 한국어 외래어들은 두음 법칙이 적용되지 않는다는 특징이 나타나기도 한다. 한국어에서 '리, 뉴' 등은 단어의 첫머리에 올 적에 '이, 유'로 발음되나 외래어는 그렇지 않다. '리듬, 뉴스'와 같은 외래어가 이를 잘 보여 준다. 이와 같이, 한국어 음운 체계에 존재하지 않던 어두의 'ㄹ'가 외래어 때문에 생겨나게 된 것은 외래어가 한국어에 음운론적으로 영향을 미친 예라고 할 것이다.

외래어가 새 언어의 형태적 특성에 동화되는 경향이 있음을 보여 주는 예로는 외래어의 동사나 형용사가 한국어에 들어와 사용되는 경우에, 한국어 접미사 '-하다'가 결합하여 쓰이는 경우가 많다는 것이다. '스마트(smart)하다, 젠틀(gentle)하다, 슬림(slim)하다, 쿨(cool)하다' 등과 함께 명사에 연결되어 사용되는 '데이트(date)하다, 테스트(test)하다, 아이러니(irony)하다, 미스터리(mystery)하다' 등이 바로 그러한 예이다.

둘째, 외래어는 접사로 쓰이는 경우가 아주 드물다는 것이다. '슈퍼 (super)-', '노(no)-' 등이 접두사처럼 쓰인다든지, '-텔(tel)', '-맨(man)' 등이 접미사처럼 쓰이는 사례가 없는 것은 아니지만, 이는 외래어에서 특이한 경우일 뿐만 아니라 아직 온전한 접사라고 하기는 어렵다.

셋째, 외래어는 그 어형이 불안정하다는 것이다. 외래어는 한국어에 수용되는 과정이 단일하지 않고 소리의 변화가 고유어나 한자어에 비해 빠르며, 또 외래어의 기원이 되는 외국어의 음운 체계가 한국어와 달라 외국어 발음에 가장 가까운 한국어가 무엇인지 통일되기 어려우므로, 그 어형이 여러 가지로 나타나는 경향이 있다. 예컨대, 프랑스어 'encore'가 '앙코르, *앙꼬르, *앙콜, *앵콜'로 나타난다든지, 영어 'badge', 'buzzer', 'chocolate', 'chance' 등이 각각 '배지, *뱃지, *뺏지'와 '버저, *부자, *부저', '초콜릿, *초콜렛, *초코렛, *쪼꼬렛', '찬스, *챈스, *챤스' 등으로 나타나는 것이 그 예이다(임동훈 1996: 42). 이와 같은 불안정성 때문에 <외래어 표기법>에서는 이미 굳어진 외래어는 굳어진 것을 인정하고, 그렇지 않은 말이거나 새로 들어오는 말은 표기법에 따라 표기하도록 규정하고 있다.

정지신호

정선기

기다리는 시간은 정지신호에 걸린 시간
이 거리엔 빨간 신호등만 켜져 있다
그리움을 띄울 공중회선은 초만원이다
비는 내리고 어둠 속에서 빛나던 별 하나
무심히 돌아섰던 발길이 오늘 따라 후회스럽다
신호등은 언제 파란 불로 바뀔지 알 수 없다
꽃 한 송이 피우면 텅 빈 거리가 환해질까
사람들은 **빽미러**2)를 기웃거리며 비웃듯이 스쳐 지난다
그때 너는, 그건 꿈이었지만, 이쪽으로 다가왔다
눈길을 줄 수 없는 이 슬픈 만남의 순간
가슴은 뚫려 바람이 불고 먼지가 인다
예전 같지 않은 낯선 풍경이 산만하다
문들은 굳게 닫혀 출입구는 보이지 않는다
팔을 내밀고 싶지만 관절이 고통으로 삐걱거린다
방향 잃은 세상 참 많이도 변했다, 너도
내일은 미지의 그리움으로 떠오를 테지
아무래도 손을 흔들어 작별을 말해야 할까 보다
시간은 정지신호에 걸려 아직도 빨간 불이다

---

2) *빽미러 → 백미러(back mirror)

2. 외래어 표기법의 변천

한국어 외래어 표기법의 효시는 1940년 조선어학회에서 펴낸 <외래어 표기법 통일안>이다. 이 <외래어 표기법 통일안>의 총칙 조항은 1933년 조선어학회에서 펴낸 <통일안>의 제6장 내용과 대동소이하다는 점에서 개략적인 외래어 표기 원칙은 이미 1933년에 이루어졌다고 볼 수 있다.

임홍빈(1996: 28~29)에서는 문교부(1987: 13)과 국립국어연구원(1995: 115)을 참고로 <외래어 표기법>의 제정과 변천의 연혁을 체계적으로 제시한 바 있다. 그 이후에 이루어진 작업들을 보완하여 하나의 표로 정리해 보면 다음과 같다.

<표 1> 외래어 표기법의 제정과 변천의 연혁

연도	제정 내용
1933	조선어학회, <통일안>의 한 항목으로 외래어 표기 방법 규정.
1940	조선어학회, <외래어 표기법 통일안> 제정.
1948	문교부 학술용어 제정위원회, <들온말 적는 법>(외래어 표기법) 제정.
1958	문교부 국어심의위원회, <로마자의 한글화 표기법> 제정.
1959	편수 자료 제1집, 제2집 발간. • 제1집: <로마자의 한글화 표기법>및 일부 세칙, 표기 예 제시. • 제2집: 외국 지명 표기 세칙 제시.
1960	편수 자료 제3집 발간. 영어, 독일어, 프랑스어, 이탈리아어, 일본어, 중국어 표기 방법 제시.
1963	편수 자료 제4집 발간. 인명, 지명 표기 세칙 보완, 중국어 및 일본어 표기 일람표 제시.
1972	편수 자료 제3, 4, 5, 6집 합본 발행.
1979	문교부, <외래어 표기법안>
1983	학술원, <외래어 표기법 개정안>

연도	제정 내용
1986	[문교부 고시 제85-11호] <외래어 표기법> 제정. 국어연구소, '외래어 표기 용례집', 인명·지명 편 발간.
1988	국어연구소, <외래어 표기 용례집>, 일반 용어 편 발간
1992	[문화부 고시 제1992-31호](1992년 11월 27일) 동구권의 폴란드어, 세르보크로아트어, 루마니아어, 헝가리어 자모와 한글 대조표 제시.
1993	국립국어연구원, <외래어 표기 용례집>(동구권 인명·지명 편) 발간.
1995	[문화체육부 고시 제1995-8호](1995년 3월 16일) 북구권의 스웨덴어, 노르웨이어, 덴마크어 자모와 한글 대조표 및 표기 세칙 제시. 국립국어연구원, <외래어 표기 용례집>(북구권 인명·지명 편) 발간.
1998	정부언론외래어심의 공동위원회(제1차 ~ 제25차 결정), <외래어 표기 용례집> 발간.
2004	[문화관광부 고시 제2004-11 호](2004년 12월 20일) <동남아시아 3개 언어 외래어 표기 용례집>
2005	[문화관광부 고시 제2005-32 호](2005년 12월 28일) <외래어 표기 용례집>(포르투갈어, 네덜란드어, 러시아어)

<표 1>에서 확인된 바와 같이, 1933년에 외래어 표기 방법이 규정되고, 1940년에 이르러 최초의 외래어 표기법이 제정된 이래, 한국어 외래어 표기법은 상당한 변모와 보완을 거듭해 왔다. 우선, 1933년, 조선어학회에 의해 규정된 외래어 표기 방법은 <통일안>의 제6장에 제시되어 있다. 그 내용은 "새 문자나 부호를 쓰지 아니하며, 표음주의를 취한다."라는 것이었다. 이는 외래어 표기의 대원칙을 밝힌 것으로, 후술하게 되는 바와 같이, 현행 <외래어 표기법>의 대원칙에서도 그대로 유지된다는 점에서 그 의의가 적지 않다고 할 수 있다.

그다음으로 나온 것이 1940년, 조선어학회에 의해 제정된 <외래어 표기

법 통일안>이다. 이<외래어 표기법 통일안>은 1931년부터 9년 동안의 준비 기간을 거쳐서 이루어진 것으로, 1938년에 시안 작성을 완료하고 나서 2년여의 시험 적용 기간을 거친 후에 확정되었다. 이는 실제적인 의미에서 한국 최초의 본격적인 외래어 표기법이라고 할 수 있는 것이다.

<외래어 표기법 통일안>의 내용은 총칙과 세칙 및 부록으로 이루어져 있다. '부록'에서는 '국어음 표기법, 조선어음 라마자 표기법, 조선어음 만국음성기호 표기법' 등을 담고 있는데, 여기에서 말하는 '국어음 표기법'이란 일본어를 한글로 표기하는 방법을 의미한다.

본문의 '총칙'에서는 외래어 표기법의 대원칙을, '세칙'에서는 자음과 모음의 표기 및 몇몇 특수한 표기 사례를 제시하고 있다. 먼저, '총칙'에 제시된 외래어 표기법의 원칙을 살펴보면 다음과 같다.

<표 2> <외래어 표기법 통일안>(1940)의 총칙

1. 외래어를 한글로 표기함에는 원어의 철자나 어법적 형태의 어떠함을 묻지 아니하고, 모두 표음주의로 하되, 현재 사용하는 한글의 자모와 자형만으로써 적는다.
2. 표음은 원어의 발음을 정확히 표시한 만국음성기호를 표준으로 하여 아래의 대조표에 의하여 적음을 원칙으로 한다.

이와 같은 '총칙'의 내용을 토대로 <외래어 표기법 통일안>(1940)의 특징을 정리해 보면 다음과 같은 사실들을 추출해 볼 수 있다.[3]

    (5) ㄱ. 외래어의 표기는 표음주의를 택하되, 한글 자모나 자형만으로 표기가 이루어졌다.
       ㄴ. 파열음의 무성음과 유성음을 한글 자모로는 모두 예사소리 글자

---

3) 임홍빈(1996: 31) 참조.

로 적었다.

　ㄷ. 된소리 글자의 사용을 금한 것은 아니나, 그 예시어가 특이한 언어
　　에 국한되어 실제로 된소리 글자를 쓰는 일이 극히 드물게 되었다.

여기에서 우리는 한국어 외래어 표기법의 전통은 형태주의가 아닌 표음
주의라는 것, 파열음의 유·무성을 구별하지 않았다는 것, 된소리 표기의
예가 극히 드물었다는 것 등을 알 수 있다.

<외래어 표기법 통일안>(1940)에 이어, 1948년 문교부의 학술용어 제정
위원회의 제20 분과 언어과학위원회에서 제정 공포한 <들온말의 적는
법>(외래어 표기법)은 해방 이후에 이루어진 대한민국 정부의 첫 번째 외래
어 표기법이다. 이 <들온말의 적는 법>은 이전에 이루어진 외래어 표기법
의 기본 원칙들을 정면으로 거부한 것이라는 데 가장 큰 특징이 있다. 즉,
기존의 외래어 표기법의 기본 원칙이 한글 자모만으로 표기하는 방식을 택
하고, 파열음의 유·무성을 구별하지 않고 유성음을 평음으로 기술하였던
것과는 달리, 외래어 표기를 위한 옛 한글 자모의 부활과 함께, 파열음의
유성음은 된소리로 표기하는 방식을 택하였던 것이다. 다음은 이 외래어 표
기법에서 다시 부활시켰거나 새로 제정한 한글 자모와 외래어 자모의 대응
을 제시한 것이다.

　(6) ㄱ. △: z, ʒ
　　　ㅸ: β
　　　ㆄ: f, v
　　ㄴ. ㄹㄹ : l, ʎ

주지하는 바와 같이, (6ㄱ)의 자모들은 훈민정음 창제 이후 일정한 기간
동안 사용되다가 그 음가의 소멸과 함께 사용되지 않은 자모의 예이고, (6
ㄴ)의 'ㄹㄹ'은 설측음 'l'과 구개음화 환경에서 나타나는 'ㄹ'의 구개 변이

음 'ʃ'의 표기를 위하여 새롭게 만든 글자이다. 이와 같은 조처는 한글을 하나의 음성 기호로 쓰려는 시도였던 셈인데, 바로 이와 같은 점에서 이 표기법은 일반의 호응을 받지 못하고, 새로운 로마자 표기법의 제정을 필요로 하였다.

한편, 이 시기의 외래어 표기법의 세칙 가운데 특기할 만한 내용으로는 장모음의 표기를 들 수 있다. 이는 "홀소리에 긴소리 표(長音符 :)가 붙은 것은 그 홀소리를 하나 더 달아 적는다."라는 원칙에 따른 것이다. 다음이 그러한 예이다.

(7) mark	[maːk]	마악
chorus	[koːrəs]	코오러스
George	[dʒɔːdʒ]	쬬오지
chewinggum	[ʧuːiŋɡʌm]	츄우잉검

이와 같이, 1948년에 이루어진 <들온말의 적는 법>에서 장모음을 표기하기로 되어 있는 것은 문교부(1979)의 <외래어 표기법안>에 이르러 장모음 표기를 하지 않기로 규정하기 전까지 오랜 전통을 이루어 왔다는 데 그 의의가 있다.

1958년 9월 30일, 국어심의위원회의 결정을 거쳐 1959년에 공표한 <로마자의 한글화 표기법>은 한국 정부에 의해 정식으로 공표된 두 번째 로마자 표기법이다. 이 <로마자의 한글화 표기법>은 제목 자체가 암시하듯이, 외래어 표기를 로마자의 한글화로 인식하였다는 문제점을 안고 있다. 그러나 여기에 제시된 표기의 기본 원칙을 살펴보면, 조선어학회(1941)를 계승한 것으로, 20년 이상이나 그 생명을 유지하면서 한국어 외래어 표기법의 오랜 전통을 이루어 왔다는 사실에 주목해야 한다. 우선, 기본 원칙부터 살펴보기로 하겠다.

<표 3> <로마자의 한글화 표기법>(1958)의 기본 원칙

1. 외래어의 표기에는 한글 정자법(正字法)에 따른 현용 24자만을 쓴다.
2. 외래어의 1 음운은 원칙적으로 1 기호로 표기한다. 곧, 이음(異音, allophone)이 여럿 있을 경우라도 주음(主音, principal member)만을 표기함을 원칙으로 한다.
3. 받침은 파열음에서는 'ㅂ, ㅅ, ㄱ'
   비음에서는   'ㅁ, ㄴ, ㅇ'
   유음에서는   'ㄹ'만을 쓴다.
4. 영어, 미어(美語)가 서로 달리 발음될 경우에는 그것을 구별하여 적는다.
5. 이미 관용된 외래어는 관용대로 표기한다.

위의 원칙들을 살펴보면 1948년에 이루어진 로마자 표기의 원칙과는 다른 방식을 택하고 있음을 알 수 있다. 첫째 원칙은 1948년의 표기법과는 달리, 다시 현행 한글 자모 24자만을 쓰기로 하였음을 제시한 것이다. 둘째 원칙은 지나친 음성적 표기의 부작용을 막기 위한 조치로 일정한 음운의 이음들을 각기 상이한 문자로 대응시키기보다는 음운을 단위로 표기하는 방식을 택한 것임을 알 수 있다.

<로마자의 한글화 표기법>의 셋째 원칙은 외래어의 받침을 표기하는 데 7개의 자음만을 적기로 했다는 것이다. 이와 같은 원칙은 현행 <외래어 표기법>에서도 그대로 유지되고 있는바, 상세한 것은 나중에 기술하기로 하겠다.

<로마자의 한글화 표기법>의 넷째 원칙은 영국식 영어 발음과 미국식 영어 발음을 구별하여 적기로 한 것을 말하여 주는 것이다. 이는 현행 <외래어 표기법>에서는 영국식 영어 발음만을 표준 발음으로 채택하고 있는 것과는 대조되는 것이다.

1958년에 마련된 외래어 표기법은 외래어 표기에 관한 보다 세부적이며 구체적인 사항에 대한 규정이 마련되어 있지 않았던 까닭에, 1959년부터 1963년까지 모두 네 차례에 걸쳐 미비점을 수정·보완하기에 이르렀고, 그 결과는 모두 6집의 편수 자료로 종합되기에 이른다. 문교부(1959가)에 의해서는 '관용된 외래어' 표기에 관한 몇 가지 기준이 마련되었고, 문교부(1959나)에 의해서는 외국 지명의 한글 표기 세칙이, 문교부(1960)에 의해서는 영어, 독일어, 프랑스어, 이탈리아어, 일본어 표기 세칙과 중국음의 한글화 세칙이 각각 마련되었다. 또한, 문교부(1963)에 의해서는 인명과 지명 표기의 원칙이 세워지게 되었다(임홍빈 1996: 34).

그러나 문교부(1958)과 그 이후에 편찬된 편수 자료들의 세부 규정들 사이에 여러 가지 모순점과 미비점이 드러나게 되는바, 이를 수정·보완하려는 작업이 문교부(1979)의 <외래어 표기법안>에 의해 이루어지게 되었다. 이 <외래어 표기법안>은 다음과 같은 네 가지 특징이 있다.

첫째, 동일 모음을 거듭 적기로 되어 있던 그동안의 장모음 표기 방식을 버리고 장모음을 따로 적지 않는 방식을 택하였다. 따라서 'team'은 '티임'이 아니라, '팀'으로 표기하게 되었다.

둘째, 이중 모음 [ou]의 표기는 현실 발음을 고려하여 '오우'가 아니라 '오'로 적기로 하였다. 그리하여 'boat'는 '보우트'가 아니라 '보트'로 표기하게 된다.

셋째, 일본어의 'か', 'た'는 어두와 비어두를 구별하여 어두에서는 '가', '다'로, 비어두에서는 '카', '타'로 적기로 하였다. 따라서 'タナカ'는 '타나카'가 아닌 '다나카'로 표기하게 된다.

문교부(1979)에 이어 또 한번의 외래어 표기법 개정이 이루어지게 되었던바, 파열음 표기 문제를 다시 규정하는 데 그 초점이 놓여 있다고 할 수 있는 학술원(1983)이 그것이다. 즉, 문교부(1979)에서는 파열음의 유·무성을 구별하지 않았던 것과는 달리, 학술원(1983)의 <외래어 표기법 개정안>에서는 무성 파열음과 유성 파열음을 구별하여 적기로 규정한 것이다. 예컨대, 'zigzag'를 표기하는 방법의 경우, 문교부(1979)에서는 '지그잭'으로 표기하였던 것과는 달리, 학술원(1983)에서는 어말의 유성 파열음은 '으'를 붙여 적기로 함으로써, '지그재그'로 표기하고 있는데, 이는 현행 <외래어 표기법>에서도 그대로 유지되고 있는 특성이다.

현행 <외래어 표기법>은 1986년 아시안 게임 및 1988년 올림픽 개최를 앞두게 되면서 인명, 지명 등의 외래어 표기법을 정비해야 한다는 필요성이 제기되면서 마련된 것이다. 이에 대해서는 다음 절에서 상세히 다루기로 하겠다.

철길

김정환

철길이 철길인 것은
만날 수 없음이
당장은, 이리도 끈질기다는 뜻이다.
단단한 무쇳덩어리가 이만큼 견뎌오도록
비는 항상 촉촉이 내려
철길의 들끓어 오름을 적셔주었다.
무너져 내리지 못하고
철길이 철길로 버텨온 것은
그 위를 밟고 지나간 사람들의
희망이, 그만큼 어깨를 짓누르는
답답한 것이었다는 뜻이다.
철길이 나서, 사람들이 어디론가 찾아 나서기 시작한 것은 아니다.
내리깔려진 버팀목으로, 양편으로 갈라져
남해안까지, 휴전선까지 달려가는 철길은
다시 끼리끼리 갈라져 한강교를 건너면서
인천 방면으로, 그리고 수원 방면으로 떠난다.
아직 **플랫포옴**4)에 머문 내 발길 앞에서
철길은 희망이 항상 그랬던 것처럼
끈질기고, 길고, 거무튀튀하다.
철길이 철길인 것은
길고 긴 먼 날 후 어드메쯤에서
다시 만날 수 있으리라는 희망을

---

4) '*플랫포옴'은 '플랫폼'(platform[plǽtfɔːrm])'의 잘못된 외래어 표기이다. 현행 <외래어 표기법>에서는 모음의 장음을 표기하지 않는다는 원칙을 갖고 있으므로, '*플랫포옴'은 '플랫폼'으로 적어야 올바른 표기이다.

우리가 아직 내팽개치지 못했다는 뜻이다.
어느 때 어느 곳에서나
길이 이토록 머나먼 것은
그 이전의, 떠남이
그토록 절실했다는 뜻이다.
만남은 길보다 먼저 준비되고 있었다.
아직 떠나지 못한 내 발목에까지 다가와
어느새 철길은
가슴에 여러 갈래의 채찍 자욱이 된다.

3. 현행 <외래어 표기법>의 원칙

현행 <외래어 표기법>은 '문교부 고시 제85-11'에 의해 1986년 1월 7일에 고시된 <외래어 표기법>을 근간으로 그 이후에 여러 언어의 표기 세칙을 보강한 것이다. 먼저 그 구성 체제부터 제시하면 다음과 같다.

<표 4> 현행 <외래어 표기법>의 구성 체제

제1장 표기의 기본 원칙
제2장 표기 일람표
제3장 표기 세칙
　제1절 영어의 표기
　제2절 독일어의 표기
　제3절 프랑스어의 표기
　제4절 에스파냐어의 표기
　제5절 이탈리아어의 표기
　제6절 일본어의 표기
　제7절 중국어의 표기
　제8절 폴란드어의 표기
　제9절 체코어의 표기
　제10절 세르보크로아트어의 표기
　제11절 루마니아어의 표기
　제12절 헝가리어의 표기
　제13절 스웨덴어의 표기
　제14절 노르웨이어의 표기
　제15절 덴마크어의 표기
　제16절 말레이인도네시아어의 표기
　제17절 타이어의 표기
　제18절 베트남어의 표기
　제19절 포르투갈어의 표기

위의 <표 4>를 통하여 알 수 있는 바와 같이, 현행 <외래어 표기법>은 모두 4장으로 이루어져 있다. 제1장에서는 외래어 표기의 기본 원칙을 제시하고 있으며, 제2장에서는 외래어는 제1장에서 제시된 기본 원칙을 지키되, 국제 음성 기호(IPA)와 한글 대조표에 따라 표기되어야 한다는 구체적 지침으로서 외래어 표기 일람을 제시하고 있다. 그러나 이와 같은 일괄적인 표기 일람만으로는 개별 언어의 특수성들을 모두 고려하기가 어려우므로, 각 언어의 특수성을 살리기 위한 세부 규정이 필요하다고 할 수 있는데, 이에 대해 제시하고 있는 것이 제3장의 표기 세칙이다. 마지막으로, 제4장은 외국의 인명이나 지명이 고유명사이기 때문에 생겨나는 여러 가지 문제들에 대한 표기 기준을 제시하기 위한 것이다. 이와 같은 체제로 이루어진 현행 <외래어 표기법>의 표기 원칙이 무엇인가는 제1장을 통하여 파악할 수 있다.

<표 5> 외래어 표기의 기본 원칙

제1항	외래어는 국어의 현용 24 자모만으로 적는다.
제2항	외래어의 1 음운은 원칙적으로 1 기호로 적는다.
제3항	받침에는 'ㄱ, ㄴ, ㄹ, ㅁ, ㅂ, ㅅ, ㅇ'만을 적는다.
제4항	파열음 표기에는 된소리를 쓰지 않는 것을 원칙으로 한다.
제5항	이미 굳어진 외래어는 관용을 존중하되, 그 범위와 용례는 따로 정한다.

이러한 기본 원칙들 가운데 '제1항'은 외래어 표기를 위하여 한국어의 현용 24 자모 외에 특별한 글자나 기호를 만들 필요가 없음을 규정한 것이다. 주지하는 바와 같이, 외래어도 엄연히 한국어의 한 가지이다. 이러한 사실에 비추어 본다면, 한국어를 표기하는 데 현용 자모 외의 글자나 기호를 사용하는 것은 지극히 불합리한 일이라고 할 수 있다. 따라서 새로운 기호의 제정은 불필요한 일이라고 할 것이다. 예컨대, 한국어에는 없는 /f/나 /v/ 등의 표기를 위하여 제기되었던 것이 'ㆄ, ㅸ'와 같은 문자인데, 이와 같은 표기는 일반인들에게는 매우 생소할 뿐만 아니라, 원음을 발음하는 데도 별로 도움이 되지 못하는 것이다.

기본 원칙 '제2항'은 고유어나 한자어의 표기가 하나의 음운에 대하여 하나의 기호로 나타내는 것과 마찬가지로, 외래어도 하나의 음운에 대하여 하나의 기호로 나타내는 것이 바람직하다는 것이다. 또한, 이 규정은 외래어의 1 음운을 1 기호로 적어야 기억과 표기가 용이하다는 점도 고려된 것이다. 그러나 이 규정에 '원칙적으로'라는 단서가 암시하듯이, 외국어의 1 음운이 그 음성 환경에 따라 한국어의 여러 소리에 대응되는 경우에는, 불가피하게 달리 표기되는 경우도 있다. 영어 단어 'print', 'pulp', 'gap' 등의 예에서, 'p'는 각각 'ㅍ, 프, ㅂ'으로 표기되는 것이 그러한 예이다.

외래어의 받침으로 'ㄱ, ㄴ, ㄹ, ㅁ, ㅂ, ㅅ, ㅇ'만을 적기로 한 기본 원칙 '제3항'은 매우 특기할 만한 것이다. <한글 맞춤법> 제4항 붙임 2에 따르면, 고유어나 한자어의 받침을 표기하는 데는 27개의 받침이 다 쓰이게 된다. 따라서 외래어의 받침으로, 'ㄱ, ㄴ, ㄹ, ㅁ, ㅂ, ㅅ, ㅇ'만을 쓰기로 한 것은 고유어의 그것과 비교해 볼 때 큰 차이가 있는 것이다. 이와 같이, 외래어가 특수하게 취급되는 것은 외래어는 고유어와는 달리 그다음에 강한 경계가 놓인 것처럼 인식되는 현상을 반영한 것이다. 주지하는 바와 같이, 고유어나 한자어에서 음절 말 위치의 한국어 자음들은 휴지나 자음 앞에서

중화되어 /ㄱ, ㄴ, ㄷ, ㄹ, ㅁ, ㅂ, ㅇ/ 등 7개 음운으로만 실현된다. 외래어
의 받침으로 7개의 자음만을 사용하기로 한 것도 바로 이와 같은 한국어의
음절 말 자음 체계와 관련이 있는 것이다. 다만, 한국어 음절 말 자음 체계
에 들어 있는 'ㄷ' 대신 외래어 표기법에서 'ㅅ'을 택하게 된 것은, 예컨대
영어 단어 'diskette'의 경우, 휴지나 자음 앞, 곧 음절 말 위치에서는 [디스
켇]으로 발음이 되지만, '이, 을, 에' 등과 같이, 모음으로 시작하는 조사 앞
에서는 [디스케시], [디스케슬], [디스케세] 등과 같이 발음되므로, 원래의
모양이 [디스켇]이 아닌 [디스켓]이라고 할 수 있기 때문이다. 이와 같은 사
실에 비추어 볼 때, 외래어의 받침으로 'ㄱ, ㄴ, ㄹ, ㅁ, ㅂ, ㅅ, ㅇ' 등 일곱
개 자모 이외의 받침을 쓰는 것은 잘못된 표기임을 알 수 있다. 흔히 발견
되는 예를 몇 가지 제시하고, 그 오류를 바로잡으면 다음과 같다.

(8) ㄱ. coffee shop   *커피숖   →   커피숍
      flower shop   *플라워숖   →   플라워 숍
      workshop   *워크숖   →   워크숍
      hair shop   *헤어숖   →   헤어숍
   ㄴ. supermarket   *슈퍼마켙   →   슈퍼마켓
      diskette   *디스켙   →   디스켓

<외래어 표기법>의 기본 원칙 '제4항'은 성의 대립, 곧 유성음과 무성음
의 대립이 있는 외국어를 한글로 표기할 때 유성 파열음([b], [d], [g])은 평음
([ㅂ], [ㄷ], [ㄱ])으로, 무성 파열음([p], [t], [k])은 유기음([ㅍ], [ㅌ], [ㅋ])으로 적
어야 하므로, 외국어의 파열음들을 경음([ㅃ], [ㄸ], [ㄲ])으로 적어서는 안 된
다는 규정이다. 이러한 규정에 따라 예컨대, 다음 단어들과 같이 분명히 된
소리로 발음되는 단어의 경우에도 평음 또는 유기음으로 적어야 하는 경우
가 생겨나게 되었다.

(9) gas   *[까스]   →   가스
    gang   *[깽]   →   갱
    gown   *[까운]   →   가운
    dam   *[땜]   →   댐
    dollar   *[딸러]   →   달러
    bus   *[뻐스]   →   버스
    summer   *[써머]   →   서머

(10) Paris   *[빠리]   →   파리
    café   *[까페]   →   카페
    atelier   *[아뜰리에]   →   아틀리에
    conte   *[꽁트]   →   콩트
    cognac   *[꼬냑]   →   코냑
    pierrot   *[삐에로]   →   피에로
    トウキョウ   *[도꾜]   →   도쿄
    オオサカ   *[오사까]   →   오사카
    ニイガタ   *[니가따]   →   니가타

　위의 예들 가운데 (9)는 영어의 유성 파열음이 한국어 화자들에게 된소리
로 인식됨에도 불구하고 평음으로 적은 예이다. 또한 (10)은 일본어나 프랑
스어 등의 단어들에서 나타나는 무성 파열음이 분명히 경음으로 인식됨에
도 불구하고 유기음으로 적고 있음을 보여 주는 예이다. 이와 같은 언어적
사실 때문에 외래어 표기법이 실제 언어 현실과 거리가 멀다는 지적도 많
다. 그럼에도 불구하고, 현행 <외래어 표기법>에서 파열음 표기에 된소리
를 쓰지 않는 것은 각 언어의 음운상의 특징을 정확히 파악하기가 쉽지 않
을 뿐더러, 그 음운상의 특징을 정확히 파악했다고 하더라도 그 특징에 따
라 된소리와 거센소리를 구별해 적는 것이 복잡하고 체계성이 없으므로 경
제적이고 일관된 원칙을 고수하고 있는 것이라고 할 것이다.5)

---

5) 그러나 언어에 따라서는 한국어와 마찬가지로 파열음이 세 가지 계열의 대립을 보이기도

물론, 파열음 표기에서 된소리를 쓰는 예외가 없지는 않다. '삐라(bill)', '껌(gum)', '빨치산(러. partizan)' 등이 그러한 예에 해당한다. 이 말들은 원칙대로 하자면, '비라', '검', '팔치산'이 되어야 하지만, 된소리로 굳어졌기 때문에 된소리로 표기하는 것이다. 그러나 이들 외에 '버스', '가스', '가운', '댐' 등은 각각 '뻐스', '까스', '까운', '땜'으로 발음되더라도 된소리로 써서는 안 되는 것이 원칙이다.

파열음의 표기에 된소리 사용을 피한다는 <외래어 표기법>의 기본 원칙 '제4항'의 규정은 실제로 파열음뿐만 아니라, 파찰음이나 마찰음의 표기에도 적용되는 것이 특징이다. 따라서 음운상으로는 된소리에 다소 가까운 독일어나 러시아어의 파찰음도 거센소리로 표기되며, 영어에서 들어온 일부 외래어의 마찰음도 된소리에 가깝지만 평음으로 표기하게 된다. 다음이 그러한 예들이다.

(11) service   *[써비스]   →   서비스
      sonata   *[쏘나타]   →   소나타
      second   *[쎄컨드]   →   세컨드
      symphony   *[씸포니]   →   심포니
      centimeter   *[쎈티미터] →   센티미터
      census   *[쎈서스]   →   센서스
      circle   *[써클]   →   서클
      show   *[쑈]   →   쇼
      sound   *[싸운드]   →   사운드
      sales   *[쎄일즈]   →   세일즈

하는데, 여기에 해당하는 언어가 동남아시아의 태국어와 베트남어이다. 이와 같은 언어적 사실을 감안하여, 2004년에 고시된 <동남아시아 3개 언어 외래어 표기 용례집>에서는 두 언어의 된소리 표기를 허용하게 되었다. 그 결과, 종래에 '푸케트, 호치민, 파타니' 등으로 표기해 오던 지명들도 '푸껫(Phuket)', '호찌민'(Ho Chi Minh) '빠따니(Pattani)'로 표기하게 되었다. 다만, 동남아시아의 세 언어 가운데 말레이인도네시아어의 경우는 된소리 계열이 존재하지 않으므로, 종전의 표기 원칙 그대로 된소리를 표기하지 않는다.

　마지막으로, <외래어 표기법> 제1장 5항은 "이미 굳어진 외래어는 관용을 존중하되, 그 범위와 용례는 따로 정한다."라고 되어 있다. 외래어는 그 차용 경로가 다양하다. '카메라, 모델' 등은 그 철자를 그대로 읽어서 차용된 것이고 '펨프(pimp)' 등은 귀로 들어서 차용된 것이며, '후앙(fan)'은 일본을 통해 간접 차용된 것이다. 이와 같이 다양한 경로를 통해 들어온 외래어를 어떤 특정한 원칙만으로 표기하는 것은 무리이다. 예컨대, 영어 'type'에서 들어온 외래어를 영어의 표기 세칙에 따라 일률적으로 '타이프'로 적을 수는 없는 노릇이다. 이 말이 유형이란 뜻으로 쓰일 때에는 '타입'으로 적고 타자(打字)를 친다는 뜻으로 쓰일 때에는 '타이프'로 적는 것이 관용이기 때문이다. 이처럼 그 기원과 수용 경로가 다양하고, 또 같은 단어라도 사용되는 분야에 따라 달리 발음되는 경우가 적지 않은 외래어에서 특정한 규칙만을 내세워 일률적으로 표기하는 것은 언어 현실에 크게 어긋날 수 있고, 또 이미 굳어져 쓰이는 외래어의 표기를 고칠 경우 언어생활의 불편을 초래할 수 있어 관용을 존중하는 것이다.

　외래어 표기에서 관용을 존중하는 또 다른 이유는 앞서 언급한 것처럼 외래어 표기도 표준어 규정의 정신에 부합해야 하기 때문이다. 교양 있는 사람들이 두루 쓰는 현대 서울말이면 그것이 특정 원어와 한글의 대조표로 제시한 표기 규칙에 어긋난다고 하더라도 표준으로 정하는 것이 바람직한 것이다. 다만, 이 조항은 관용의 범위와 용례는 따로 정한다고만 하여 <외래어 표기법>에서 가장 중요할 수도 있는 이 부분을 소홀히 취급했다는 문제가 있으나, 그 후에 이어지는 일련의 '외래어 표기 용례집'들을 통하여 어느 정도 문제점을 해소하였다고 할 수 있다.

백수(白手)의 탄식

김기진

카페6) 의자에 걸터앉아서
희고 흰 팔을 뽐내어 가며
"우 나로드!"라고 떠들고 있는
60년 전의 러시아 청년이 눈앞에 있다….

Café Chair Revolutionist,
너희들의 손이 너무도 희구나!

희고 흰 팔을 뽐내어 가며
입으로 말하기에는 "우 나로드."
60년 전의 러시아 청년의
헛되인 탄식이 우리에게 있다.

Café Chair Revolutionist,
너희들의 손이 너무도 희구나!

너희들은 '백슈(白手)'—
가고자 하는 농민들에게는
되지도 못하는 미각(味覺)이라고는
조금도, 조금도 없다는 말이다.

---

6) 'cafe'나 'atelier'의 경우, [까페], [아뜰리에]처럼 된소리로 발음되는 것이 일반적이긴 하지만, "파열음 표기에는 된소리를 쓰지 않는 것을 원칙으로 한다."라는 외래어 표기의 기본 원칙 때문에 '카페, 아틀리에'로 각각 적어야 한다.

Café Chair Revolutionist,
너희들의 손이 너무도 희구나!

아아, 60년 전의 옛날,
러시아 청년의 '백수의 탄식'은
미각을 죽이고 내려가고자 하던
전력을 다하던, 전력을 다하던 탄식이었다.

Ah, **Café** Chair Revolutionist,
너희들의 손이 너무도 희어!

[그림 1] 보트의 '**아틀리에**'에서 그림을
그리는 모네

4. 국제 음성 기호와 한글의 대조에 의한 표기 원칙

현행 <외래어 표기법>의 원리를 파악하기 위해서는 제1장에 제시된 '외래어 표기의 기본 원칙'과 함께, 외래어 표기의 구체적 지침이라고 할 수 있는 제2장의 '표기 일람표'의 내용에 대해서도 이해해야 한다. 제2장에 제시된 일련의 '표기 일람표' 가운데 '국제 음성 기호(IPA)[7]와 한글 대조표'는 외래어를 한글로 표기하는 데 기준이 되는 것이다. 따라서 여기에서는 '국제 음성 기호(IPA)와 한글 대조표'를 제시하고, 이러한 대조표를 바탕으로 우리가 실제 생활에서 사용하고 있는 외래어 표기의 오용 사례들을 바로잡아 봄으로써 외래어 표기의 실제를 파악하고자 한다. 우선, '국제 음성 기호와 한글 대조표'를 제시하면 다음과 같다.

<표 6> 국제 음성 기호와 한글 대조표

자 음			반 모 음		모 음	
국 제 음 성 기 호	한 글		국 제 음 성 기 호	한 글	국 제 음 성 기 호	한 글
	모음 앞	자음 앞 또는 어말				
p	ㅍ	브, 프	j	이*	i	이
b	ㅂ	브	ɥ	위	y	위
t	ㅌ	ㅅ, 트	w	오, 우*	e	에

---

7) 국제음성기호(International Phonetic Alphabet, IPA)란 학생들과 언어학자들이 언어의 발음을 정확하게 배우고 표기하여, 관습적이고 일관성 없는 철자법과 다양한 음성표기 체계에서 오는 혼동을 피할 수 있도록 개발한 문자로, 오토 예스페르센이 국제음성학회의 폴 파시에게 보낸 편지에서 처음 언급되어 19세기 후반에 A.J. 엘리스, 헨리 스위트, 다니얼 존스, 파시 등이 발전시켰다.

　　IPA의 목적은 한 언어의 뚜렷한 특징이 있는 소리, 즉 한 단어와 다른 단어를 구별하는 모든 소리 또는 음소 각각에 해당하는 독특한 기호를 마련한 것이다. IPA는 주로 로마자를 쓰며 여러 문자(예를 들어 그리스 문자)에서 글자를 빌려와 로마자에 어울리도록 형태를 바꾸기도 한다. 소리의 정밀한 구분과 모음의 비음화(鼻音化), 소리의 길이·강세·억양을 나타내기 위해 구별부호를 쓰기도 한다.

자	음		반 모 음		모	음
국 제 음 성 기 호	한	글	국 제 음 성 기 호	한 글	국 제 음 성 기 호	한 글
	모음 앞	자음 앞 또는 어말				
d	ㄷ	드			ø	외
k	ㅋ	ㄱ, 크			ɛ	에
g	ㄱ	그			ɛ̃	앵
f	ㅍ	프			œ	외
v	ㅂ	브			œ̃	욍
θ	ㅅ	스			æ	애
ð	ㄷ	드			a	아
s	ㅅ	스			ɑ	아
z	ㅈ	즈			ã	앙
ʃ	시	슈, 시			ʌ	어
ʒ	ㅈ	지			ɔ	오
ts	ㅊ	츠			ɔ̃	옹
dz	ㅈ	즈			o	오
tʃ	ㅊ	치			u	우
ʤ	ㅈ	지			ə**	어
m	ㅁ	ㅁ			ə	어
n	ㄴ	ㄴ				
ɲ	니*	뉴				
ŋ	ㅇ	ㅇ				
l	ㄹ, ㄹㄹ	ㄹ				
r	ㄹ	르				
h	ㅎ	흐				
ç	ㅎ	히				
x	ㅎ	흐				

* [j], [w]의 '이'와 '오, 우', 그리고 [ɲ]의 '니'는 모음과 결합할 때 제3장 표기 세칙에 따른다.
** 독일어의 경우에는 '에', 프랑스어의 경우에는 '으'로 적는다.

이와 같은 대조표에 의거하여 실제 언어생활에서 흔히 범하는 외래어 표기

의 오용 사례로서, 발음이나 표기가 표준 규범에서 멀어져 있는 예들을 제시
해 보기로 한다. 먼저, 자음은 순치 마찰음 [f]를 후음 'ㅎ'과 대응시키는 것이
가장 두드러지게 나타나는 자음의 표기 오류라고 할 수 있다.

(12) family [fæmili]   패밀리   →   *훼미리
     french [frenʧ]   프렌치   →   *후렌치
     file [fail]   파일   →   *화일
     foil [fɔil]   포일   →   *호일
     flash [flæʃ]   플래시   →   *후래시
     foundation [faundeiʃən] 파운데이션 →   *화운데이션
     freesia [friʒiə]   프리지어   →   *후리지어
     fruit punch [fruːt pʌnʧ] 프루트펀치 →   *후르츠펀치
     fry pan [frai pæn]   프라이팬   →   *후라이팬
     fighting [faitiŋ]   파이팅   →   *화이팅
     fiber [faibər]   파이버   →   *화이버
     fantasy [fæntəzi]   판타지   →   *환타지
     front [frʌnt]   프런트   →   *후론트

마찰음 [f]의 표기 오류는 특히 상품명 등에서 많이 발견되고 있다. 그만
큼 한국인들의 일상생활에서 보편화되어 있는 현상임을 말하여 주는 것이
라고 할 것이다. 다음 예들이 바로 그러한 유형에 속하는 것들이다.

[*훼미리 쥬스]

[*후렌치 파이]

[*후라이드 치킨]

[*후르츠 펀치]

[*호일]

[그림 2] 광고에서 나타난 외래어 표기 오용 사례

이와 같은 [f]의 표기 오류는 당연히 한국어 자음 체계에 이러한 마찰음이 존재하지 않기 때문에 나타나는 현상이기도 하다. 그러나 이러한 오류의 원인이 일본식 영어 발음어의 영향이 훨씬 더 크다는 점을 고려해 본다면, [f]를 'ㅎ'과 대응시키기보다는 'ㅍ'과 대응시키는 것이 보다 바람직하다고 할 수 있을 것이다. 따라서 [그림 2]의 어휘들은 다음과 같이 바로잡아야 한다.

(13) *훼미리 쥬스　　→　패밀리 주스

　　　*후렌치 파이　　→　프렌치 파이

　　　*후라이드 치킨　→　프라이드 치킨

　　　*후르츠 펀치　　→　프루트 펀치

　　　*롯데호일　　　→　롯데 포일

[f]의 경우와 같이 체계적인 것은 아니지만, 외래어의 어원이나 발음을 잘못 이해한 데서 비롯된 자음 표기의 오류 또한 적지 않다. 다음이 그 예이다.

(14) cardigan [kɑrdigən] 카디건 → *가디건
     ankle   [æŋkl]   앵클   → *앵글
     training [treiniŋ]   트레이닝 → *츄리닝
     placard   [plækɑrd]   플래카드 → *프랑카드
     therapy   [θerəpi]   세러피   → *테라피
     croquette [krouket]   크로켓   → *고로께

[그림 3] *테라피

모음에 대해서는 비교적 체계적인 오류 유형들이 몇 가지 발견되고 있다. 그 첫 번째는 모음 [i]와 관련되는 것들이다. 다음 예를 보자.

(16) target   [tɑ:rgit]   타깃   → *타겟
     biscuit [biskit]   비스킷 → *비스켓
     message [mesidʒ]   메시지 → *메세지
     sausage [sɔ:sidʒ]   소시지 → *소세지
     barbecue [barbikju] 바비큐 → *바베큐
     comedy   [kɔmidi]   코미디 → *코메디

모음 [i]는 한글 자모 '이'와 대응시켜 표기하는 것이 올바른 표기이다. 그럼에도 불구하고 (16)의 예에서와 같이 영어 알파벳에 이끌리거나 잘못된

발음을 관행으로 삼음으로써 '에'와 대응시키고 있는 예들이 자주 발견되는바, '이'와 대응시켜 표기하도록 해야 할 것이다.

모음 [æ]와 관련되는 오류 또한 적지 않다. [æ]는 한글 자모 '애'와 대응시켜야 올바른 표기라고 할 수 있다. 그러나 철자에 이끌리거나 한글 자모 '에'와의 혼동으로 인한 오류가 적지 않게 나타나고 있다. 다음에 그 예이다.

(17) ㄱ. graph   [græf]   그래프 → *그라프
     narration [næreiʃən]   내레이션 → *나레이션
     dynamic   [dainǽmik]   다이내믹 → *다이나믹
     battery   [bǽtəri]   배터리 → *밧데리, 빳데리
     jacket   [ʤǽkìt]   재킷 → *자켓
     accessory [ǽksesəri]   액세서리 → *악세사리
     ㄴ. manual   [mǽnuəl]   매뉴얼 → *메뉴얼

위의 예들 가운데 (17ㄱ)은 철자에 이끌려 [æ]를 '아'와 대응시킨 예이고, (17ㄴ)은 한국어의 음소 체계 또는 표기 체계 안에서 자주 일어나는 혼동의 유형으로 '에'와 '애'가 잘 구별되지 않는 것 때문에 외래어의 표기에서도 이 두 가지가 잘 구별되지 않고 있는 예라고 할 수 있을 것이다. 다음 예는 (17ㄴ)과는 반대로, '에'로 적어야 할 [e] 발음을 '애'로 적고 있는 전형적인 사례들이다.

(18) penalty [penəlti]   페널티 → *패널티
     menu   [menju]   메뉴 → *매뉴

세 번째의 예로는 모음 [ʌ]나 [ə]와 관련되는 것이다. <표 6>에 제시한 국제 음성 기호와 한글 대조표에 의하면, 이러한 모음들은 한글 자모 '어'와 대응시켜야 한다. 그러나 다음 예들에서 보는 것처럼, 비교적 체계적인 표기의 오류가 흔히 발견되고 있다.

(19) ㄱ. number   [nʌmbər]   넘버   →   *남바

color   [kʌlər]   컬러   →   *칼라

front   [frʌnt]   프런트   →   *프론트

ㄴ. negative   [négətiv]   네거티브   →   *네가티브

digital   [diʤtəl]   디지털   →   *디지탈

signal   [signəl]   시그널   →   *시그날

center   [sentər]   센터   →   *센타

documentary   [dákjumentəri]   다큐멘터리   →   *다큐멘타리

mystery   [mistəri]   미스터리   →   *미스테리

propose   [prəpouz]   프러포즈   →   *프로포즈

festival   [festivəl]   페스티벌   →   *페스티발

decoration   [dekəreiʃən]   데커레이션   →   *데코레이션

dragon   [drǽgən]   드래건   →   *드래곤

symbol   [simbəl]   심벌   →   *심볼

carol   [kǽrəl]   캐럴   →   *캐롤

[그림 4] *프로포즈

위의 예에서 (19ㄱ)은 모음 [ʌ]를, (19ㄴ)은 모음 [ə]를 '아' 또는 '오'로 잘못 대응시킨 예이다. 이와 같은 오류 역시 주로 철자에 이끌린 발음 때문에 생긴 것들이라고 할 수 있다. 물론, 이 예들 가운데는 외래어의 유입 경

로와 관련하여 볼 때, 일본을 통한 간접 차용 때문에 생겨난 오류도 없지
않다. 대표적인 예로 'number'를 '*남바'로, 'center'를 '*센타'로 표기하는
것이 그에 해당하는 것들이다. 그러나 어떤 경우이든 모음 [ʌ]와 [ə]는 '어'
와 대응시키는 것이 올바른 외래어 표기법이다.

그 밖의 것으로, 철자나 잘못된 발음에 이끌린 외래어 표기의 오류 가운
데 대표적인 사례를 몇 가지 더 제시하면 다음과 같다.

(20) nonsense [nánsens] 난센스 → *넌센스
     mania   [maniə]   마니아 → *매니아

위의 예에서 보듯이, '난센스'나 '마니아'는 흔히 오류형인 '*넌센스'나
'*매니아'로 쓰이는 것이 일반적이다. 그러나 이 어휘는 '난센스', '마니아'
로 적어야 올바른 표기이다.

한편, <외래어 표기법>에서 채택하고 있는 영어의 표기는 미국식 영어 발
음을 채택하는 것이 아니라, 영국식 영어 발음을 채택하고 있다는 사실도 중
요하다. <표 7>의 예들은 우리의 <외래어 표기법>이 미국식 영어 발음 대신
영국식 영어 발음을 택하고 있다는 사실을 보여 주는 예이다.

<표 7> 영국식 영어 발음과 미국식 영어 발음 대조

어휘	영국식	미국식
complex	[kɔmpleks] 콤플렉스	[kəmpleks] 컴플렉스
compact	[kɔmpækt] 콤팩트	[kəmpækt] 컴팩트
contents	[kɔntents] 콘텐츠	[kəntents] 컨텐츠
top	[tɔp] 톱	[tɑp] 탑
stop	[stɔp] 스톱	[stɑp] 스탑
glass	[glɑs] 글라스	[glæs] 글래스
chance	[ʧɑ:ns] 찬스	[ʧæns] 챈스

그러나 한국어 외래어들 가운데는 표기 원칙이나 발음과 한글 자모의 대응을 보여 주는 일람표만으로는 그 표기 방법을 설명하기 어려운 어휘들이 적지 않다. 이러한 어휘들은 대부분 표기의 기본 원칙이나 표기 일람에서 벗어난 것으로서, 한국어에 들어와 오랫동안 사용되는 동안 예외적으로 굳어진 것들이 대부분이다. 다음이 그러한 예들이다.

(21) gas   [gæs]   *개스   →   가스
     gasoline   [gæsəliːn]   *개설린   →   가솔린
     gauze   [gɔːz]   *고즈   →   거즈
     buzzer   [bʌzə]   *부자   →   버저
     drama   [dramə]   *드라머   →   드라마
     dramatic   [drəmætik]   *드러매틱   →   드라마틱
     lesbian   [ləzbiən]   *러즈비언   →   레즈비언
     mechanism   [mekənizəm]   *메커니점   →   메커니즘
     aluminum   [əluminəm]   *얼루미넘   →   알루미늄
     amateur   [æmətʃuər]   *애머추어   →   아마추어
     chocolate   [tʃɔkəlit]   *초컬릿   →   초콜릿
     supermarket [ʃupəmὰkit]   *슈퍼마킷   →   슈퍼마켓
     navigationl [nævəgeiʃəl]   *네버게이션   →   내비게이션
     emulsion   [imʌlʃən]   *이멀션   →   에멀션
     television   [televiʒən]   *텔러비전   →   텔레비전
     total   [toutl]   *토틀   →   토털
     plastic   [plæstik]   *플래스틱   →   플라스틱
     piston   [pistən]   *피스턴   →   피스톤
     counselor   [kaunsələr]   *카운설러   →   카운슬러
     robot   [roubət]   *로벗   →   로봇
     canon   [kænən]   *캐넌   →   카논
     porta   [pɔrtl]   *포틀   →   포털

위의 예 가운데 특히 '에멀션'은 화장품 용어로 '유상액(乳狀液)'을 뜻하는 것이다. 그러나 다음 그림의 예에서와 같이 흔히 '*에멀전'으로 잘못 표기

되고 있어 주의를 요한다.

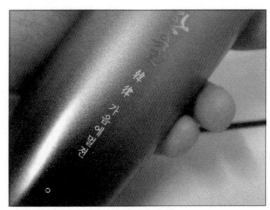

[그림 5] *에멀젼

한편, 외래어 가운데는 복수 표준어로 인정되는 사례들이 종종 있다. 원천 언어(source language)가 다르거나 둘 다를 표준어로 인정한 데서 비롯된 것들이다.

<표 8> 외래어 복수 표준어 사례

원어	표준어 1	표준어 2	비고
tonkasu(일본어) porkcutlet(영어)	돈가스	포크커틀릿	
DMZ	디엠제트	디엠지	=비무장 지대
percent(영어) procent(네덜란드)	퍼센트	프로	
zhajiangmian[炸醬麵])	자장면	짜장면	
lobster	로브스터	랍스터	=바닷가재
radar	레이더	레이다	

라디오

천상병

라디오는
일본식 발음이고
미국말로는
레디오라고 한다.

나는 **레디오**를 많이 듣는다.
왜냐하면
나는 고전음악을 좋아하기에
KBS 제1방송
FM방송만을 듣는다.

그러면 고전음악이
하루 종일 나온다.
독서할 때만 빼고
다 듣는다.

[그림 6] 각시 붓꽃

세잎승마, 꿩의 바람꽃, 얼레지, 제비동자꽃, 각시붓꽃, 가는장구채, 태백기린초, 바늘꽃……

생소한 듯하면서도 서정이 물씬 묻어나는 순수한 우리 꽃의 이름들이다. 우리 꽃이란 외국에서 들어온 외래식물과 외국에서 들어와 스스로 번식하여 토착화된 귀화식물의 반대말로 우리나라 곳곳의 자생지에서 스스로 자라난 꽃을 말한다. 놀라운 사실 하나, 봄이면 주변에서 흔히 보는 민들레는 우리 꽃이 아니라 서양민들레라고 한다. 서양민들레는 귀화식물인 것이다.

요즘 인위적으로 잘 가꿔진 식물원이 아니라 주말마다 순수한 우리 꽃을 보기 위해 자생지를 찾아 산으로 나서는 꽃 산행 인구가 늘고 있다. 지금은 생태계 관련 인터넷 동호인 모임이나 **마니아**[8]들에게 친숙한 용어로 자리 잡았지만, 꽃 산행이라는 용어가 처음 생겨난 것은 불과 10여 년밖에 되지 않는다. 그 시발점이 바로 현진오(40세) 씨다.

"등산 전문지 『사람과 산』에서 일할 때 '실버산행', '절집을 찾아다니는 산행' 등 여러 가지 테마 산행을 기획했었어요. 그러다가 자연생태계 구성원과 친해지는 산행이 없을까 궁리하다 꽃 산행을 기획하게 되었죠. 꽃 산행은 식물을 진정으로 이해하는 생태학습이라고 할 수 있습니다."

—『맥스웰 향기』 2002년 7·8월 호에서

---

8) 앞에서 지적한 대로 '마니아'(mania)란 '어떤 한 가지 일에 몹시 열중하는 사람'을 말하는데, 흔히 '매니아'로 잘못 쓰이고 있다.

5. 영어의 표기

앞에서 언급한 것처럼, 현행 <외래어 표기법> 제3장에서는 제2장의 표기 일람표만으로 해결하기 어려운 외래어의 표기를 위하여 개별 언어의 특수성을 고려한 표기 세칙을 별도로 마련해 놓고 있다. 이러한 개별 언어의 세칙들 가운데 영어 표기에 관한 세칙이 가장 상세한 편인데, 이는 국제 음성 기호에 의해 표기되는 다른 언어의 표기도 영어의 표기 세칙을 준용하도록 하여 규정의 중복을 피하려는 의도 때문이다(임동훈 1996: 154).

주지하는 바와 같이, 한국어 외래어들 가운데 가장 많은 비중을 차지하는 외래어는 역시 영어 기원 외래어라고 할 수 있다. 따라서 이 절에서는 영어의 표기 문제를 구체적으로 살펴보고, 여타 언어의 표기 문제에 대해서는 다음 절에서 몇몇 중요한 사항만을 선택적으로 살펴보기로 하겠다.

5.1. 음절 말 위치의 파열음 표기

영어 기원 외래어를 표기할 때 음절 말 위치, 곧 어말과 자음 앞에 오는 파열음의 표기는 유·무성을 구별해서 적어야 한다. 즉, 무성 파열음 '[p], [t], [k]'는 받침으로 적는 것이 일반적인 반면, 유성 파열음 '[b], [d], [g]'는 반드시 '으'를 붙여 적어야 하는 것이다. 여기에서 무성 파열음 '[p], [t], [k]'를 받침으로 적는 것이 '일반적'이라고 하는 것은 받침으로 적지 않고 유성 파열음의 경우처럼 '으'를 붙여 적어야 하는 경우도 있기 때문이다. 이를 좀 더 구체적으로 살펴보면 다음과 같다.

> (22) 음절 말 위치의 무성 파열음 표기 원칙
> ㄱ. 단모음 다음에 오는 어말 무성 파열음 '[p], [t], [k]'는 받침으로 적는다.

例. gap[gæp] 갭   cat[kæt] 캣
   book[buk] 북

ㄴ. 단모음과 유음·비음([l], [r], [m], [n]) 이외의 자음 사이에 오는
   무성 파열음 '[p], [t], [k]'는 받침으로 적는다.
   例. apt[æpt] 앱트   setback[setbæk] 셋백
      act[ækt] 액트

ㄷ. 위 경우 이외의 어말과 자음 앞의 [p], [t], [k]는 '으'를 붙여 적
   는다.
   例. stamp[stæmp] 스탬프   cape[keip] 케이프
      nest[nest] 네스트   part[pɑːt] 파트
      desk[desk] 데스크   make[meik] 메이크
      apple[æpl] 애플   mattress[mætris] 매트리스
      chipmunk[tʃipmʌŋk] 치프멍크 sickness[siknis] 시크니스

위의 예에서 알 수 있는 바와 같이, 음절 말 위치의 무성 파열음 '[p],
[t], [k]'는 단모음 다음에 올 때(ㄱ)와, 단모음과 유음과 비음을 제외한 다
른 자음 사이에 오는 경우(ㄴ)에는 받침으로 적지만, 이 두 가지 경우를 제
외한 다른 경우에는 '으'를 받쳐 적어야 한다(ㄷ). 이를 좀 더 구체적으로
이해하기 위하여 (22)에 제시한 예들 외에 우리의 일상생활에서 흔히 접하
게 되는 파열음 '[p], [t], [k]'의 표기 사례들을 제시하면 다음과 같다.

(23) ㄱ. doughnut [dóunət]   도넛   (*도너츠)
        peanut   [píːnʌt]   피넛   (*피넛츠)
        robot   [roubət]   로봇   (*로보트)
     ㄴ. jeep   [dʒiːp]   지프   (*쮚, 집)
        soup   [sup]   수프   (*슢, 숩)
        cake   [keik]   케이크   (*케잌, 케익)
        tape   [teip]   테이프   (*테잎, 테입)
        network   [netwərk] 네트워크 (*네트웤, 네트웍)
        neckline [neklain] 네크라인 (*넥라인)

그러나 한국어 외래어들 가운데는 (22), (23)에 제시한 원칙과 예들만으로 설명하기 어려운 예들이 적지 않다. 다음이 그 예들이다.

(24) ㄱ. bat 배트   credit 크레디트
     hit 히트   mat 매트
     nut 너트   set 세트
     wit 위트
   ㄴ. cut 커트

이러한 어휘들 가운데 (24ㄱ)의 예들은 (22ㄱ)에서 제시한 대로 각각 '뱃, 크레딧, 힛, 맷, 넛, 셋, 윗' 등으로 표기해야 옳지만, '으'를 받쳐 적음으로써 '배트, 크레디트, 히트, 매트, 너트, 세트, 위트' 등으로 적고 있다. 결과적으로 이러한 예들은 표기법의 원칙에서 벗어난 예외적인 표기라는 사실을 말하여 준다. 다만, (24ㄴ)의 '커트'는 '컷'으로 적는 경우와 의미 차이가 있어, 전자는 '머리카락을 자르는 일, 또는 그 머리 모양'을 가리키는 반면, '컷'은 '작은 삽화'나 '영화 촬영에서 한 번의 연속 촬영으로 찍은 장면'을 가리킨다. 이러한 예들은 말하자면 이미 굳어진 관용적 표기라고 할 수 있는바, 무성 파열음 '[p], [t], [k]'의 표기 원칙이 그만큼 일관성이 결여되어 있음을 보여 주고 있다.

위의 예에서 확인한 것처럼, 무성 파열음의 표기가 음운론적 환경에 따라 비교적 복잡한 양상을 보여 주는 것과는 달리, 유성 파열음 '[b], [d], [g]'의 표기 원칙은 비교적 단순한 편이다. 즉, 어말과 모든 자음 앞에 오는 유성 파열음을 '으'를 붙여 적으면 되는 것이다. 다음이 그러한 예이다.

(25) bulb[bʌlb] 벌브   land[lænd] 랜드
     zigzag[zigzæg] 지그재그   lobster[lɔbstə] 로브스터
     kidnap[kidnæp] 키드냅   signal[signəl] 시그널

이러한 예들 이외에 음절 말 위치의 유성 파열음 '[b], [d], [g]'를 표기할 때 '으'를 붙여 적는 것으로는 다음과 같은 어휘들을 예로 들 수 있다.

(26) sandal[sændl] 샌들   Hollywood [hɑliwud] 할리우드
     sandwich[sændwiʧ] 샌드위치   wood[wud] 우드

그러나 여기에서 한 가지 더 알아 두어야 하는 것은 유성 파열음 '[b], [d], [g]'의 표기 역시 무성 파열음 '[p], [t], [k]'의 표기와 마찬가지로, 관용적 표기로 굳어진 예외적인 형태들이 있다는 것이다. 다음이 그 예이다.

(27) club [klʌb] 클럽   jab [dʒæb] 잽[9]

5.2. 마찰음([s], [z], [f], [v], [θ], [ð], [ʃ], [ʒ])의 표기

마찰음 '[s], [z], [f], [v], [θ], [ð], [ʃ], [ʒ]'의 표기는 다음과 같이 세 가지 경우로 나누어 살펴볼 수 있다.

첫째, 마찰음 가운데 '[s], [z], [f], [v], [θ], [ð]' 등의 음들은 음절 말 위치에서 '으'를 붙여 적는다. 다음이 그러한 예들이다.

(28) mask[mɑːsk] 마스크   jazz[dʒæz] 재즈
     graph[græf] 그래프   olive[ɔliv] 올리브
     thrill[θril] 스릴   bathe[beið] 베이드

둘째, [ʃ]의 표기는 비교적 복잡해서, 그 환경에 따라 다음과 같이 세 가지 경우로 구분하여 달리 표기해야 한다.

---

9) 권투에서 계속적으로 팔을 뻗어 가볍게 치는 공격법.

(29) ㄱ. 어말의 [ʃ]: '시'로 표기.　　例. flash[flæʃ] 플래시
　　　ㄴ. 자음 앞의 [ʃ]: '슈'로 표기.　　例. shrub[ʃrʌb] 슈러브
　　　ㄷ. 모음 앞의 [ʃ]: 후행 모음에 따라 '샤', '섀', '셔', '셰', '쇼', '슈', '시'로 표기
　　　　　例. shark[ʃɑːk] 샤크　　　　　shank[ʃæŋk] 섕크
　　　　　　　fashion[fæʃən] 패션　　　　sheriff[ʃerif] 셰리프
　　　　　　　shopping[ʃɔpiŋ] 쇼핑　　　shoe[ʃuː] 슈
　　　　　　　shim[ʃim] 심

　셋째, [ʒ]의 표기는 두 가지 경우로 나누어 표기해야 한다. 즉, 음절 말 위치에서는 '지'로, 모음 앞에서는 'ㅈ'으로 표기해야 하는 것이다.

(30) ㄱ. mirage[mirɑːʒ] 미라지
　　　ㄴ. vision[viʒən] 비전

　위의 예 가운데 (30ㄱ)은 음절 말 위치의 [ʒ]를 '지'로 표기한 예이고, (30ㄴ)은 모음 앞의 [ʒ]를 'ㅈ'으로 표기하고 있는 예이다.

　모음 앞의 [ʒ]를 '지'가 아닌 'ㅈ'으로 적도록 한 것은 한국어의 /ㅈ/가 구개음이어서 '쟈, 져, 죠, 쥬'와 '자, 저, 조, 주'가 서로 구별되지 않기 때문이다. 따라서 한국어 사용자들이 모음 앞에 나타나는 [ʒ]를 'ㅈ'이 아닌 '지'로 적는 것은 분명한 오류이다. 다음과 같은 경우가 그러한 예에 해당한다.

(31) television　　텔레비전　　→　*텔레비젼
　　　supervision　슈퍼비전　　→　*슈퍼비젼
　　　laser　　　　레이저　　　→　*레이져
　　　visual　　　　비주얼　　　→　*비쥬얼
　　　Jurassic　　　주라기(의)　→　*쥬라기(의)
　　　junior　　　　주니어　　　→　*쥬니어
　　　version[vərʒən] 버전　　　→　*버젼

[그림 7] *쥬라기 공원 4

5.3. 파찰음([ts], [dz], [tʃ], [dʒ])의 표기

파찰음 '[ts], [dz], [tʃ], [dʒ]'의 표기 역시 마찰음의 경우와 마찬가지로 자음의 유형에 따라 그 표기를 달리해야 한다. 우선 음절 말 위치, 곧 어말 또는 자음 앞의 '[ts], [dz]'는 '츠', '즈'로, '[tʃ], [dʒ]'는 '치', '지'로 적어야 한다. 다음이 그 예이다.

(32) Keats[kiːts] 키츠   odds[ɔdz] 오즈
switch[switʃ] 스위치   bridge[bridʒ] 브리지
Pittsburgh[pitsbəːg] 피츠버그   hitchhike[hitʃhaik] 히치하이크

다음으로, 모음 앞의 '[tʃ], [dʒ]'는 각각 '치', '지'으로 적어야 한다.

(33) chart[tʃɑːt] 차트   virgin[vəːdʒin] 버진
charming[tʃɑːmiŋ] 차밍   capture [kæptʃər] 캡처

이와 같이, 모음 앞의 '[tʃ], [dʒ]'를 'ㅊ', 'ㅈ'으로 적는 것은 '[ʒ]'의 표
기를 '지'가 아닌 'ㅈ'으로 하는 것과 마찬가지 원리이다. 즉, 앞에서 지적
한 바와 같이 한국어에서 '쟈, 져, 죠, 쥬'와 '자, 저, 조, 주'가 구별되지 않
는 것과 마찬가지로, '챠, 쳐, 쵸, 츄'와 '차, 처, 초, 추' 역시 구별되지 않으
므로 '[tʃ], [dʒ]'는 'ㅊ', 'ㅈ'으로 적어야 하는 것이다. 따라서 다음과 같은
오류 역시 바로잡아야 할 요소들이다.

(34) Chaucer   초서   →   *쵸오서
      chalk   초크   →   *쵸크
      chewing gum   추잉껌   →   *츄잉 껌
      adventure   어드벤처 →   *어드벤쳐
      venture   벤처   →   *벤쳐
      gesture   제스처   →   *제스쳐
      schedule   스케줄   →   *스케쥴
      juice   주스   →   *쥬스
      grandeur   그랜저   →   *그랜져
      messenge   메신저   →   *메신져
      manager   매니저   →   *매니져

이와 같은 오류는 기업의 광고문에서도 흔히 발견되고 있는 현상이다.
인터넷 사이트에 제시된 광고문을 여기에 제시해 보기로 한다.

(35) 지난 75년 국내에서 처음으로 해태음료에서 100% *오렌지쥬스인
     훼미리를 내놓았다. 현재 *훼미리쥬스는 새로운 시장을 처음으로
     연 덕택에 정통 *오렌지쥬스의 선두주자로 인정받고 있다. 그러나
     시장개척 초기엔 100% *오렌지쥬스에 대한 일반 소비자들의 인식
     이 낮은데다 가격이 당시로는 비싼 탓에 어려움을 많이 겪었다.
       이에 해태음료는 시장 확대를 위해 일반소매점에서 판매하는 소
     극적인 방식에서 벗어나 가정 방문 판매에 나섰다. 가정 방문을 통
     해 판매원들이 *훼미리쥬스의 특성과 효능을 설명하는 적극적인 판

매로 시장을 조금씩 열어나가며, **휘미리쥬스**의 인지도를 높이는
데 거의 10년이란 세월이 흘렀다.

　이어 해태음료는 85년 품질이 한 단계 높아진 지금의 썬키스트
휘미리쥬스를 세상에 선보였다. 예나 지금이나 당도나 품질 면에
서 세계 최고의 평판을 받고 있는 썬키스트 오렌지 원액을 사용하
면서 **휘미리쥬스**의 인기가 높아지고 100% **천연쥬스** 시장이 점차
커지면서 경쟁 제품들이 등장하기 시작했다. 대표적으로 87년 롯데
칠성에서 **델몬트쥬스**를 내놓으며 정통 오렌지 시장에 참여한 이후,
지난 93년에는 펄프질이 함유된 **컨츄리풍**의 **프리미엄쥬스**를 출
시하였다.

－http://www.htb.co.kr/family/family.html에서

(36) **메신져** 코리아는 자동인식 분야의 새로운 주자로 발돋움코져 설립
　되었으며 우수한 성능의 다양한 기종을 혁신적인 가격으로 경제적
　인 시스템 공급을 위해 노력 하겠습니다. 또한 한층 개선된 H/W와
　S/W 등의 개발 보급을 위해 최선을 다하는 **메신져** 코리아가 되도
　록 하겠습니다.

－http://www.msg.co.kr/html/msg-main.htm에서

　위의 예문 가운데 (35)의 '*쥬스'나 (36)의 '*메신져'는 둘 다 현행 <외래
어 표기법>에 어긋난 것으로서, '주스'와 '메신저'로 바로잡아야 할 표기이
다. 물론, 일종의 고유명사처럼 오랫동안 한 기업을 대표하는 상품 또는 상
호명으로 사용되고 있는 것이긴 하지만, 가능한 한 언어 규범을 지키려는
의지가 있다면 얼마든지 바로잡을 수 있는 요소들이다.

5.4. 유음([l])의 표기

　유음 [r]과 [l] 가운데 특히 [l]의 표기는 한국어 사용자들이 흔히 오류를
범하는 문제 가운데 하나이다. [l]의 표기는 크게 두 가지 경우로 나누어 볼

수가 있다. 음절 말 위치, 곧 어말 또는 자음 앞의 [l]은 받침으로, 어중의 [l]이 모음 앞에 오거나, 모음이 따르지 않는 비음([m], [n]) 앞에 오는 경우는 '르르'로 표기해야 하는 것이 그것이다. 다음이 그 예이다.

(37) ㄱ. hotel[houtel] 호텔   pulp[pʌlp] 펄프
　　 ㄴ. slide[slaid] 슬라이드   film[film] 필름
　　　　helm[helm] 헬름   swoln[swouln] 스월른

　위의 예들 가운데 ㄱ은 [l]이 음절 말 위치에 오는 경우에 받침으로 적은 것이고, ㄴ은 [l]이 모음 앞에 오거나 모음이 후행하지 않는 비음 앞에 오는 경우에 '르르'로 적은 예에 해당한다. 두 번째의 경우와 관련하여 한 가지 유의해야 할 사항이 있다면, 만일 비음 다음에 오는 [l] 뒤에 모음이 후행하게 되면, 다음의 예들과 같이 '르르'이 아닌 '르'로 적어야 한다는 것이다.

(38) Hamlet[hæmlit] 햄릿　　　　Henley[henli] 헨리

　문제는 많은 한국어 사용자들이 두 번째 경우에 해당하는 [l] 역시 '르'로 적는 경우가 적지 않다는 것이다. 그러한 예를 몇 가지 제시하고 바로잡아 보면 다음과 같다.

(39) blouse　　　*브라우스　　→　블라우스
　　 clinic　　　 *크리닉　　　→　클리닉
　　 cleaner　　 *크리너　　　→　클리너
　　 cleansing　 *크린싱　　　→　클렌징
　　 clip　　　　 *크립　　　　→　클립
　　 family　　　 *패미리, 훼미리　→　패밀리
　　 plaza　　　 *프라자　　　→　플라자

　위의 예에서 확인할 수 있는 표기의 오류들은 기업이나 상업 광고문에서

흔히 발견할 수 있는 것들이다. 여기에 몇 가지 예를 제시하면 다음과 같다.

[그림 8] *덴탈크리닉   [그림 9] *크린싱 밀크

[그림 10] *디지털프라자

5.5. 장모음 및 중모음의 표기

영어의 장모음과 중모음의 표기 원칙에 대해서도 유의해야 할 사항이 몇 가지 있다.

첫째, 모음의 장음을 표기하였던 것이 외래어 표기법의 전통을 이루었던 시기도 없지는 않지만, 현행 <외래어 표기법>에서는 모음의 장음을 따로 표기하지 않는 것을 원칙으로 한다. 다음이 그 예이다.

(40) team[tiːm] 팀　　　　　　route[ruːt] 루트
　　 garden[gáːrdn] 가든　　　dart[daːrt] 다트

위의 예에서와 같이, 모음의 장음을 따로 표기하지 않는다는 원칙에 따라
가령 '팀'을 '*티임'으로 적는다든지, '가든'을 '*가아든'으로 적는 것은 원칙
에 어긋난다. 이와 같은 표기 원칙에 따라 '*그리이스'나 '*큐우슈우, *도오
쿄오, *오오사카' 등의 지명도 각각 '그리스', '큐슈, 도쿄, 오사카' 등으로
적어야 한다.

또한, 영어의 중모음 '[ai], [au], [ei], [ɔi], [ou], [auə]' 등의 표기는 [ou]
와 [auə]를 제외한 모든 중모음을 각 단모음의 음가를 살려서 적는 것을 원
칙으로 한다. [ou]는 '오'로, [auə]는 '아워'로 적는 것이 원칙이다.

(41) ㄱ. time[taim] 타임　　　　house[haus] 하우스
　　　 skate[skeit] 스케이트　　oil[ɔil] 오일
　　 ㄴ. boat[bout] 보트　　　　 global [gloubəl] 글로벌
　　　 note[nout] 노트　　　　 pillow [pilou] 필로
　　 ㄷ. tower[tauə] 타워　　　　hour [hauə] 아워

위의 예들 가운데 ㄱ은 이중 모음 '[ai], [au], [ei], [ɔi]'를 각 단모음의 음
가를 살려서 '아이, 아우, 에이, 오이' 등으로 적어야 한다는 것을 보여 주
는 예이다. 그다음 ㄴ은 이중 모음 [ou]의 표기와 관련되는 것으로, 각 음가
를 살려 적지 않고 '오'로 표기해야 함을 보여 주고 있다. 또한 ㄷ은 삼중모
음 [auə]를 '아우어'가 아닌 '아워'로 적어야 한다는 것을 보여 준다. 이러
한 표기 원칙 가운데 다른 이중 모음과 달리 [ou]는 '오우'가 아닌 '오'로
표기해야 한다는 것은 한국어 사용자들로 하여금 혼동과 어려움을 갖게 하
는 요인이 되기도 한다. 다음이 그러한 사례들이다.

(42) eye shadow   *아이 섀도우

　　 window brush   *윈도우 브러시

　　 doughnut   *도우넛

　　 hello   *헬로우

　　 notebook   *노우트북

　　 slogan   *슬로우건

　　 slow city   *슬로우 시티[10]

　위의 예들은 각각 '아이 섀도, 윈도 브러시, 도넛, 헬로, 노트북, 슬로건, 슬로시티'로 적어야 올바른 표기이다. 이러한 단어들은 우리의 일상생활에서 비교적 사용 빈도가 높은 것들이라고 할 수 있는바, 표기 원칙에 따라 올바르게 적으려는 노력을 기울여야 할 것이다.

슬로시티란 무엇인가?

1999년 10월 이탈리아 그레베 인 키안티(Greve in Chianti)의 파울로 사투르니니(Paolo Saturnini) 전 시장을 비롯한 몇몇 시장들이 모여 위협받는 달콤한 인생(la dolce vita)의 미래를 염려하여 '치따슬로(cittaslow), 즉 슬로시티(slow city)운동을 출범시켰다. 그러니까 이 운동은 슬로푸드 먹기와 느리게 살기(slow movement)로부터 시작된 것이다.

슬로시티운동을 왜 하나? 이렇게 물으면 사람이 사람답게 사는 세상을 염원하며 우리는 다르게 산다는 운동이다. 속도는 기술혁명이 인간에게 선사한 엑스터시의 한 형태로 빠름이 주는 편리함을 손에 넣기 위해 값비싼 느림의 즐거움과 행복을 희생시키고 말았다. 따라서 우리가 지향하는 슬로시티 철학은 성장에서 성숙, 삶의 양에서 삶의 질로, 속도에서 깊이와 품위를 존중하는 것이다. 느림의 기술(slowware)은 느림(Slow), 작음(Small), 지속성(Sustainable)에 있다.

슬로시티운동은 지금 대다수의 사람들이 섬기는 '속도 숭배'를 '느림 숭배'로 대체 하자는 것이 아니다. 빠름은 자랏하고 생산적이고 강력할 수 있으며 만약 그것이 없었다면 아마도 한국은 가난하게 살았을 것이다. 문제는 시계를 거꾸로 돌리는 일이 아니라 빠름과 느림, 농촌과 도시, 로컬과 글로벌, 아날로그와 디지털 간의 조화로운 삶의 리듬을 지키는 것이다. 슬로시티 운동은 달콤한 인생(la dolce vita)과 정보 시대의 역동성을 조화시키고 중도(中道)를 찾기 위한 처방이다.

속도가 중시되는 사회에서 슬로시티 프로젝트가 비현실적인지는 몰라도 1999년 국제슬로시티운동이 출범된 이래 현재(2016년 7월)까지 30개국 225개 도시로 확대되었으며 한국도 10개의 슬로시티가 가입되어 있다.

cittaslow 삶의 질을 추구하는 국제슬로시티 공동체

[그림 11] '슬로시티' 소개 글

---

10) 1999년 10월 이탈리아에서 시작된 새로운 사회적 운동의 하나. 이 운동은 '느리게 먹기' (슬로푸드, slow food)와 '느리게 살기'를 출발점으로 하여, 일정한 지역 공동체가 자연과 전통문화를 보호하면서 경제 살리기를 함으로써 따뜻하고 행복한 삶을 영위하자는 것을 목표로 하고 있다.

5.6. 반모음([w], [j])의 표기

이중 모음을 구성하는 요소로 기능하는 반모음 [w]와 [j]의 표기는 그 음운론적 환경에 따라 비교적 복잡한 양상을 보인다. 먼저, [w]의 표기 문제부터 하나의 표로 정리하여 살펴보기로 한다.

<표 9> [w]의 표기

환경	표기	용례
[wə] [wɔ] [wou]	워	word[wə:d] 워드 want[wɔnt] 원트 woe[wou] 워
[wɑ]	와	wander[wɑndə] 완더
[wæ]	왜	wag[wæg] 왜그
[we]	웨	west[west] 웨스트
[wi]	위	witch[witʃ] 위치
[wu]	우	wool[wul] 울
자음 뒤 ([g, h, k] 뒤 제외)	두 음절로	swing[swiŋ] 스윙 twist[twist] 트위스트
[gw] [hw] [kw]	한 음절로	penguin[peŋgwin] 펭귄 whistle[hwisl] 휘슬 quarter[kwɔ:tə] 쿼터

위의 표에서 보듯이, [w]의 표기 원칙은 크게 두 가지로 나눌 수 있다. 그 하나는 [w] 뒤에 모음이 오는 경우로, 모음의 종류에 따라 각각 '워, 와, 왜, 웨, 위, 우'로 적는 것이고, 다른 하나는 [w]가 자음 뒤에 오는 경우로, 해당 자음이 [g], [h], [k]일 때는 한 음절로, 그 밖의 자음일 때에는 두 음절로 적는 것이다.

한편, [j]는 뒤따르는 모음과 합쳐 '야', '애', '여', '예', '요', '유', '이'로 적는다. 다만, [d], [l], [n] 다음에 [jə]가 올 때에는 각각 '디어', '리어', '니어'로 적는다. 다음이 그 예이다.

(43) ㄱ. yard[jɑːd] 야드   yank[jæŋk] 앵크
       yearn[jəːn] 연   yellow[jelou] 옐로
       yawn[jɔːn] 욘   you[juː] 유
       year[jiə] 이어
     ㄴ. Indian[indjən] 인디언   battalion[bətæljən] 버탤리언
       union[juːnjən] 유니언

5.7. 합성어의 표기[11)

합성어 표기 원칙은 두 가지이다. 즉, 합성어를 구성하고 있는 말이 단독으로 쓰일 때의 표기대로 적으며(ㄱ), 원어에서 띄어 쓴 말은 띄어 쓴 대로 한글 표기를 하되, 붙여 쓸 수도 있다는 것이 원칙이다(ㄴ).

(44) ㄱ. bookmaker[bukmeikə] 북메이커
      cuplike[kʌplaik] 컵라이크
      bookend[bukend] 북엔드
      headlight[hedlait] 헤드라이트
      highlight[hailait] 하이라이트
      touchwood[tʌtʃwud] 터치우드
      sit-in[sitin] 싯인
      flashgun[flæʃgʌn] 플래시건
      topknot[tɔpnɔt] 톱놋
   ㄴ. Los Alamos[lɔs æləmous] 로스 앨러모스/로스앨러모스
      top class[tɔpklæs] 톱 클래스/톱클래스

합성어란 독립하여 단독으로 쓰이는 말들이 모여서 이루어진 단어들을

---

11) 이 '복합어'는 학교 문법 용어에 따르면 '합성어'가 된다. 이하 같다.

말한다. 예컨대, 'bookmaker'는 'book'과 'maker'가, 'cuplike'는 'cup'과 'like'가 각각 합해져서 형성된 단어인 것이다. 이와 같은 성격의 합성어는 만일 단독으로 쓰일 때와 마찬가지로 '북+메이커', '컵+라이크'로 표기하지 않는다면, 'bookmaker'는 '*부크메이커'로, 'cuplike'는 '*커프라이크'로 표기해야 한다. (22)에서 제시된 것처럼, 음절 말 위치의 무성 파열음 [p, t, k]는 짧은 모음 뒤일지라도 비음이나 유음 앞에서는 '으'를 붙여서 적기로 하였기 때문이다. 그러나 '북'이 '부크'로, '컵'이 '커프'로 표기된다면, 그러한 표기의 변동은 한국어 사용자에게 혼동과 부담을 주는 일이 될 수 있으므로, 단독으로 쓰일 때와 마찬가지로 표기하는 것이 더 바람직하다고 할 것이다.

자동판매기

최승호

밤이도다
오렌지 **주스**를 마신다는 게
커피가 쏟아지는 버튼을 눌러버렸다
습관의 무서움이다

무서운 습관이 나를 끌고 다닌다
최면술사 같은 습관이
몽유병자 같은 나를
습관 또 습관의 안개나라로 끌고 다닌다

정신 좀 차려야지
고정관념으로 굳어 가는 머리의
자욱한 안개를 걷으며
자, 차린다, 이제 나는 뜻밖의 커피를 마시며

돈만 넣으면 눈에 불을 켜고 작동하는
자동판매기를 매춘부라 불러도 되겠다
황금교회라 불러도 되겠다
이 자동판매기의 돈을 긁는 포주는 누구일까 만약
그대가 돈의 권능을 이미 알고 있다면
그대는 돈만 넣으면 된다
그러면 매음의 자동판매기가
한 컵의 사카린 같은 쾌락을 주고
십자가를 세운 자동판매기는
신의 오렌지 **주스**를 줄 것인가

쥬시 후레쉬

김언희

덴티 큐의 사막을 낙타가
가고 있군 물컹
물컹한 후라보노의 사막을 낙타가
걷고 있군, 이런,
왼발이 뽑으니 오른발이
더 깊이 빠지는군
시간 문제야
발목부터
녹신녹신해질걸
그래, 사막이 낙타를 씹기 시작하는군
질컥질컥 씹히는 맛에
뼈마디가
녹신거리는 맛에 어떤 놈도
롯데 이브껌의 사막을 건너진 못해
해골 따위도 못 넘겨
어떤놈이낙타였고어떤놈이
낙타를탄놈이었는지사막이었는지
한입에 씹혀 질컥거리는 거지
체위를 설명할 길 없는
쥬시 후레쉬,12) 시큼한
사막이 되는 거야
대가리까지
푸욱 푹
빠지는

_____

12) '주스'(juice)와 '쥬시 후레쉬'(juicy fresh)의 표기 차이를 통해 외래어 표기에 여러 가지 혼동
과 차이가 있음을 알 수 있다. 후자의 경우는 '주시 프레시'로 표기해야 올바른 표기이다.

6. 기타 외래어의 표기

앞에서 밝힌 바와 같이 현행 <외래어 표기법> 제3장의 '표기 세칙'에는 영어를 비롯하여 다른 많은 개별 언어의 특성을 고려한 표기 원칙이 제시되어 있다. 그러나 다른 언어의 표기는 대부분 영어의 표기에 준하면 되므로, 여기에서는 몇몇 언어의 표기와 관련되는 특징적인 사실 몇 가지만을 제시하기로 한다.

6.1. 독일어 [r]의 표기

앞에서 제시한 국제 음성 기호와 한글 대조표에 따르면, 자음 앞 및 어말 위치에서의 [r]은 모두 '르'로 적도록 되어 있다. 그러나 독일어의 [r]은 두 가지로 구분하여 표기하는 것이 원칙이다. 즉, 자음 앞의 [r]은 '르'로 적는 반면, 어말의 [r]은 '어'로 적어야 하는 것이다. 다음 예를 보도록 하자.

(45) ㄱ. Hormon[hɔrmoːn] 호르몬   Hermes[hɛrmɛs] 헤르메스
    ㄴ. Herr[hɛr] 헤어   Razur[razuːr] 라주어
       Tür[tyːr] 튀어   Ohr[oːr] 오어
       Vater[faːtər] 파터   Schiller[ʃilər] 실러

위의 예들을 통하여 확인할 수 있는 것처럼, 'Hormon, Hermes'와 같은 독일어 단어에서 나타나는 자음 앞의 [r]는 '으'를 붙여 적는 것이 원칙이다. 그러나 'Herr, Razur'와 같은 단어에서의 어말의 [r]과 '-er[ər]'는 '어'로 적는다.

6.2. 프랑스어 [ʃ], [ʒ]의 표기

마찰음 [ʃ], [ʒ]의 표기는 언어마다 약간씩 차이가 있다. 즉, 국제 음성 기호와 한글 대조표에 따르면, 모음 앞에서는 '시, ㅈ'으로, 음절 말 위치 곧 자음 앞이나 어말의 위치에서는 [ʃ]는 '슈, 시'로, [ʒ]는 '지'로 표기하도록 되어 있다. 프랑스어의 경우 역시 상당히 복잡해서 <표 10>과 같이 몇 가지 경우로 나누어 표기해야 한다.

<표 10> 프랑스어 [ʃ], [ʒ]의 표기

음성형	환경	표기	용례
[ʃ], [ʒ]	음절 말	'슈', '주'	manche[mãːʃ] 망슈 piège[pjɛ'ʒ] 피에주 acheter[aʃte] 아슈테 dégeler[deʒle] 데줄레
[ʃ]	[ə], [w] 앞	'슈'	chemise[ʃəmiːz] 슈미즈 chevalier[ʃəvalje] 슈발리에 choix[ʃwa] 슈아 chouette[ʃwɛt] 슈에트
[ʃ]	[y], [œ], [φ] 및 [j], [ɥ] 앞	ㅅ	chute[ʃyt] 쉬트 chuchoter[ʃyʃɔte] 쉬쇼테 pêcheur[pɛʃœ'r] 페쇠르 shunt[ʃ̃œ't] 셩트 fâcheux[faʃφ] 파쇠 chien[ʃjɛ̃] 시앵 chuinter[ʃɥɛ̃te] 쉬앵테

위의 표를 통하여 알 수 있는 것처럼, 음절 말 위치에서는 [ʃ], [ʒ]를 각 각 '슈, 주'로 적으며, [ʃ]가 [ə], [w] 앞에 올 때에는 후행하는 모음과 결합 하여 '슈'로, [y], [œ], [φ] 및 [j], [ɥ] 앞에 올 적에는 'ㅅ'으로 적도록 규정

되어 있다. 한국어 외래어들 가운데는 프랑스어에서 기원한 외래어들이 상당수이므로, 이와 같은 마찰음 표기 원칙에 따라 적어야 한다. 그러나 다음과 같이 그 표기가 잘못되어 있는 경우를 흔히 발견하게 된다.

(46) rouge [ruː3]   루주   → *루즈
      bourgeois [buərʒwɑːziː]   부르주아 → *부르조아
      corsage [kɔːrsɑː3]   코르사주 → *코사지
      montage [mɔntɑː3]   몽타주   → *몽타지

이와 같은 표기의 오류는 우리의 일상생활, 특히 광고나 대중매체에서 흔히 발견되는 것들이다. 다음은 그러한 사실을 말하여 주는 예들이다.

(47) ㄱ. 라네즈 아쿠아리쉬 글로스 521호 오렌지 메신저는 물기를 머금은 듯 투명하게 빛나는 입술을, 깊이 있는 컬러로 반짝임이 가득한 라네즈 리퀴드 ***루즈** 521호 오렌지 메신저는 볼륨감 있는 입술을 만나게 해 준다.
     ㄴ. 보보스란 보헤미안과 ***부르조아**를 합친 신조어로 기존 틀에 얽매이지 않고 물질적으로 여유 있는 삶을 누리는 신흥 부유층을 뜻한다.
     ㄷ. 2.5cm 폭의 수입 공단을 이용한 리본 ***코사지**입니다.
     ㄹ. 범인의 ***몽타지**를 작성할 때, 우리는 그 사람의 속성을 중심으로 질문하여 ***몽타지**를 작성하게 된다.

[그림 12] *아쿠아 루즈   [그림 13] *코사지

7. 인명 및 지명의 표기

7.1. 표기 원칙

고유명사인 외국의 인명, 지명 역시 일반적인 외래어 표기의 규정을 따르는 것이 원칙이긴 하지만, 몇 가지 세부적인 표기 기준의 제시가 요구된다. 다음은 <외래어 표기법> 제4장 제1절에 제시된 외래어 인명 지명 표기의 원칙이다.

<표 11> 외래어 인명 지명 표기의 원칙(제4장 제1절)

제1항 외국인의 인명, 지명의 표기는 제1장, 제2장, 제3장의 규정을 따르는 것을 원칙으로 한다.
제2항 제3장에 포함되어 있지 않은 언어권의 인명, 지명은 원지음을 따르는 것을 원칙으로 한다.
　　Ankara 앙카라　　　　　　　　Gandhi 간디
제3항 원지음이 아닌 제3국의 발음으로 통용되고 있는 것은 관용

을 따른다.
Hague 헤이그   Caesar 시저
제4항 고유명사의 번역명이 통용되는 경우 관용을 따른다.
Pacific Ocean 태평양   Black Sea 흑해

제1항은 외국의 인명, 지명 역시 외래어이므로, 앞에서 제시한 제1장, 제2장, 제3장의 여러 규정을 따라야 한다는 원칙을 제시한 것이고, 제2항은 <외래어 표기법>에 그 표기 기준이 밝혀져 있지 않은 언어권의 인명, 지명은 각기 그 언어 고유의 발음을 반영하여 적어야 한다는 원칙을 밝힌 것이다. 제3항과 제4항은 관용을 인정하는 경우로, 원지음이 제3국의 발음으로 통용되고 있는 경우나, 번역에 의해서 수용되고 있는 것도 인명이나 지명 역시 그 관용을 따른다는 규정이다.

7.2. 중국과 일본의 인명, 지명 표기

중국이나 일본의 인명·지명에 대해서는 한국 한자음으로 읽는 것이 오랜 관행이다. 그러나 이러한 전통은 원지음을 존중한다는 외래어 표기법의 기본 태도와 상충될 뿐만 아니라, 현실적으로도 원지음의 도전을 받고 있는 실정이다. 따라서 <외래어 표기법>에서는 전통은 전통대로 살리면서 현실은 현실대로 수용할 수 있는 방안은 없을까 하는 문제를 적극적으로 모색하게 되었다. 이에 대해 규정해 놓은 것이 <외래어 표기법> 제4장 제2절의 내용이다. 규정부터 검토하면 다음과 같다.

<표 12> 중국과 일본의 인명, 지명 표기 원칙(제4장 제2절)

제1항 중국 인명은 과거인과 현대인을 구분하여 과거인은 종전의 한자음대로 표기하고, 현대인은 원칙적으로 중국어 표기법에 따라 표기하되, 필요한 경우 한자를 병기한다.

제2항 중국의 역사 지명으로서 현재 쓰이지 않는 것은 우리 한자음대로 하고, 현재 지명과 동일한 것은 중국어 표기법에 따라 표기하되, 필요한 경우 한자를 병기한다.

제3항 일본의 인명과 지명은 과거와 현대의 구분 없이 일본어 표기법에 따라 표기하는 것을 원칙으로 하되, 필요한 경우 한자를 병기한다.

제4항 중국 및 일본의 지명 가운데 한국 한자음으로 읽는 관용이 있는 것은 이를 허용한다.

東京 도쿄, 동경	京都 교토, 경도
上海 상하이, 상해	臺灣 타이완, 대만
黃河 황허, 황하	

위의 규정 가운데 1,2항은 중국에 관한 조항이고, 3항은 일본에 관한 것이다. 원칙적으로 일본의 인명과 지명은 과거와 현대의 구분 없이 일본어 표기법에 따라 표기하는 것을 원칙으로 하되, 필요한 경우에만 한자를 병기하도록 규정하고 있다. 이와는 달리, 중국에 대해서는 인명의 경우, 과거와 현대를 구분하여 신해혁명(辛亥革命, 1911년)을 분기점으로 과거인은 한국 한자음으로, 현대인은 원지음으로 적는 것을 원칙으로 하고 있다.13) 또한 지명의 경우는 역사적 지명으로서 현재 쓰이지 않는 것은 우리 한자음대로 하고, 현재 지명과 동일한 것은 중국어 표기법에 따라 표기하되, 필요한 경우 한자를 병기한다는 원칙을 가지고 있다.

중국과 일본의 인명과 지명을 하나의 원칙에 의하여 표기하기보다는 각

---

13) 다만 현대인이라고 하더라도, 우리 한자음으로 읽는 관행이 있는 인명에 대해서는 '장개석'(蔣介石), '모택동'(毛澤東)과 같은 표기를 관용으로 허용할 수 있다.

기 다른 원칙을 설정하여 표기하기로 한 것은 일면 균형을 잃은 것같이 보일 수도 있다. 그러나 중국의 인명이나 지명은 주로 고전을 통하여 한국인들의 생활 속에 융화되어 한국 한자음으로 읽는 전통이 서 있다고 할 수 있는 반면, 일본의 경우에는 그렇지 않다는 점이 고려된 것이라고 할 것이다. 다음과 같은 신문 기사 내용은 오늘날 중국어의 인명과 지명의 표기가 어떻게 이루어지고 있는가를 잘 보여 주고 있다.

(48) 24일로 한중수교 10주년을 맞는다. 중국은 그동안 눈부신 발전 속에서 한국의 중요한 정치 사회 문화적 파트너로 등장했다. 지난 10년 사이 중국은 한국의 두 번째 교역상대국으로 떠올랐고, 한국은 중국의 세 번째 교역상대국이 돼 있다. 세계시장에서의 경쟁도 치열하다. '한류(韓流)'가 중국에서 붐을 일으키는가 하면, 한국에서는 중국 열기가 뜨겁다. 중국으로 떠나는 조기 유학열도 달아오르고 있다. 한편, '코리안 드림'을 꿈꾸는 조선족 동포들의 한국에 대한 애증의 골도 깊어만 가고 있다. 한중수교 10년이 가져온 굵직한 변화들을 시리즈로 조명해 본다.
    베이징(北京)시 동쪽 외곽에 있는 **왕징(望京)**. 1990년대 후반부터 개발되기 시작한 **베이징** 최대 규모의 아파트촌이다. 여기서부터 2008년 올림픽 메인 스타디움이 들어서는 시 북쪽 **야윈춘(亞運村)**까지 10㎞ 구간이 서울로 치면 강남에 해당하는 **베이징**의 '부촌(富村)'이다.
    왕징에 한국인들이 모여들기 시작한 것은 1998년부터이나 불과 4년 만에 무려 1500가구의 한국인들이 모여 사는 베이징 속의 '작은 서울'로 변했다. 그중에서도 **왕징신청(望京新城)**은 한국인들이 가장 밀집해 있는 지역. 이 아파트 단지로 들어서면 한국어 간판들이 줄줄이 이어진다. 세중부동산, 주황부동산, 신라부동산… 한국어로 쓴 부동산중개업소 간판만 무려 10여개에 이른다. 중국판 '코리아타운'이다. 베이징뿐만 아니다. **텐진(天津), 칭다오(青島), 선양(瀋陽), 상하이 (上海)** 등 대도시에도 크고 작은 규모의 '코리아타운'들이 형성됐다. 수교 10년이 가져온 대표적 변화의 하나다.

                                    −2002년 8월 5일 자 ≪동아일보≫

7.3. 바다, 섬, 강, 산 등의 표기 세칙

지명 표기와 관련하여 생기는 부수적인 문제로 용어의 통일 문제 등이 있을 수 있다. 이러한 문제에 대해 규정하고 있는 것이 <외래어 표기법> 제4장 제3절에서 제시하고 있는 바다, 섬, 강, 산 등의 표기 세칙이다. 우선, 그 표기 세칙을 여기에 제시해 보면 다음과 같다.

<표 13> 바다, 섬, 강, 산 등의 표기 세칙(제4장 제3절)

제1항 바다는 '해(海)'로 통일한다.

  홍해   발트해   아라비아해

제2항 우리나라를 제외하고 섬은 모두 '섬'으로 통일한다.

  타이완섬   코르시카섬 (우리나라: 제주도, 울릉도)

제3항 한자 사용 지역(일본, 중국)의 지명이 하나의 한자로 되어 있을 경우, '강', '산', '호', '섬' 등은 겹쳐 적는다.

  온타케산(御岳)   주장강(珠江)   도시마섬(利島)

  하야카와강(早川)   위산산(玉山)

제4항 지명이 산맥, 산, 강 등의 뜻이 들어 있는 것은 '산맥', '산', '강' 등을 겹쳐 적는다.

  Rio Grande 리오그란데강   Monte Rosa 몬테로사산

  Mont Blanc 몽블랑산   Sierra Madre 시에라마드레산맥

위 규정들 가운데 제1항과 제2항은 바다는 '해(海)'로(제1항), 섬은 '섬'으로 (제1항) 통일하여 표기한다는 규정이다. 섬의 경우, 외래어에서는 '섬' 하나로 통일하지만, 고유어나 한자어의 경우에는 '남이섬, 솔섬, 누에섬, 통영섬' 등의 '섬'과 '제주도, 완도, 진도, 홍도' 등의 '도'를 구분하여 적는다.

다음으로, 제3항은 중국이나 일본 같은 한자어 사용 지역의 지명 가운데 하나의 한자로 되어 있는 지명은 '강', '산', '호', '섬'을 겹쳐 적는다는 것이고, 제4항은 관용에 관계된 항목으로, 지명 자체가 '산맥, 산, 강' 등의 뜻을

포함하고 있는 경우에도 '산맥', '산', '강' 등을 겹쳐 적는다는 것이다. 예컨대, 'Rio Grande'의 'Rio'는 그 자체가 강의 의미를, 'Monte Rosa'의 'Monte'는 그 자체가 산의 의미를 지니고 있지만, '리오그란데'나 '몬테로사' 전체를 하나의 고유명사로 생각하는 우리의 관용에 따라 거기에 다시 '강'이나 '산'을 붙여 쓰는 것이다.

쿨 호의 백조

W. B. Yeats[14]

나무들은 가을의 아름다움으로 단장하고
숲 속의 길들은 메말라 있다.
10월의 황혼녘 물은
고요한 하늘을 비치고
돌 사이로 넘쳐흐르는 물 위에는
쉰아홉 마리의 백조가 떠 있다.

내가 처음 백조의 수를 헤아린 이래
열아홉 번째의 가을이 찾아왔다.
그땐 미처 다 헤아리기도 전에
백조들은 갑자기 날아올라
요란스런 날개 소리를 내면서
끊어진 커다란 원을 그리며 흩어지는 것을 나는 보았다.

지금껏 저 찬란한 새들을 보아 왔건만
지금 나의 가슴은 쓰리다.
맨 처음 이 호숫가
황혼녘에 저 영롱한 날개 소리를 들으며
가벼운 발걸음으로 걸었던 그때 이래
모든 것은 변해 버렸다.
지금도 여전히 피곤을 모른 채
짝을 지으며 차가운 물속을
정답게 헤엄치거나, 하늘로 날아오르는

---

14) '호수섬 이니스프리'(The Lake Isle of Innisfree)로 잘 알려져 있는 아일랜드의 대표적 시인 예이츠(1865~1939)의 또 다른 작품. 원 제목은 <The Wild Swans At Coole>이다.

그들의 가슴은 늙을 줄 모르고
어디를 헤매든 정열과 정복심이
여전히 그들을 따른다.

지금 백조들은 신비롭고 아름다운
고요한 물 위에 떠 있지만
어느 날 내가 눈을 뜨고
그들이 날아가 버린 것을 알았을 때
그들은 어느 등심초15) 사이에 집을 짓고
어느 호숫가나 웅덩이에서
사람들의 눈을 즐겁게 해 줄 것인가?

15) 등심초(燈心草)는 골풀과의 여러해살이풀로 들이나 습지 등에 자란다. 줄기로 자리를 만든다.

가거도(可倨島)

조태일

너무 멀고 험해서
오히려 바다 같지 않는
거기
있는지조차
없는지조차 모르던 섬.16)

쓸 만한 인물들을 역정 내며
유배 보내기 즐겼던 그때 높으신 분들도
이곳까지는
차마 생각 못했던,

그러나 우리 한민족 무지랭이들은
가고, 보이니까 가고, 보이니까 또 가서
마침내 살 만한 곳이라고
파도로 성 쌓아
대대로 지켜오며
후박나무 그늘 아래서
하느님 부처님 공자님
당할아버지까지 한식구로 한데 어우러져
보라는 듯이 살아오는 땅.

비바람 불면 자고
비바람 자면 일어나
파도 밀치며
바다 밀치며
한스런 노랫가락 부른다.

---

16) 우리말의 경우 '가거도(可倨島)'의 '도(島)' 외에 '섬'이 별도로 사용되기도 한다.

산아 산아 회룡산아
눈이 오면 백두산아
비가 오면 장내산아.

바람 불면 회룡산아
천산 하산 넘어가면
부모형제 보련마는
원수로다 원수로다
산과 날과 원수로다.

낯선 사람 찾아오면 죄 많은 사람 찾아오면
태풍 세실을 불러다가
겁도 주고 달래 보고 묶어 보고 풀어 주는
바람 바람 바람섬,
파도 파도 파도섬.

길가는 나그네여!
사월 혁명의 선봉이 되어
반민주 반독재와 불의에 항거하여
싸우다가 십구일 밤 무참히 떨어진
십구 세의 대한의 꽃봉오리가 여기
누워 있다고 전해다오.

자식 길러 가르치고
배운 자식 뭍으로 보내
나라 걱정, 나라 위해
목숨도 걸 줄 아는
멋있는 사람들이 사는
살 만한 땅.

연|습|문|제

1 다음 글의 내용 가운데 현행 <외래어 표기법>의 원칙에 어긋난 예를 찾아 고쳐 써라.

> 고호의 장례식장 관 위의 벽에 걸려 있었던 그림은 참으로 적절하게도 죽음에서 부활로 넘어가려는 찰나의 빨간 머리 그리스도상을 보여주는 '삐에따'였다. 그 자리에 참석한 고호를 사랑하며 존경하며 탄복하던 화가 친구들은 모두 고호가 죽음을 넘어 별에 도달할 것과, 마침내 세상에서는 얻지 못한 하늘의 평안을 얻기를 기원하고 있었다.

2 다음 외래어의 올바른 표기를 한국어 사전에서 찾아 제시하라.

① setback: ⑪ top class:

② kidnap: ⑫ clinic:

③ jazz: ⑬ center:

④ graph:

⑤ thrill:

⑥ vision:

⑦ juice:

⑧ message:

⑨ chocolate:

⑩ chandelier:

⑭ art vision:

⑮ slide:

⑯ chart:

⑰ Hormon:

⑱ soup:

⑲ bench:

⑳ boat:

3 다음은 한 여성용 화장품 제조 회사에서 발간하는 월간 미용 잡지에 수록된 글이다. 이러한 성격의 글에서는 흔히 외래어 사용을 남용하는 경우가 많은데, 이를 한국어 순화 차원에서 다시 쓴다면 어떻게 되겠는지 고쳐 써 보라.

스키니한 스모키 아이 메이크업, 어때요?

스모키 아이를 처음 해 보거나 무겁고 답답한 스모키 아이 메이크업이 지루하다면 세미 스모키 아이 메이크업을 추천합니다. 이럴 때는 아이섀도 사용도 다이어트해 보세요. 블랙보다는 실버나 그레이, 네이비 등으로 컬러를 가볍게 선택하고, 텍스처 역시 펄 감이 있는 제품을 사용하면 좀 더 가벼워 보인답니다. 파우더리한 아이섀도를 덧바르는 기존 방법은 눈도 무겁고 답답해 보이기 쉬웠죠. 하지만 쉬머 타입 섀도를 사용하면 표현은 미끄러우면서 미세하고 다양한 펄 감이 보는 각도에 따라 반짝이기 때문에 시크한 매력이 느껴지는 스모키 아이를 연출할 수 있습니다.

4 다음은 언어생활에서 흔히 발견되는 외래어 표기의 오류를 보여주는 전형적인 예들이다. 이러한 예들의 원어를 제시하고 그에 알맞은 한국어 외래어 표기를 제시하라.

(1) 센타 →

(2) 쇼파 →

(3) 프랑카드, 플랜카드 →

(4) 넌센스 →

(5) 수퍼마켙 →

(6) 수퍼맨 →

(7) 스노우타이어 →

(8) 챤스 →

(9) 퍼머 →

(10) 리더쉽 →

(11) 비즈니스 →

(12) 다큐먼트 →

(13) 아키텍쳐 →

(14) 버츄얼 →

(15) 애플리트 →

5 다음은 이른바 정보화 시대에 새롭게 등장한 전문 용어의 예들이다. 오른쪽 빈칸에 들어갈 올바른 표기를 제시하라.

원어	틀린 표기	올바른 표기
internet	인터네트	
intranet/extranet	인트라네트/엑스트라네트	
netscape	네트스케이프	
windows	윈도스, 윈도우, 윈도우즈	
portal	포탈	
directory	디렉터리	
network	네트웍	
contents	컨텐츠, 컨텐트, 콘텐트	
digital	디지탈, 디지틀	
desktop	데스크탑	
signal	시그날	

6 우리의 언어생활에서 자주 쓰이는 외래어들 가운데 의상과 음식명에 관련된 외래어 표기의 오류를 각각 10개씩 조사하고, 그에 대한 올바른 외래어 표기법을 제시하라.

> 例. 하이 라이스 → 해시 라이스(hash rice)
> 　　가디건 → 카디건(cardigan)

참고문헌

강신항(1985), 근대화 이후의 외래어 유입 현상, 『국어생활』 제2호, 국어연구소, pp. 23
～36.

강인선(1996), 현행 일본어 표기법과 나의 의견, 『새국어생활』 6-4호, 국립국어연구원,
pp. 122～136.

고성환(1998), 신문·잡지 분야의 외래어 사용 실태, 『새국어생활』 8-2호, 국립국어연구
원, pp. 81～101.

김민수(1984), 『국어정책론』, 탑출판사.

김상준(1996), 외래어와 발음 문제, 『새국어생활』 6-4호, 국립국어연구원, pp. 62～72.

김세중(1996), 외래어 표기법에 대한 비판 분석, 『새국어생활』 6-4호, 국립국어연구원,
pp. 161～174.

김세중(1998), 외래어의 개념과 변천사, 『새국어생활』 8-2호, 국립국어연구원, pp. 5～
19.

김희진(1996), 외래어 표기, 남북한이 어떻게 다른가, 『새국어생활』 6-4호, 국립국어연구
원, pp. 73～1074.

남기심(1983), 새말[新語]의 생성과 소멸, 『한국 어문의 제문제』, 일지사, pp. 192～228.

남풍현(1985), 국어 속의 차용어, 『국어생활』 제2호, 국어연구소, pp. 6～22.

민현식(1997), 외래어의 차용과 변용, 『국어사연구』, 태학사.

송민(1990), 어휘 변화의 양상과 그 배경, 『국어생활』 22, 국어연구소.

송철의(1998), 외래어의 순화 방안과 수용 대책, 『새국어생활』 8-2호, 국립국어연구원,
pp. 21～40.

신형욱(1996), 외래어 표기법과 나의 의견, 『새국어생활』 6-4호, 국립국어연구원, pp.
137～160.

유만근(1985), 다른 나라에서의 외래어 수용 양상, 『국어생활』 제2호, 국어연구소, pp.
44～57.

유만근(1996), 외국어를 귀화시켜 국어다운 외래어로, 『새국어생활』 6-4호, 국립국어연
구원, pp. 105～121.

이기문(1991), 『국어 어휘사 연구』, 동아출판사.

이상억(1994), 『국어 표기 4법 논의』, 서울대 출판부.

이선영(1998), 상호·상표 분야의 외래어 사용, 『새국어생활』 8-2호, 국립국어연구원,

pp. 41~60

이은경(1998), 방송 분야의 외래어 사용,『새국어생활』8-2호, 국립국어연구원, pp. 161 ~174.

이정복(1998), 컴퓨터 통신 분야의 외래어 사용,『새국어생활』8-2호, 국립국어연구원, pp. 61~79.

임동훈(1996), 외래어 표기법의 원리와 실제,『새국어생활』6-4호, 국립국어연구원, pp. 41~61.

임홍빈(1996), 외래어 표기의 역사,『새국어생활』6-4호, 국립국어연구원, pp. 3~40.

제7장 국어의 로마자 표기법

1. <국어의 로마자 표기법>의 변천

로마자(Roman alphabet)란 영어를 비롯하여 프랑스어, 독일어, 이탈리아어, 스페인어 등 세계 여러 나라 말의 표기에 쓰이는 문자를 가리킨다. 이 로마자 이외의 문자를 로마자로 바꾸어 표기하는 일을 로마자화(romanization)라고 하는바, 우리 역시 한국어를 로마자로 표기하는 방법을 오랜 세월에 걸쳐 모색하여 왔으며, 이를 <국어의 로마자 표기법>이라고 일컬어 왔다.

<국어의 로마자 표기법>의 정립과 통일은 국가적 차원에서는 물론이요, 기업과 개인의 차원에서도 절실히 요구되는 사항이며, 특히 오늘날과 같은 국제화 혹은 세계화 시대에는 그 중요성이 매우 크다고 할 수 있다. 국가적으로는 국제적인 지도와 백과사전의 표기, 한국학 관련 논저의 소개 및 외국인을 위한 도로나 관광 안내판의 작성 등을 위하여 반드시 필요한 사항이다. 또한 기업에서는 제품에 관한 정보 제공이나 마케팅을 위해서 필요하며, 개인적 차원에서도 최근 들어 보다 빈번해진 외국과의 교류를 위하여 반드시 필요한 요소라고 할 수 있는 것이다.

<국어의 로마자 표기법>의 역사는 한국이 서양에 본격적으로 알려지기 시작한 19세기 무렵부터인데, 이는 다시 세 단계로 나누어 살펴볼 수 있다 (정희원 1997: 28). 첫째 단계는 한국에 외국인들의 입국이 공식적으로 허용된

19세기를 전후하여 외국인들이 자신들의 필요에 따라 표기법을 고안하던 단계이고, 둘째 단계는 일제 통치 시기에 일본 및 국내 학자들이 개인적으로 표기법을 만들어 사용하던 시기이며, 셋째 단계는 해방 이후 오늘날에 이르기까지 정부에서 공식적으로 <국어의 로마자 표기법>을 제정·공포하여 사용을 권장한 시기이다.

　19세기 초반, 당시 일본 정부의 고문이었던 독일인 의사 지볼트(Phillip Fr. von Siebold)가 한국에 대해 소개하면서부터 비교적 체계적인 모습을 갖추기 시작한 개화기의 <국어의 로마자 표기법>은 1920년대까지 약 27개의 안이 발표될 정도로 활발한 관심의 대상이었다(김민수 1973: 289~303). 일제 통치 시기에도 金澤庄三郞, 白鳥庫吉, 小林英夫, 小創進平 등의 일본인 학자들이 각각 <국어의 로마자 표기법>을 구상하여 발표한 것을 비롯하여, 1935년에는 조선어학회의 위원이던 정인섭 선생이 <조선어음의 만국 음성부호 표기>를 발표한 것 등 개인적 차원에서 마련된 <국어의 로마자 표기법>이 상당히 많았던 것으로 보인다. 이 시기에 마련된 <국어의 로마자 표기법> 가운데 특기할 만한 것으로는 두 가지가 있다. 그 하나는 한글학회의 전신인 조선어학회가 마련한 <조선어음 라마자표기법(朝鮮語音 羅馬字表記法)>이고, 다른 하나는 1939년에 발표된 이른바 <머큔 라이샤워 표기법(M-R 표기법이라고도 함.)>이다.

　<조선어음 라마자표기법(朝鮮語音 羅馬字表記法)>은 조선어학회가 『큰사전』을 발간하는 과정에서 <국어의 로마자 표기법>의 제정이 필요하다는 인식을 하게 됨에 따라, 1940년 6월 25일에 발표한 <외래어 표기법 통일안>의 부록에 발표한 것으로, 1935년에 이루어진 정인섭 선생의 안을 토대로 한 것이다. 이러한 표기법은 비록 만족스러운 수준의 것은 아니었다고 하더라도 공신력 있는 학회 차원에서 마련된 표기법이었다는 점에서 의의가 있다.

　한편, <'머큔 라이샤워 표기법>은 평양 숭실전문학교 교장으로 재직한

미국인 선교사 머큔(George S. McCune)과 당시 하버드대학 대학원에서 일본사를 전공하던 라이샤워(Edwin O. Reischauer)가 국내외 학자들의 협조를 얻어 제정한 것이다. 이는 1939년에 발표된 이후 오늘날까지 영어권에서 가장 널리 쓰이고 있는 한국어 로마자 표기법이다.

해방을 맞이하고 남한 단독의 대한민국 정부가 수립되고 난 후 마련된 <국어의 로마자 표기법>들은 국가적 차원에서 마련된 공식적 표기법이라는 점에서 의의가 있는 것들이다. 이를 발표된 순서대로 차례로 제시하면 다음과 같다.

(1) 해방 이후 한국어 로마자 표기법의 변천
ㄱ. 1948년, <한글을 로오마자로 적는 법>
ㄴ. 1959년, <한글의 로마자 표기법>
ㄷ. 1984년, <국어의 로마자 표기법>
ㄹ. 2000년, <국어의 로마자 표기법>

1948년에 제정한 <한글을 로오마자로 적는 법>은 한국 최초의 정부안으로, 해방 이후 논란이 끊이지 않았던 한국어 로마자 표기법을 공식화하기 위하여 마련되었는데, <머큔 라이샤워 표기법>과 매우 비슷한 내용으로 이루어진 것이었다. 그러나 이 최초의 안은 공식적인 지위에도 불구하고 널리 사용되지 않음으로써 개정의 필요성이 제기되었다. 그리하여 1959년에 문교부는 국내외의 다양한 한국어 로마자 표기법을 통일하려는 목적으로 두 번째 공식적인 표기법을 마련하게 되는데, 이것이 한글의 맞춤법에 따라 로마자를 배당하는 새로운 <한글의 로마자 표기법>이다.

그러나 새로운 표기법도 일반의 호응을 널리 얻지 못하여 교과서나 정부 간행물, 지도 등에서만 부분적으로 사용되고, 미군 등 외국 기관이나 영자 신문 등에서는 <머큔 라이샤워 표기법>이 사용되는 등의 불일치가 계속됨

에 따라, 또 다시 새로운 한국어 로마자 표기법을 공포하여 사용하게 되었
다. 이것이 1984년에 제정·고시되었던 <국어의 로마자 표기법>이다.

1959년에 마련된 <한글의 로마자 표기법>이 한국어 표기에 나타난 글
자 표기를 그대로 로마자로 전환하는 표의주의 방식, 곧 전자법(轉字法) 방식
을 채택한 것이라고 한다면, 1984년에 제정된 <국어의 로마자 표기법>은
한국어의 표준 발음을 로마자화하는 표음주의 방식인 전사법(轉寫法) 방식을
택하였다는 점에서 차이가 있다고 할 수 있다. 이와 같은 전사법 방식은
2000년에 고시된 현행 표기법에서도 그대로 채택되고 있다.

1984년에 마련된 <국어의 로마자 표기법>은 항구적으로 사용 가능하다
는 확신 아래 만들어진 것이 아니라, '실험 적용 후 문제점 보완'이라는 이
른바 태생적 한계를 지니고 있던 것이었다.17) 그리하여 1991년 국어심의회
표기법 분과위원회가 개최된 이래, 10년이라는 오랜 세월에 걸쳐 전면적이
면서도 본격적인 한국어 로마자 표기법의 개정을 위한 작업이 계속되었고,
마침내 2000년 7월 7일에 이르러 새로운 <국어의 로마자 표기법>의 탄생
을 보기에 이르렀다. 이 새로운 <국어의 로마자 표기법>의 탄생은 다음과
같은 세 가지 요인에 그 동기를 두고 있다.

첫째, 이전의 한국어 로마자 표기법은 로마자 이외에 반달표(ŏ, ŭ)와 어깻
점(k', t', p', ch') 등이 있어 컴퓨터에서 사용하기가 불편하여 정보화 시대에
맞지 않는다는 문제점이 있었다. 이러한 문제점 때문에 한국어 로마자 표기
법이 도로 표지판 등에서만 제대로 사용되었을 뿐 인명, 회사명 등의 표기
에서는 사람마다 제각기 다른 방식대로 표기함으로써 극심한 표기의 혼란
을 초래하게 되었던 것이다.

둘째, 종전의 한국어 로마자 표기법은 예컨대, '도동'을 'Todong'으로 적

---

17) 1983년 6월 25일에 발표된 문교부의 '국어의 로마자 표기법 개정안 확정 계획'에 제시된
내용임.

는 예에서 볼 수 있듯이, 장애음의 유무성의 차이를 인식하지 못하는 한국어 사용자들에게 유성음과 무성음으로 구분하여 표기하도록 하는 방식을 택함으로써 지나치게 어렵다는 지적을 받아왔다.

셋째, 한국어에 꼭 필요한 구별이 제대로 지켜지지 않았다는 점이다. 즉, 종전의 한국어 로마자 표기법에서는 평음과 유기음의 구별, 곧 'ㄱ, ㄷ, ㅂ, ㅈ'과 'ㅋ, ㅌ, ㅍ, ㅊ'을 구별하여 표기하는 방법으로서, 'ㄱ, ㄷ, ㅂ, ㅈ'은 'k, t, p, ch'으로, 'ㅋ, ㅌ, ㅍ, ㅊ'은 어깻점을 사용한 'k', t', p', ch''으로 표기하도록 되어 있었다. 그러나 표기상의 불편을 이유로 흔히 어깻점의 표기가 생략되어 버림으로써 한국어에 꼭 필요한 평음과 유기음의 구별이 제대로 지켜지지 않았던 것이다.

이와 같은 이유들로 한국어 로마자 표기법의 개정이 불가피하게 여겨졌던바, 새로운 <국어의 로마자 표기법>에서는 다음과 같은 내용을 골자로 하여 그 개정이 이루어지게 되었다. 그 주요 내용을 표로 제시하면 다음과 같다.

<표 1> <국어의 로마자 표기법>(2000. 7. 7.)의 주요 개정 내용

내용	종전	개정	사례
어, 으	ŏ, ŭ	eo, eu	· Sŏngju→ Seongju(성주) · Kŭmgok→ Geumgok(금곡)
ㄱ, ㄷ, ㅂ, ㅈ	k, t, p, ch	g, d, b, j	· Kwangju → Gwangju(광주) · Taegu → Daegu(대구)
ㅋ, ㅌ, ㅍ, ㅊ	k', t', p', ch'	k, t, p, ch	· T'aean → Taean(태안) · Ch'ungju → Chungju(충주)
ㅅ	sh, s	s로 통일	· Shilla → Silla(신라) · Shilsangsa → Silsangsa(실상사)

2. 현행 <국어의 로마자 표기법>의 구성과 표기 원칙

위에서 언급한 바와 같이, 현재 시행되고 있는 <국어의 로마자 표기법>은 2000년 7월 7일, 문화예술진흥법 제7조 2항의 규정에 따라 마련된 것이다. 우선 이 표기법이 어떻게 구성되어 있는가를 제시하면 다음과 같다.

<표 2> <국어의 로마자 표기법>의 구성

> 제1장 표기의 기본 원칙
> 제2장 표기 일람
> 제3장 표기상의 유의점
> ■ 부칙
> ■ 표기 사례

위의 표를 통하여 알 수 있는 바와 같이, 현행 <국어의 로마자 표기법>은 표기의 기본 원칙과 일람 및 표기상의 유의점 등 3장으로 이루어진 본문과 규정의 시행과 표지판 및 출판 등에 대한 경과 조치 등을 그 내용으로 하고 있는 부칙 및 표기 사례 등으로 이루어져 있다. 우선, 현행 <국어의 로마자 표기법> 제1장에 제시된 표기의 기본 원칙부터 제시하면 다음과 같다.

<표 3> <국어의 로마자 표기법>의 기본 원칙

> 제1항 국어의 로마자 표기는 국어의 표준 발음법에 따라 적는 것을 원칙으로 한다.
> 제2항 로마자 이외의 부호는 되도록 사용하지 않는다.

위의 기본 원칙 가운데 제1항은 <국어의 로마자 표기법>이 앞에서 지적한 바와 같이, 표음주의, 곧 전사법(轉寫法) 방식을 택하고 있음을 제시한 것이다. 전사법에 의한 <국어의 로마자 표기법>은 예컨대, '속리산'을 표기할 때 본래의 형태소 그대로 'Soklisan'이라고 표기하지 않고, 발음되는 대로 'Songnisan'으로 적는 방식을 말한다.

<국어의 로마자 표기법>의 표기 방식으로 표음주의를 택하게 된 것은 한국어를 모르는 사람도 읽기가 쉽다는 장점이 있기 때문이다. <국어의 로마자 표기법>의 제정 자체가 한국인을 위한 것이 아니라 외국인을 위한 것이라는 점에 비추어 본다면, 외국인들이 읽기에 편리하도록 표음주의를 택하는 것이 좀 더 타당한 표기 방식이라고 할 수 있을 것이다.

물론, 부득이하게 발음이 아니라 한국어 표기의 원형을 밝혀 적어야 하는 경우도 있을 수 있다. 예컨대, 외국 도서관에서 한국어로 된 서적의 목록을 만들거나 언어학자들이 외국어로 한국어에 대한 논문을 쓰는 경우에는 <한글 맞춤법>에 따른 로마자 표기가 필요한 것이다(정희원 2000: 21). 종전의 표기법에서는 이러한 경우를 대비한 표기 체계를 마련해 두고 있지 않았던 것과 달리, 현행 <국어의 로마자 표기법>에서는 전자법 방식을 따로 고시하여 두고 있는바(제3장 제8항), 좀 더 체계적인 표기법이라고 할 수 있을 것이다.

<국어의 로마자 표기법>의 두 번째 기본 원칙은 "로마자 이외의 부호는 되도록 사용하지 않는다."라는 것이다. 이와 같은 원칙은 반달표(˘)나 어깻점(') 등 로마자 이외의 특수 부호를 사용하지 않는다는 사실을 말하여 주는 것이다. 주지하는 바와 같이, 종전의 <국어의 로마자 표기법>에서는 제한된 로마자만으로는 한국어의 말소리를 다 표기하기가 어렵다는 판단하에, 특수 부호를 사용하여 이를 보완하는 방식을 택하였다. 그러나 그러한 표기 방식은 컴퓨터상에서 입력이 용이하지 않다는 점과 부호의 의미가 무엇인가를 파악하기가 어렵다는 점 때문에 일반인들이 사용하기를 꺼려하였다. 또한, 종전의 표기법에서는 의미의 혼동을 초래하지 않는 경우에는 생략이 가능하다는 허용 규정이 있었던바, 한국어의 중요한 음운 대립을 나타

낼 수 없도록 만드는 결과를 초래하기도 하였다. 이와 같은 이유들 때문에 현행 <국어의 로마자 표기법>에서는 로마자 이외의 어떠한 특수 부호도 사용하지 않는다는 원칙을 새로이 정한 것이다.

3. 모음 및 자음의 표기

앞에서는 현행 <국어의 로마자 표기법>의 기본 원칙이 무엇인가를 살펴보았다. 우리가 확인한 바와 같이, 기본 원칙은 한국어를 로마자로 표기하는 데 표음주의 방식을 택한다는 것과 로마자 이외의 특수 부호는 전혀 사용하지 않는다는 것이었다. 이제 그와 같은 기본 원칙에 대한 이해를 바탕으로, 여기에서는 <국어의 로마자 표기법> 제2장의 '표기 일람'에 제시된 모음과 자음 및 반모음의 표기 방식을 자세히 살펴보기로 하겠다.

우선, 모음의 표기 방식을 이해하기 위해 모음의 표기 일람을 제시하면 다음과 같다.

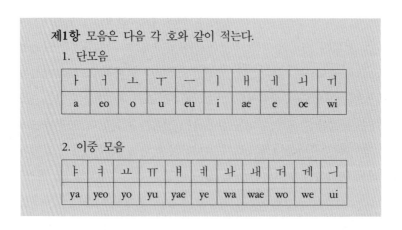

제1항 모음은 다음 각 호와 같이 적는다.

1. 단모음

ㅏ	ㅓ	ㅗ	ㅜ	ㅡ	ㅣ	ㅐ	ㅔ	ㅚ	ㅟ
a	eo	o	u	eu	i	ae	e	oe	wi

2. 이중 모음

ㅑ	ㅕ	ㅛ	ㅠ	ㅒ	ㅖ	ㅘ	ㅙ	ㅝ	ㅞ	ㅢ
ya	yeo	yo	yu	yae	ye	wa	wae	wo	we	ui

> **[붙임 1]** '의'는 ' l '로 소리 나더라도 ui로 적는다.
> (보기) 광희문 Gwanghuimun
> **[붙임 2]** 장모음의 표기는 따로 하지 않는다.

이와 같은 모음의 표기법 가운데 이전의 방식과 달라진 것은 '어, 으, 의' 세 가지이다. 먼저 '어, 으'의 경우에는 종전에는 특수 부호를 사용하여 'ŏ, ŭ'로 표기하였던 것을, 특수 부호를 사용하지 않기로 한 기본 원칙에 따라 'eo, eu'로 표기하는 방식을 택하였다. 'ŭi'로 표기해 왔던 '의'를 'ui'로 적기로 한 것 역시 그와 같은 원칙 때문이다.

그런데 '어, 으'를 각각 'eo, eu'로 표기하는 방식에 문제가 전혀 없는 것은 아니다. 가장 큰 문제는 'eo, eu'에서 모음 '어, 으'의 발음을 유도하기가 쉽지 않다는 점이라고 할 수 있다. 그러나 이러한 문제는 교육과 홍보를 통해서 해결해야 한다는 입장에서 결국엔 이와 같은 표기 방식을 택한 것으로 보인다.

'의'의 표기 방식에는 한 가지 특기해야 할 사항이 있다. 위의 [붙임 1]에서 암시하고 있는 바와 같이, '의'는 발음과는 무관하게 항상 'ui'로만 적어야 한다는 것이다. 현행 <표준어 규정>의 '표준 발음법'에 따르면, '의'는 가령, '희'와 같이 음절의 첫소리가 자음인 경우, [이]로 소리가 나게 된다. 따라서 <국어의 로마자 표기법>의 기본 원칙 제1항에 따르면 이 경우의 '희'는 'hi'로 표기해야 올바른 표기라고 할 수 있는 것이다. 그럼에도 불구하고, '희'를 'hi'로 적지 않고 'hui'로 적기로 한 것은 이와 같은 표기를 낯설게 생각하는 사람들이 많아 예외를 인정하기로 한 것이다(정희원 2000: 24).

한국어 자음을 로마자로 표기하는 방식에서도 몇 가지 중요한 변화가 보이고 있다. 이를 살펴보기 위해서 먼저 자음의 표기 일람을 제시해 보기로 한다.

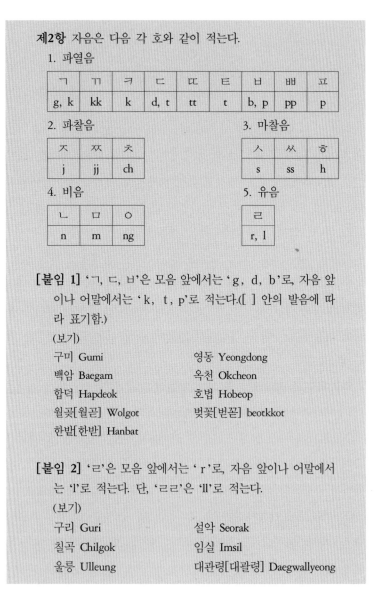

제2항 자음은 다음 각 호와 같이 적는다.

1. 파열음

ㄱ	ㄲ	ㅋ	ㄷ	ㄸ	ㅌ	ㅂ	ㅃ	ㅍ
g, k	kk	k	d, t	tt	t	b, p	pp	p

2. 파찰음

ㅈ	ㅉ	ㅊ
j	jj	ch

3. 마찰음

ㅅ	ㅆ	ㅎ
s	ss	h

4. 비음

ㄴ	ㅁ	ㅇ
n	m	ng

5. 유음

ㄹ
r, l

[붙임 1] 'ㄱ, ㄷ, ㅂ'은 모음 앞에서는 'g, d, b'로, 자음 앞이나 어말에서는 'k, t, p'로 적는다.([ ] 안의 발음에 따라 표기함.)

(보기)

구미 Gumi   영동 Yeongdong

백암 Baegam   옥천 Okcheon

합덕 Hapdeok   호법 Hobeop

월곶[월곧] Wolgot   벚꽃[벋꼳] beotkkot

한밭[한받] Hanbat

[붙임 2] 'ㄹ'은 모음 앞에서는 'r'로, 자음 앞이나 어말에서는 'l'로 적는다. 단, 'ㄹㄹ'은 'll'로 적는다.

(보기)

구리 Guri   설악 Seorak

칠곡 Chilgok   임실 Imsil

울릉 Ulleung   대관령[대괄령] Daegwallyeong

자음의 표기에서 달라진 첫 번째 변화는 'ㄱ, ㄷ, ㅂ, ㅈ'의 표기와 관련되는 것이다. 즉, 종전에는 이들 자음의 유·무성을 구분하여 무성음 환경에서는 'k, t, p, ch'로, 유성음 환경에서는 'g, d, b, j'로 구분하여 표기하여 오던 것을, 그러한 구분 없이 'g, d, b, j'로 적기로 한 것이다. 예컨대, 종전에는 '바보'를 적을 때 첫 음절의 'ㅂ'는 무성음이므로 'p'로 적고, 둘째 음절의 'ㅂ'는 유성음이어서 'b'로 적는 방식을 택하여 왔다. 이와 같은 방식은 유성음과 무성음을 구분하여 인식할 수 있는 외국인들에게는 편리한 방법이지만, 이 둘의 차이를 인식하지 못하는 한국인들에게는 매우 어려운 일이라고 할 수 있으므로, 그 구분을 없애고 어떠한 환경에서든 'g, d, b, j'로 적기로 한 것이다.

그러나 한 가지 유의해야 할 것은 [붙임 1]에서 제시하고 있는 것처럼 음절 말 위치에 나타나는 'ㄱ, ㄷ, ㅂ'은 'g, d, b'가 아니라, 'k, t, p'로 적기로 하였다는 사실이다. 이와 같은 규정은 한국인들이 유성음과 무성음의 구별은 잘하지 못하지만, 음절 초 위치에 있는 자음과 음절 말 위치의 자음은 잘 구별한다는 사실 때문에 마련된 것이라고 할 수 있다. 예컨대, '밥'의 경우, 첫 번째 'ㅂ'와 두 번째 'ㅂ'의 발음 방식은 차이가 있는데, 첫 번째 'ㅂ'는 숨을 터트리면서 발음하는 파열음이지만, 두 번째 'ㅂ'는 그러한 파열을 수반하지 않는 불파음(不破音)이라고 할 수 있는바, 이와 같은 음성적 차이를 한국인들은 비교적 잘 인식하고 있는 것이다. 따라서 현행 <국어의 로마자 표기법>에서는 받침이나 어말, 곧 음절 말 위치의 'ㄱ, ㄷ, ㅂ'은 따로 구분하여 'k, t, p'로 적기로 한 것이다.18)

'ㄱ, ㄷ, ㅂ, ㅈ'의 표기에서 유·무성의 차이를 구별하지 않기로 함에 따라 유기음 'ㅋ, ㅌ, ㅍ, ㅊ'의 표기에 'k, t, p, ch'를 사용하기로 한 것 또한 현행 <국어의 로마자 표기법>의 특징 가운데 하나이다. 앞에서 지적한 것

---

18) 이와 같은 규정에서 왜 'ㅈ', 'ㅅ' 등과 같은 자음에 대해서는 아무런 언급이 없는 것인지 의아해하는 독자도 있을 것이다. 주지하는 바와 같이, 음절 말 위치에 올 수 있는 한국어의 자음은 'ㄱ, ㄴ, ㄷ, ㄹ, ㅁ, ㅂ, ㅇ' 7개밖에 되지 않는다. 따라서 'ㅈ'나 'ㅅ'는 음절 말 위치에서 'ㄷ'로 변하기 때문에 별도의 규정을 필요로 하지 않는다.

처럼, 종전에 유기음 'ㅋ, ㅌ, ㅍ, ㅊ'을 표기하는 방식은 평음의 표기에 사용하는 'k, t, p, ch'에 어깻점을 붙여 k', t', p', ch'로 표기하는 방식이었다. 그러나 이와 같은 방식은 기호의 의미가 무엇인가를 파악하기가 쉽지 않을 뿐더러 시각적으로 구별하기가 어렵고, 또 생략되는 경우도 많았던 까닭에 적지 않은 문제점이 있었다. 따라서 현행 <국어의 로마자 표기법>이 평음의 표기는 'g, d, b, j'로, 유기음의 표기는 'k, t, p, ch'로 하기로 한 것은 한국어의 중요한 음운 대립인 평음과 유기음의 구별을 쉽게 할 수 있도록 해준다는 장점이 있다.

된소리 'ㄲ, ㄸ, ㅃ, ㅆ, ㅉ'의 표기는 글자를 겹쳐 적는 방식을 택하여 'kk, tt, pp, ss, jj'로 적기로 한 점 또한 자음의 표기에서 나타나는 중요한 변화 가운데 하나이다. 다만, 'ㄲ, ㄸ, ㅃ'을 표기할 때 'g, d, b'를 겹치지 않고, 'k, t, p'를 겹쳐 쓰고 있는 점이 문제라면 문제일 수 있는데, 이는 'g, d, b'가 일반적으로는 유성음을 표기하는 데 사용되는 글자이므로, 무성음인 경음을 표기하는 데 적합하지 않다고 보았기 때문이다. 그러나 'ㅉ'는 'ch'를 겹쳐 쓸 수가 없어 'jj'로 표기하는 방식을 택하였다(정희원 2000: 27).

자음의 표기 방식에서 언급해야 할 또 한 가지 중요한 사실은 'ㅅ'을 표기할 때, 종전에는 's'와 'sh'로 구분하여 적었지만 현행 <국어의 로마자 표기법>에서는 그러한 구분을 없애고 's'로 통일하여 적기로 하였다는 점이다. 즉, 종전의 표기법에서는 'ㅅ'가 구개성을 띠는 모음 '이' 앞에서 구개음이 되는 것을 표기에 반영하여 'sh'로 적어왔다. 예컨대, '서울'과 '시골'이라는 단어들에서 'ㅅ'는 음성학적으로 차이가 있어, 앞의 'ㅅ'는 치경의 위치에서 발음되는 [s]이지만, 뒤의 'ㅅ'는 구개음의 위치에서 발음되는 [ʃ]라고 할 수 있으므로, 이를 구별하기 위하여 's'와 'sh'로 나누어 적는 방식을 택하였던 것이다. 그러나 이러한 구별은 상당히 수준 높은 음성학적 지식이 있어야 하므로, 일반적인 한국인들은 이와 같은 음성적 차이를 잘 인식하지 못한다는 점을 고려하여 'ㅅ'를 's'로 통일하여 적기로 하였다.

마지막으로, 자음의 표기 방식에서 알아야 할 사실 한 가지는 'ㄹ'의 표기를 음운 환경에 따라, 'r'과 'l'로 구분하여 적는다는 것이다. 이러한 표기 방식은 종전과 비교하여 차이가 있는 것은 아니지만, 'ㄹ'의 발음에 대하여 언중이 인식하고 있는 정도를 표기에 반영하였다는 점에서 중요성을 지닌다. 즉, 일반적으로 한국인들은 예컨대 '우리'의 'ㄹ'와 '달'의 'ㄹ'가 각각 다른 소리라는 것을 인식하고 있는 경우가 많다고 할 수 있으므로, 이를 'r'과 'l'로 구별하여 적기로 한 것이다.

음성학적으로 볼 때, '우리'의 'ㄹ'처럼 음절 초 위치에 나타나는 한국어의 'ㄹ'는 윗잇몸에 혀를 살짝 대어 소리를 내는 탄설음 [ɾ]이지만, '달'의 'ㄹ'처럼 음절 말 위치에서는 잇몸에 혀를 댄 채로 발음하는 치경음 [l]이다. 이와 같은 음성적 차이에 대해서는 한국인들이 비교적 잘 인식하고 있다고 보아 현행 <국어의 로마자 표기법>에서도 이를 반영하고 있다는 점이 특징적이라고 할 것이다.

4. 기타 표기 세칙

현행 <국어의 로마자 표기법> 제3장 '표기상의 유의점'에서는 한국어의 음운 변화를 비롯하여 고유명사와 인명의 표기, 행정 구역 단위, 자연 지물명, 문화재명, 인공 축조물명 등의 표기에 관한 세부 사항과 함께, 예외적인 규정으로서 '인명, 회사명, 단체명' 등의 관습적 표기를 인정하는 문제, 학술 연구 논문 등 특수 분야에서 한글 복원을 전제로 사용할 수 있는 전자법 표기 방식 등에 대해 규정해 놓고 있다. 이러한 내용 가운데 몇 가지 중요한 문제들을 차례로 점검하기로 하겠다.

4.1. 음운 변화의 표기

앞에서 확인한 바와 같이, 한국어의 로마자 표기는 표준 발음법에 따라 적기로 되어 있는 것이 첫 번째 대원칙이다. 따라서 한국어의 모든 음운 변화는 원칙적으로 표기에 반영되어야 한다. 음운 변화의 표기에 대해서는 현행 <국어의 로마자 표기법> 제3장 '표기상의 유의점' 제1항에 제시하고 있으므로, 이를 먼저 살펴보기로 한다.

제1항 음운 변화가 일어날 때에는 변화의 결과에 따라 다음 각 호와 같이 적는다.

1. 자음 사이에서 동화 작용이 일어나는 경우

    (보기)

    백마[뱅마] Baengma   신문로[신문노] Sinmunno

    종로[종노] Jongno   왕십리[왕심니] Wangsimni

    별내[별래] Byeollae   신라[실라] Silla

2. 'ㄴ, ㄹ'이 덧나는 경우

    (보기)

    학여울[항녀울] Hangnyeoul   알약[알략] allyak

3. 구개음화가 되는 경우

    (보기)

    해돋이[해도지] haedoji   같이[가치] gachi

    굳히다[구치다] guchida

4. 'ㄱ, ㄷ, ㅂ, ㅈ'이 'ㅎ'과 합하여 거센소리로 소리 나는 경우

    (보기)

    좋고[조코] joko   놓다[노타] nota

    잡혀[자펴] japyeo   낳지[나치] nachi

    다만, 체언에서 'ㄱ, ㄷ, ㅂ' 뒤에 'ㅎ'이 따를 때에는 'ㅎ'을

> 밝혀 적는다.
> (보기)
> 묵호 Mukho   집현전 Jiphyeonjeon
>
> **[붙임]** 된소리되기는 표기에 반영하지 않는다.
> (보기)
> 압구정 Apgujeong   낙동강 Nakdonggang
> 죽변 Jukbyeon   낙성대 Nakseongdae
> 합정 Hapjeong   팔당 Paldang
> 샛별 saetbyeol   울산 Ulsan

위의 규정을 통하여 우리는 현행 <국어의 로마자 표기법>에서 규정하고 있는 한국어 음운 변화로는 자음 동화를 비롯하여, 'ㄴ, ㄹ' 첨가 현상, 구개음화, 유기음화 및 경음화 현상 등이 있음을 알 수 있다. 또한, 이러한 동화 현상들 가운데 자음 동화와 'ㄴ, ㄹ' 첨가 현상, 구개음화 및 용언의 어간과 어미 사이에서 나타나는 유기음화 현상은 표기에 반영되지만, 체언에서의 유기음화와 경음화 현상은 표기에 반영하지 않기로 하였음을 알 수 있다.

<국어의 로마자 표기법>에서 반영되는 자음 동화로는 비음 동화와 유음화가 있다. 비음 동화란 'ㄱ, ㄷ, ㅂ'과 같은 폐쇄음들이 비음 'ㄴ, ㅁ'의 영향을 받아 각각 비음 'ㅇ, ㄴ, ㅁ' 등으로 바뀌는 현상(例. 백마[뱅마]Baengma)과, 'ㄹ'가 비음 뒤에서 'ㄴ'로 바뀌는 현상(例. 종로[종노]Jongno)을 말한다. 폐쇄음의 비음 동화가 역행 동화라고 한다면, 'ㄹ'의 비음 동화는 순행 동화라고 할 수 있다.

유음화란 비음 'ㄴ'가 유음 'ㄹ'에 동화되어 'ㄹ'로 바뀌는 현상을 말한다. 활용상에서는 순행 동화를, 한자어나 복합어에서는 순행 동화와 역행 동화를 둘 다 보여 준다.

'ㄴ'와 'ㄹ' 첨가 현상은 두 개의 형태소가 결합할 때에 그중의 한 형태소나 두 형태소에 어떤 음운이 덧붙어 발음되는 현상을 말한다. 'ㄴ' 첨가 현상은 '깨+잎→깻잎[깬닙], 꽃+잎→[꼰닙], 맨+입→[맨닙], 콩+엿→[콩녇], 눈+요기→[눈뇨기]' 등의 예에서처럼 뒤에 오는 형태소의 첫소리로 '이'나 '요, 여' 등의 소리가 올 때, 'ㄴ'가 끼어 들어가는 현상을 말한다. 이와는 달리, 'ㄹ' 첨가 현상은 '들+일→[들릴], 설+익다→[설릭다], 물+엿→[물렫]' 등처럼 'ㄹ' 받침 뒤에서 'ㄴ'가 아닌 'ㄹ'가 첨가되는 현상이다. 이러한 첨가 현상은 주로 합성어를 만들 때 일어나는데, 글로 적을 때에는 사이시옷으로 적기도 한다.

다음으로, 구개음화 현상은 치경음 'ㄷ, ㅌ'가 모음 'i'나 활음 'j'의 영향에 의해 구개음 'ㅈ, ㅊ'로 변화하는 현상이다. 현대 한국어 단계에서는 형태소 경계에서만 구개음화가 실현되는 것이 특징이다.

네 번째 음운 변화로 제시된 것은 유기음화 현상이다. 유기음화란 'ㄱ, ㄷ, ㅂ, ㅈ'과 같은 한국어의 평자음들이 'ㅎ'와 만나게 되면 각각 유기음 'ㅋ, ㅌ, ㅍ, ㅊ'이 되는 현상을 말한다. 따라서 '좋고, 놓다, 낳지' 등의 어휘들은 각각 [조코], [노타], [나치] 등으로 발음되므로, 이를 표기에 반영하여 'joko, nota, nachi' 등으로 적어야 하는 것이다. 다만, 유기음화를 표기에 반영하되, 체언과 용언의 경우를 구분하여 체언에서 나타나는 유기음화는 표기에 반영하지 않고, 용언의 어간과 어미 사이에 나타나는 유기음화만을 표기에 반영하는 것이 특징이다. 체언에서 나타나는 유기음화를 표기에 반영하지 않는 것은 용언에 대해서와 달리, 체언에 대해서는 일반 한국어 화자들이 어원 의식을 더 많이 갖고 있다는 사실을 존중한 것이다. 예컨대, '묵호'를 소리 나는 대로 적으면 'Muko'가 되는데, 이때의 'k'를 '묵'의 종성 'ㄱ'와 '호'의 초성 'ㅎ'가 결합하여 나타난 유기음으로 보지 않고, '묵'의 받침 'ㄱ'를 표기한 것으로 보고, '호'의 'ㅎ'는 사라져 버린 것으로 생각하며 거부감을 느끼는 경우가 많다는 것이다. 이러한 경우를 위하여 체언의 경우에 나타나는 유기음화는 표기에 반영하지 않는 결과, '묵호'의 로마자 표기는 'Mukho'가 된다고 하겠다.

한편, 한국어의 경음화 현상을 <국어의 로마자 표기법>에서 반영하지 않는 데에는 다음과 같은 몇 가지 이유가 있다.

첫째, 종성 'ㄱ, ㄷ, ㅂ' 다음에 연결되는 'ㄱ, ㄷ, ㅂ, ㅅ, ㅈ'은 예외 없이 경음화를 겪게 되므로, 이러한 경우는 경음화를 로마자 표기에 반영하지 않더라도 이해하는 데 어려움이 없다는 것이다.

둘째, 한국어 어휘들 가운데는 '물고기'나 '불고기'처럼 동일한 음운 환경에서 경음으로 변하는 것이 규칙적이지 않은 경우가 많긴 하지만, 혹시나 '물고기'처럼 경음으로 발음해야 할 어휘를 평음으로 발음하더라도 심각한 의미의 혼동을 초래하는 것은 아니라는 것이다.

셋째, 경음화와 관련하여 표준 발음이 무엇인지 결정하기 어려운 경우가 있다는 것이다. 예컨대, '돌고개'의 경우, [돌고개]인지 [돌꼬개]인지를 의견의 일치가 이루어지지 않아 아직 표준 발음이 정하여지지 않은 경우가 많다는 것이다.

4.2. 인명의 표기

일반인들의 경우, <국어의 로마자 표기법>에 관한 제일차적인 관심은 아무래도 자신의 이름을 로마자로 어떻게 적어야 하는 정도일 수가 있다. 이에 대한 규정은 제3장 4항에 제시되어 있다.

제4항 인명은 성과 이름의 순서로 띄어 쓴다. 이름은 붙여 쓰는 것을 원칙으로 하되 음절 사이에 붙임표(-)를 쓰는 것을 허용한

> 다.(( ) 안의 표기를 허용함.)
> (보기) 민용하 Min Yongha (Min Yong-ha)
>   송나리 Song Nari (Song Na-ri)
>
> (1) 이름에서 일어나는 음운 변화는 표기에 반영하지 않는다.
>   (보기) 한복남 Han Boknam (Han Bok-nam)
>   홍빛나 Hong Bitna (Hong Bit-na)
>
> (2) 성의 표기는 따로 정한다.

위의 규정에서 제시하고 있는 바와 같이, 우선 인명은 성과 이름의 순서로 띄어 쓰며, 이름은 붙여 쓰는 것을 원칙으로 하되 음절 사이에 붙임표(-)를 쓰는 것을 허용하고 있다. 주지하는 바와 같이, 인명의 표기에서 동양과 서양은 중요한 문화적 관습의 차이가 있다. 동양에서는 성과 이름의 순서로 쓰는 것이 일반적이지만, 서양에서는 반대로 이름과 성의 순서로 쓴다는 것이 그것이다. 종전의 한국어 로마자 표기법에서도 마찬가지였지만, 현행 <국어의 로마자 표기법>에서도 인명의 표기할 때 성과 이름의 순서로 쓰기로 한 것은 한국의 오랜 문화적 관습을 따르는 것이라고 해석할 수 있을 것이다.

인명을 성과 이름의 순서로 쓰되 띄어 쓰기로 한 것은 현행 <한글 맞춤법>에서 성과 이름을 붙여 쓰기로 한 것과는 대조적이라고 할 수 있다. 이는 로마자로 표기하는 경우 성과 이름을 붙여 써 놓으면 어떤 것이 성인지 구별하기가 어려운 경우가 많기 때문이라고 할 것이다.

이름의 표기는 '빛나'(Bitna)의 예에서처럼 이름 첫 음절의 첫 자만 대문자로 적고 둘째 음절은 띄어 쓰지 않고 앞 음절에 붙여 쓰며, 이름에서 일어나는 음운 변화는 표기에 반영하지 않는 것이 특징이다. 그리고 종전의 표기법에서는 이름 사이에 붙임표를 넣는 것을 원칙으로 하였던 것과는 달리, 현행 <국어의 로마자 표기법>에서는 필요한 경우에만 붙임표를 써서 음절을 구분하는 것을 허용하고 있다.

이름의 표기에서 음운 변화를 표기에 반영하지 않는 것은 한국인들이 자신의 이름 한 자 한 자에 의미를 두는 경우가 많을 뿐만 아니라, 특히 항렬을 따르는 경우가 많아 각 음절의 음가를 살려서 적고 싶어 하는 경향이 강하다는 사실을 반영한 것이다.

한편, 성의 표기는 표기법의 원칙대로 따르라고 하기가 어려운 경우가 많아서 따로 정하기로 하였으나, 현재까지 마땅한 권장안을 마련하지는 못한 상태이다. 예를 들어, '이(李)'는 표기법에 따르면 'I'로 써야 올바른 표기이지만, 하나의 로마자 기호를 가지고 성씨를 표기하는 것이 어딘지 낯설고 거부감을 준다고 여기는 경우가 많아서 현재까지 그렇게 쓰는 사람이 거의 없는 실정이라고 할 수 있다. 더구나, 성의 표기와 관련해서는 7항에서 그동안 관습적으로 써 온 표기를 쓸 수 있다는 허용 규정까지를 마련해 놓고 있어서 그 허용의 범위를 어디까지로 보아야 하는가 하는 문제와, 그러한 관습적 표기들 가운데 어느 것을 표준안으로 삼을 것인가를 결정해야 하는 어려움까지 안고 있는 것이 현재의 실정이다. 예컨대, '이(李)'의 경우 가장 폭넓게 사용되고 있는 Lee로부터 시작하여, 그 밖의 것으로 Rhee, Yi, Ri, Li, Rhie, Lie 등이 쓰이고 있는데, 이와 같은 여러 가지 표기들 가운데 관습적 표기라고 볼 수 있는 범위는 어디까지이며, 또 그 가운데 어느 것을 표준안으로 삼을 수 있을 것인지 결정하기가 쉽지 않은 일이라고 할 수 있는 것이다.[19)

---

19) 이러한 문제를 해결하기 위한 하나의 안으로 제시된 것이 바로 허철구(2000)이다.

4.3. 행정 구역 단위 및 '가(街)'의 표기

인명의 표기 외에 또한 일반인들이 관심을 가질 수 있는 <국어의 로마자 표기법>은 행정 구역 단위의 표기라고 할 수가 있다. 이에 대해서는 다음과 같이 규정해 놓고 있다.

> **제5항** '도, 시, 군, 구, 읍, 면, 리, 동'의 행정 구역 단위와 '가'는 각각 'do, si, gun, gu, eup, myeon, ri, dong, ga'로 적고, 그 앞에는 붙임표(-)를 넣는다. 붙임표(-) 앞뒤에서 일어나는 음운 변화는 표기에 반영하지 않는다.
> (보기)
> | | |
> |---|---|
> | 충청북도 Chungcheongbuk-do | 제주도 Jeju-do |
> | 의정부시 Uijeongbu-si | 양주군 Yangju-gun |
> | 도봉구 Dobong-gu | 신창읍 Sinchang-eup |
> | 삼죽면 Samjuk-myeon | 인왕리 Inwang-ri |
> | 당산동 Dangsan-dong | 봉천 1동 Bongcheon 1(il)-dong |
> | 종로 2가 Jongno 2(i)-ga | 퇴계로 3가 Toegyero 3(sam)-ga |
>
> **[붙임]** '시, 군, 읍'의 행정 구역 단위는 생략할 수 있다.
> (보기)
> | | | |
> |---|---|---|
> | 청주시 Cheongju | 함평군 Hampyeong | 순창읍 Sunchang |

여기에서 알 수 있듯이, '도, 시, 군, 구, 읍, 면, 리, 동'의 행정 구역 단위 및 '가[20]'의 표기는 각각 'do, si, gun, gu, eup, myeon, ri, dong, ga' 등으로 하되, 그 앞에 붙임표(-)[21]를 넣어 적는 것이 특징이다. 또한, 인명의 표기에

---

20) 큰 동(洞)이나 노(路)를 다시 구분할 때 쓰는 행정 구역 단위.

21) 명시적으로 밝히지는 않았지만, 로마자 이외의 부호는 되도록 사용하지 않는다는 원칙에 예외적인 것이 한 가지 있다면, 붙임표(-)의 사용이다. 여기에서 확인한 대로, 행정 구역 단위 앞에 붙임표(-)를 사용하는 것 외에도 이를 사용하는 경우가 몇 가지 있는데, 이를 밝히면 다음과 같다.
① 발음상 혼동의 우려가 있는 경우(제3장 2항)

서 이름의 앞뒤에서 일어나는 음운 변화는 표기에 반영하지 않는 것과 마찬가지로, 붙임표(-) 앞뒤에서 일어나는 음운 변화는 표기에 반영하지 않는다. 마지막으로, [붙임]에서 제시하고 있는 바와 같이, '시, 군, 읍' 등의 행정 구역 단위는 생략이 가능하다.

4.4. 학술적인 용도의 전자법 표기

우리는 앞에서 현행 <국어의 로마자 표기법>의 대원칙이 한국어의 표준 발음을 로마자로 옮기는 전사법을 택하고 있음을 확인한 바 있다. 그러나 전사법의 방식에만 의존하다 보면 문제가 있을 수 있는데, 그것이 바로 학술적인 용도 등 특수한 상황에서 한글 복원을 전제로 표기가 이루어져야 하는 경우이다. 이러한 문제를 해결하기 위해 현행 <국어의 로마자 표기법>에서는 따로 규정을 마련하고 있다. 다음 규정이 바로 그것이다.

제8항 학술 연구 논문 등 특수 분야에서 한글 복원을 전제로 표기할 경우에는 한글 표기를 대상으로 적는다. 이때 글자 대응은 제2장을 따르되 'ㄱ, ㄷ, ㅂ, ㄹ'은 'g, d, b, l'로만 적는다. 음가 없는 'ㅇ'은 붙임표(-)로 표기하되 어두에서는 생략하는 것을 원칙으로 한다. 기타 분절의 필요가 있을 때에도 붙임표(-)를 쓴다.

(보기)

집 jib 짚 jip
밖 bakk 값 gabs
붓꽃 buskkoch 먹는 meogneun

---

② 인명의 음절 사이(제3장 4항)
③ 전자법 표기에서 음가 없는 'ㅇ'을 표기할 때(제3장 8항)
④ 분절의 필요가 있는 경우(제3장 8항)

독립 doglib   문리 munli
물엿 mul-yeos   굳이 gud-i
좋다 johda   가곡 gagog
조랑말 jolangmal   없었습니다 eobs-eoss-seubnida

앞에서도 잠깐 언급한 적이 있지만, 전자법(轉字法)에 의한 로마자 표기법
은 동일한 글자로 표기된 것은 늘 동일한 로마자로 대응되도록 표기하는
방식을 말한다. 이와는 달리, 전사법(轉寫法)은 동일한 글자라고 하더라도 어
떠한 음운론적 환경에 놓여 있는가에 따라 그 발음에 차이가 있는바, 그것
을 표기에 반영하는 방식을 말한다. 예컨대, 몇몇 어휘를 두 가지 방식에
따라 달리 표기해 보임으로써 그 차이를 살펴보면 다음과 같다.

<표 4> 전자법과 전사법에 의한 한국어 로마자 표기법 비교

어휘	전자법	전사법
밥	bab	bap
값	gabs	gap
밥물	babmul	bammul
독립문	Doglibmun	Dongnimmun
만리	manli	malli

위의 예에서 볼 수 있듯이, '밥, 값, 밥물'의 표기를 예로 들 때, 전자법에
서는 'ㅂ'가 어떠한 환경에서든 동일하게 'b'로 대응되고 있지만, 전사법의
표기 방식에 따르면, 음운론적 환경에 따라 'b, p, m' 등 각기 다른 문자와
대응되고 있음을 알 수 있다. 또한 '독립문'과 '만리'의 경우에도 'ㄹ'가 전
자법의 방식에서는 어떠한 환경에서든 하나의 로마자와 대응하고 있는 반
면, 전사법에서는 그렇지 않음을 알 수 있는 것이다. 이와 같은 두 가지 표

기 방식 가운데 현행 <국어의 로마자 표기법>은 원칙적으로는 전사법의
방식을 택하되, 특수한 경우에 한하여 전자법의 방식을 택한다는 사실을 보
여 주는 것이 <국어의 로마자 표기법> 제3장 8항의 내용이다. 이를 좀 더
구체적으로 살펴보면, 전자법에 의한 로마자 표기는 <국어의 로마자 표기
법> 제2장의 '표기 일람'을 따르되, 'ㄱ, ㄷ, ㅂ, ㄹ'은 항상, 'g, d, b, l'로만
적는다는 것이 첫 번째 세부 규정이라고 한다면, '굳이 gud-i'의 예에서 알
수 있는 바와 같이, 음가 없는 'ㅇ'은 붙임표(-)로 표기하되 어두에서는 생략
하는 것을 원칙으로 한다는 것이 또 하나의 세부 규정이라고 할 수 있을 것
이다.

연 습 문 제

1 다음 글은 대학교수가 한 대학 신문에 기고한 글이다. 새로운 〈국어의 로마자 표기법〉에 대한 자신의 인상을 토대로 개정의 당위성에 회의를 품고 있는 이 글의 필자를 설득하기 위하여, 현행 〈국어의 로마자 표기법〉의 내용과 당위 성을 제시하는 글을 작성해 보라.

> 이번 로마자 표기법에 따르면 '거북선'은 Geobukseon이 된다. 이것 을 발음하면 '죠벅션' 또는 지오벅시언쯤 되지 않을까. 이렇게 발음 하다 보니 새삼 떠오르는 것이 20여 년 전에 판매되었던 '거북선'이 라는 담배이다. 그 담뱃갑에 있던 영문 표기가 바로 Geobukseon이었 던 것이다. 바로 그때의 로마자 표기법이 갖는 문제점을 해결하기 위해 나온 것이 이제까지 우리가 사용해 오던 로마자 표기법이 아 닌가. 그렇다면 새로 제정되는 로마자 표기법은 새로운 것이라기보 다 폐기 처분했던 것을 다시 꺼낸 것이나 다름없다고 해야 하겠다. 이를 놓고 정보화 시대를 들먹인다면 이에 동의할 사람이 얼마나 될까. 사정이 이러하니, 뭔가 자꾸 일을 벌여야 그것 때문에 먹고 사는 사람도 생기지 않느냐는 자조적인 말이 나오기까지 한다. (중 략). 말하자면 무언가 계속 바꾸거나 새로운 것을 만들어내야 한다 는 의식이 관성 또는 타성처럼 사람들의 마음을 짓누르는 가운데 나온 것일 수 있는 것이다. 이런 종류의 강박관념이 만들어 낸 것 가운데 하나가 이번의 새로운 로마자 표기법은 아닐까.

2 자신의 영문 이력서를 작성하되, 고유명사의 표기에는 현행 〈국어의 로마자 표기법〉을 적용하여 작성한 후, 자신의 동료들과 돌려 읽기를 통하여 문제점 이 있는가를 검토해 보라.

3 다음에 제시된 한국어 로마자 표기의 예 가운데 잘못 표기된 부분을 찾아 바르게 고쳐 써라.

(1) 벚꽃   beodkkot

(2) 설악   Seolak

(3) 별내   Byeolnae

(4) 해돋이   haedoti

(5) 잡혀   japheo

(6) 식혜   sikye

(7) 한복남(인명) Han Bongnam

(8) 떡국   tteokkuk

(9) 속리산   Sokrisan

(10) 무등산   Muteungsan

4 다음에 제시한 한국어 단어를 현행 <국어의 로마자 표기법>에 따라 표기하라.

(1) 대학:

(2) 집현전:

(3) 광희문:

(4) 장모음:

(5) 한밭:

(6) 대관령:

(7) 학여울:

(8) 압구정:

(9) 전라남도:

(10) 광주광역시:

참고문헌

권재일(2000), 설득, 이해, 실천의 의지」, 『새국어생활』 10-4호, 국립국어연구원, pp. 51
～62.

김명식(2000), 확고한 의지, 광범하고 꾸준한 홍보」, 『새국어생활』 10-4호, 국립국어연
구원, pp. 63～74.

김민수(1973), 『국어정책론』, 고려대학교출판부.

김세중(2000), 국어의 로마자 표기법 개정 경위」, 『새국어생활』 10-4호, 국립국어연구원,
pp. 5～18.

민현식(1999), 『국어 정서법 연구』, 태학사.

정희원(1997), 역대 주요 로마자 표기법 비교, 『새국어생활』 7-2호, 국립국어연구원, pp.
27～43.

_____(2000), 새 로마자 표기법의 특징, 『새국어생활』 10-4호, 국립국어연구원, pp. 19
～34.

허철구(2000), 성(姓)의 로마자 표기 방안, 『새국어생활』 10-4호, 국립국어연구원, pp. 75
～94.

1. 「문장 부호」 전문(2014. 12. 5. 개정)

문장 부호

　문장 부호는 글에서 문장의 구조를 드러내거나 글쓴이의 의도를 전달하기 위하여 사용하는 부호이다. 문장 부호의 이름과 사용법은 다음과 같이 정한다.

1. 마침표(.)

(1) 서술, 명령, 청유 등을 나타내는 문장의 끝에 쓴다.

　　예 젊은이는 나라의 기둥입니다.　예 제 손을 꼭 잡으세요.
　　예 집으로 돌아갑시다.　　　　　예 가는 말이 고와야 오는 말이 곱다.

[붙임 1] 직접 인용한 문장의 끝에는 쓰는 것을 원칙으로 하되, 쓰지 않는 것을 허용한다.(ㄱ을 원칙으로 하고, ㄴ을 허용함.)

　　예 ㄱ. 그는 "지금 바로 떠나자."라고 말하며 서둘러 짐을 챙겼다.
　　　　ㄴ. 그는 "지금 바로 떠나자"라고 말하며 서둘러 짐을 챙겼다.

[붙임 2] 용언의 명사형이나 명사로 끝나는 문장에는 쓰는 것을 원칙으로 하되, 쓰지 않는 것을 허용한다.(ㄱ을 원칙으로 하고, ㄴ을 허용함.)

예 ㄱ. 목적을 이루기 위하여 몸과 마음을 다하여 애를 씀.
　　ㄴ. 목적을 이루기 위하여 몸과 마음을 다하여 애를 씀

예 ㄱ. 결과에 연연하지 않고 끝까지 최선을 다하기.
　　ㄴ. 결과에 연연하지 않고 끝까지 최선을 다하기

예 ㄱ. 신입 사원 모집을 위한 기업 설명회 개최.
　　ㄴ. 신입 사원 모집을 위한 기업 설명회 개최

예 ㄱ. 내일 오전까지 보고서를 제출할 것.
　　ㄴ. 내일 오전까지 보고서를 제출할 것

다만, 제목이나 표어에는 쓰지 않음을 원칙으로 한다.

예 압록강은 흐른다　　　　　예 꺼진 불도 다시 보자
예 건강한 몸 만들기

(2) 아라비아 숫자만으로 연월일을 표시할 때 쓴다.
　　예 1919. 3. 1.　　　　　　예 10. 1.~10. 12.

(3) 특정한 의미가 있는 날을 표시할 때 월과 일을 나타내는 아라비아 숫자 사이에 쓴다.
　　예 3.1 운동　　　　　　　예 8.15 광복

[붙임] 이때는 마침표 대신 가운뎃점을 쓸 수 있다.

예 3·1 운동　　　　　　　예 8·15 광복

(4) 장, 절, 항 등을 표시하는 문자나 숫자 다음에 쓴다.
　　예 가. 인명　　　　　　　예 ㄱ. 머리말
　　예 Ⅰ. 서론　　　　　　　예 1. 연구 목적

[붙임] '마침표' 대신 '온점'이라는 용어를 쓸 수 있다.

2. 물음표(?)

(1) 의문문이나 의문을 나타내는 어구의 끝에 쓴다.

예 점심 먹었어?   예 이번에 가시면 언제 돌아오세요?
예 제가 부모님 말씀을 따르지 않을 리가 있겠습니까?
예 남북이 통일되면 얼마나 좋을까?
예 다섯 살짜리 꼬마가 이 멀고 험한 곳까지 혼자 왔다?
예 지금?   예 뭐라고?
예 네?

[붙임 1] 한 문장 안에 몇 개의 선택적인 물음이 이어질 때는 맨 끝의
물음에만 쓰고, 각 물음이 독립적일 때는 각 물음의 뒤에 쓴다.

예 너는 중학생이냐, 고등학생이냐?
예 너는 여기에 언제 왔니? 어디서 왔니? 무엇하러 왔니?

[붙임 2] 의문의 정도가 약할 때는 물음표 대신 마침표를 쓸 수 있다.

예 도대체 이 일을 어쩐단 말이냐.
예 이것이 과연 내가 찾던 행복일까.

다만, 제목이나 표어에는 쓰지 않음을 원칙으로 한다.

예 역사란 무엇인가   예 아직도 담배를 피우십니까

(2) 특정한 어구의 내용에 대하여 의심, 빈정거림 등을 표시할 때, 또는 적
절한 말을 쓰기 어려울 때 소괄호 안에 쓴다.

예 우리와 의견을 같이할 사람은 최 선생(?) 정도인 것 같다.
예 30점이라, 거참 훌륭한(?) 성적이군.

예 우리 집 강아지가 가출(?)을 했어요.

(3) 모르거나 불확실한 내용임을 나타낼 때 쓴다.
   예 최치원(857~?)은 통일 신라 말기에 이름을 떨쳤던 학자이자 문장가
   이다.
   예 조선 시대의 시인 강백(1690?~1777?)의 자는 자청이고, 호는 우곡
   이다.

이름과 사용법은 다음과 같이 정한다.

3. 느낌표(!)

(1) 감탄문이나 감탄사의 끝에 쓴다.
   예 이거 정말 큰일이 났구나!   예 어머!

[붙임] 감탄의 정도가 약할 때는 느낌표 대신 쉼표나 마침표를 쓸 수
   있다.

예 어, 벌써 끝났네.   예 날씨가 참 좋군.

(2) 특별히 강한 느낌을 나타내는 어구, 평서문, 명령문, 청유문에 쓴다.
   예 청춘! 이는 듣기만 하여도 가슴이 설레는 말이다.
   예 이야, 정말 재밌다!   예 지금 즉시 대답해!
   예 앞만 보고 달리자!

(3) 물음의 말로 놀람이나 항의의 뜻을 나타내는 경우에 쓴다.
   예 이게 누구야!   예 내가 왜 나빠!

(4) 감정을 넣어 대답하거나 다른 사람을 부를 때 쓴다.
   예 네!   예 네, 선생님!
   예 흥부야!   예 언니!

4. 쉼표(,)

(1) 같은 자격의 어구를 열거할 때 그 사이에 쓴다.
> 예 근면, 검소, 협동은 우리 겨레의 미덕이다.
> 예 충청도의 계룡산, 전라도의 내장산, 강원도의 설악산은 모두 국립
>   공원이다.
> 예 집을 보러 가면 그 집이 내가 원하는 조건에 맞는지, 살기에 편한
>   지, 망가진 곳은 없는지 확인해야 한다.
> 예 5보다 작은 자연수는 1, 2, 3, 4이다.

다만, (가) 쉼표 없이도 열거되는 사항임이 쉽게 드러날 때는 쓰지 않을
수 있다.

> 예 아버지 어머니께서 함께 오셨어요
> 예 네 돈 내 돈 다 합쳐 보아야 만 원도 안 되겠다.

(나) 열거할 어구들을 생략할 때 사용하는 줄임표 앞에는 쉼표를 쓰지
않는다.
> 예 광역시: 광주, 대구, 대전……

(2) 짝을 지어 구별할 때 쓴다.
> 예 닭과 지네, 개와 고양이는 상극이다.

(3) 이웃하는 수를 개략적으로 나타낼 때 쓴다.
> 예 5, 6세기   예 6, 7, 8개

(4) 열거의 순서를 나타내는 어구 다음에 쓴다.
> 예 첫째, 몸이 튼튼해야 한다.
> 예 마지막으로, 무엇보다 마음이 편해야 한다.

(5) 문장의 연결 관계를 분명히 하고자 할 때 절과 절 사이에 쓴다.

> 예 콩 심은 데 콩 나고, 팥 심은 데 팥 난다.
> 예 저는 신뢰와 정직을 생명과 같이 여기고 살아온바, 이번 비리 사건과는 무관하다는 점을 분명히 밝힙니다.
> 예 떡국은 설날의 대표적인 음식인데, 이걸 먹어야 비로소 나이도 한 살 더 먹는다고 한다.

(6) 같은 말이 되풀이되는 것을 피하기 위하여 일정한 부분을 줄여서 열거할 때 쓴다.

> 예 여름에는 바다에서, 겨울에는 산에서 휴가를 즐겼다.

(7) 부르거나 대답하는 말 뒤에 쓴다.

> 예 지은아, 이리 좀 와 봐.
> 예 네, 지금 가겠습니다.

(8) 한 문장 안에서 앞말을 '곧', '다시 말해' 등과 같은 어구로 다시 설명할 때 앞말 다음에 쓴다.

> 예 책의 서문, 곧 머리말에는 책을 지은 목적이 드러나 있다.
> 예 원만한 인간관계는 말과 관련한 예의, 즉 언어 예절을 갖추는 것에서 시작된다.
> 예 호준이 어머니, 다시 말해 나의 누님은 올해로 결혼한 지 20년이 된다.
> 예 나에게도 작은 소망, 이를테면 나만의 정원을 가졌으면 하는 소망이 있어.

(9) 문장 앞부분에서 조사 없이 쓰인 제시어나 주제어의 뒤에 쓴다.

> 예 돈, 돈이 인생의 전부이더냐?
> 예 열정, 이것이야말로 젊은이의 가장 소중한 자산이다.
> 예 지금 네가 여기 있다는 것, 그것만으로도 나는 충분히 행복해.
> 예 저 친구, 저러다가 큰일 한번 내겠어.
> 예 그 사실, 넌 알고 있었지?

(10) 한 문장에 같은 의미의 어구가 반복될 때 앞에 오는 어구 다음에 쓴다.

예 그의 애국심, 몸을 사리지 않고 국가를 위해 헌신한 정신을 우리는 본받아야 한다.

(11) 도치문에서 도치된 어구들 사이에 쓴다.

예 이리 오세요, 어머님.　　　　　예 다시 보자, 한강수야.

(12) 바로 다음 말과 직접적인 관계에 있지 않음을 나타낼 때 쓴다.

예 갑돌이는, 울면서 떠나는 갑순이를 배웅했다.

예 철원과, 대관령을 중심으로 한 강원도 산간 지대에 예년보다 일찍 첫눈이 내렸습니다.

(13) 문장 중간에 끼어든 어구의 앞뒤에 쓴다.

예 나는, 솔직히 말하면, 그 말이 별로 탐탁지 않아.

예 영호는 미소를 띠고, 속으로는 화가 치밀어 올라 잠시라도 견딜 수 없을 만큼 괴로웠지만, 그들을 맞았다.

[붙임 1] 이때는 쉼표 대신 줄표를 쓸 수 있다.

예 나는—솔직히 말하면—그 말이 별로 탐탁지 않아.

예 영호는 미소를 띠고—속으로는 화가 치밀어 올라 잠시라도 견딜 수 없을 만큼 괴로웠지만—그들을 맞았다.

[붙임 2] 끼어든 어구 안에 다른 쉼표가 들어 있을 때는 쉼표 대신 줄표를 쓴다.

예 이건 내 것이니까—아니, 내가 처음 발견한 것이니까—절대로 양보할 수 없다.

(14) 특별한 효과를 위해 끊어 읽는 곳을 나타낼 때 쓴다.

예 내가, 정말 그 일을 오늘 안에 해낼 수 있을까?

예 이 전투는 바로 우리가, 우리만이, 승리로 이끌 수 있다.

(15) 짧게 더듬는 말을 표시할 때 쓴다.

> 예 선생님, 부, 부정행위라니요? 그런 건 새, 생각조차 하지 않았습니다.

[붙임] '쉼표' 대신 '반점'이라는 용어를 쓸 수 있다.

5. 가운뎃점(·)

(1) 열거할 어구들을 일정한 기준으로 묶어서 나타낼 때 쓴다.

> 예 민수·영희, 선미·준호가 서로 짝이 되어 윷놀이를 하였다.
> 예 지금의 경상남도·경상북도, 전라남도·전라북도, 충청남도·충청북도 지역을 예부터 삼남이라 일러 왔다.

(2) 짝을 이루는 어구들 사이에 쓴다.

> 예 한(韓)·이(伊) 양국 간의 무역량이 늘고 있다.
> 예 우리는 그 일의 참·거짓을 따질 겨를도 없었다.
> 예 하천 수질의 조사·분석
> 예 빨강·초록·파랑이 빛의 삼원색이다.

다만, 이때는 가운뎃점을 쓰지 않거나 쉼표를 쓸 수도 있다.

> 예 한(韓) 이(伊) 양국 간의 무역량이 늘고 있다.
> 예 우리는 그 일의 참 거짓을 따질 겨를도 없었다.
> 예 하천 수질의 조사, 분석
> 예 빨강, 초록, 파랑이 빛의 삼원색이다.

(3) 공통 성분을 줄여서 하나의 어구로 묶을 때 쓴다.

> 예 상·중·하위권   예 금·은·동메달
> 예 통권 제54·55·56호

[붙임] 이때는 가운뎃점 대신 쉼표를 쓸 수 있다.

예 상, 중, 하위권   예 금, 은, 동메달
예 통권 제54, 55, 56호

6. 쌍점(:)

(1) 표제 다음에 해당 항목을 들거나 설명을 붙일 때 쓴다.
  예 문방사우: 종이, 붓, 먹, 벼루
  예 일시: 2014년 10월 9일 10시
  예 흔하진 않지만 두 자로 된 성씨도 있다.(예: 남궁, 선우, 황보)
  예 올림표(♯): 음의 높이를 반음 올릴 것을 지시한다.

(2) 희곡 등에서 대화 내용을 제시할 때 말하는 이와 말한 내용 사이에 쓴다.
  예 김 과장: 난 못 참겠다.
  예 아들: 아버지, 제발 제 말씀 좀 들어 보세요.

(3) 시와 분, 장과 절 등을 구별할 때 쓴다.
  예 오전 10:20(오전 10시 20분)
  예 두시언해 6:15(두시언해 제6권 제15장)

(4) 의존명사 '대'가 쓰일 자리에 쓴다.
  예 65:60(65 대 60)   예 청군:백군(청군 대 백군)

  [붙임] 쌍점의 앞은 붙여 쓰고 뒤는 띄어 쓴다. 다만, (3)과 (4)에서는 쌍
       점의 앞뒤를 붙여 쓴다.

7. 빗금(/)

(1) 대비되는 두 개 이상의 어구를 묶어 나타낼 때 그 사이에 쓴다.
  예 먹이다/먹히다   예 남반구/북반구
  예 금메달/은메달/동메달   예 ( )이/가 우리나라의 보물 제1호이다.

(2) 기준 단위당 수량을 표시할 때 해당 수량과 기준 단위 사이에 쓴다.

예 100미터/초   예 1,000원/개

(3) 시의 행이 바뀌는 부분임을 나타낼 때 쓴다.

예 산에 / 산에 / 피는 꽃은 / 저만치 혼자서 피어 있네

다만, 연이 바뀜을 나타낼 때는 두 번 겹쳐 쓴다.

예 산에는 꽃 피네 / 꽃이 피네 / 갈 봄 여름 없이 / 꽃이 피네 // 산에
/ 산에 / 피는 꽃은 / 저만치 혼자서 피어 있네

[붙임] 빗금의 앞뒤는 (1)과 (2)에서는 붙여 쓰며, (3)에서는 띄어 쓰는
것을 원칙으로 하되 붙여 쓰는 것을 허용한다. 단, (1)에서 대비
되는 어구가 두 어절 이상인 경우에는 빗금의 앞뒤를 띄어 쓸 수
있다.

8. 큰따옴표(" ")

(1) 글 가운데에서 직접 대화를 표시할 때 쓴다.

예 "어머니, 제가 가겠어요."
　　"아니다. 내가 다녀오마."

(2) 말이나 글을 직접 인용할 때 쓴다.

예 나는 "어, 광훈이 아니냐?" 하는 소리에 깜짝 놀랐다.
예 밤하늘에 반짝이는 별들을 보면서 "나는 아무 걱정도 없이 가을 속
의 별들을 다 헬 듯합니다."라는 시구를 떠올렸다.
예 편지의 끝머리에는 이렇게 적혀 있었다.
　　"할머니, 편지에 사진을 동봉했다고 하셨지만 봉투 안에는 아무것
도 없었어요"

9. 작은따옴표(' ')

(1) 인용한 말 안에 있는 인용한 말을 나타낼 때 쓴다.

> 예 그는 "여러분! '시작이 반이다.'라는 말 들어 보셨죠?"라고 말하며 강연을 시작했다.

(2) 마음속으로 한 말을 적을 때 쓴다.

> 예 나는 '일이 다 틀렸나 보군.' 하고 생각하였다.

> 예 '이번에는 꼭 이기고야 말겠어.' 호연이는 마음속으로 몇 번이나 그렇게 다짐하며 주먹을 불끈 쥐었다.

10. 소괄호(( ))

(1) 주석이나 보충적인 내용을 덧붙일 때 쓴다.

> 예 니체(독일의 철학자)의 말을 빌리면 다음과 같다.

> 예 2014. 12. 19.(금)

> 예 문인화의 대표적인 소재인 사군자(매화, 난초, 국화, 대나무)는 고결한 선비 정신을 상징한다.

(2) 우리말 표기와 원어 표기를 아울러 보일 때 쓴다.

> 예 기호(嗜好), 자세(姿勢)   예 커피(coffee), 에티켓(étiquette)

(3) 생략할 수 있는 요소임을 나타낼 때 쓴다.

> 예 학교에서 동료 교사를 부를 때는 이름 뒤에 '선생(님)'이라는 말을 덧붙인다.

> 예 광개토(대)왕은 고구려의 전성기를 이끌었던 임금이다.

(4) 희곡 등 대화를 적은 글에서 동작이나 분위기, 상태를 드러낼 때 쓴다.

> 예 현우: (가쁜 숨을 내쉬며) 왜 이렇게 빨리 뛰어?

> 예 "관찰한 것을 쓰는 것이 습관이 되었죠. 그러다 보니, 상상력이 생겼나 봐요." (웃음)

(5) 내용이 들어갈 자리임을 나타낼 때 쓴다.

> 예 우리나라의 수도는 (   )이다.
> 예 다음 빈칸에 알맞은 조사를 쓰시오.
> 민수가 할아버지(   ) 꽃을 드렸다.

(6) 항목의 순서나 종류를 나타내는 숫자나 문자 등에 쓴다.

> 예 사람의 인격은 (1) 용모, (2) 언어, (3) 행동, (4) 덕성 등으로 표현된다.
> 예 (가) 동해, (나) 서해, (다) 남해

11. 중괄호({   })

(1) 같은 범주에 속하는 여러 요소를 세로로 묶어서 보일 때 쓴다.

> 예 주격 조사
> {이 가}

> 예 국가의 성립 요소
> {영토 국민 주권}

(2) 열거된 항목 중 어느 하나가 자유롭게 선택될 수 있음을 보일 때 쓴다.

> 예 아이들이 모두 학교{에, 로, 까지} 갔어요.

12. 대괄호([   ])

(1) 괄호 안에 또 괄호를 쓸 필요가 있을 때 바깥쪽의 괄호로 쓴다.

> 예 어린이날이 새로 제정되었을 당시에는 어린이들에게 경어를 쓰라고 하였다.[윤석중 전집(1988), 70쪽 참조]
> 예 이번 회의에는 두 명[이혜정(실장), 박철용(과장)]만 빼고 모두 참석했습니다.

(2) 고유어에 대응하는 한자어를 함께 보일 때 쓴다.

> 예 나이[年歲]   예 낱말[單語]

예 손발[手足]

(3) 원문에 대한 이해를 돕기 위해 설명이나 논평 등을 덧붙일 때 쓴다.

예 그것[한글]은 이처럼 정보화 시대에 알맞은 과학적인 문자이다.

예 신경준의 ≪여암전서≫에 "삼각산은 산이 모두 돌 봉우리인데, 그 으뜸 봉우리를 구름 위에 솟아 있다고 백운(白雲)이라 하며 [이하 생략]"

예 그런 일은 결코 있을 수 없다.[원문에는 '업다'임.]

이름과 사용법은 다음과 같이 정한다.

13. 겹낫표(『 』)와 겹화살괄호(≪ ≫)

책의 제목이나 신문 이름 등을 나타낼 때 쓴다.

예 우리나라 최초의 민간 신문은 1896년에 창간된 『독립신문』이다.

예 『훈민정음』은 1997년에 유네스코 세계 기록 유산으로 지정되었다.

예 ≪한성순보≫는 우리나라 최초의 근대 신문이다.

예 윤동주의 유고 시집인 ≪하늘과 바람과 별과 시≫에는 31편의 시가 실려 있다.

[붙임] 겹낫표나 겹화살괄호 대신 큰따옴표를 쓸 수 있다.

예 우리나라 최초의 민간 신문은 1896년에 창간된 "독립신문"이다.

예 윤동주의 유고 시집인 "하늘과 바람과 별과 시"에는 31편의 시가 실려 있다.

14. 홑낫표(「 」)와 홑화살괄호(< >)

소제목, 그림이나 노래와 같은 예술 작품의 제목, 상호, 법률, 규정 등을 나타낼 때 쓴다.

예 「국어 기본법 시행령」은 「국어 기본법」에서 위임된 사항과 그 시행에 필요한 사항을 규정함을 목적으로 한다.
> 예 이 곡은 베르디가 작곡한 「축배의 노래」이다.
> 예 사무실 밖에 「해와 달」이라고 쓴 간판을 달았다.
> 예 <한강>은 사진집 ≪아름다운 땅≫에 실린 작품이다.
> 예 백남준은 2005년에 <엄마>라는 작품을 선보였다.

[붙임] 홑낫표나 홑화살괄호 대신 작은따옴표를 쓸 수 있다.

> 예 사무실 밖에 '해와 달'이라고 쓴 간판을 달았다.
> 예 '한강'은 사진집 "아름다운 땅"에 실린 작품이다.

15. 줄표(―)

제목 다음에 표시하는 부제의 앞뒤에 쓴다.
> 예 이번 토론회의 제목은 '역사 바로잡기―근대의 설정―'이다.
> 예 '환경 보호―숲 가꾸기―'라는 제목으로 글짓기를 했다.

다만, 뒤에 오는 줄표는 생략할 수 있다.

> 예 이번 토론회의 제목은 '역사 바로잡기―근대의 설정'이다.
> 예 '환경 보호―숲 가꾸기'라는 제목으로 글짓기를 했다.

[붙임] 줄표의 앞뒤는 띄어 쓰는 것을 원칙으로 하되, 붙여 쓰는 것을 허용한다.

16. 붙임표(-)

(1) 차례대로 이어지는 내용을 하나로 묶어 열거할 때 각 어구 사이에 쓴다.
> 예 멀리뛰기는 도움닫기-도약-공중 자세-착지의 순서로 이루어진다.
> 예 김 과장은 기획-실무-홍보까지 직접 발로 뛰었다.

(2) 두 개 이상의 어구가 밀접한 관련이 있음을 나타내고자 할 때 쓴다.

> 예 드디어 서울-북경의 항로가 열렸다.   예 원-달러 환율
> 예 남한-북한-일본 삼자 관계

17. 물결표(~)

기간이나 거리 또는 범위를 나타낼 때 쓴다.

> 예 9월 15일~9월 25일   예 김정희(1786~1856)
> 예 서울~천안 정도는 출퇴근이 가능하다.
> 예 이번 시험의 범위는 3~78쪽입니다.

[붙임] 물결표 대신 붙임표를 쓸 수 있다.

> 예 9월 15일-9월 25일   예 김정희(1786-1856)
> 예 서울-천안 정도는 출퇴근이 가능하다.
> 예 이번 시험의 범위는 3-78쪽입니다.

18. 드러냄표(˙)와 밑줄(__)

문장 내용 중에서 주의가 미쳐야 할 곳이나 중요한 부분을 특별히 드러내 보일 때 쓴다.

> 예 한글의 본디 이름은 훈민정음이다.
> 예 중요한 것은 왜 사느냐가 아니라 어떻게 사느냐이다.
> 예 지금 필요한 것은 지식이 아니라 실천입니다.
> 예 다음 보기에서 명사가 아닌 것은?

[붙임] 드러냄표나 밑줄 대신 작은따옴표를 쓸 수 있다.

> 예 한글의 본디 이름은 '훈민정음'이다.
> 예 중요한 것은 '왜 사느냐'가 아니라 '어떻게 사느냐'이다.

예 지금 필요한 것은 '지식'이 아니라 '실천'입니다.

예 다음 보기에서 명사가 '아닌' 것은?

19. 숨김표(○, ×)

(1) 금기어나 공공연히 쓰기 어려운 비속어임을 나타낼 때, 그 글자의 수효만큼 쓴다.

예 배운 사람 입에서 어찌 ○○○란 말이 나올 수 있느냐?

예 그 말을 듣는 순간 ×××란 말이 목구멍까지 치밀었다.

(2) 비밀을 유지해야 하거나 밝힐 수 없는 사항임을 나타낼 때 쓴다.

예 1차 시험 합격자는 김○영, 이○준, 박○순 등 모두 3명이다.

예 육군 ○○ 부대 ○○○ 명이 작전에 참가하였다.

예 그 모임의 참석자는 김×× 씨, 정×× 씨 등 5명이었다.

20. 빠짐표(□)

(1) 옛 비문이나 문헌 등에서 글자가 분명하지 않을 때 그 글자의 수효만큼 쓴다.

예 大師爲法主□□賴之大□薦

(2) 글자가 들어가야 할 자리를 나타낼 때 쓴다.

예 훈민정음의 초성 중에서 아음(牙音)은 □□□의 석 자다.

21. 줄임표(……)

(1) 할 말을 줄였을 때 쓴다.

예 "어디 나하고 한번……." 하고 민수가 나섰다.

(2) 말이 없음을 나타낼 때 쓴다.

예 "빨리 말해!"

　　　　"……."

(3) 문장이나 글의 일부를 생략할 때 쓴다.
　　예 '고유'라는 말은 문자 그대로 본디부터 있었다는 뜻은 아닙니다.
　　…… 같은 역사적 환경에서 공동의 집단생활을 영위해 오는 동안
　　공동으로 발견된, 사물에 대한 공동의 사고방식을 우리는 한국의
　　고유 사상이라 부를 수 있다는 것입니다.

(4) 머뭇거림을 보일 때 쓴다.
　　예 "우리는 모두…… 그러니까…… 예외 없이 눈물만…… 흘렸다."

[붙임 1] 점은 가운데에 찍는 대신 아래쪽에 찍을 수도 있다.

　　예 "어디 나하고 한번......" 하고 민수가 나섰다.
　　예 "실은...... 저 사람...... 우리 아저씨일지 몰라."

[붙임 2] 점은 여섯 점을 찍는 대신 세 점을 찍을 수도 있다.

　　예 "어디 나하고 한번…." 하고 민수가 나섰다.
　　예 "실은... 저 사람... 우리 아저씨일지 몰라."

[붙임 3] 줄임표는 앞말에 붙여 쓴다. 다만, (3)에서는 줄임표의 앞뒤를
　　　　띄어 쓴다.

2. 표준어 추가 사정안(2011~2017)

1) 진행 과정

차수	일시	어휘 수	비고
1차	2011. 8. 31.	39개	
2차	2014. 12. 15.	13개	
3차	2015. 12. 15.	11개	두 가지 활용형 별도 추가.
4차	2016. 12. 27.	6개	
5차	2017. 12. 20.	5개	

2) 추가 사정 배경

어문 규범의 큰 틀을 유지하면서 <한글 맞춤법> 등의 어문 규정을 현실화하는 한편 복수 표준어를 지속적으로 추가함으로써 급변하는 언어 환경에 대응하고 국민 언어생활의 편의를 높이고자 함.

3) 사정 내용

(1) 1차 사정 내용

가. 복수 표준어: 기존 표준어와 같은 뜻의 복수 표준어로 인정한 것(11개)

추가 표준어	기존 표준어
간지럽히다	간질이다
남사스럽다	남우세스럽다
등물	목물
맨날	만날
묫자리	묏자리
복숭아뼈	복사뼈
세간살이	세간

추가 표준어	기존 표준어
쌉싸름하다	쌉싸래하다
토란대	고운대
허접쓰레기	허섭스레기
흙담	토담

나. 별도 표준어: 기존 표준어와 별도의 표준어로 추가로 인정한 것(25개)

추가 표준어	기존 표준어	뜻 차이
~길래	~기에	~길래: '~기에'의 구어적 표현.
개발새발	괴발개발	'괴발개발'은 '고양이의 발과 개의 발'이라는 뜻이고, '개발새발'은 '개의 발과 새의 발'이라는 뜻임.
나래	날개	'나래'는 '날개'의 문학적 표현.
내음	냄새	'내음'은 향기롭거나 나쁘지 않은 냄새로 제한됨.
눈꼬리	눈초리	• 눈초리: 어떤 대상을 바라볼 때 눈에 나타나는 표정. 예) '매서운 눈초리' • 눈꼬리: 눈의 귀 쪽으로 째진 부분.
떨구다	떨어뜨리다	'떨구다'에 '시선을 아래로 향하다'라는 뜻 있음.
뜨락	뜰	'뜨락'에는 추상적 공간을 비유하는 뜻이 있음.
먹거리	먹을거리	먹거리: 사람이 살아가기 위하여 먹는 음식을 통틀어 이름.
메꾸다	메우다	'메꾸다'에 '무료한 시간을 적당히 또는 그럭저럭 흘러가게 하다.'라는 뜻이 있음
손주	손자(孫子)	• 손자: 아들의 아들. 또는 딸의 아들. • 손주: 손자와 손녀를 아울러 이르는 말.
어리숙하다	어수룩하다	'어수룩하다'는 '순박함/순진함'의 뜻이 강한 반면에, '어리숙하다'는 '어리석음'의 뜻이 강함.
연신	연방	'연신'이 반복성을 강조한다면, '연방'은 연속성을 강조
휭하니	힁허케	힁허케: '휭하니'의 예스러운 표현.

추가 표준어	기존 표준어	뜻 차이
걸리적거리다	거치적거리다	자음 또는 모음의 차이로 인한 어감 및 뜻 차이 존재
끄적거리다	끼적거리다	〃
두리뭉실하다	두루뭉술하다	〃
맨숭맨숭/맹숭맹숭	맨송맨송	〃
바둥바둥	바동바동	〃
새초롬하다	새치름하다	〃
아웅다웅	아옹다옹	〃
야멸차다	야멸치다	〃
오손도손	오순도순	〃
찌뿌둥하다	찌뿌듯하다	〃
추근거리다	치근거리다	〃

다. 두 가지 표기를 모두 표준어로 인정한 것(3개)

추가 표준어	기존 표준어
택견	태껸
품새	품세
짜장면	자장면

(2) 2차 추가 사정 내용

가. 복수 표준어: 기존 표준어와 같은 뜻을 가진 표준어로 인정한 것(5개)

추가 표준어	기존 표준어	비고
구안와사	구안괘사	입과 눈이 한쪽으로 틀어지는 얼굴 신경 마비 증상.
굽신*	굽실	
눈두덩이	눈두덩	
삐지다	삐치다	
초장초	작장초	=괭이밥

* '굽신'이 표준어로 인정됨에 따라, '굽신거리다, 굽신대다, 굽신하다, 굽신굽신, 굽신굽신하다' 등도 표준어로 함께 인정됨.

나. 별도 표준어: 기존 표준어와 뜻이나 어감이 차이가 나는 별도의 표준
어로 인정한 것(8개)

추가 표준어	기존 표준어	뜻 차이
개기다	개개다	• **개기다**: (속되게) 명령이나 지시를 따르지 않고 버티거나 반항하다. (※ **개개다**: 성가시게 달라붙어 손해를 끼치다.)
꼬시다	꾀다	• **꼬시다**: '꾀다'를 속되게 이르는 말. (※ **꾀다**: 그럴듯한 말이나 행동으로 남을 속이거나 부추겨서 자기 생각대로 끌다.)
놀잇감	장난감	• **놀잇감**: 놀이 또는 아동 교육 현장 따위에서 활용되는 물건이나 재료. (※ **장난감**: 아이들이 가지고 노는 여러 가지 물건.)
딴지	딴죽	• **딴지**: ((주로 '걸다, 놓다'와 함께 쓰여)) 일이 순순히 진행되지 못하도록 훼방을 놓거나 어기대는 것. (※ **딴죽**: 이미 동의하거나 약속한 일에 대하여 딴전을 부림을 비유적으로 이르는 말.)
사그라들다	사그라지다	• **사그라들다**: 삭아서 없어져 가다. (※ **사그라지다**: 삭아서 없어지다.)
섬찟*	섬뜩	• **섬찟**: 갑자기 소름이 끼치도록 무시무시하고 끔찍한 느낌이 드는 모양. (※ **섬뜩**: 갑자기 소름이 끼치도록 무섭고 끔찍한 느낌이 드는 모양.)
속앓이	속병	• **속앓이**: 「1」 속이 아픈 병. 또는 속에 병이 생겨 아파하는 일. 「2」 겉으로 드러내지 못하고 속으로 걱정하거나 괴로워하는 일. (※ **속병**: 「1」 몸속의 병을 통틀어 이르는 말. 「2」 '위장병01'을 일상적으로 이르는 말. 「3」가 나거나 속이 상하여 생긴 마음의 심한 아픔.)

추가 표준어	기존 표준어	뜻 차이
허접하다	허접스럽다	• **허접하다**: 허름하고 잡스럽다. (※ **허접스럽다**: 허름하고 잡스러운 느낌이 있다.)

* '섬찟'이 표준어로 인정됨에 따라, '섬찟하다, 섬찟섬찟, 섬찟섬찟하다' 등도 표준어로 함께
인정됨.

(3) 3차 추가 사정 내용

가. 복수 표준어: 기존 표준어와 같은 뜻을 가진 표준어로 인정한 것(4개)

추가 표준어	기존 표준어	비고
마실	마을	• '이웃에 놀러 다니는 일'의 의미에 한하여 표준어 로 인정함. '여러 집이 모여 사는 곳'의 의미로 쓰 인 '마실'은 비표준어임. − '마실꾼, 마실방, 마실돌이, 밤마실'도 표준어로 인정함. (예문) 나는 아들의 방문을 열고 이모네 **마실** 갔다 오마고 말했다.
이쁘다	예쁘다	• '이쁘장스럽다, 이쁘장스레, 이쁘장하다, 이쁘디이 쁘다'도 표준어로 인정함. (예문) 어이구, 내 새끼 **이쁘기도** 하지.
찰지다	차지다	• 사전에서 <'차지다'의 원말>로 풀이함. (예문) 화단의 **찰진** 흙에 하얀 꽃잎이 화사하게 떨 어져 날리곤 했다.
-고프다	-고 싶다	• 사전에서 <'-고 싶다'가 줄어든 말>로 풀이함. (예문) 그 아이는 엄마가 **보고파** 앙앙 울었다.

나. 별도 표준어: 기존 표준어와 뜻이 다른 표준어로 인정한 것(5개)

추가 표준어	기존 표준어	뜻 차이
꼬리연	가오리연	• **꼬리연**: 긴 꼬리를 단 연. ※ **가오리연**: 가오리 모양으로 만들어 꼬리를 길게 단 연. 띄우면 오르면서 머리가 아래 위로 흔들린다. (예문) 행사가 끝날 때까지 하늘을 수놓았던 대형 **꼬리연**도 비상을 꿈꾸듯 끊임없이 창공을 향해 날아올랐다.
의론	의논	• **의론(議論)**: 어떤 사안에 대하여 각자의 의견을 제기함. 또는 그런 의견. ※ **의논(議論)**: 어떤 일에 대하여 서로 의견을 주고받음. • '의론되다, 의론하다'도 표준어로 인정함. (예문) 이러니저러니 **의론**이 분분하다.
이크	이키	• **이크**: 당황하거나 놀랐을 때 내는 소리. '이키' 보다 큰 느낌을 준다. ※ **이키**: 당황하거나 놀랐을 때 내는 소리. '이끼'보다 거센 느낌을 준다. (예문) **이크,** 이거 큰일 났구나 싶어 허겁지겁 뛰어갔다.
잎새	잎사귀	• **잎새**: 나무의 잎사귀. 주로 문학적 표현에 쓰인다. ※ **잎사귀**: 낱낱의 잎. 주로 넓적한 잎을 이른다. (예문) **잎새**가 몇 개 남지 않은 나무들이 창문 위로 뻗어 올라 있었다.
푸르르다	푸르다	• **푸르르다**: '푸르다'를 강조할 때 이르는 말. ※ **푸르다**: 맑은 가을 하늘이나 깊은 바다, 풀의 빛깔과 같이 밝고 선명하다. • '푸르르다'는 '으불규칙용언'으로 분류함. (예문) 겨우내 찌푸리고 있던 잿빛 하늘이 푸

추가 표준어	기존 표준어	뜻 차이
		르르게 맑아 오고 어디선지도 모르게 흙냄새가 뭉클하니 풍겨 오는 듯한 순간 벌써 봄이 온 것을 느낀다.

다. 복수 표준형: 기존의 표준적인 활용형과 용법이 같은 활용형으로 인정한 것(2개)

추가 표준형	기존 표준형	비고
말아 말아라 말아요	마 마라 마요	• '말다'에 명령형어미 '-아', '-아라', '-아요' 등이 결합할 때는 어간 끝의 'ㄹ'이 탈락하기도 하고 탈락하지 않기도 함. (예문) 내가 하는 말 농담으로 듣지 **마/말아**. 　　　애야, 아무리 바빠도 제사는 잊지 **마라/ 말아라**. 　　　아유, 말도 **마요/말아요**.
노랗네 동그랗네 조그맣네 …	노라네 동그라네 조그마네 …	• ㅎ불규칙용언이 어미 '-네'와 결합할 때는 어간 끝의 'ㅎ'이 탈락하기도 하고 탈락하지 않기도 함. • '그렇다, 노랗다, 동그랗다, 뿌옇다, 어떻다, 조그맣다, 커다랗다' 등등 모든 ㅎ불규칙용언의 활용형에 적용됨. (예문) 생각보다 훨씬 **노랗네/노라네**. 　　　이 빵은 **동그랗네/동그라네**. 　　　건물이 아주 **조그맣네/조그마네**.

(4) 4차 추가 사정 내용

가. 별도 표준어(4항목)

추가 표준어	기존 표준어	뜻 차이
걸판지다	거방지다	**걸판지다** [형용사] ① 매우 푸지다. ¶ 술상이 **걸판지다** / 마침 눈먼 돈이 생긴 것도 있으니 오늘 저녁은 내가 **걸판지게** 사지. ② 동작이나 모양이 크고 어수선하다. ¶ 싸움판은 자못 **걸판져서** 구경거리였다. / 소리판은 옛날이 **걸판지고** 소리할 맛이 났었지. **거방지다** [형용사] ① 몸집이 크다. ② 하는 짓이 점잖고 무게가 있다. ③ =걸판지다①.
겉울음	건울음	**겉울음** [명사] ① 드러내 놓고 우는 울음. ¶ 꾹꾹 참고만 있다 보면 간혹 속울음이 **겉울음으로** 터질 때가 있다. ② 마음에도 없이 겉으로만 우는 울음. ¶ 눈물도 안 나면서 슬픈 척 **겉울음** 울지 마. **건울음** [명사] =강울음. **강울음** [명사] 눈물 없이 우는 울음, 또는 억지로 우는 울음.
까탈스럽다	까다롭다	**까탈스럽다** [형용사] ① 조건, 규정 따위가 복잡하고 엄격하여 적응하거나 적용하기에 어려운 데가 있다. '가탈스럽다①'보다 센 느낌을 준다. ¶ **까탈스러운** 공정을 거치다 / 규정을 **까탈스럽게** 정하다 / 가스레인지에 길들여진 현대인들에게 지루하고 **까탈스러운** 숯 굽기 작업은 쓸데없는 시간 낭비로 비칠 수도 있겠다. ② 성미나 취향 따위가 원만하지 않고 별스러워 맞춰 주기에 어려운 데가 있다. '가탈스럽다②'보다 센 느낌을 준다. ¶ **까탈스러운** 입맛 /

추가 표준어	기존 표준어	뜻 차이
		성격이 **까탈스럽다** / 딸아이는 사 준 옷이 맘에 안 든다고 **까탈스럽게** 굴었다. ※ 같은 계열의 '가탈스럽다'도 표준어로 인정함.
		까다롭다 [형용사] ① 조건 따위가 복잡하거나 엄격하여 다루기에 순탄하지 않다. ② 성미나 취향 따위가 원만하지 않고 별스럽게 까탈이 많다.
실뭉치	실뭉당이	**실뭉치** [명사] 실을 한데 뭉치거나 감은 덩이. ¶ 뒤엉킨 **실뭉치** / **실뭉치를** 풀다 / 그의 머릿속은 엉클어진 **실뭉치같이** 갈피를 못 잡고 있었다.
		실뭉당이 [명사] 실을 풀기 좋게 공 모양으로 감은 뭉치.

나. 별도 표준형(2항목)

추가 표준형	기존 표준형	비고
엘랑	에는	• 표준어 규정 제25항에서 '에는'의 비표준형으로 규정해 온 '엘랑'을 표준형으로 인정함. • '엘랑' 외에도 'ㄹ랑'에 조사 또는 어미가 결합한 '에설랑, 설랑, -고설랑, -어설랑, -질랑'도 표준형으로 인정함. • '엘랑, -고설랑' 등은 단순한 조사/어미 결합형이므로 사전 표제어로는 다루지 않음. (예문) 서울**엘랑** 가지를 마오. 교실**에설랑** 떠들지 마라. 나를 앞에 앉혀놓**고설랑** 자기 아들 자랑만 하더라.

추가 표준형	기존 표준형	비고
주책이다	주책없다	• 표준어 규정 제25항에 따라 '주책없다'의 비표준형으로 규정해 온 '주책이다'를 표준형으로 인정함. • '주책이다'는 '일정한 줏대가 없이 되는대로 하는 짓'을 뜻하는 '주책'에 서술격조사 '이다'가 붙은 말로 봄. • '주책이다'는 단순한 명사+조사 결합형이므로 사전 표제어로는 다루지 않음. (예문) 이제 와서 오래 전에 헤어진 그녀를 떠올리는 나 자신을 보며 '나도 참 **주책이군**' 하는 생각이 들었다.

(5) 5차 추가 사정 내용: 복수 표준어 5개

추가 표준어	기존 표준어	의미
꺼림직하다	꺼림칙하다	마음에 걸려서 언짢고 싫은 느낌이 있다.
께름직하다	께름칙하다	마음에 걸려서 언짢고 싫은 느낌이 꽤 있다
추켜올리다	추어올리다	실제보다 과장되게 칭찬하다.
추켜세우다	치켜세우다	정도 이상으로 크게 칭찬하다.
치켜올리다	추어올리다/ 추켜올리다	① 옷이나 물건, 신체 일부 따위를 위로 가뜬하게 올리다. ② 실제보다 과장되게 칭찬하다.

저자 강희숙

조선대학교 국어국문학과 교수

『시로 읽는 국어 정서법』(2007)

『국어 정서법의 이해』(2010)

『사회언어학사전』(2012, 공저)

『우리말 편지』(2014)

『사회언어학: 언어와 사회, 그리고 문화』(2014, 공저)

『언어와 금기』(2015, 공저)

『한국인 이름의 사회언어학』(2016, 공저)

『다른 말과 틀린 말』(2016)

『현대음운론 입문』(1997, 공역)

『언어 변이와 변화』(1998, 공역)

한국어 어문 규정의 이해

초 판 1쇄 발행 2017년 3월 2일

초 판 2쇄 발행 2020년 3월 20일

저 자 강희숙

펴낸이 이대현

편 집 권분옥

펴낸곳 도서출판 역락 | 등록 제303-2002-000014호(등록일 1999년 4월 19일)

주 소 서울시 서초구 반포4동 577-25 문창빌딩 2층

전 화 02-3409-2058(영업부), 2060(편집부) | 팩시밀리 02-3409-2059

전자우편 youkrack@hanmail.net

ISBN 979-11-5686-895-8 (93710)